行政判例研究 XX-1

社團法人 韓國行政判例研究會 編

2015

博 英 社

Studies on Public Administration Cases

Korea Public Administration Case Study Association

Vol. XX-1

2015

Parkyoung Publishing & Company

간 행 사

2015년 새해를 맞이 한 것이 엊그제 같은데 올해도 어느덧 상반기를 넘어서고 있습니다. 세월의 흐름은 流水와 같다는 말이 정말 실감이 나고 있습니다. 금년도 상반기에도 국내외적으로 큰 사건들이 일어났습니다. 국내적으로는 '메르스' 전염병으로 인하여 다수의 사망자가 발생하였을 뿐 아니라 가뜩이나 어려운 경제적 상황에도 심각한 충격이 가하여졌습니다. 대외적으로 그리스 디폴트 사태는 국제금융질서에 큰 혼란을 야기시키고 있습니다. 오늘날 글로벌 사회에서는 한 나라에서 발생된 사건의 영향력은 그 나라에 제한되는 것이 아니라 전 세계적인 파급효과를 발생시킨다는 사실을 여실히 보여주고 있습니다. 금년도 상반기에서도 우리 한국행정판례연구회는 6차례의 월례발표회를 갖고 12개의 대법원 및 헌법재판소의 중요한 판례들에 대하여 진지한 연구발표와 토론을 가졌습니다. 특히 6회의 연구발표회가 성공적으로 이루질 수 있도록 지원하여 주신 서울행정법원 김문석 법원장님 및 관계자분들께 감사드립니다.

작년 12월에 발간된 「행정판례연구」 제19집 제2호에 뒤이어 이번에 제20집 제1호를 출간하게 되었습니다. 이번 제20집 제1호는 2015년 상반기에 개최된 월례발표회와 개별적으로 투고된 논문들 중 엄격한 심사를 통하여 선정된 9편의 논문들로 구성되었습니다. 이들

논문들은 행정법의 일반이론, 행정절차, 행정쟁송, 지방자치 그리고 조세행정 분야 등의 중요한 대법원 판례들을 심도 있게 다룬 것으로서 학술적 가치가 매우 높은 연구논문들입니다.

이번 제20집 제1호의 출간을 위하여 소중한 옥고를 보내주신 여러 교수님 및 실무자 선생님들께 고마움을 전하며, 학술지가 계획에 따라 순조롭게 출간될 수 있도록 헌신적으로 노력하여 주신 출판이사 정남철 교수, 출판간사 계인국 박사, 이혜진 박사께 깊은 감사를 드립니다. 아울러 「행정판례연구」가 전문학술지로서 높은 질적 수준을 유지하기 위하여 노고를 아끼지 않은 편집위원 및 심사위원 여러분들께 진심어린 謝意를 드립니다.

2015년 6월 30일

사단법인 한국행정판례연구회 회장

정하중

차 례

Table of Contents

行政立法

行政立法과 規範統制에 대한 法的 考察/康鉉浩

行政立法과 規範統制에 대한 法的 考察

康鉉浩*

대상판결: 2013. 9. 12. 선고 2011두10584 판결

I. 사안의 전개

A. 사안의 개요

원고는 토목건축업 등을 영위하는 주식회사 한진중공업이고, 피고

* 성균관대학교 법학전문대학원

는 한국토지주택공사이다. 원고는 2006. 10. 20. 피고가 발주한 '김해율하지구 택지개발사업 조경공사' 중 제1공구공사(이하 '이 사건 공사'라 한다)를 원광건설 주식회사, 광림토건 주식회사와 공동으로 도급받아 2006. 10. 24.부터 2008. 5. 31.까지 이 사건 공사를 시공하였다.

이 사건 공사를 시공하는 과정에서 원고(한진중공업)의 이 사건 공사 현장소장인 소외 2는 2007. 10. 12.과 2007. 10. 31.경 2회에 걸쳐 각 1,000,000원씩 합계 2,000,000원을 피고(한국토지주택공사)의 이 사건 공사 현장감독관인 소외 1에게 교부하였다.

이러한 사실에 기초하여 피고는 원고에 대해서 2010. 4. 13. 부정당업자로서 입찰참가자격을 1.5개월간 제한하는 부정당업자제재처분을 발급하였다.

근거법률과 처분사유는 다음과 같다:

법률: 공공기관의 운영에 관한 법률(공공기관법) 제39조 제2항 및 제3항

시행령: 계약사무규칙(기획재정부령) 제15조 제1항, 국가를 당사자로 하는 계약에 관한 법률 시행령(국가계약법시행령) 제76조 제1항 제10호, 같은 법 시행규칙 제76조 제1항

원고는 피고의 이 사건 공사 현장감독관에게 공사계약의 이행과 관련하여 뇌물을 제공하였는바, 이는 국가를 당사자로 하는 계약에 관한 법률(이하 '국가계약법'이라 한다) 시행령 제76조 제1항 제10호, 공기업·준정부기관 계약사무규칙(이하 '계약사무규칙'이라 한다) 제15조 제1항 소정의 부정당업자에 해당된다.

이에 원고는 부정당업자제재처분에 대해서 취소소송을 제기하였다.

처분과 관련된 법령은 다음과 같다:

공공기관의 운영에 관한 법률 [시행 2010.1.1.]

제39조(회계원칙 등)

① 공기업·준정부기관의 회계는 경영성과와 재산의 증감 및 변동 상태를 명백히 표시하기 위하여 그 발생 사실에 따라 처리한다.

② 공기업·준정부기관은 공정한 경쟁이나 계약의 적정한 이행을 해칠 것이 명백하다고 판단되는 사람·법인 또는 단체 등에 대하여 2년의 범위 내에서 일정기간 입찰참가자격을 제한할 수 있다.

③ 제1항과 제2항의 규정에 따른 회계처리의 원칙과 입찰참가자격의 제한기준 등에 관하여 필요한 사항은 기획재정부령으로 정한다. <개정 2008. 2.29>

공기업·준 정부기관 계약사무규칙[시행 2010.3.30.] [기획재정부령 제135호, 2010.3.30., 일부개정]

제15조(부정당업자의 입찰참가자격 제한)[1)]

① 기관장은 경쟁의 공정한 집행이나 계약의 적정한 이행을 해칠 우려가 있거나 입찰에 참가시키는 것이 부적합하다고 인정되는 자로서 「국가를 당사자로 하는 계약에 관한 법률 시행령」 제76조제1항 각 호의 어느 하나에 해당되는 계약상대자 또는 입찰참가자(계약상대자 또는 입찰참가자의 대리인, 지배인, 그 밖의 사용인을 포함한다)에 대하여는 1개월 이상 2년 이하의 범위에서 그 입찰참가자격을 제한하여야 한다.

② 제1항에 따른 입찰참가자격의 제한에 관한 기간, 제한기간의 가감, 그 밖에 필요한 사항은 「국가를 당사자로 하는 계약에 관한 법률 시행규칙」 제76조에서 정하는 바에 따른다.

⑦ 기관장(별표 2에 해당하는 기관만 해당한다)은 제6항에 따라 입찰참가자격 제한 사실이 지정정보처리장치에 게재된 자에 대하여 해당 제한 기간에는 그 공기업·준정부기관에서 집행하는 모든 입찰에 참가할 수 없도록 하여야 한다.

⑪ 기관장은 「국가를 당사자로 하는 계약에 관한 법률」 및 「지방자치단체를 당사자로 하는 계약에 관한 법률」에 따라 입찰참가자격 제한 사실을 통보받거나 지정정보처리장치에 게재된 자에 대하여도 입찰에 참가할 수 없도록 할 수 있다. 다만, 「국가를 당사자로 하는 계약에 관한 법률 시행령」 제76조제1항제1호부터 제3호까지, 제3호의2, 제4호, 제4호의2, 제5호, 제7호 및 제8호와 「지

방자치단체를 당사자로 하는 계약에 관한 법률 시행령」 제92조제1항제1호부터 제4호까지, 제4호의2, 제5호, 제7호 및 제8호에 따른 사유로 입찰참가자격의 제한을 받은 자에 대하여는 반드시 입찰에 참가할 수 없도록 하여야 한다.

국가를 당사자로 하는 계약에 관한 법률 [시행 2014.2.14.]

제27조(부정당업자의 입찰 참가자격 제한) ① 각 중앙관서의 장은 경쟁의 공정한 집행이나 계약의 적정한 이행을 해칠 염려가 있거나 그 밖에 입찰에 참가시키는 것이 적합하지 아니하다고 인정되는 자(이하 "부정당업자"라 한다)에게는 2년 이내의 범위에서 대통령령으로 정하는 바에 따라 입찰 참가자격을 제한하여야 하며, 그 제한사실을 즉시 다른 중앙관서의 장에게 통보하여야 한다. 이 경우 통보를 받은 다른 중앙관서의 장은 대통령령으로 정하는 바에 따라 해당 부정당업자의 입찰 참가자격을 제한하여야 한다. <개정 2012.12.18.>

국가를 당사자로 하는 계약에 관한 법률 시행령[시행 2009.11.22.]

제76조 (부정당업자의 입찰참가자격 제한)

① 각 중앙관서의 장은 다음 각 호의 어느 하나에 해당하는 계약상대자 또는 입찰자(계약상대자 또는 입찰자의 대리인·지배인 기타 사용인을 포함한다)에 대하여는 법 제27조의 규정에 의하여 당해 사실이 있은 후 지체 없이 1월 이상 2년 이하의 범위내에서 입찰참가자격을 제한하여야 한다. <개정 1996.12.31, 1997.12.31, 1998.2.2, 1999.9.9, 2000.12.27, 2003.12.11, 2005.9.8, 2006.5.25, 2006.12.29, 2007.10.10.>

다만, 계약상대자등의 대리인, 지배인 또는 그 밖의 사용인이 다음 각 호의 어느 하나에 해당하는 행위를 하여 입찰참가자격의 제한 사유가 발생한 경우로서 계약상대자등이 그 행위를 방지하기 위하여 상당한 주의와 감독을 게을리하지 아니한 경우에는 그러하지 아니하다. <개정 1996.12.31, 1997.12.31, 1998.2.2, 1999.9.9, 2000.12.27, 2003.12.11, 2005.9.8, 2006.5.25, 2006.12.29, 2007.10.10, 2010.7.21, 2010.12.13, 2011.12.31, 2013.6.17, 2013.9.17, 2014.5.22>

10. 입찰·낙찰 또는 계약의 체결·이행과 관련하여 관계공무원(법 제29조제1

항에 따른 국제계약분쟁조정위원회, 이 영 제42조제7항에 따른 입찰금액적정성심사위원회, 제43조제8항에 따른 제안서평가위원회, 제94조제1항에 따른 계약심의위원회, 건설기술관리법에 의한 중앙건설기술심의위원회·특별건설기술심의위원회 및 설계자문위원회의 위원을 포함한다)에게 뇌물을 준 자

② 제1항에 따른 입찰참가자격의 제한에 관한 기간, 동 기간의 가감 그 밖에 필요한 사항은 기획재정부령으로 정한다. <개정 2006.5.25, 2008.2.29>

국가를 당사자로 하는 계약에 관한 법률 시행규칙

제76조(부정당업자의 입찰참가자격 제한기준등)

① 영 제76조제2항에 따른 부정당업자의 입찰참가자격 제한의 세부기준은 별표 2와 같다. <개정 2006.5.25.>

[별표 2] 부정당업자의 입찰참가자격 제한기준(제76조제1항 관련)

입찰참가자격 제한사유	제재기간
12. 영 제76조제1항제10호에 해당하는 자	
가. 2억원 이상의 뇌물을 준 자	2년
나. 1억원 이상 2억원 미만의 뇌물을 준 자	1년
다. 1천만원 이상 1억원 미만의 뇌물을 준 자	6개월
<u>라. 1천만원 미만의 뇌물을 준 자</u>	<u>3개월</u>

1) 개정된 규정과 관련하여 국가계약법 시행령 제76조 각호에 해당하는 사항을 준용하는 식으로 규정하는 것이 계약사무규칙 자체에 직접 그러한 사항들을 규정하는 것이 보다 바람직하다고 할 수 있을 것이다.
현행 공기업·준정부기관 계약사무규칙: 제15조(부정당업자의 입찰참가자격 제한) ① 기관장은 계약상대자, 입찰자 또는 「국가를 당사자로 하는 계약에 관한 법률 시행령」 제30조제2항에 따라 전자조달시스템을 이용하여 견적서를 제출하는 자(이하 "계약상대자등"이라 한다)나 계약상대자등의 대리인, 지배인 또는 그 밖의 사용인이 공정한 경쟁이나 계약의 적정한 이행을 해칠 것이 명백한 경우로서 「국가를 당사자로 하는 계약에 관한 법률 시행령」 제76조 제1항 제2호·제3호·제7호·제8호 및 제10호에 해당하는 경우에는 계약상대자등에게 1개월 이상 2년 이하의 범위에서 그 입찰참가자격을 제한할 수 있다. 다만, 계약상대자등의 대리인, 지배인 또는 그 밖의 사용인의 행위로 인하여 입찰참가자격의 제한 사유가 발생한 경우로서 계약상대자등이 그 행위를 방지하기 위하여 상당한 주의와 감

B. 소송의 경과

1. 수원지방법원

수원지방법원은 원고의 청구를 기각하였다.[2] 원고의 주장과 이에 대한 법원의 판단은 다음과 같다:

1) 뇌물공여와 입찰참가제한 사유

소외 2가 소외 1에게 금품을 제공한 것은 개인적인 인사차원에서 교부한 것으로 이 사건 공사계약의 이행과 관련하여 교부한 것이 아니므로 뇌물을 준 경우에 해당하지 아니하고, 소외 1에 대한 금품 제공은 배임증재에 해당할 뿐 뇌물공여가 아니므로 국가계약법 시행령상 입찰참가자격 제한사유에 해당하지 아니한다.

공무원이 그 직무의 대상이 되는 사람으로부터 금품 기타 이익을 받은 때에는 그것이 그 사람이 종전에 공무원으로부터 접대 또는 수수받은 것을 갚는 것으로서 사회상규에 비추어 볼 때에 의례상의 대가에 불과한 것이라고 여겨지거나, 개인적인 친분관계가 있어서 교분상의 필요에 의한 것이라고 명백하게 인정할 수 있는 경우 등 특별한 사정이 없는 한 직무와의 관련성이 없는 것으로 볼 수 없고, 공무원의 직무와 관련하여 금품을 수수하였다면 비록 사교적 의례의 형식을 빌어 금품을 주고받았다 하더라도 그 수수한 금품은 뇌물이 된다(대법원 2002. 7. 26. 선고 2001도6721 판결 등 참조).

2) 계약의 적정한 이행을 해칠 것이 명백

소외 2의 행위로 인하여 '계약의 적정한 이행을 해칠 것이 명백'하지 아니하므로 입찰참가자격의 제한사유에 해당하지 아니한다.

관련법규정들을 종합하면, 공공기관법 제39조에서 규정하고 있는

독을 게을리하지 아니한 경우에는 제한하지 아니한다. <개정 2013.11.18.>.

2) 수원지방법원 2010.7.1. 선고 2010구합4958 판결.

'계약의 적정한 이행을 해칠 것이 명백'하다는 규정은 국가계약법 시행령 제76조 제1항 각 호와 독립된 별도의 요건이 아니라 부정당업자의 유형을 정한 국가계약법 시행령 각 호의 규정을 총칭하고 있는 것이라고 봄이 상당하다(그리고 현장소장인 소외 2가 계약의 이행 중에 도급인의 현장감독관에게 업무와 관련하여 뇌물을 준 이 사건의 경우, 소외 2의 행위는 계약사무규칙 제15조 제1항에 해당하고 이는 그 위임 법률인 공공기관법 제39조가 규정한 '계약의 적정한 이행을 해칠 것이 명백'한 행위에 해당한다). 결국 원고의 이 부분 주장도 이유 없다.

3) 한진중공업의 사용자 책임

계약상대자 또는 입찰자의 대리인 · 지배인 기타 사용인이 입찰 · 낙찰 또는 계약의 체결·이행과 관련하여 관계공무원에게 뇌물을 준 경우 국가계약법 시행령 제76조 제1항 제10호에 따라 계약상대자 또는 입찰자에 대하여 입찰참가자격을 제한하기 위해서는 자기책임의 원칙상 계약상대자 또는 입찰자가 그 대리인 · 지배인 기타 사용인에 대하여 감독상 주의의무 위반이 있는 경우에 해당하여야 하는데, 원고는 그 사용인인 소외 2에 대하여 철저한 교육을 실시하고 서약서까지 수령하는 등 감독상의 주의의무를 다하였으므로, 피고는 원고에 대하여 소외 2의 금품 공여 행위를 이유로 입찰참가자격을 제한할 수 없다.

국가계약법 시행령 제76조 제1항 제10호의 규정은 형벌규정과는 그 목적을 달리하는 것으로서 경쟁의 공정한 집행이나 계약의 적정한 이행을 해칠 우려가 있거나 입찰에 참가시키는 것이 부적합하다고 인정되는 자를 입찰에서 배제하기 위한 규정인 점, 그 대리인 · 지배인 기타 사용인이 입찰이나 계약의 이행과 관련하여, 즉 계약상대자 또는 입찰자를 위하여 관계인에게 뇌물을 공여하는 등의 행위를 하는 경우로 국한하여 규정하고 있는 점, 정당한 사유가 있으면 책임이 면제될 수 있는 점, 사용인이 뇌물을 공여하게 된 경위 등은 제재 내용을 정할 때 참작

될 수 있는 점 등에 비추어, 형벌을 부과함에 있어서의 책임주의 원칙과 동일하게 평가해야 한다는 전제에서 위 규정을 사업주가 그러한 부정행위를 승인 또는 묵인하는 등으로 사업주 자신의 부정행위로 평가할 수 있는 경우에 한해서만 그 사업주에 대해 입찰참가자격을 제한할 수 있다고 제한적으로 해석해야 한다는 원고의 주장은 이유 없다.

4) 입찰참가자격제한처분의 재량권 일탈 · 남용

소외 2가 피고의 직원인 소외 1에게 교부한 뇌물 액수가 소액이라는 점, 소외 2는 소외 1의 거듭된 요구로 뇌물을 공여한 점, 소외 2의 금품 제공이 이 사건 공사의 이행과정에 전혀 영향을 미치지 아니한 점, 원고는 그동안 공사관련 부정행위를 방지하기 위해 최선을 다해 온 점, 원고는 지금까지 여러 공공사업 공사에 참여하여 성실하게 시공해온 업체로서 그 과정에서 제재처분을 받은 전력이 전혀 없는 점, 원고가 이 사건 처분으로 인하여 상당한 어려움을 겪게 되는 점, 원고는 이 사건 처분으로 인한 입찰참여자격 제한 기간이 종료된 이후에도 이 사건 처분으로 인하여 관급공사 입찰에서 계속 불이익을 받을 수밖에 없는 점, 피고의 잘못도 작지 아니한 점 등 제반사정에 비추어 보면, 이 사건 처분은 원고에게 너무 가혹하여 재량권을 일탈·남용한 위법한 처분이다.

앞서 든 증거에 변론 전체의 취지를 종합하면, 소외 2가 소외 1에게 교부한 뇌물 액수가 2,000,000원으로 비교적 소액인 사실, 소외 2는 소외 1의 요구로 뇌물을 공여한 사실, 소외 2는 검찰에서 기소유예 처분을 받은 사실은 인정할 수 있으나, 위 인정사실 및 그 밖에 원고가 주장하는 여러 사정을 감안한다고 하더라도, 공공기관법 제39조 제2항에서 부정당업자의 입찰참가자격을 제한하는 제도를 둔 취지는 공공기관을 당사자로 하는 계약에서 공정한 입찰 및 계약질서를 어지럽히는 행위를 하는 자에 대하여 일정기간 동안 입찰참가를 배제함으로써 공공기관이 체결하는 계약의 성실한 이행을 확보함과 동시에 공공기관이 입게 될 불이익을 미연에 방지하기 위한 것인 점, 입찰참가자격 제한은 적극적으로 현상을 변경하는 제재처분이 아니고, 공정성 확보에 실패한 당사자와 일정한 거리를 유지하면서 냉각기를 거치자는 현상유지 제재처분인 점, 이 사건은 국가계약법 시행령 제76조 제1항 각 호에서 정한 여러 가지의 부정당업자 입찰참가자격 제한사유 중 뇌물공여행위라는 범죄행위에 기인한 것으로 그 위반의 정도가 결코 가볍다고 볼 수 없는 점, 국가계약법 시행규칙 제76조 제1항 [별표 2] 제12호는 뇌물공여 액수에 따라 제재기간을 달리 정하고 있고, 피고의 이 사건 처분은 위 기준에 따라 이루어진 것인 점, 위와 같은 사정을 참작하여 위 기준에서 정한 최소한의 제한기간인 3월(라목)보다도 더 단축된 기간으로 이 사건 제재기간을 정한 것인 점, 최소한의 제한기간은 1월인 점 등의 사정에 비추어 보면, 피고의 이 사건 처분이 지나치게 가혹하다거나 관계 이익을 제대로 형량하지 아니하여 재량권을 일탈·남용하였다고 볼 수 없으므로, 원고의 위 주장 역시 이유 없다.

2. 서울고등법원

서울고등법원은 제1심을 파기하고 원고의 청구를 인용하였다.[3)]

1) 공공기관법 제39조 제2항을 해석·적용함에 있어서 계약사무규칙 제15조 제1항이 구속력을 가지는지 여부

피고는 공공기관법 제39조 제2항이 정한 '계약의 적정한 이행을 해칠 것이 명백할 것'은 부정당업자 입찰 참가 제한 조치에 필요한 별도 요건이 아니라 그 목적이 '계약의 적정한 이행'에 있다는 것을 규정한 것일 뿐이고, '계약의 적절한 이행을 해칠 것이 명백한 경우'를 유형화한 것이 계약사무규칙 제15조 제1항에 의하여 준용되는 국가계약법 시

3) 서울고등법원 2011.4.13. 선고 2010누21145 판결부정당업자제재처분취소].

행령 제76조 제1항 각 호에서 정한 사유들이므로, 위 각 호 중 어느 하나에 해당하면 곧바로 '계약의 적정한 이행을 해칠 것이 명백한 경우'가 된다고 주장한다.

2) 공공기관법 제39조 제2항은, "공기업·준정부기관은 공정한 경쟁이나 계약의 적정한 이행을 해칠 것이 명백하다고 판단되는 사람·법인 또는 단체 등에 대하여 2년의 범위 내에서 일정기간 입찰참가자격을 제한할 수 있다"고 규정하고 있어, '공정한 경쟁이나 계약의 적정한 이행을 해칠 것이 명백하다고 판단되는 사람 등'에 해당하는 것이 입찰 참가 자격을 제한할 수 있는 요건임이 명백하고, 따로 법률에서 '공정한 경쟁이나 계약의 적정한 이행을 해칠 것이 명백하다고 판단되는 사람 등'을 정하는 요건을 명령이나 규칙 등에 위임하고 있지 않다. 제39조 제3항(2008. 2. 29. 법률 제8852호로 개정되기 전의 것)에서 "제2항의 규정에 따른 … 입찰참가자격의 제한기준 등에 관하여 필요한 사항은 기획재정부령으로 정한다"고 규정하고 있으나, 이 조항은 그 문언에 비추어 보더라도 법률에서 정하고 있는 입찰 참가 제한을 할 수 있는 요건인 '공정한 경쟁이나 계약의 적정한 이행을 해칠 것이 명백하다'는 사유를 구체적으로 정할 수 있게 위임하는 규정이 아니다.

계약사무규칙 제15조 제1항에 의하여 준용되는 국가계약법 시행령 제76조 제1항 각 호 사유가 '계약의 적정한 이행을 해칠 것이 명백한 경우'를 유형화한 것이라 하여도 이는 행정청이 따라야 할 내부 사무처리 지침 성격을 가질 뿐 국가계약법 시행령 제76조 제1항 각 호에 해당하면 무조건 '계약의 적정한 이행을 해칠 것이 명백한 경우'라고 보아야 하는 대외적 구속력을 가지지는 않는다.

3) 설령 공공기관법 제39조 제3항이 '공정한 경쟁이나 계약의 적정한 이행을 해칠 것이 명백하다'는 사유를 구체적으로 정할 수 있게 위임하는 규정이라 하여도 이에 따른 계약사무규칙 제15조 제1항은 다음과 같은 점에 비추어 위임 범위를 벗어나므로 그 범위에서는 구속력이

없다.

행정규칙인 부령이나 고시가 법령이 한 수권에 의하여 법령을 보충하는 사항을 정하고 있다 하더라도 그 규정 내용이 법령이 위임한 범위를 벗어난 것일 경우에는 법규명령으로서 대외적 구속력을 인정할 여지는 없다(대법원 1999. 11. 26. 선고 97누13474 판결 등 참조).[4] 부정당업자 입찰 참가자격 제한 조치 관련 법령 비교에서 확인된 바와 같이 국가계약법에서는 계약의 적정한 이행을 해칠 '염려가 있거나' 기타 입찰에 참가시키는 것이 부적합하다고 인정되는 자에 대하여 대통령령이 정하는 바에 따라 입찰 참가 자격을 '제한하여야 한다'고 규정하고 있는 반면, 공공기관법에서는 '계약의 적정한 이행을 해칠 것이 명백하다'고 판단되는 자에 대하여 입찰 참가 자격을 '제한할 수 있다'고 하면서 입찰 참가 자격의 제한기준 등에 관하여 필요한 사항은 기획재정부령으로 정한다고 규정하고 있다. 이를 종합하여 보면 우리 입법자들은 공기업 등이 가지는 공공성과 특수성을 고려하여 공기업 등이 행하는 계약에 관하여 국가계약법을 참조한 부정당업자 입찰 참가 제한 제도를 도입하면서도 또 다른 특성인 사경제 활동 주체로서 갖는 기업성에 주목하여 일반 경쟁입찰 방식이라는 계약 원칙을 최대한 보장하기 위하여 공기업 등이 행하는 입찰 참가 자격 제한 조치에 대하여는 단순히 계약의 적정한 이행을 해칠 염려가 있는 차원을 넘어 이를 해할 것이 명백하다고 판단되는 경우에 한하여 재량적으로 참가 자격 제한 여부를 선택할 수 있도록 하고 있다. 공공기관법 위임에 따라 공기업 등이 행하는 부정당업자 입찰 참가 제한 조치 요건을 구체화하면서 위와 같은 입법적 결단에 따른 법률 규정 차이를 무시한 채 단순히 국가계약법령에서 정한 요건을 그대

4) 정하중, 정하중 교수는 부령을 행정규칙으로 법적 평가를 내리는 대법원의 판례에 대해서 어떠한 근거에 의해서 그렇게 평가를 할 수 있는지 반문하면서, 우리 헌법 제75조와 제95조에서 부령을 법규명령으로 명백하게 인정하고 있는데, 대법원에서 이러한 헌법규정에 배치되는 판례를 내놓은 이유에 대해서 의문을 표시하였다.

로 답습하여 계약의 적정한 이행을 해칠 우려(염려)가 있는 경우에 관하여 규정한 국가계약법 시행령 제76조 제1항 각 호 소정 사유에 해당하기만 하면 반드시 입찰 참가 자격을 제한해야만 하도록 규정하고 있는 계약사무규칙 제15조 제1항 중 입찰 참가 자격 제한 요건 관련 조항은 공공기관법 제39조 제3항에 의하여 기획재정부령으로 정하도록 위임된 사항을 벗어난다.

4) 계약사무규칙 제15조 제1항이 정한 입찰 참가 자격 제한 요건(이 사건에서는 위 조항에 의하여 준용되는 국가계약법 시행령 제76조 제1항 제10호가 정하는 '계약 이행과 관련하여 관계 공무원에게 뇌물을 준 자'라는 요건)에 구속력을 인정할 수 없다면, 원고 현장 소장인 소외 2가 피고 현장 감독관인 소외 1에게 200만 원을 교부한 것과 관련하여 원고를 공공기관법 제39조 제2항이 정한 '계약의 적정한 이행을 해칠 것이 명백하다고 판단되는 자'로 인정할 수 있는지 판단하여야 한다. 이를 위하여는 부정당업자 입찰 참가 자격 제한 제도 목적 등과 함께 당사자들 간 관계, 금전 지급 경위, 지급된 금액 등 관련 사정을 종합적으로 고려하여야 한다.

3. 대법원

대법원은 원심, 즉 서울고등법원의 판결을 지지하였다.[5]

1) 상고이유 제1점에 대하여

가. 법령에서 행정처분의 요건 중 일부 사항을 부령으로 정할 것을 위임한 데 따라 시행규칙 등 부령에서 이를 정한 경우에 그 부령의 규정은 국민에 대해서도 구속력이 있는 법규명령에 해당한다고 할 것이지만, 법령의 위임이 없음에도 법령에 규정된 처분 요건에 해당하는 사항

5) 대법원 2013. 9. 12. 선고 2011두10584 판결 [부정당업자제재처분취소].

을 부령에서 변경하여 규정한 경우에는 그 부령의 규정은 행정청 내부의 사무처리 기준 등을 정한 것으로서 행정조직 내에서 적용되는 행정명령의 성격을 지닐 뿐 국민에 대한 대외적 구속력은 없다고 보아야 한다(대법원 1992. 3. 31. 선고 91누4928 판결 참조). 따라서 어떤 행정처분이 그와 같이 법규성이 없는 시행규칙 등의 규정에 위배된다고 하더라도 그 이유만으로 처분이 위법하게 되는 것은 아니라 할 것이고, 또 그 규칙 등에서 정한 요건에 부합한다고 하여 반드시 그 처분이 적법한 것이라고 할 수도 없다. 이 경우 처분의 적법 여부는 그러한 규칙 등에서 정한 요건에 합치하는지 여부가 아니라 일반 국민에 대하여 구속력을 가지는 법률 등 법규성이 있는 관계 법령의 규정을 기준으로 판단하여야 한다.

나. 공공기관의 운영에 관한 법률(이하 '공공기관법'이라 한다)은 정부가 출연한 공기업 등이 발주하는 계약 등과 관련하여 제39조 제2항에서 부정당업자에 대한 입찰참가자격을 제한하는 요건 및 기준 등을 규정하면서, "공기업 · 준정부기관은 공정한 경쟁이나 계약의 적정한 이행을 해칠 것이 명백하다고 판단되는 사람 · 법인 또는 단체 등에 대하여 2년의 범위 내에서 일정 기간 입찰참가자격을 제한할 수 있다"고 하고, 그 제3항은 제2항에 따른 입찰참가자격의 제한기준 등에 관하여 필요한 사항은 기획재정부령으로 정한다고 규정하고 있다.

그런데 그 위임에 따라 제정된 공기업 · 준정부기관 계약사무규칙은 제15조 제1항(이하 '이 사건 규칙 조항'이라 한다)에서 "기관장은 경쟁의 공정한 집행이나 계약의 적정한 이행을 해칠 우려가 있거나 입찰에 참가시키는 것이 부적합하다고 인정되는 자로서 국가를 당사자로 하는 계약에 관한 법률 시행령 제76조 제1항 각 호의 어느 하나에 해당되는 계약상대자 또는 입찰참가자에 대하여는 1개월 이상 2년 이하의 범위에서 그 입찰참가자격을 제한하여야 한다"고 하고, 제2항에서 "제1항에 따른 입찰참가자격의 제한에 관한 기간, 제한기간의 가감, 그 밖에 필요한 사항은 국가를 당사자로 하는 계약에 관한 법률 시행규칙 제76조에서 정하는 바에 따른다"고 규정하고 있다.

위와 같은 공공기관법 및 이 사건 규칙 조항의 내용을 대비해 보면, 입찰참가자격 제한의 요건을 공공기관법에서는 '공정한 경쟁이나 계약의 적정한 이행을 해칠 것이 명백할 것'을 규정하고 있는 반면, 이 사건 규칙 조항에서는 '경쟁의 공정한 집행이나 계약의 적정한 이행을 해칠 우려가 있거나 입찰에 참가시키는 것이 부적합하다고 인정되는 자'라고 규정함으로써, 이 사건 규칙 조항이 법률에 규정된 것보다 한층 완화된 처분요건을 규정하여 그 처분대상을 확대하고 있다. 그러나 공공기관법 제39조 제3항에서 부령에 위임한 것은 '입찰참가자격의 제한기준 등에 관하여 필요한 사항'일 뿐이고, 이는 그 규정의 문언상 입찰참가자격을 제한함에 있어서 그 기간의 정도와 가중·감경 등에 관한 사항을 의미한다고 할 것이지 처분의 요건까지를 위임한 것이라고 볼 수는 없다. 따라서 이 사건 규칙 조항에서 위와 같이 처분의 요건을 완화하여 정한 것은 상위법령의 위임 없이 규정한 것이므로 이는 앞서 본 법리에 비추어 행정기관 내부의 사무처리준칙을 정한 것에 지나지 아니한다 할 것이다.

원심이 같은 취지에서 이 사건 규칙 조항이 대외적 구속력이 없다고 판단한 것은 정당하고, 거기에 피고가 주장하는 위임규정의 존부 등에 관한 법리를 오해한 위법은 없다.

2) 상고이유 제2점에 대하여

가. 이 사건 규칙 조항은 앞서 살펴본 바와 같이 행정기관 내부의 사무처리준칙을 정한 행정규칙에 불과하므로 이 사건 처분이 적법한지 여부는 위 규칙에 적합한지 여부가 아니라 공공기관법의 규정과 입법목적 등에 적합한지 여부에 따라 판단하여야 한다.

그런데 다 같이 입찰참가자격 제한에 관하여 규정한 국가를 당사자로 하는 계약에 관한 법률(이하 '국가계약법'이라 한다)과 공공기관법을 대비해 보면, 그 규정 내용이나 규정 방식에 상당한 차이가 있다. 우선 국가계약법은 그 목적을 계약업무의 원활한 수행만을 들고 있는 것과 달리 공공기관법은 공공기관의 사경제 주체성에도 주목하여 공공기관의 경영합리화와 대국민서비스 증진을 목적으로 하고 있다(각 제1조). 입찰참가자격 제한의 요건 등과 관련해서도, 국가계약법은 경쟁의 공정한 집행 또는 계약의 적정한 이행에 대한 침해의 '염려'나 입찰에 참가시키는 것이 '부적합'하다고 인정되는 경우 등 그 대상을 폭넓게 규정하면서도, 그 요건에 해당하면 입찰참가자격을 제한하여야 한다고 하여 기속규정의 형식을 취하고 있는 반면(제27조 제1항), 공공기관법[6]은 공정한 경쟁이나 계약의 적정한 이행을 해칠 것이 '명백'한 경우로 요건은 더 제한적으로 규정하면서도 제한 여부에 대해서는 '제한할 수 있다'고 하여 처분 재량을 인정하고 있다. 따라서 행위 태양이 동일하더라도 국가계약법이 적용될 경우에는 입찰참가자격이 제한되지만 공공기관법이 적용될 경우에는 제한되지 않는 경우를 법률이 이미 예정하고 있다고 할 수 있다.

나. 원심판결 이유와 원심이 적법하게 채택한 증거에 의하여 알 수 있는 이 사건의 사실관계는 다음과 같다.

① 이 사건 공사의 발주자인 피고 측 직원으로서 공사현장 감독관인 소외 1은 시공사인 원고 측이 자신의 요구를 거절하지 못한다는 사정을 잘 알고서 원고 측 현장소장 소외 2에게 현장에 아는 업체가 들어가 일할 수 있게 해 달라거나 금품을 달라는 요구를 수차례 하였다.

② 소외 2는 처음에는 이를 거절하다가 개인 돈을 마련하여 원활하

---

6) http://likms.assembly.go.kr/bill/:공공기관법의 제안이유: 공공기관의 자율책임경영체제 확립을 통해 공공기관의 대국민 서비스 증진에 기여할 수 있도록 하기 위하여 공공기관의 범위 설정과 유형구분 및 평가·감독 시스템 등 공공기관의 운영에 관하여 필요한 사항을 정하려는 것임.

게 공사진행을 하게 해 달라고 하면서 소외 1에게 두 차례에 걸쳐 200만 원을 교부하였는데, 이와 관련하여 배임수재죄로 기소유예 처분을 받았고, 소외 1은 이에 따른 배임수재죄 및 다른 시공 업체 대표로부터 7회에 걸쳐 합계 1천만 원 상당의 뇌물을 수수한 데 따른 뇌물수수죄 등으로 유죄 판결을 받았다.

③ 원고는 예정대로 이 사건 공사를 모두 마친 후 피고로부터 준공검사를 받았고, 약정한 공사대금도 모두 지급받았으며, 그 과정에서 부실공사 등을 비롯한 다른 위법 문제가 생긴 바는 없다.

④ 원고는 연 평균 수주액이 약 1조 7,400억 원에 이르므로, 이 사건 처분으로 인하여 입찰참가자격이 제한되는 기간의 수주액 손실은 산술적으로 약 2,100억 원 이상에 이른다.

이러한 인정 사실에서 나타나는 금원 지급의 경위, 그 금액 정도, 그로 인한 영향 등을 앞서 본 공공기관법의 목적, 입찰참가제한 규정의 내용과 취지 등에 비추어 살펴보면, 이 사건 행위로 인하여 이 사건 계약의 적정한 이행을 해칠 것이 '명백'하다고 하기는 어렵다 할 것이다.

원심이 같은 취지에서 이 사건 처분이 위법하다고 판단한 것은 수긍할 수 있고, 거기에 피고 주장과 같은 공공기관법의 해석·적용에 관한 법리오해의 위법은 없다.

Ⅱ. 쟁점의 도출

법률에서 규정하고 있는 사항에 대해서 수권법률의 위임에 의거하여 하위법령에서 이를 보다 상세하게 규율할 수 있는바, 판례는 이러한 하위법령을 크게 대외적 구속력이 있는 법규명령과 그렇지 아니한 행정명령으로 구분하고 있다. 특히 하위법령에서 규율하는 것에 대해서 수권법률에 근거가 있는 경우를 법규명령으로 보고 수권의 근거가 없거나 수권의 근거가 있다손치더라도 그 범위를 벗어나서 제정된 경우를 행정명령으로 보아 다만 행정 내부의 사무처리준칙에 불과한 것으로 보고 있다. 이러한 점에서 계약사무규칙 제15조 제1항의 규정 역시 수권법률의 위임이 없거나 있었다 하더라도 그 위임범위를 벗어난 것으로서 행정 내부의 사무처리 준칙에 불과하다고 판시하였다.

이상의 판례를 읽고 분석하면서 논의의 초점이 위임입법을 중심으로 모아지는 것으로 판단하였다. 그래서 본고에서는 먼저 위임입법과 관련하여 위임입법의 의의와 필요성 그리고 위임입법에 대한 헌법상의 요청에 대해서 고찰하고 난 후에, 독일, 영국과 미국 그리고 프랑스의 위임입법에 대한 규범통제 시스템을 살펴본다. 그런 연후에 본 사안과 관련하여 내려진 대법원의 판례에 대해서 졸견을 밝히고자 한다.

Ⅲ. 위임입법에 대한 법적 고찰

A. 위임입법의 의의

입법권이 행정부에 위임되는 것은 권력분립과 관련하여 문제가 제기될 수 있으므로, 헌법상의 근거가 요청된다고 할 것이다. 우리 헌법 제40조는 "입법권은 국회에 속한다"고 규정하고 있는바, 이러한 헌법 제40조의 의의는 적어도 국민의 권리와 의무에 관한 사항을 비롯하여 국가의 통치조직과 작용에 관한 기본적이고 본질적인 사항은 반드시 국회가 정하여야 한다는 것으로서, 입법부가 기본적이고 본질적인 정책을 결정하여야 한다는 것이다. 그리고 헌법 제75조와 95조에서 위임입법의 근거를 마련하고 있다: "대통령은 법률에서 구체적으로 범위를 정하여 위임받은 사항과 법률을 집행하기 위하여 필요한 사항에 관하여 대통령령을 발할 수 있다(제75조).", "국무총리 또는 행정각부의 장은 소관사무에 관하여 법률이나 대통령령의 위임 또는 직권으로 총리령 또는 부령을 발할 수 있다(제95조)."

입법권은 원래 입법부에 속하는 것이기는 하지만, 여러 가지 필요성에 따라서 입법부가 아니라 행정부에게 위임하여 입법을 하는 경우가 있는데, 이를 위임입법이라고 할 수 있다. 위임입법이란 행정부가 법조의 형식에 의하여 일반적·추상적인 규정을 정립하는 것을 일컫는다.[7] 위임입법은 위임을 받아서 행하는 입법을 가리키는 것으로서 행정부가 행한다고 하여 행정입법이라고도 하며, 여기에는 크게 법규성을 지니는가의 여부에 따라서 법규명령과 행정규칙 내지 행정명령[8]으로 구분된다.[9]

위임입법이란 법률의 위임에 의하여 입법자로부터 위임받은 자가 입법권을 행사하여 이루어지는 입법으로서, 헌법 제40조에서 규정하고 있는 의회입법에 대조되는 개념으로 볼 수도 있을 것이다. 이러한 의미로 위임입법을 개념 정의하는 경우에 헌법 제75조의 요청을 위임입법의 한계라고 표현하는 것은 다소 어법에 문제가 있음을 지적하기도 한다. 왜냐하면, 헌법 제75조는 위임입법 그 자체에 대한 요청보다는 수권하는 법률에 대한 요청을 담고 있기 때문이다.[10]

---

7) 김용섭, 행정입법과 그에 대한 통제, 경희법학 34권제2호(1999년), 128면.

8) 박영도, 독일의 위임입법제도에 관한 연구, 한국외국어대 외법논집 제7집(1999년), 361면: 행정명령(Verwaltungsverordnung, Dienstanweisung)이란 행정기관의 내부에서 행정의 조직과 활동을 규정하기 위하여 발하는 명령으로서 행정기관에 의하여 그 기능영역에서 발하는 것이라는 점에서 의회의 기능영역에서 위임에 의하여 발해지는 행정기관의 파생적 법규인 법규명령과 구분된다. 행정명령은 국가기능으로서의 행정에 고유한 것이며, 개별 법률의 위임에 의거하여 비로소 부여되는 것이 아니다.

김용섭, 136면: 김용섭 교수는 행정명령에 대해서 다음과 같이 고유한 견해를 주장하고 있다: 행정명령이란 형식은 대통령령, 총리령, 부령 등 법규명령에 해당하나 그 실질이 대외적 구속력을 갖지 못한 경우로서, 행정규칙의 형식을 띠지 않기 때문에 법규명령도 아니고 행정규칙과도 구별되는 제3의 유형을 말한다.

9) 물론 사법부나 다른 국가기관이 법률의 위임에 의거하여 입법을 하는 경우도 포함되기는 하지만 주된 경우가 행정부가 행하는 경우이므로 본고에서는 이에 한정하여 다루기로 한다.

다음에서는 위임입법의 필요성과 위임입법에 대한 요청을 살펴보기로 한다. 위임입법에 대한 요청은 수권법률에 대한 요청과 위임입법에 대한 요청으로 구분할 수 있다.

B. 위임입법의 필요성

과거에는 행정부에 의한 입법은 권력분립의 원칙에 위배되는 것으로 보아 위임입법은 금지되기도 하였다.[11] 물론 입법권은 입법부에 의하

---

10) 한수웅, 본질성이론과 입법위임의 명확성원칙, 헌법논총 제14집(2003.12), 605면 이하: 헌법재판소의 판례나 학계의 문헌은 헌법 제75조의 헌법적 요청("법률에서 구체적으로 범위를 정하여")을 표현하기 위하여 일반적으로 위임입법의 한계"란 용어를 사용하고 있으나, 이러한 용어는 오해의 소지가 있을 뿐이 아니라 의미내용을 왜곡하는 것이다. … 위임된 입법권에 의하여 이루어지는 행정입법은 '위임입법'으로, 입법자가 행정부에 자신의 입법권을 위임하는 것은 '입법위임'으로, 입법권을 위임하는 법률은 '위임법률 또는 수권법률'로, 각 명확하게 구분하여 명칭해야 할 것이다.

11) 홍기종, 위임입법의 한계, 재판자료 제76집(1997년), 112면 이하: 미국 헌법 제1조 제1항은 이 헌법에 의하여 부여되는 모든 입법권은 연방의회(Congress)에 속한다고 규정하고 있는바 이는 몽테스키에의 3권분립론에 입각한 것으로 일반적으로 이해되고 있다. 이 권력분립의 원리에서 "입법권은 위임될 수 없다.(Delegata potestas non potest delegari)"는 원칙이 도출되었으나 이러한 위임금지원칙의 시행은 그다지 강력하지는 아니하였다.
이동수, 국가계약법제에 관한 행정법상 문제점, 토지공법연구 13집(2001년), 29면 각주 14): 삼권분립에 입각한 대표적인 헌법인 미국 연방헌법도 "이 헌법에 의해 부여되는 모든 입법권은 연방의회에 속한다. 연방의회는 상원과 하원으로 구성된다"(제1조 제1항)고 규정하였고, 또 제2조 및 제3조의 각 1항들도 행정권과 사법권을 대통령 및 법원에 각각 부여 한다고 규정하였다. 이에 대해 판례도 "국가의 모든 권한이 입법·행정·사법으로 분할되고 있는 것은 미국헌법제도상 매우 성공적인 것으로 생각되며, 이는 분할된 권한을 각기 독립된 기관에 위임하는 것을 의미하며 각 기관은 위임된 권한을 행사함에 명백한 한계가 있어야 한다"고 판시하였다(Kilbourn v. Thompson, 103 U.S. 168, 191, 262. Ed. 377(1881)). 이러한 원리에서는 당연히 "수여된 권한을 이를 타인에게 위임할 수 없다"는 정신이 도출되며, 결국 의회는 헌법제정권자(constituent people)에 의해 입법권을 위임받았으므로 이를 행정기관에게 위임해서는 안 된다는 것이다(G. Marshall,

여 행사되는 것이 가장 바람직하다고 할 수 있을 것이지만, 그러나 경우에 따라서는 입법부보다 행정부가 입법권을 행사하는 것이 바람직할 때가 있을 수 있다는 인식이 대두되었다. 이러한 위임입법의 필요성은 현대 복지국가로 나아가면서 더욱 더 행정의 역할이 커지면서 증가되고 있다. 다음에서는 위임입법이 필요한 이유에 대해서 살펴보기로 한다.12)

첫째, 현대 행정이 고도로 복잡하고 전문화·기술화되어 있어서 전문적·기술적 사항은 행정권이 규율하는 것이 더욱 적절할 수 있다는 것이다. 입법부에서 전문적이고도 기술적인 사항에 대해서까지 세세한 규율을 하기에는 무리가 따른다.

Constitutional Theory, (Oxford: Clarendon Press, 1980), p.113).

12) 김남진/김연태, 행정법I, 법문사, 2005, 139면 이하; 김철용, 행정법, 고시계사 2012, 118면; 김동희, 행정법(Ⅰ), 박영사, 2008, 135면 이하; 정하중, 행정법개론, 2012, 127면; 박균성, 행정법론(상), 박영사, 2011, 176면 이하; 강현호, 국가경영행정법(상), 2012, 222면 이하.

김용섭, 행정입법과 그에 대한 통제, 경희법학 34권제2호(1999년), 129면; 한수웅, 607면 이하; 박영도, 위임입법에 관한 연구, 한국법제연구원, 연구보고 99-04, 1996, 14면 이하.

헌법재판소 2003. 7. 24. 선고 2002헌바51 전원재판부【산업재해보상보험법제5조단서등위헌소원】: 산업재해보상보험법 제5조 단서는 예외적으로 산업재해보상보험법이 강제적용되지 않는 사업을 대통령령으로 정하도록 위임하는 것으로서 그 규율의 범위가 쉽게 한정될 뿐 아니라, 행정부가 대통령령으로 적용제외사업을 규정함에 있어 '위험률·규모 및 사업장소 등'을 참작하도록 함으로써 그 위임에 따라 대통령령에 규정될 내용과 범위에 관한 기본적 사항이 구체적으로 규정하고 있어서 산업재해보상보험의 보험료 부담을 감당하기 어렵거나 그 부담으로 인하여 사업 수행에 악영향을 받을 수 있는 영세사업 또는 재해발생률이 낮아서 산업재해보상보험을 강제로 시행하지 않아도 근로자 보호에 지장이 없는 사업 등이 대통령령에 적용제외사업으로 규정되리라는 것을 충분히 예측할 수 있으므로, 이 사건 법률조항은 위임입법의 명확성을 갖추고 있다. … 현대 사회복지국가에 있어서는 사회현상이 복잡·다기해지고 전문적, 기술적 행정기능이 요구됨에 따라 그때그때의 사회경제적 상황의 변화에 대하여 신속하고 적절히 대응할 필요성이 커지는 반면, 국회의 기술적·전문적 능력이나 시간적 적응능력에는 한계가 있기 때문에 국민의 권리·의무에 관한 것이라 하여 모든 사항을 국회에서 제정한 법률만으로 규정하는 것은 불가능하므로, 일정 사항에 관하여는 행정부에 입법권을 위임하는 것이 불가피하다.

둘째, 입법부의 심의에는 많은 시간이 소요되고 정치적인 이해관계가 작동하는 등 법률이 행정현상의 급속한 변화에 기민하게 대응할 수 없다는 것이다.

셋째, 행정권은 입법부보다는 덜 정치적이어서 사안에 대해서 보다 중립적인 입장에서 객관적으로 규율할 수 있는 경우도 있다.

넷째, 입법부의 입법만으로는 분야별 또는 지역별 특수사정까지 고려하기는 어렵다는 것 등이다.

다만, 이러한 위임입법의 증가로 인하여 의회입법의 원리가 상실될지도 모른다는 우려가 제기되고 있다. 위임입법 자체가 행정기관으로 하여금 정책을 결정토록 방임하는 결과로 연결될 수 있어서, 이는 곧 행정기관이 각종 이익단체 등의 압력의 대상이 될 수 있음으로 인하여 행정의 본질인 전문성이 침해받을 우려가 있고, 또한 위임입법이 의회의 의도를 충실히 반영할 수 있을지의 문제도 제기될 수 있고, 나아가 국가적 결정에 있어서 중요한 가치선택을 행정기관이 주로 하게 되는 문제도 야기하게 된다. 또한 위임입법은 국가가 사회국가적 요청의 수행을 위하여 광범위한 사회, 경제, 문화정책을 취하는 데 있어 그 실제적인 의미가 있지만 결정과정의 투명성에 있어서 약점을 안고 있는 것도 부인할 수 없다는 문제점들이 지적되고 있으므로 이러한 문제점들을 적절하게 개선하는 방향으로 나아가야 할 것이다.[13)]

C. 위임입법에 대한 법적 요청

1. 수권법률에 대한 헌법적 요청

a) 포괄위임의 금지

헌법 제75조의 규정 취지는 사실상 입법권을 백지위임하는 것과

13) 이동수, 국가계약법제에 관한 행정법상 문제점, 토지공법연구 13집(2001년), 30면; 김용섭, 행정입법과 그에 대한 통제, 경희법학 34권제2호(1999년), 129면.

같은 일반적이고 포괄적인 위임은 의회입법과 법치주의를 부인하는 것이 되어 행정권의 부당한 자의와 기본권행사에 대한 무제한적 침해를 초래할 위험이 있기 때문에, 이러한 위험을 사전에 방지하고자 함에 있다. 따라서 법률의 위임은 반드시 구체적·개별적으로 한정된 사항에 대하여 행하여져야 한다.

"그럼에도 불구하고 이 사건 법률조항에서는 그 지정취소 사유의 대강이라도 예측할 수 있게 규정하지 아니한 채 보건복지부장관에게 포괄적으로 백지위임하고 있으므로, 이는 헌법상 위임입법의 한계를 일탈한 것으로서 헌법 제75조 및 제95조에 위반되고, 나아가 우리 헌법상의 기본원리인 권력분립의 원리, 법치주의의 원리, 의회입법의 원칙 등에 위배된다고 할 것이다."14)

"구 정부투자기관관리기본법 제20조 제3항 중 "입찰참가자격의 제한기간을 재정경제부령으로 정하도록 한 부분"은 정부투자기관의 입찰참가자격제한처분권한을 규정한 구 정부투자기관관리기본법 제20조 제2항에서 자격제한기간의 상한을 정하지 않은 채 "일정기간"이라고 불명확하게 규정함으로 말미암아 하위법령인 재정경제부령에 자격제한기간을 전적으로 모두 위임한 것과 같은 결과를 초래하게 되었으므로 포괄위임금지원칙에 위반된다."15)

---

14) 헌법재판소 전원재판부 1998. 5. 28. 선고 96헌가1〔위헌〕【의료보험법 제33조 제1항 위헌제청】: 의료보험법 제33조(요양기관지정의 취소) ① 보험자 또는 보험자단체는 보건복지부장관이 정하는 바에 따라 요양기관의 지정을 취소할 수 있다. ② 보건복지부장관은 요양기관이 다음 각 호의 1에 해당하는 때에는 그 요양기관의 지정을 취소할 것을 보험자 또는 보험자단체에 명할 수 있다. 1. 제35조의 규정에 의한 요양급여나 분만급여의 비용의 청구에 있어서 부정이 있을 때 2. 제76조 제2항의 규정에 의한 명령에 위반하거나 허위보고를 하거나 관계공무원의 검사 또는 질문을 거부·방해 또는 기피한 때.

15) 헌법재판소 2005. 4. 28. 2003헌바40 전원재판부: 정부투자기관관리기본법 제20조 제2항 등 위헌소원.

b) 수권법률의 명확성

헌법 제75조와 제95조에 의하면 입법을 위임하는 경우 수권법률이 구체적으로 범위를 정하여 위임하도록 하고 있는바, 수권법률 그 자체로부터 무엇을 위임하는지에 대해서 명확하고 예측가능하여야 한다. 즉, 수권법률에서 '구체적으로 범위를 정하여' 위임하여야 하는바, 이는 대통령령 등 하위법규에 규정될 내용 및 범위의 기본사항이 법률에 가능한 한 구체적이고도 명확하게 규정되어 있어서 누구라도 당해 법률 그 자체로부터 대통령령 등에 규정될 내용의 대강을 예측할 수 있어야 함을 의미한다.

법률의 명확성원칙은 '법률의 수권은 그 내용, 목적, 범위에 있어서 충분히 확정되고 제한되어 있어서 국민이 행정의 행위를 어느 정도 예측할 수 있어야 한다'는 것을 의미한다.

"이 경우 법규범의 의미내용은 법규범의 문언뿐만 아니라 입법목적이나 입법취지, 입법연혁, 그리고 법규범의 체계적 구조 등을 종합적으로 고려하는 해석방법에 의하여 구체화하게 되므로 결국 당해 법률조항이 명확성원칙에 위반되는지 여부는 위와 같은 해석방법에 의하여 의미내용을 합리적으로 파악할 수 있는 해석기준을 얻을 수 있는지 여부에 달려 있다."[16)]

"그 예측가능성의 유무는 당해 특정법조항 하나만을 가지고 판단할 것은 아니고 관련 법조항 전체를 유기적 · 체계적으로 종합 판단하여야 하며, 각 대상법률의 성질에 따라 구체적 · 개별적으로 검토하여야

---

16) 헌법재판소 2012.8.23. 선고 2010헌바28 전원재판부【구토양환경보전법 제2조 제3호 등 위헌소원】.
대법원 2007. 5. 17. 선고 2006두8648 전원합의체 판결: 위임의 목적 · 내용 · 범위와 그 위임에 따른 행정입법에서 준수하여야 할 목표 · 기준 등의 요소가 미리 규정되어 있는 것을 가리키며, 이러한 위임이 있는지 여부를 판단함에 있어서는 직접적인 위임 규정의 형식과 내용 외에 당해 법률의 전반적인 체계와 취지 · 목적 등도 아울러 고려하여야 한다.

한다."[17)]

"위임명령은 법률이나 상위명령에서 구체적으로 범위를 정한 개별적인 위임이 있을 때에 가능하고, 여기에서 구체적인 위임의 범위는 규제하고자 하는 대상의 종류와 성격에 따라 달라지는 것이어서 일률적 기준을 정할 수는 없지만, 적어도 위임명령에 규정될 내용 및 범위의 기본사항이 구체적으로 규정되어 있어서 누구라도 당해 법률이나 상위명령으로부터 위임명령에 규정될 내용의 대강을 예측할 수 있어야 하나, 이 경우 그 예측가능성의 유무는 당해 위임조항 하나만을 가지고 판단할 것이 아니라 그 위임조항이 속한 법률이나 상위명령의 전반적인 체계와 취지·목적, 당해 위임조항의 규정형식과 내용 및 관련 법규를 유기적·체계적으로 종합 판단하여야 하고, 나아가 각 규제 대상의 성질에 따라 구체적·개별적으로 검토함을 요한다."[18)]

"그렇다면 이 사건 법률조항은 법률에서 그 대강의 내용을 규정한 다음 대통령령에 의하여 부분적인 보충을 할 수 있도록 하는 입법방식을 취한 것으로서, 특별법 제11조 제1호 내지 제5호에 적시된 구체적 사례들을 통하여 대통령령에 의하여 보충될 내용의 대강을 예측할 수 있다고 할 것이므로, 이를 포괄위임금지의 원칙에 관한 헌법 제75조에 위반된다고 볼 수는 없고, 대통령령에 관한 수권법률인 이 사건 법률조항이 헌법 제38조, 제59조의 헌법적 특별규정인 헌법 제75조에 위배되지 않는 이상, 일반규정인 헌법 제38조, 제59조에 위반되는 것으로 볼 수도 없다."[19)]

"그렇다면, '공정한 경쟁 또는 계약의 적정한 이행을 해칠 것이 명백하다고 판단되는 자'는 정부투자기관의 계약당사자가 계약체결과 그 이행과정에서 불공정한 행위를 하여 계약의 공정성과 적정성을 해치고

17) 헌법재판소 2003. 7. 24. 선고 2002헌바82 전원재판부.
18) 대법원 2004. 01. 29. 선고 2003두10701.
19) 대법원 2007.10.26. 선고 2007두9884 판결【광역교통시설부담금부과처분취소】.

투자기관이 계약을 통해 달성하려는 목적을 해할 수 있는 자임을 넉넉히 예측할 수 있다. 정부투자기관이 계약을 체결함에 있어서 공정한 경쟁 또는 계약의 적정한 이행을 해칠 것이 명백하다고 판단되는 자에 대하여 일정기간 입찰참가자격을 제한할 수 있도록 한 정부투자기관관리기본법 제20조 제2항은 입찰참가자격제한의 핵심적·본질적 요소라고 할 수 있는 자격제한기간을 특정하지 않은 채 단지 "일정기간"이라고만 규정하여 입찰참가자격 제한기간의 상한을 정하지 않고 있는바, 이는 자격제한사유에 해당하는 자로 하여금 위 조항의 내용만으로 자격제한의 기간을 전혀 예측할 수 없게 하고 동시에 법집행당국의 자의적인 집행을 가능하게 하는 것이므로 위 법률조항은 명확성의 원칙에 위반된다."[20]

c) 의회유보사항에 대한 위임입법금지

헌법은 국적취득요건, 죄형법정주의, 재산권의 수용 및 보상, 조세법률주의, 행정각부의 설치, 지방자치단체의 종류 등을 포함하여 기본권의 제한과 관련한 중요한 사항들은 법률로 정하도록 규정하고 있다. 이러한 헌법규정들은 上記의 사항들이 매우 중요하므로 법률로서 정하도록 규정한 것이라고 볼 수 있다. 그렇다면 이러한 사항들은 대체로 의회

---

20) 헌법재판소 2005. 4. 28. 2003헌바40 전원재판부 정부투자기관관리기본법 제20조 제2항 등 위헌소원: 정부투자기관관리기본법 제20조 (회계원칙 등) ① 생략 ② 투자기관은 계약을 체결함에 있어서 공정한 경쟁 또는 계약의 적정한 이행을 해칠 것이 명백하다고 판단되는 자에 대하여는 일정기간 입찰참가자격을 제한할 수 있다. ③ 제1항 및 제2항의 규정에 의한 회계처리 및 계약의 기준·절차 및 입찰참가자격의 제한 등에 관하여 필요한 사항은 재정경제부령으로 정한다.
정부투자기관회계규칙 제23조 (부정당업자의 입찰참가자격 제한) ① 투자기관의 사장은 경쟁의 공정한 집행 또는 계약의 적정한 이행을 해할 우려가 있거나 입찰에 참가시키는 것이 부적합하다고 인정되는 자로서 다음 각 호에 해당하는 계약상대자 또는 입찰참가자(계약상대자 또는 입찰참가자의 대리인·지배인 기타 사용인을 포함한다)에 대하여는 1월 이상 2년 이하의 범위 내에서 그 입찰참가자격을 제한하여야 한다. …

유보사항으로서 법률로 규율하든지 또는 의회가 세세한 사항까지도 규율하여야 하며, 행정입법에 위임할 수는 없다고 볼 것이다.[21]

"안마사에관한규칙 제3조(2000. 6. 16. 보건복지부령 153로 개정된 것) 제1항이 앞을 보지 못하는 사람이 아닌 사람은 안마사자격을 원천적으로 받을 수 없도록 이를 제외하는 기준 내지 범위(이른바 非盲除外基準)를 안마사의 자격인정요건으로 설정하고 있는 것은 국민들이 안마사 직업을 자유로이 선택할 수 없도록 제한하는 것이므로 이는 기본권의 제한과 관련된 중요하고도 본질적인 사항이어서 마땅히 법률로 정하는 것이 원칙(이른바 의회유보의 원칙)이고 하위법규에 그 입법을 위임할 수는 없는 문제이다. 그러므로 우선 법 제61조 제4항이 비맹제외와 같은 기본권과 관련된 본질적인 사항을 하위법규에 입법위임을 한 것은 의회유보의 원칙에 어긋나서 위헌임을 면할 수 없다."[22]

2. 위임입법에 대한 법적 요청

헌법 제40조와 제75조에 의하면 입법권은 국회에 속하고, 대통령은

---

21) 헌법재판소 2008. 11. 27. 2005헌마161·189(병합) 전원재판부【게임제공업소의 경품취급기준고시 위헌확인】: 재판관 조대현, 재판관 김종대, 재판관 목영준의 반대의견: 우리 헌법상 법률이 행정규칙 등에 위임할 수 있는 사항은 헌법 제75조 후단이 명시한 바와 같이 집행명령에 의하여 규정할 수 있는 사항 또는 법률의 의미를 구체화하는 사항에 한정되어야 하고, 새로운 입법사항이나 국민의 새로운 권리·의무에 관한 사항은 행정규칙 등에 위임할 수 없다고 할 것이다. 따라서 이 사건 모법조항은 행정적 제재의 요건이나 범죄구성요건, 즉 권리·의무에 관한 법규적 사항을 헌법상 열거된 법규명령이 아닌 '문화관광부장관의 고시'에 직접 위임한 것으로서 헌법에 위반된다고 하지 않을 수 없으므로, 위헌인 법률에 근거하여 제정된 이 사건 심판대상규정을 포함한 이 사건 고시 역시 그 내용이 청구인들의 기본권을 침해하였는지 여부를 판단할 필요 없이 헌법에 위반된다.

22) 헌법재판소 2003. 6. 26. 선고 2002헌가16 전원재판부【구 의료법 제67조 등 위헌제청】: 의료법 제61조 ④ 안마사의 자격인정, 그 업무한계 및 안마시술소 또는 안마원의 시설기준등에 관하여 필요한 사항은 보건복지부령으로 정한다. <개정 1986.5.10., 1997.12.13. 법5454, 2002.12.5.>

법률에서 구체적 범위를 정하여 위임받은 사항과 법률을 집행하기 위하여 필요한 사항에 관하여 대통령령을 발할 수 있으므로, 법률의 시행령은 모법인 법률에 의하여 위임받은 사항이나 법률이 규정한 범위 내에서 법률을 현실적으로 집행하는 데 필요한 세부적인 사항만을 규정할 수 있을 뿐이고, 법률에 의한 위임이 없는 한 법률이 규정한 개인의 권리·의무에 관한 내용을 변경·보충하거나 법률에 규정되지 아니한 새로운 내용을 규정할 수는 없다.[23] 법률이 특정 사안과 관련하여 시행령에 위임을 한 경우 시행령이 위임의 한계를 준수하고 있는지를 판단할 때는 당해 법률 규정의 입법 목적과 규정 내용, 규정의 체계, 다른 규정과의 관계 등을 종합적으로 살펴야 한다.

"특정 사안과 관련하여 법률에서 하위 법령에 위임을 한 경우 하위 법령이 위임의 한계를 준수하고 있는지 여부를 판단할 때는 당해 법률 규정의 입법 목적과 규정 내용, 규정의 체계, 다른 규정과의 관계 등을 종합적으로 살펴야 하는바, 위임 규정 자체에서 그 의미 내용을 정확하게 알 수 있는 용어를 사용하여 위임의 한계를 분명히 하고 있는데도 그 문언적 의미의 한계를 벗어났는지 여부나, 수권 규정에서 사용하고 있는 용어의 의미를 넘어 그 범위를 확장하거나 축소하여서 위임 내용을 구체화하는 단계를 벗어나 새로운 입법을 하였는지 여부 등도 고려되어야 한다."[24]

"그럼에도 구 화물자동차법 시행령 제6조 제1항 [별표 1] 제12호 (가)목은 '1건의 교통사고로 인하여 2인 이하가 중상을 입은 때'를 위반차량 운행정지처분의 대상으로 규정함으로써 결과적으로 1인의 중상자가 발생한 경우도 구 화물자동차법상 제재 대상으로 삼고 있다. 앞서 본 '많은'의 문언적 의미를 비롯하여 구 화물자동차법의 입법 목적, 규정 내

23) 대법원 2012.7.5. 선고 2011두19239 전원합의체 판결【국방·군사시설사업실시계획승인처분무효확인등】.

24) 대법원 2010.04.29. 선고 2009두17797 판결[기반시설부담금부과처분취소].

용, 규정 체계 등을 종합하면, 구 화물자동차법 시행령 제6조 제1항 [별표 1] 제12호 (가)목에 규정된 ‘2인 이하가 중상을 입은 때’ 중 ‘1인이 중상을 입은 때’ 부분은 모법인 구 화물자동차법 제19조 제1항 및 제2항의 위임범위를 벗어난 것으로서 무효이다.”[25)]

“구 군인보수법 제10조가 형성한 재산권인 군인의 근속가봉에 관한 보수청구권의 내용을 제한한 공무원보수규정 제30조의2 제3항은 모법의 위임 없이 제정되었고 모법이 허용하고 있는 규율 범위를 벗어난 것으로서 무효이다.”[26)]

“도로교통법시행규칙(1987.8.1. 교통부령 제861호) 제2조의2와 관련하여, 도로교통법시행규칙 제2조의2, 도로교통법 제2조 제15호의 규정에 의한 '원동기장치 자전거'라 함은 자동차관리법 제3조의 규정에 의한 2륜자동차 중 총배기량 125cc 이하의 2륜자동차(50cc 미만의 원동기를 단 자전거를 포함한다)를 말한다고 규정함으로써 50cc 미만의 것도 ‘원동기장치 자전거’에 포함시키고 있는바, 이 규정의 모법인 도로교통법 제2조 제15호는 자동차관리법 제3조의 규정에 의한 2륜자동차 중에서 내무부령으로 ‘원동기장치 자전거’를 분류 지정하도록 위임하고 있는데 내무부령이 아닌 교통부령으로 ‘원동기장치 자전거’를 분류 지정한 것이므로 모법이 규정한 시행규칙의 소관사항을 무시한 것이어서 모법규정에 저촉될 뿐만 아니라, 자동차관리법 제3조 및 동법시행규칙 제2조 소정의 2륜자동차는 배기량 50cc 이상 또는 정격출력 0.59KW 이상의 것만을 말하므로 배기량 50cc 미만의 차는 위 2륜자동차에 해당하지 아니하여 ‘원동기장치 자전거’로 분류할 여지가 없음에도 불구하고 위 도로교통법 시행규칙 제2조의2가 그 괄호안에서 배기량 50cc 미만의 차를 2륜자동차에 포함시켜 ‘원동기장치 자전거’로 규정한 것은 위 모법의 위임규정

25) 대법원 2012.12.20. 선고 2011두30878 전원합의체 판결[화물자동차운행정지처분취소].

26) 대법원 2009.5.21. 선고 2005두1237 전원합의체 판결【임금】.

에 명백히 위반되는 것이어서 이 규정은 무효이다."[27]

"구 사립학교교원 연금법 시행령 제66조 제2항은 형사재판이나 수사가 계속중이라는 사유만으로 아무런 구별없이 급여수급권자로 하여금 급여의 일부를 지급받을 수 없게 함으로써 형사재판이나 수사가 장기화되는 경우에는 그 기간 동안 실질적으로 급여가 감액되는 것과 같은 결과를 초래하여 급여수급권자의 권리를 중대하게 제한하고 있음이 분명함에도 불구하고 같은 법 시행령의 모법인 사립학교교원 연금법이나 같은 법 제42조에 의하여 그 일부 조항이 준용되는 공무원연금법 제64조 기타 다른 법률에 위와 같이 사립학교교직원 또는 교직원이었던 자가 재직 중의 사유로 금고 이상의 형에 처할 범죄행위로 인하여 수사가 진행중이거나 형사재판이 계속중인 때에 퇴직급여액의 일부 지급을 유보할 수 있다거나 이 점에 관하여 대통령령에 위임한다는 아무런 근거규정을 찾아볼 수 없으며, 공무원연금법의 같은 조항은 그 규정의 명문에 비추어 볼 때 재직중의 사유로 금고 이상의 형을 받은 경우(이는 그 형을 선고한 재판이 확정된 경우를 의미하는 것으로 해석된다)에 급여액의 일부를 감액 지급하는 데 대한 위임의 근거규정일 뿐, 아직 금고 이상의 형을 받기도 전에 그 급여 일부의 지급을 유보할 수 있다는 점에 관하여서까지 대통령령에 위임한 것으로 볼 수 없음이 명백하고, 재직 중의 사유로 금고 이상의 형을 받을 개연성이 높은 경우에는 사전에 급여액의 지급 일부를 유보하는 것이 사립학교교원 연금법의 입법취지에 맞는다는 이유만으로 법률이 구체적으로 범위를 정하여 이를 대통령령에 위임한 것이라고 볼 수 없을 뿐만 아니라, 이와 같이 급여청구권자의 권리를 중대하게 제한하는 같은법 시행령의 규정을 법률이 규정한 범위 내에서 법률을 현실적으로 집행하는 데 필요한 세부적인 사항에 관한 집행명령의 범주에 포함되는 것이라고 볼 수도 없으므로 같은 법 시행령 제66조 제

27) 대법원 1990.11.27. 선고 90도1516 판결.

2항의 규정은 법률의 위임이 없는 무효인 규정이라고 할 것이다."[28]

D. 소결

위임입법에 대한 요청은 크게 수권법률에 대한 요청과 위임입법에 대한 요청으로 구분하여 살펴보아야 함을 알 수 있다.

수권법률은 첫째, 포괄위임을 하여서는 아니되고, 둘째, 그 내용이 구체적이고 명확하여야 하며, 셋째, 의회유보사항에 대한 위임이 아니어야 한다는 한계를 지닌다.

그리고 위임입법은 수권법률의 범위 내에서 제정되어야 하며, 그 내용이 모법에 위반되지 아니하여야 한다. 상기의 판례에서 보듯이 위임입법이 모법에 위반되는 경우는 주로 침익적 처분이나 형벌의 부과와 관련하여 모법보다 법률요건을 확장하는 경우이다. 아직까지 위임입법에 대한 심사와 관련하여 심도 깊이 논의된 경우는 드물다고 할 것이다.

다음에서는 수권법률 즉 모법 자체보다는 위임입법에 대한 요청 내지 위임입법에 대한 심사에 대해서 다른 나라들의 입장에 대해서 다루어 본다.

Ⅳ. 위임입법의 규범통제에 대한 각국의 입장

A. 독일

독일에서는 나찌시대의 실패를 경험삼아 기본법은 법규명령을 제정하기 위해서는 법률의 위임을 요구하였다. 독일 기본법 제80조 제1항

---

28) 대법원 1995. 1. 24. 선고 93다37342 전원합의체 판결.

에 의하면 "법률을 통하여 연방정부, 연방장관 또는 주정부들은 법규명령을 제정하는 권한을 위임받을 수 있다. 이 경우 부여된 위임의 내용, 목적 및 범위가 법률에서 결정되어야만 한다. 법적 근거는 법규명령에서 제시되어야 한다. 재위임될 수 있다는 것이 법률을 통해서 규정되는 경우에, 위임의 수여를 위하여서는 법규명령을 필요로 한다"라고 규정하였다.[29] 이러한 기본법에 기초하여 수권법률은 법규명령에서 무엇이 규정되어야 하는지(Was geregelt werden soll), 그 규정이 어떤 목적에 기여하여야 하는지(Welchem Ziel die Regelung dienen soll), 그리고 그 규정이 어떤 범위 안에서 정하여져야 하는지(Innerhalb welchen Rahmens sich die Regelung bewegen muss)를 명시하여야 한다.[30]

이러한 수권법률에 의하여 제정된 법규명령에 대해서 독일의 경우에는 추상적 규범통제가 이루어지고 있다. 추상적 규범통제는 독일 연방헌법재판소와 행정법원에 의하여 이루어진다.

1. 연방헌법재판소에 의한 추상적 규범통제

독일 기본법 제93조 제1항 제2호에서는 "연방정부, 주정부 또는 연

---

29) GG Art. 80 (1) Durch Gesetz können die Bundesregierung, ein Bundesminister oder die Landesregierungen ermächtigt werden, Rechtsverordnungen zu erlassen. Dabei müssen Inhalt, Zweck und Ausmaß der erteilten Ermächtigung im Gesetze bestimmt werden. Die Rechtsgrundlage ist in der Verordnung anzugeben. Ist durch Gesetz vorgesehen, daß eine Ermächtigung weiter übertragen werden kann, so bedarf es zur Übertragung der Ermächtigung einer Rechtsverordnung.

30) BverfGE 23, 72.
참고: 박정훈, 법규명령 형식의 행정규칙, 행정규칙 형식의 법규명령 – 법규개념과 형식/실질 2원론에 대한 비판적 검토 –, 법치국가와 행정입법 세미나 자료집, 한국행정법학회 2013, 33면 이하: 독일 기본법에는 제84조, 제85조 그리고 제86조 등에서 행정규칙(Verwaltungsvorschriften)에 관한 명문의 규정을 두고 있다는 점이다. 제84조 제2항은 "연방정부는 연방상원의 동의를 받아 일반적 행정규칙을 제정할 수 있다"라고 하여 법률의 근거나 위임범위에 대한 제한을 규정하고 있지는 아니하다.

방의회의원 3분의 1이상의 제청에 의하여 연방법 또는 주법이 기본법과 합치하는 바에 관하여 또는 주법이 연방법에 합치하는가에 관하여 견해 차이나 의문이 있는 경우에 연방헌법재판소가 결정한다."[31]라고 하여 추상적 규범통제제도를 인정하고 있다. 추상적 규범통제의 대상은 기본법의 규정 및 연방헌법재판소법 제76조[32]의 규정에 따라 연방법이나 주법이 헌법에 위반되는지 여부를 검토하는 것인데, 규범통제의 대상은 주법, 연방법을 포함하는 넓은 의미의 법규범을 뜻하므로, 법규명령 뿐만 아니라 지방자치단체의 자치법규, 자치단체조합, 공법상의 법인 등의 규약 등도 여기에 포함된다.[33]

추상적 규범통제절차에서의 연방의 법규명령에 대한 헌법적 심사는 그 법규명령이 법률적 수권근거가 있는가의 여부와 법규명령이 수권

---

31) GG Art. 93 (1) Das Bundesverfassungsgericht entscheidet: 2. bei Meinungsverschiedenheiten oder Zweifeln über die förmliche und sachliche Vereinbarkeit von Bundesrecht oder Landesrecht mit diesem Grundgesetze oder die Vereinbarkeit von Landesrecht mit sonstigem Bundesrechte auf Antrag der Bundesregierung, einer Landesregierung oder eines Viertels der Mitglieder des Bundestages;

32) BVerfGG § 76 (1) Der Antrag der Bundesregierung, einer Landesregierung oder eines Viertels der Mitglieder des Bundestages gemäß Artikel 93 Abs. 1 Nr. 2 des Grundgesetzes ist nur zulässig, wenn der Antragsteller Bundes- oder Landesrecht 1. wegen seiner förmlichen oder sachlichen Unvereinbarkeit mit dem Grundgesetz oder dem sonstigen Bundesrecht für nichtig hält oder 2. für gültig hält, nachdem ein Gericht, eine Verwaltungsbehörde oder ein Organ des Bundes oder eines Landes das Recht als unvereinbar mit dem Grundgesetz oder sonstigem Bundesrecht nicht angewendet hat. (2) Der Antrag des Bundesrates, einer Landesregierung oder der Volksvertretung eines Landes gemäß Artikel 93 Abs. 1 Nr. 2a des Grundgesetzes ist nur zulässig, wenn der Antragsteller ein Bundesgesetz wegen Nichterfüllung der Voraussetzungen des Artikels 72 Abs. 2 des Grundgesetzes für nichtig hält; der Antrag kann auch darauf gestützt werden, daß der Antragsteller das Bundesgesetz wegen Nichterfüllung der Voraussetzungen des Artikels 75 Abs. 2 des Grundgesetzes für nichtig hält.

33) BVerfGE 1, 184(196).

법률의 범위내에 있는가에 대해서 이루어진다. 따라서 연방헌법재판소는 법규명령에 대한 추상적 규범통제에서는 우선 당해 법규명령이 법률적 수권근거가 있는가의 여부 및 법규명령이 그 범위 내에서 정립된 것인가의 여부를 선결문제로서 우선 심사한 후, 이것이 긍정되는 경우 비로소 법규명령의 규정이 실질적으로 기본법에 반하지 않는가의 여부를 심사한다.

연방헌법재판소가 심판의 대상이 되는 규범이 기준이 되는 규범과 불합치하는 것으로 간주하는 경우에는 당해규범을 무효로 선언하며, 이 경우 무효선언은 규범의 일부에 한정하여 선언할 수 있고 무효규범이 다른 규범과 분리할 수 없는 의미통일체를 이루고 있는 경우에는 기타 규범에까지 확대할 수도 있다.[34)]

---

34) BVerfGG § 78 Kommt das Bundesverfassungsgericht zu der Überzeugung, daß Bundesrecht mit dem Grundgesetz oder Landesrecht mit dem Grundgesetz oder dem sonstigen Bundesrecht unvereinbar ist, so erklärt es das Gesetz für nichtig. Sind weitere Bestimmungen des gleichen Gesetzes aus denselben Gründen mit dem Grundgesetz oder sonstigem Bundesrecht unvereinbar, so kann sie das Bundesverfassungsgericht gleichfalls für nichtig erklären.
박승호, 헌법재판연구[I], 도서출판 경인 1998, 274면: 독일에서는 추상적 규범통제 외에도 구체적 규범통제를 실시할 수 있는바, 독일 기본법 제100조제1항에서는 "법원이 재판에서 그 효력이 문제가 되는 법률을 위헌이라고 생각하는 경우에는 그 절차를 중지하여야 하며, 또한 주헌법의 침해가 문제가 되는 경우에는 그 주의 헌법분쟁에 관하여 관할권을 가지는 법원의 판결을 구하여야 하고, 기본법의 침해가 문제가 되는 경우에는 연방헌법재판소의 결정을 구하여야 한다. 이것은 주법에 의한 기본법의 침해가 문제가 되거나 연방법률과 주법률의 불합치성이 문제가 되는 경우에도 적용한다"라고 규정하고 있다. 기본법은 법관의 심사권을 전제로, 법관이 어떤 사건에서 적용하려는 법률이 헌법위반의 확신에 도달하면 당해사건의 절차를 중지하여 규범의 유효 또는 무효에 관한 헌법에 대한 질문의 결정을 위하여 연방헌법재판소에 이를 제기하도록 규정하고 있다. 이 구체적 규범통제에 의한 절차에 있어서 심사의 대상은 공포된, 헌법을 포함하여 연방과 주의 형식적 법률이다. 따라서 여기에는 법규명령이나 행정명령은 포함되지 아니하며, 그에 대하여는 법관의 부수적인 심사권으로 그친다.

2. 고등행정법원에 의한 추상적 규범통제

법규명령 내지 위임입법에 대한 통제로서 또 하나의 중요한 메커니즘은 고등행정법원에 의한 추상적 규범통제인데, 이는 연방행정법원법 제47조에 규정되어 있다. 독일의 이론체계에서는 행정행위의 공정력과 행정소송의 주관적 성격이라는 두 가지 이유 때문에 위임입법에 대한 직접적 통제를 기존의 행정소송체계에 포함시키지 못하고 이에 대해 규범통제절차라는 별도의 소송유형을 마련하고 있다.[35] 이러한 규범통제절차는 1960년 독일 연방행정법원법을 제정하면서 도입하였으며, 현재 11개 주에서 규범통제절차를 도입하고 있다. 이러한 규범통제절차는 쟁점이 동일한 다수의 개별적인 소송을 묶어서 일거에 판단하고자 하는 것이고 법원에게 특별한 재판권을 부여하는 것은 아니므로 도입과정에서 권력분립과 관련된 위헌 시비는 발생하지 아니하였다.[36]

독일 행정법원법 제47조는 다음과 같다: (1) 고등행정법원은 자신의 재판권 범위 내에서 신청에 의하여 다음 각호에 해당하는 법규범의 유효성에 관하여 결정한다.

1. 건설법전의 규정들에 따라 제정된 조례와 건설법전 제246조 제2항에 근거한 법규명령

2. 주법률의 하위에 있는 그 밖의 법규정으로서, 주법이 고등행정법원에 의한 규범통제의 대상으로 규정하고 있는 법규정

(2) 법규정 또는 그의 적용에 의하여 자신의 권리가 침해되었다거나 또는 가까운 장래에 침해될 것이라고 주장하는 개개의 자연인 또는 법인, 그리고 개개의 행정청은 법규정의 공포 후 1년 이내에 규범통제

---

35) 박정훈, 행정입법에 대한 사법심사 – 독일법제의 개관과 우리법의 해석론 및 입법론을 중심으로 –, 행정법이론실무학회 행정법연구 제11호(2004.05), 131면.

36) 이상덕, 140면: 입법과정에서 정부제안이유서는 제47조에 의한 규범통제소송의 목적은 "하나의 재판을 통해서 일련의 개별소송을 회피하고 이를 통해 행정법원의 부담을 경감시켜 주는 데 있다"고 설명하고 있다.

절차를 신청할 수 있다. 규범통제절차의 신청은 법규정을 제정한 사단, 영조물 또는 재단을 상대로 제기되어야 한다. 고등행정법원은 법규정에 의해서 그 관할에 영향을 받는 주 그리고 다른 공법상 법인에게 일정기간 내에 의견진술의 기회를 부여할 수 있다. 제65조 제1항, 제4항 및 제66조가 준용된다.

(2a) 자연인 또는 법인이 건설법전 제34조 제4항 제1문 제2호, 제3호 또는 제35조 제6항에 의한 지구상세계획(Bebauungsplan) 또는 조례를 대상으로 제기한 규범통제절차는, 신청인이 다음과 같은 이의(Einwendungen)만을 제기하는 경우에는 허용되지 아니하는데, 공청회절차(§ 3 Abs. 2 des Baugesetzbuchs) 또는 이해관계인의 참가절차(§ 13 Abs. 2 Nr. 2 und § 13a Abs. 2 Nr. 1 des Baugesetzbuchs)에서 이의를 주장할 수 있었음에도 주장하지 아니하였거나 또는 기한을 경과한 후 주장하였고, 그리고 이해관계인 참가 절차 내에서 이러한 법적 결과를 고지하였던 경우이다.

(3) 주법률이 어떤 법규정이 전적으로 주의 헌법재판소에 의해서만 심사될 수 있다고 규정하고 있는 경우에는, 고등행정법원은 당해 법규정이 주법에 합치되는지 여부를 심사할 수 없다.

(4) 법규정의 유효성에 관한 심사절차가 헌법재판소에 계속중인 경우, 고등행정법원은 헌법재판소에서의 절차가 종료될 때까지 규범통제절차의 심리중지를 결정할 수 있다.

(5) 고등행정법원은 판결의 형식으로 결정하고, 구두변론을 거칠 필요가 없는 경우에는 결정의 형식으로 한다. 고등행정법원은 법규정이 무효라는 확신을 갖게 된 경우에는 그것이 효력이 없음을 선언한다; 이 경우 판결은 일반적인 구속력을 가지며, 재판서는 피고에 의해서 법규정이 공포되는 것과 같은 방식으로 공고되어야 한다. 판결의 효력에 관해서는 제183조가 준용된다.

(6) 고등행정법원은 중대한 손해를 방지하기 위해서 또는 다른 중

대한 사유로 인하여 긴급하게 요청되는 경우 신청에 의하여 가명령(einstweilige Anordnung)을 발할 수 있다.[37]

연방행정법원법 제47조 제1항에는 고등행정법원이 그 재판권의 범위 내에서 신청에 의하여 연방건설법의 규정들에 의하여 제정되어진 조례들 및 연방건설법 제246조 제2항에 근거하는 법규명령들(Rechtsverordnungen), 주법이 정하는 범위 내에서 주법률의 하위에 속하는 기타 법적 규율(Rechtsvorschriften)의 유효성에 대하여 재판할 수 있음을 규정하고 있다. 그렇지만 행정내부적인 효력만을 지니는 행정규칙은 동법상의 법규정으로 볼 수 없다.[38]

법적 규율 또는 법적 규율의 적용을 통하여 자신의 권리가 침해되었거나 가까운 장래에 자신의 권리가 침해될 것이라고 주장하는 자는 규범통제절차를 신청할 수 있다.

고등행정법원은 법적 규율이 유효하지 않다는 확증을 얻은 경우에는 무효라는 것을 선언하며(제47조 제5항 제2문 전단), 이러한 무효 선언은 원칙적으로 소급효(ex tunc)를 가진다. 즉, 법규정은 무효를 가져오는 사건이 발생한 시점부터 무효이다. 처음부터 효력에 흠결이 있는 경우에는 무효 시점은 규범정립 시이다. 사후적으로 무효 사유가 발생한 경우에는 무효 시점은 그 사유 발생 시점이다. 고등행정법원에 의해 무효로 선언된 법 규정은 모든 시민, 연방과 주의 모든 국가기관, 모든 행정청, 헌법재판소를 포함한 모든 법원에 대한 관계에서 더 이상 존재하지 않는 것이 된다. 즉, 고등행정법원의 무효 선언은 규범과 같은 효력을 발휘한다.[39]

---

37) VwGO § 47.

38) BVewG 5 CN 1.03 vom 25. Nov. 2004: Zwar sind allein verwaltungsintern bindende und steuernde Verwaltungsvorschriften keine Rechtsvorschriften im Sinne von § 47 Abs. 1 Nr. 2 VwGO. Denn ihnen fehlt die für eine Rechtsvorschrift charakteristische Außenwirkung(BVerwGE 75, 109; 94, 335).

39) BVerwGE 68, 12(15).

B. 영국과 미국

미국에 있어서 위임입법에 대한 법원의 통제는 본질적으로 영국의 제도와 이론을 받아들여 독자적으로 발전시킨 것이라고 할 수 있는데, 영국에서는 의회의 입법활동을 심사하는 위헌법률심사제도가 존재하지 않기 때문에, 위임입법에 대한 법원의 통제는 모법인 수권법률에 대한 통제의 형태를 취할 수는 없고, 다만 위임입법에 대한 통제를 하게 된다.

영국에서 행정입법을 규율하는 법률이 The Statutory Instruments Act(1946)[40)]이 존재하고 있으며, 법률의 위임여부에 따라서 그 구속력을 부여하고 있다. 위임입법에 대한 사법심사는 일반법원에 의하여 이루어지며, 심사의 내용에 있어서는 위임입법이 위임된 권한의 범위 내에서 제정되어 있는지 여부를 심사하는 월권법리(ultra vires doctrine)가 중심이 된다. 이러한 월권법리는 크게 실체적 월권(substantive ultra vires)과 절차적 월권(procedural ultra vires)으로 구분할 수 있다. 전자는 위임입법의 실체적 내용이 위임된 권한을 일탈하는 경우이고, 후자는 위임입법을 제정하는 절차가 모법에서 정하고 있는 절차에 위반되는 경우이다.

미국의 경우에는 법률이 헌법에 위반되는지 여부를 심사하는 위헌법률심사제도가 있기 때문에 위임입법에 대한 사법심사는 두 가지 차원 즉, 수권법률에 대한 심사[41)]와 위임입법에 대한 심사로 구분할 수 있다.

다음에서는 주로 위임입법이 모법의 실체적 내용 및 모법에 규정된 절차에 합치하는지 여부를 심사하는 것에 한정하기로 한다. 미국의 경

---

40) The full title of the Act is "An Act to repeal the Rules Publication Act 1893, and to make further provision as to the instruments by which statutory powers to make orders, rules, regulations and other subordinate legislation are exercised."

41) 미국헌법은 「이 헌법에 의하여 부여되는 모든 입법권은 연방의회에 속한다」(미국연방헌법 제1조 제1항)고 규정하여 마치 위임입법이 허용되지 않는 것처럼 보인다. 그러나 연방대법원은 19세기 후반 이래로 위임입법을 인정하고 있으며, 위임입법을 제정하기 위한 목적, 기준, 절차를 구체적으로 명시한 위임입법은 합헌이 된다는 것이다.

우에는 위임입법에 대한 사법심사는 월권심사(Ultra vires Review)와 합리적 근거심사(Rational Basis Review)로 나누어진다.[42]

월권심사는 본질적으로 위임입법의 통제와 관련된 영국법상의 월권법리(Ultra vires doctrine)를 수용한 것으로서, 법원은 행정기관이 제정한 위임입법이 행정기관의 위임된 권한범위에 속하는지 여부를 결정하여야 한다.

위임입법이 의회제정법에 의해 규정된 권한의 범위를 넘어서 제정되거나, 혹은 행정기관의 권한범위 내에서 그리고 모법에 규정된 절차에 의해 위임입법이 제정되었다 하더라도 그것이 모법에 규정된 목적에 위배될 경우에는, 그 위임입법의 제정은 월권이 된다.

미국에서 월권이라고 인정되는 위임입법의 대부분은 절차적 월권으로서, 행정기관이 위임입법의 제정에 앞서 준수하여야 할 요건을 위반하여 모법이 정한 의무를 이행하지 아니하거나 무시하는 경우라든가, 청문을 행하지 아니하거나 관계기관에의 협의요건을 무시하거나 한 경우라고 할 수 있다.

여기서 중요한 쟁점은 행정기관이 위임입법을 제정하려고 하는 경우에 그에 앞서 먼저 모법을 해석하지 않으면 아니 되는 문제가 발생한다. 이러한 경우에 법원이 월권심사를 함에 있어서 행정기관의 모법에 대한 해석을 어느 정도로 존중할 것인가 하는 문제가 발생한다. 만일 법원이 행정기관의 모법에 대한 해석을 존중하지 않는다면 위임입법은 월권이 될 가능성이 높은 반면에, 법원이 행정기관의 모법에 대한 해석을 존중한다면 위임입법이 월권으로 판단될 가능성은 줄어들게 된다.

이러한 행정기관의 모법에 대한 해석과 관련하여 제시되고 있는 법리가 바로 추정적 효력의 법리(the doctrine of presumptive validity)로서, 이는 행정기관의 결정은 그것이 제정법의 명시적인 지시에 위배되지 않

42) 김종회, 미국 위임입법의 통제에 관한 연구, 부산대학교 대학원 박사 1991, 99면 이하.

는 한, 또 용인될 수 없을 정도로 지나치게 포괄적이지 않는 한, 의회의 의도를 가장 잘 반영한 것으로 추정된다는 원칙이다.

합리적 근거심사(rational basis review)는, 비록 심사의 강도에 따라 차이가 있다고 할지라도, 행정기관이 취한 행위가 사실적 정보(factual information)와 정책선택(policy choices)의 적절한 혼합에 기초하도록 하고, 또 전자와 후자 사이에 명확한 관련성(discernible connection)이 있도록 하기 위한 것이다. 합리적 근거심사는 행정기관으로 하여금 "보다 나은(better)" 결정을 하도록 유도하는데 주안점을 두고 있다. 합리적 근거심사가 추구하는 목표는 행정기관의 결정이 이용가능한 사실들에 대한 합리적 관련성을 갖도록 하고, 또 행정기관의 결정이 자의적(arbitrary)이거나 변칙적(capricious)이지 않도록 하기 위한 것이다. 행정기관의 결정이 합리적인 근거가 있다고 하기 위하여는 공개적인 의견제출기간 동안에 제기되었던 주요한 주장들에 대해 주목하였다는 것과, 모든 관련된 요소들을 고려하였다는 것, 그리고 최종적으로 선택된 행위의 방향과 관련하여 의미있는 대안들을 고려하였다는 것 등을 증명하여야 한다.[43)]

C. 프랑스

1958년 제5공화국 헌법 이래로 프랑스에서는 '법규칙(la régle de droit)'의 제정권한은 원칙적으로 행정권에 속하고, 의회는 다만 헌법 제34조에 열거된 사항에 관하여만 '법률(la loi)'의 제정권한을 가진다. 프랑스에서는 행정작용의 법률유보는 요청되지 아니하며, 오히려 헌법 제34조의 법률사항 이외에는 행정이 독립명령을 제정할 수 있다.[44)]

43) 김종회, 미국 위임입법의 통제에 관한 연구, 부산대학교 대학원 박사 1991, 109면 이하.

44) 박정훈, 법규명령 형식의 행정규칙, 행정규칙 형식의 법규명령 – 법규개념과 형식/실질 2원론에 대한 비판적 검토 –, 법치국가와 행정입법 세미나 자료집, 한국행정법학회 2013, 35면 이하.

프랑스에 있어서 위임입법에 대한 사법적 통제를 살펴보면, 프랑스에 있어서는 행정부 자체에 설치되어 있는 꽁세이 데따(Conseil d'Etat)가 최고행정법원의 기능을 수행하고 있다. 꽁세이 데따는 처음에는 위임입법을 입법권에 의한 입법행위의 결과로 간주하여 위임입법에 대한 심사를 하지 아니하였으나, 후에는 위임입법 역시 행정행위의 범주에 포함시켜서 월권소송의 대상으로 삼기에 이르렀다.[45)]

이러한 월권소송 대상의 확장은 프랑스에서의 행정행위 개념에 기초하고 있는데, 프랑스의 대표적 공법학자인 오류에 의하면 행정행위란 법률효과를 발생시키기 위하여 합법적인 대표에 의하여 행정청의 이름으로 내려지는 집행적 결정으로서, 여기서 집행적 결정이란 집행의 형태 즉 직권에 의한 집행을 초래하는 형태로 행정청에 의하여 국민에게 발하여 지는 법률효과를 발생시키기 위한 모든 의사의 선언이라고 할 수 있으며, 이러한 집행적 결정에는 법률과는 달리 정부의사를 표현할 뿐인 명령도 포함된다고 보았다.[46)]

월권소송의 취소사유(무권한, 형식 또는 절차의 하자, 권한남용, 법률침범)에 해당하는 위법한 위임입법은 월권소송에 의하여 그 효력이 일반적으로 상실된다. 이러한 월권소송은 행정의 행위에 대한 소송으로서 적법성의 원리를 담보하는 수단이며, 그 판결의 효력은 일반적 효력이 인정되고 있으므로 월권소송의 객관소송으로서의 성격이 지적되고 있다.

그러나 객관소송이라고 해서 모든 자가 위법한 집행적 결정의 취소를 구하여 월권소송을 제기할 수 있는 것은 아니며, 월권소송의 객관소송성은 행정의 행위의 적법성확보라는 소송목적과 판결의 대세효가 인정된다는 점에 있는 것으로서 원고적격에 관해서는 취소에 의하여 "개

---

45) 유상호, 위임입법 통제에 관한 비교법적 연구, 단국대 박사학위논문, 2000, 166면 이하.

Neville, L. Brown/Bell, S. John, French Administrative Law, 1998, Clarendon Press·Oxford, p. 54.

46) 이광윤, 행정법이론, 2000, 79면 이하.

인적인 충분한 소의 이익"을 가지는 자라는 주관적인 요건이 요구되고 있다.

D. 소결

독일에서도 법규명령을 포함하는 위임입법에 대해서 연방헌법재판소에 의한 추상적 규범통제가 가능하고 또한 연방행정법원법 제47조에 의한 규범통제를 하고 있다. 이러한 규범통제절차를 도입하고 있는 이유는 규범 그 자체에 대해서도 통제할 필요성을 느끼기 때문이다. 규범에 대한 통제는 규범이 집행된 경우에 대한 통제보다 선제적이고 예방적인 효과를 지니게 된다.

영국이나 미국에서도 행정권이 행하는 위임입법에 대해서 월권의 법리를 통해서 심사를 하고 있다. 미국에서는 월권법리에 더하여 합리적 근거심사를 통해서 위임입법에 대한 보다 엄격한 심사를 수행하고자 노력하고 있다. 월권심사를 수행함에 있어서도 행정권과의 조화를 도모하는 차원에서 추정적 효력의 법리를 마련하고 있는 점은 주목할 만하다. 합리적 근거심사 역시 위임입법의 제정과정에 있어서 제출된 주민들의 의견의 반영여부, 관련된 다양한 이익들에 대한 충분한 고려 그리고 대안에 대한 고려 등 합리적인 근거들에 기초하고 있는 지를 심사하고 있는바, 이러한 심사는 독일에 있어시 계획에 대한 심사방안의 하나로서 형량명령과 유사한 점도 있는 듯 하다.

프랑스에서는 위임입법 역시 행정청에 의하여 발급되는 결정으로서 행정행위와 마찬가지로 하나의 집행적 결정으로 보아 월권소송의 대상으로 삼고 있다.

이처럼 주요 국가들에서는 위임입법 그 자체에 대해서 직접적인 규범통제를 어느 정도 수행하고 있다고 볼 수 있는바, 우리나라에서도 규범에 대한 통제 특히 하위의 위임입법에 대한 통제와 관련하여 법원의 보다 적극적이고도 심도 깊은 통제가 요청된다고 하지 않을 수 없을 것이다. 아직까지 법규명령 내지 위임입법의 통제와 관련하여 그 제정과정에 있어서 절차의 하자와 관련되어서 판단한 사안도 대단히 드물다고 할 수 밖에 없을 것이다. 물론 간혹 행정입법의 내용과 관련하여 통제를 수행하기는 하지만 그 통제의 빈도나 심도에 있어서 대단히 소극적이라고 하지 아니할 수 없을 것이다.

우리나라에서는 위임입법으로서 법규명령에 대해서는 예외적으로 처분성이 인정되는 경우에는 취소소송의 대상으로 삼을 수 있을 것이고, 처분성이 긍정되기 어렵더라도 공권력의 행사로 볼 수 있는 경우에는 헌법소원의 요건이 충족되는 경우에 한하여 헌법소원의 대상이 될 수도 있을 것이다.

본 판례에서는 수권법률에 근거하여 제정된 위임입법에 대해서 우리 법원은 보다 깊은 위법성 심사를 수행하지 아니하고, 다만 이를 행정부 내부에서 적용되는 사무처리준칙으로 판단하였는바, 다음에서는 이와 관련하여 보다 상론하기로 한다.

V. 판례에 대한 단상

여기서 행정입법에 대한 심사는 현행법제하에서는 행정입법이 재판의 전제가 된 경우에만 법원에서 통제를 하는 부수적 규범통제(inzidente Kontrolle)라는 제약 하에 놓여 있음을 고려할 필요가 있다. 외국의 입법례에서 볼 수 있듯이 추상적 규범통제 내지 직접적인 규범통제를 수행할 수 있는 것이 보다 바람직하다고 사료되지만, 우리 판례는 아직까지 그러한 방향으로 적극적인 자세를 보이지는 않고 있다고 보인다. 행정입법이 부령의 형식을 띠고 제정되었고 그리고 재판에 있어서 전제가 되는 경우에는 이를 심사를 하여야 하는 것이지, 부령의 형식을 지닌 규범을 행정부 내부의 사무처리준칙으로 보는 근거를 제시하지 아니하고서 막연히 행정부 내부의 사무처리준칙이라는 이유로 심사를 회피하여서는 아니된다고 사료된다. 이러한 점과 관련하여 보다 상론하기로 한다.

A. 위임근거조항의 명확화

여기서 수권법률에 해당하는 공공기관법 제39조 제3항의 의미가 다소간 불명확하다는 점에서, 앞으로의 입법에 있어서는 이를 보다 분명하게 할 필요성이 엿보이는바 이처럼 법률을 제정하는 경우에는 적극적으로 위헌제청을 하여 보다 예측가능성과 명확성 등을 고양하여야 할 필요성이 엿보인다.

사실 공공기관법 제39조 제3항에서 "제2항의 규정에 따른 … 입찰참가자격의 제한기준 등에 관하여 필요한 사항은 기획재정부령으로 정한다."는 규정이 기획재정부장관에게 정확하게 무엇을 위임하고 있는지에 대해서 명확하지 않다고 볼 여지도 없지 아니하다. 이 점에 대해서는 법원 스스로도 긍정하고 있는 듯한데, 왜냐하면 고등법원의 판시에 따르면, 공공기관법 제39조 제3항에서 "제2항의 규정에 따른 … 입찰참가자격의 제한기준 등에 관하여 필요한 사항은 기획재정부령으로 정한다"고 규정하고 있으나, 이 조항은 그 문언에 비추어 보더라도 법률에서 정하고 있는 입찰 참가 제한을 할 수 있는 요건인 '공정한 경쟁이나 계약의 적정한 이행을 해칠 것이 명백하다'는 사유를 구체적으로 정할 수 있게 위임하는 규정이 아니다 라고 일응 판시하고는 있으나, 고등법원 역시 잇따르는 설시에서는 "설령 공공기관법 제39조 제3항이 '공정한 경쟁이나 계약의 적정한 이행을 해칠 것이 명백하다'는 사유를 구체적으로 정할 수 있게 위임하는 규정이라 하여도"라고 언급하면서, 상기 규정이 제재처분의 위임조항으로 해석될 여지가 있을 수도 있음을 가정하고 있다. 동조 제3항의 해석과 관련하여 피고 공사 역시 공공기관법 제39조 제3항을 제재처분의 요건까지 포함하여 위임하고 있는 것으로 보고 있다. 아무튼 동 조항에 대한 국어학적 내지 문리적인 해석에 의거할 때 다소간 모호함이 없다고는 할 수 없다. 이처럼 법원에서나 당사자의 입장에서 다의적인 해석을 가능하게 하는 법규정은 지양되어야 할 것으로 사료된다. 물론 대법원은 공공기관법 제39조 제3항에서 부령에 위임한 것은 '입찰참가자격의 제한기준 등에 관하여 필요한 사항'일 뿐이고, 이는 그 규정의 문언상 입찰참가자격을 제한함에 있어서 그 기간의 정도와 가중·감경 등에 관한 사항을 의미한다고 할 것이지 처분의 요건까지를 위임한 것이라고 볼 수는 없다라고 해석하고 있기는 하지만, 과연 이 규정을 해석함에 있어서 국민의 눈높이에서 명확하다고 할 수 있는 지 의문이 있다.

여기서 법률의 규정의 명확성을 과연 누구의 입장에서 명확하다고 판단할 수 있어야 하는지에 대한 고민이 필요한 듯 하다. 아직까지 우리 법원은 법원 자신들의 눈높이나 이해의 정도에서 출발하여 '명확'하다고 보려고 하지는 않는지 한 번 쯤은 물어보아야 할 것 같다. 공공기관법 "제39조 제3항(2008. 2. 29. 법률 제8852호로 개정되기 전의 것)에서 ③제1항과 제2항의 규정에 따른 회계처리의 원칙과 입찰참가자격의 제한기준 등에 관하여 필요한 사항은 기획재정부령으로 정한다."라는 규정에서 '입찰참가자격의 제한기준 등'이라는 규정에 대해서 대법원이 이러한 규정의 불명확성을 지적함과 동시에 앞으로의 입법에 있어서 하나의 방향이 되는 판시까지 내리면 어떨까 생각하게 되기도 한다.[47]

---

47) 정태용, 건설분야 법령에 있어서의 위임입법의 이론과 실제, (순간)법제 606호 (2008.06), 30면.

B. 위임의 범위를 벗어난 위임입법에 대한 법원의 심사

입법부가 법률을 제정하였고, 그러한 법률에서는 대통령령 내지 부령 등 위임입법에 위임하여 무엇인가 규정을 하도록 하였다. 그래서, 부령에 수권법률에서 위임한 사항을 규정하였다. 그렇다면 이러한 부령에서 규정한 사항이 수권법률의 범위를 벗어난 경우에 이에 대해서 과연 어떠한 법적 평가를 하여야 하는가의 문제가 대두된다. 위임의 범위를 벗어나는 경우로서는 주체, 내용, 형식 그리고 절차의 하자를 들 수 있을 것인데, 여기서는 주로 위임의 내용을 벗어나는 경우로 한정하여 다루기로 한다. 즉, 위임입법을 제정하는 경우에 하위법령에서 수권법률에서 정한 법률요건 내지 법률효과를 확장 내지 초과하는 경우의 문제이다.

김철용 교수는 수권법률의 한계를 벗어난 위임입법의 효력과 관련하여 다음과 같이 서술하고 있다: "수임자인 행정부가 위임명령을 제정함에 있어서 지켜야 할 한계에 관하여는 헌법에 규정을 두고 있지 아니하다. 그러한 수임명령은 ① 수권법률 자체가 존재하지 아니하거나, 수권법률은 존재하지만 수임명령이 수권법률에서 정한 수권대상 이외의 사항을 규정한 경우, ② 수임명령이 수권법률이 규정한 수권의 취지와 내용에 위반되거나, 수권의 범위를 넘거나 벗어난 경우, ③ 수임명령이 수권법률에서 이미 전제로 하고 있는 사항에 대하여 어떤 한정이나 제한을 가하는 경우 등은 수임명령의 한계를 넘는 것으로서 그 수임명령은 위법·무효가 된다"고 기술하고 있다.[48]

법률에서 정한 처분요건이나 처분효과와 관련하여 이를 보다 확장 내지 초과하여 규정하는 시행령 내지 시행규칙은 모법을 위반한 시행령으로서 위법·무효라고 보아야 하는가 아니면 이를 그냥 행정부 내부의 사무처리준칙으로 보아야 하는가가 문제될 수 있을 것이다. 아직까지

48) 김철용, 행정법, 고시계사 2012, 130면.

우리 법원에서는 이에 대한 법적 인식이 결여되어 있는 듯하다. 그러나, 지금부터는 그러한 위임입법에 대해서 분명한 법적 평가를 하여야 할 시기가 도래하였다고 보여진다. 왜냐하면, 어떠한 시행령이 모법을 위반하였다고 하여 위법·무효라는 법적 효과를 귀결시키는 경우에는, 이러한 시행령에 기초한 처분에 대해서 다투면서 부수적 규범통제를 통하여 그러한 시행령의 위법·무효를 주장할 수 있을 것이지만, 이를 다만 행정기관 내부의 사무처리준칙으로 보는 경우에는 그 법규명령성의 결여로 인해서 부수적 규범통제의 범주에 포섭시키기 어려운 문제가 발생할 수 있기 때문이다.

이와 유사한 경우로서 만약에 수권법률에서 규정하는 처분의 요건이나 효과에 대해서 위임입법으로서 그 요건이나 효과를 축소하여 규정하는 경우에 그러한 시행령 내지 시행규칙 또는 위임입법은 위법하지 않은 것인가 나아가 그 효력을 어떻게 평가하여야 할 것인가도 문제될 수 있을 것이다. 이러한 축소의 경우에는 특히 수익적 처분의 발급과 관련하여 문제될 수 있을 것인바, 본고에서는 침익적 처분에 한정하여 다루기로 한다.

법원의 위임입법에 대한 규범통제와 관련하여, 수권법률의 위임범위를 벗어나는 위임입법에 대해서 심사를 함에 있어서 심사를 회피할 권한을 가지는가 하는 문제가 제기된다. 우리 법제는 대통령령과 부령으로서의 행정상 입법을 일응 법규명령으로 인정하고 있음에도, 그리고 그러한 법규명령이 모법에 위반되는 여부가 재판의 전제가 된 경우에는 이에 대해서 법적인 판단을 내려야 하지 않는가 의문이 제기된다. 헌법 제107조 제2항 "명령·규칙 또는 처분이 헌법이나 법률에 위반되는 여부가 재판의 전제가 된 경우에는 대법원은 이를 최종적으로 심사할 권한을 가진다"의 규정은 심사할 권한을 부여함과 동시에 의무 역시도 부여한다고 보아야 하지는 않을까? 사료된다. 다시 말하자면, 행정부가 수권법률에서 위임한 사항에 대해서 헌법적 근거에 의거하여 부령을 제정한 경우에 이러한 부령의 수권법률과의 합치 여부가 재판에 있어서 중요한 전제가 되었다면 그러한 부령에 대해서는 사법적으로 심사를 하여 수권법률에 위반되는 경우에는 위법·무효를 선언하여야 하는 것은 아닌가 하는 점이다. 심사를 하지 아니하고 부령의 형식으로 제정된 위임입법에 대해서 소위 '행정기관 내부의 사무처리준칙'이라는 법적 판단을 내리거나 아니면 이러한 판단을 통하여 심사를 회피할 수 있는가 하는 의문이 제기된다.

이러한 법원의 심사 방식은 다소 비정상적인 느낌이 든다. 물론 법원의 업무과중으로 인하여 심사를 회피하거나 심사하지 아니하고 곧장 문제의 핵심으로 다가가고자 하는 입장을 이해하지 못하는 바는 아니지만 이러한 접근방식은 공정한 절차 내지 적법절차에 부합된다고 보기는 어려울 듯 하다. 이러한 법원의 판단방식에 대해서는 이전에도 비판이 제기되어 왔다: "법원이 구체적 사건에서 부령인 제재적 처분기준의 법규성을 부정한다고 하더라도 그로써 부령이 바로 무효가 되는 것도 아니고 관계 행정공무원은 판결에도 불구하고, 법령준수의무에 따라 당해 부령상의 기준에 의하여 종전과 똑같은 처분을 계속할 수밖에 없게 될 것이며,[49] 이에 대하여 법원은 부령이 행정규칙에 불과함을 거듭 확인

49) 참조: 수원지법 2011.10.13. 선고 2011구합6524 판결 : 항소【부정당업자제재처분취소】[각공2012상,475] 【판시사항】갑 주식회사와 터널교통관리시스템(TTMS) 구축공사 도급계약을 체결한 한국도로공사가, 갑 회사 대표이사가 한국도로공사 직원인 공사 감독관 외투 주머니에 몰래 돈이 든 봉투를 넣은 사실을 확인한 후 공사계약을 해제하는 한편 갑 회사가 공사계약의 이행과 관련하여 '관계공무원에게 뇌물을 준 자'에 해당한다며 국가를 당사자로 하는 계약에 관한 법률 시행령 제76조 제1항 제10호 등을 근거로 입찰참가자격을 제한하는 부정당업자제재처분을 한 사안에서, 처분이 적법하다고 한 사례.【판결요지】갑 주식회사와 터널교통관리시스템(TTMS) 구축공사 도급계약을 체결한 한국도로공사가, 갑 회사 대표이사가 한국도로공사 직원인 공사 감독관과 식사를 하다가 감독관이 자리를 비운 사이 그의 외투 주머니에 300만 원이 들어 있는 봉투를 넣은 사실을 확인한 후 공사계약을 해제하는 한편 갑 회사가 국가를 당사자로 하는 계약에 관한 법률 시행령(이하 '국가계약법 시행령'이라 한다) 제76조 제1항 제10호에서 정한

한 뒤 행정처분을 취소하게 될 것인바, 이는 결국 법적 안정성과 예측가능성을 크게 손상시키게 될 것이다. 그러므로 부령인 제재적 처분기준에 대하여 헌법합치적이거나 법률합치적인 해석에 의하여도 구체적이고 타당한 처분기준이 도출될 수 없는 경우에는 위임의 범위나 과잉 입법 등을 이유로 무효를 선언하여 그 효력을 배제하는 것이 오히려 더욱 바람직할 것이다."[50]

C. 위임의 범위를 벗어난 위임입법의 효력

대법원에서는 공공기관법 제39조 제3항에서 부령에 위임한 것은 '입찰참가자격의 제한기준 등에 관하여 필요한 사항'일 뿐이고, 이는 그 규정의 문언상 입찰참가자격을 제한함에 있어서 그 기간의 정도와 가중·감경 등에 관한 사항을 의미한다고 할 것이지 처분의 요건까지를 위임한 것이라고 볼 수는 없으므로, 계약사무규칙 제15조 제1항이 수권법률의 위임이 없이 또는 위임의 범위를 벗어나 제정된 것으로서 행정기관 내부의 사무처리준칙에 불과하다고 보고 있다.

공공기관법과 계약사무규칙을 비교해 보면, 공공기관법에서는 '공정한 경쟁이나 계약의 적정한 이행을 해칠 것이 명백할 것'을 규정하고

공사계약의 이행과 관련하여 '관계공무원에게 뇌물을 준 자'에 해당한다며 공공기관의 운영에 관한 법률 제39조 제2항을 근거로 1.5개월간 입찰참가자격을 제한하는 내용의 부정당업자제재처분을 한 사안에서, 국가계약법 시행령 제76조 제1항 제10호에서 정한 '뇌물'은 형법 제129조 이하에서 정한 뇌물의 개념과 같고, 위 조항에서 정한 '관계공무원'은 특정범죄가중처벌 등에 관한 법률 제4조 및 같은 법 시행령 제2조 제39호가 적용되므로 한국도로공사의 임직원은 뇌물수수와 관련된 판단에서 공무원으로 의제되며, 국가계약법 시행령 제76조 제1항 제10호 등 관련 규정에서 뇌물죄에 대한 법원의 판결을 요구하고 있지 않은 점 등을 고려해 보면 반드시 뇌물성 여부에 대한 법원의 판단을 전제로만 위 처분을 할 수 있다고 볼 수 없으므로, 처분이 적법하다고 한 사례.

50) 황도수, 법규명령으로서의 부령 – 법규명령과 행정규칙의 구별기준 –, 행정법연구 18호 (2007.하반기), 599면 이하.

있는 반면, 이 사건 규칙 조항에서는 '경쟁의 공정한 집행이나 계약의 적정한 이행을 해칠 우려가 있거나 입찰에 참가시키는 것이 부적합하다고 인정되는 자'라고 규정함으로써, 이 사건 규칙 조항이 법률에 규정된 것보다 한층 완화된 처분요건을 규정하여 그 처분대상을 확대하고 있다. 즉 '명백할 것'이라는 부분이 누락되었고, '입찰에 참가시키는 것이 부적합하다고 인정되는 자'라는 부분이 추가되었다.

대법원은 법령에서 행정처분의 요건 중 일부 사항을 부령으로 정할 것을 위임한 데 따라 시행규칙 등 부령에서 이를 정한 경우에 그 부령의 규정은 국민에 대해서도 구속력이 있는 법규명령에 해당한다고 할 것이지만, 법령의 위임이 없음에도 법령에 규정된 처분 요건에 해당하는 사항을 부령에서 변경하여 규정한 경우에는 그 부령의 규정은 행정청 내부의 사무처리 기준 등을 정한 것으로서 행정조직 내에서 적용되는 행정명령의 성격을 지닐 뿐 국민에 대한 대외적 구속력은 없다고 보아야 한다(대법원 1992. 3. 31. 선고 91누4928 판결 참조)라고 설시하고 있다.[51] 여기서 의문이 드는 것은 수권법률에 위반되는 규범에 대해서 그러한 부령을 행정조직 내에서 적용되는 행정명령의 성격을 지니는 것으로 보아 넘길 수 있는가 하는 점이다.

그리하여 우리 대법원의 설시와 관련하여 다음과 같은 점들에 대해서 생각하게 된다.

---

51) 대법원 2006. 5. 25. 선고 2006두3049 판결: 검찰보존사무규칙이 검찰청법 제11조에 기하여 제정된 법무부령이기는 하지만, 그 사실만으로 같은 규칙 내의 모든 규정이 법규적 효력을 가지는 것은 아니다. 기록의 열람·등사의 제한을 정하고 있는 같은 규칙 제22조는 법률상의 위임근거가 없어 행정기관 내부의 사무처리준칙으로서 행정규칙에 불과하므로, 위 규칙상의 열람·등사의 제한을 공공기관의 정보공개에 관한 법률 제9조 제1항 제1호의 '다른 법률 또는 법률에 의한 명령에 의하여 비공개사항으로 규정된 경우'에 해당한다고 볼 수 없다. 원심이 같은 취지로, 위 규칙에 기하여 원고의 등사신청을 거부할 수 있다는 피고의 주장을 배척한 것은 정당하고, 거기에 상고이유에서 주장하는 바와 같이 공공기관의 정보공개에 관한 법률 또는 법규명령의 법리를 오해한 위법이 있다고 할 수 없다.

첫째, 계약사무규칙이 부령인가 행정청 내부의 사무처리준칙인가 하는 점이다. 부령이라는 행정청의 위임입법의 형식의 의미를 어떻게 볼 것인가 하는 점과 함께 행정청 내부의 사무처리준칙이라면 어디서부터 어디까지가 사무처리준칙이고 어디서부터 어디까지는 부령인가가 의문으로 남게 된다.

둘째, 법규명령으로서의 부령의 성립 여부가 행정입법권을 가진 행정각부의 장에 의하여 결정되는 것이 아니라, 사법부가 사후적으로 심사에 의하여 결정되게 되는 문제가 있다. 계약사무규칙이라는 부령의 법규명령성 여부의 확인시점도 부령의 공포·시행 시점이 아니라, 사법부가 심사를 한 후에 비로소 그것도 대법원까지 가보아야 결정된다. 따라서 부령이 가지는 법규명령으로서의 법규범적 효력은 유동적인 상태이고, 국민의 법적 안정성은 훼손된다.

셋째, 법원이 부령의 법규명령성을 부인하여도 계약사무규칙은 여전히 효력을 발하고 있다는 점이다. 행정부 내부의 사무처리준칙이라고 하여도 일선 공무원에게는 그 규칙을 준수할 의무가 있다. 행정명령 내지 행정규칙이라고 하더라도 하나의 규범으로서 앞으로 계속하여 적용될 터인데, 과연 우리 헌법은 대법원의 이러한 판결을 합헌적 판결이라고 긍정할 수 있는 것인가 하는 의문이 든다. 이러한 점과 관련하여 황도수 교수는 다음과 같은 의견을 피력하고 있다: "법원이 구체적 사건에서 행정명령의 법규성을 부정한다고 하더라도 그로써 행정명령이 바로 무효가 되는 것도 아니고 관계공무원은 판결에도 불구하고, 법령준수의무에 따라 당해 행정명령 상의 기준에 의하여 종전과 똑같은 처분을 계속할 수밖에 없게 되는 것이 현실이 아닌가? 이러한 처분들이 반복되고 난 연후에 법원은 그 행정명령이 행정규칙에 불과함을 거듭 확인한 뒤 행정처분을 심리할 것인바, 이는 결국 법적 안정성과 예측가능성 그리고 국민의 권익을 손상시키는 결과를 초래하지는 않을까 우려가 제기된다. 그러므로 위임입법에 대해서 위임의 범위를 벗어나는 경우에는 이를 무효를 선언하여 그 효력을 배제하는 것이 바람직하다고 사료된다"[52]

넷째, 법규명령의 하자를 처리하는 문제와 법규명령의 성립 여부의 문제를 혼동하지는 않는지 하는 점이다. 행정각부의 장이 부령을 발령한 이상 하자가 있더라도 이는 법규명령으로 성립하였다고 보아야 하지 않을까 한다. 부령으로서 계약사무규칙에 하자가 있더라도 이는 여전히 하자가 있는 부령이라고 할 것이지 부령이 아니라 행정부 내부의 사무처리준칙이라는 판단은 다소 무리가 있는 판단이 아닐까 하는 점이 우려된다.[53] 그래서 부령에 위헌 내지 위법의 문제가 있는 경우에는 그러한 부령에 대해서 규범통제권[54]을 행사하여야 할 것이라고 사료된다. 법원이 계약사무규칙에 대해서 규범심사권을 행사하여 위법 내지 위헌 여부를 심사를 하여야 함에도 불구하고 이러한 심사권을 행사하지 아니하고 이를 행정부 내부의 사무처리준칙이라는 식으로 처리하여서는 아니된다고 사료된다. 규범심사권에 의하여 어떠한 부령이 위헌 내지 위법으로 선언되는 경우에는 법으로서의 모든 효력을 상실하게 되고 나아가 행정부 내부의 사무처리준칙으로서도 존재할 수 없다는 것을 인식할 필요가 있다고 사료된다.[55]

---

52) 황도수, 법규명령으로서의 부령 – 법규명령과 행정규칙의 구별기준 –, 행정법연구 18호 (2007.하반기), 599면 이하.

53) 황도수, 법규명령으로서의 부령 – 법규명령과 행정규칙의 구별기준 –, 행정법연구 18호 (2007.하반기), 609면.

54) 헌법 제107조 제2항: ② 명령·규칙 또는 처분이 헌법이나 법률에 위반되는 여부가 재판의 전제가 된 경우에는 대법원은 이를 최종적으로 심사할 권한을 가진다.

55) 황도수, 법규명령으로서의 부령 – 법규명령과 행정규칙의 구별기준 –, 행정법연구 18호 (2007.하반기), 610면: 대법원 판례이론이 실질설과 위임설에 머물렀던 이유 중 하나는 위헌위법명령심사권을 행사함에 있어서 일반·추상적인 명령의 효력을 일거에 상실시킬 경우, 그 명령이 규율하고 있는 모든 법률관계가 혼란 속으로 빠져들어서 결과적으로는 위헌위법심사가 더욱 불합리한 결과를 초래할 수도 있다는 우려에 기인하는 것일 수도 있다. 그러나 이러한 문제는 일반·추상적 성질을 가진 법규범을 심사하여 그 효력의 상실 여부를 판단하는 심판에서 발생하는 불가피한 현상인데, 이러한 문제는 변형결정을 선고하는 방식으로 합리적으로 해결되고 있음을 볼 수 있다.

다섯째, 계약사무규칙이 부령의 형식으로 발령이 되었는데 부령이 아니고 그저 행정명령 내지 행정규칙이라고 하는데, 그렇다면 이러한 행정명령으로서의 위임입법이 법원조직법 제7조[56] 소정의 명령 또는 규칙에 해당하여 그 위헌·위법 판단에 전원합의체 판결이 요구되는가가 문제될 수 있다.[57] 물론 계약사무규칙이 행정명령에 불과하여 이러한 심판권 행사의 대상조차 되지 아니한다고 주장할 수도 있을 것이나, 이러한 주장은 지나친 감이 없지 아니하다. 일단 어떠한 위임입법이 부령으로 발령되었음에도 이를 동법상의 명령인지 아니면 그냥 행정명령인지의 시시비비를 누가 가릴 것인가부터 문제가 된다고 할 것이다. 이러한 문제는 부령으로 발령된 행정입법에 대해서 깊은 숙고 없이 심사의 방기상태로 나아가는 지금까지의 법원의 잘못된 태도로부터 유래한다고 볼 수 있을 것이다.

여섯째, 이와 유사한 문제는 행정소송법 제6조를 적용함에 있어서도 발생될 수 있을 것이다: “행정소송법 제6조(명령·규칙의 위헌판결등 공고) ① 행정소송에 대한 대법원판결에 의하여 명령·규칙이 헌법 또는 법률에 위반된다는 것이 확정된 경우에는 대법원은 지체 없이 그 사유를 안전행정부장관에게 통보하여야 한다. <개정 2013.3.23.> ② 제1항의 규정에 의한 통보를 받은 안전행정부장관은 지체 없이 이를 관보에

---

56) 법원조직법 제7조(심판권의 행사) ① 대법원의 심판권은 대법관전원의 3분의 2 이상의 합의체에서 이를 행하며 대법원장이 재판장이 된다. 다만, 대법관 3인이상으로 구성된 부에서 먼저 사건을 심리하여 의견이 일치한 때에 한하여 다음의 경우를 제외하고 그 부에서 재판할 수 있다. 1. 명령 또는 규칙이 헌법에 위반함을 인정하는 경우 2. 명령 또는 규칙이 법률에 위반함을 인정하는 경우 3. 종전에 대법원에서 판시한 헌법·법률·명령 또는 규칙의 해석적용에 관한 의견을 변경할 필요가 있음을 인정하는 경우 4. 삭제 <1988.8.5.> 5. 부에서 재판함이 적당하지 아니함을 인정하는 경우.

57) 박정훈, 법규명령 형식의 행정규칙, 행정규칙 형식의 법규명령 – 법규개념과 형식/실질 2원론에 대한 비판적 검토 –, 법치국가와 행정입법 세미나 자료집, 한국행정법학회 2013, 47면.

게재하여야 한다. <개정 2013.3.23.>" 만약에 계약사무규칙이 행정명령으로 규명지워지는 경우에는 이러한 사유는 안전행정부장관에게 통보되지도 아니하고 관보에 게재도 아니되는 경우가 발생할 수 있을 터인데, 그렇다면 계약사무규칙은 행정명령임에도 불구하고 일선 행정에서는 계속적으로 그 효력을 발휘하는 현상이 유지될 수도 있을 것이다.

Ⅵ. 결론

행정법의 영역에서는 입법 기술적인 문제 또는 사안의 전문성 문제 때문에 일반적으로 법률은 어떠한 제도의 대강을 규율하고 제도의 세세한 내용은 위임입법을 통해 구체화되고 있음을 알 수 있다. 2014년 9월 30일 현재 법률이 1,334여 개라고 할 때 위임입법은 약 3,100여 개 이고 행정규칙까지 포함하는 경우에는 약 20,000 여 개 그리고 자치법규는 약 107,647여 개에 이르고 있다고 할 수 있다.[58] 현대 행정작용의 중점적인 내용이 개별적인 처분에만 있는 것이 아니라 행정입법들을 제정하는 것에도 있음을 고려할 필요가 있다.

이러한 현대의 법치국가에서 위임입법 내지 행정규칙에 대해서 이제는 어느 정도 방향을 전환하여 보다 적극적으로 규범통제를 실시할 때가 되었다고 사료된다. 이러한 규범통제의 요청은 우리 헌법 제107조 제2항에서 이미 이루어지고 있다. 그렇지만 대법원을 포함하여 우리의 법원들은 명령·규칙에 대하여 심사를 함에 있어서 소극적인 자제로 일관하고 있지는 않은 지 반문할 필요가 있다.[59] 법규명령에 대한 적극적

58) 법제처 홈페이지 http://law.go.kr/: 법령에 4382개의 현행 법령이 나타나고 있다. 구글, 행정규칙 개선 컨설팅 보고 – 외교통상부,통일부 소관 –: 외교통상부·통일부 소관의 행정규칙만 해도 205개가 넘는 것을 근거로 추측할 때, 다른 부처의 행정규칙들을 고려하면 그러하리라 추정한다.

59) 김하열, 한국 헌법재판제도의 성과와 과제, 제9회 한국법률가대회 근대 사법 120

인 규범통제는 규범의 효력과 적용범위에 대하여 명확한 유권적 판단을 내림으로써 다수의 개별적 행정소송을 예방하고, 나아가 행정청과 법원의 소송부담을 경감시켜 줄 수 있는 장점이 있을 것으로 사료되는바, 법원에게 부담이 되더라도 법규명령을 포함한 위임입법과 행정명령 등에 대해서 적극적으로 심사를 수행하여서 행정의 입법에 있어서 하나의 법적 지침을 제공하는 차원으로까지 나아가는 법원의 전향적인 자세를 바라마지 않는 바이다.[60]

년: 1990년부터 대법원이 명령·규칙에 대해서 위헌·무효라고 한 것은 약 40건에 불과하며, 그것도 대부분은 조세법령이나 조례가 수권법률에 위반되는 것이라고 할 것이다.

배병호, 배병호 교수도 토론에서 대통령령이나 부령을 법규명령으로 보더라도 이에 대해서 헌법 제107조 제2항에 근거하여 적극적으로 규범통제를 하면 되지 않는가 하는 의견을 피력하였다.

60) 박정훈, "행정입법에 대한 사법심사: 독일법제의 개관과 우리법의 해석론 및 입법론을 중심으로", 행정법연구 제11호(2004, 상반기), 128.

이상덕, 독일 행정법원법에서의 법규명령에 대한 추상적 규범통제, 재판자료 : 외국사법연수논집(31) 제124집(2012년), 325면.

참고문헌

강현호, 국가경영행정법(상), 디비북스 2012.

______, 독일의 규범통제절차에 대한 소고, 토지공법연구 제43집 제2호, (2009. 2.), 379~402.

길준규, 공공위탁법 연구, 토지공법연구 13집 (2001. 11.).

김용섭, 행정입법과 그에 대한 통제, 경희법학 34권제2호(1999년).

김하열, 한국 헌법재판제도의 성과와 과제, 제9회 한국법률가대회 근대 사법 120년.

김준엽, 공공기관이 행하는 부정당업자제재처분(입찰참가자격제한처분)의 요건, 변호사 제45집(2014년) 424-436.

김종회, 미국 위임입법의 통제에 관한 연구, 부산대학교 대학원 박사 1991.

김중권, 행정소송과 행정법, 제9회 한국법률가대회 근대 사법 120년.

______, 이른바 처분적 행정입법의 문제점에 관한 소고, 공법연구 제42집 제4호(2014.06).

김철용, 행정법, 고시계사 2012.

박영도, 위임입법에 관한 연구, 한국법제연구원, 연구보고 99-04, 1996.

______, 독일의 위임입법제도에 관한 연구, 한국외국어대 외법논집 제7집 (1999년).

박윤흔, 행정입법에 대한 통제는 사전적 통제인 좋은 법 만들기에 큰 비중이 두어져야, 법치국가와 행정입법 세미나 자료집, 한국행정법학회 2013.

박정훈, 행정입법에 대한 사법심사 - 독일법제의 개관과 우리법의 해석론 및 입법론을 중심으로 -, 행정법이론실무학회 행정법연구 제11호 (2004.05).

______, 부정당업자의 입찰참가자격제한의 법적 제문제, 서울대학교 법학

제46권 제1호, 2006.

______, 법규명령 형식의 행정규칙, 행정규칙 형식의 법규명령 - 법규개념과 형식/실질 2원론에 대한 비판적 검토 -, 법치국가와 행정입법 세미나 자료집, 한국행정법학회 2013.

이광윤, 행정법이론, 성균관대학교 출판부, 2000.

이동수, 국가계약법제에 관한 행정법상 문제점, 토지공법연구 13집(2001년), 23~48면.

이상덕, 독일 행정법원법에서의 법규명령에 대한 추상적 규범통제, 재판자료 : 외국사법연수논집(31) 제124집(2012년).

유상호, 위임입법 통제에 관한 비교법적 연구, 단국대 박사학위논문, 2000.

전완중, 정부조달계약에 있어 부정당업자의 제한에 관한 법리 연구, 공공사회연구, 제2권 1호(2012), 29-77면.

정영조, 프랑스 법제의 특징, (순간)법제 통권 제569호(2005.05)

정태용, 건설분야 법령에 있어서의 위임입법의 이론과 실제, (순간)법제 606호 (2008.06), 6~31.

한수웅, 본질성이론과 입법위임의 명확성원칙, 헌법논총 제14집(2003.12)

황도수, 법규명령으로서의 부령 - 법규명령과 행정규칙의 구별기준 -, 행정법연구 18호 (2007.하반기).

홍기종, 위임입법의 한계, 재판자료 제76집(1997년).

Maurer, Hartmut, Allgemeines Verwaltungsrecht, 18.Aufl., 2011.

Neville, L. Brown/Bell, S. John, French Administrative Law, 1998, Clarendon Press·Oxford.

국문초록

행정법의 영역에서는 입법 기술적인 문제 또는 사안의 전문성 문제 때문에 일반적으로 법률은 어떠한 제도의 대강을 규율하고 제도의 세세한 내용은 위임입법을 통해 구체화되고 있음을 알 수 있다. 이러한 위임입법에 대한 헌법적 요청은 크게 수권법률에 대한 요청으로서 명확성의 원칙과 포괄위임금지의 원칙 그리고 위임입법에 대한 요청으로서 수권법률에서 위임한 범위 내에서의 입법으로 구분할 수 있다.

현대 행정작용의 중점적인 내용이 개별적인 처분에만 있는 것이 아니라 행정입법들을 제정하는 것에도 있음을 고려할 때, 현대의 법치국가에서 위임입법 내지 행정규칙에 대해서 이제는 어느 정도 방향을 전환하여 보다 적극적으로 규범통제를 실시할 때가 되었다고 사료된다. 이러한 규범통제의 요청은 우리 헌법 제107조 제2항에서 이미 이루어지고 있음에도 불구하고, 대법원을 포함하여 우리의 법원들은 명령·규칙에 대하여 심사를 함에 있어서 소극적인 자제에 머물러 있다. 이러한 소극적인 자세가 바로 부령 형식의 행정입법과 관련하여 그 법적 성격을 행정명령이라고 규정짓는 우려할 만한 판시를 내리게 되는 동인이 되고 있다.

법규명령에 대한 적극적인 규범통제는 규범의 효력과 적용범위에 대하여 명확한 유권적 판단을 내림으로써 다수의 개별적 행정소송을 예방하고, 행정청과 법원의 소송부담을 경감시켜 줄 수 있으며, 법적 안정성과 예측가능성을 고양할 수 있으며, 나아가 행정입법과 관련된 주체들에게도 하나의 방향이 되는 지침을 제시하여 줄 수 있다. 법원에게 부담이 되더라도 법규명령을 포함한 위임입법과 행정명령 등에 대해서 적극적으로 심사를 수행하여서 행정의 입법에 있어서 법적 지침들을 제공하는 것이 법원을 향한 시대적 요청이라고 할 것이다.

주제어: 행정입법, 위임입법, 규범통제, 부정당업자제재처분, 입찰참가자격제한

Zusammenfassung

Eine rechtliche Untersuchung über die Kontrolle von Verwaltungsnormen

Kang, Hyunho*

Im Bereich des Verwaltungsrechts regeln die Gesetze einen allgemeinen Rahmen bezüglich der Institution wegen der gesetzgebungstechnischen oder fachmännische Probleme und ermächtigen die Exekutive, die Einzelheiten des Systems konkret zu regeln. In Bezug auf die Ermächtigung der Gesetze gibt es verfassungsrechtliche Anforderungen, die wiederum wie folgt eingeteilt betrachtet werden können, d.h. Anforderungen an das ermächtigende Gesetz und auch Anforderungen an die Rechtsverordnung. Als Anforderungen an das ermächtigende Gesetz gibt es Grenze von Eindeutigkeit, Klarheit und Verbot der umfassenden Ermächtigung sowie als Anforderungen an die Rechtsverordnung gibt es Grenze von Inhalten des Ermächtigungsgesetzes.

Unter Berücksichtigung daß das Schwergewicht der modernen Verwaltungshandlung nicht nur im konkreten Verwaltungsakt sondern viel mehr auch in der Rechtsverordnung besteht, die nicht vom Gesetzgeber sondern von den durch Gesetz ermächtigten Exekutivorganen erlassen wird, ist es die Zeit für die Abbiegung in der Normenkontrolle im koreanischen Gericht gegenüber die Rechtsverordnungen. Das koreanische Gericht verhält sich abgeneigt und passiv auf die Normenkontrolle bezüglich der Rechtsverordnungen,

* Sungkyunkwan University, School of Law

obwohl der Artikel 107 Absatz 2 von der koreanischen Verfassung schon die Normenkontrolle gegenüber Rechtsverordnungen wie folgt regelt: Kommt es in einem gerichtlichen Verfahren auf die Gültigkeit von Rechtsverordnungen, Verwaltungsvorschriften oder Verwaltungsakten an, so entscheidet über deren Verfassungs– und Gesetzmäßigkeit in letzter Instanz der Oberste Gerichtshof. Wegen der zurückhaltenden Haltung des Gerichts beurteilt das Gericht bedauernswert, daß die Rechtscharakter einer Rechtsverordnung, die von den durch Gesetz ermächtigten Exekutivorganen z.B. Ministerpräsident oder Minister erlassen wird, als eine verwaltungsinterne Vorschrift wäre.

Darum ist es erwünschenswert und eine zeitliche Anforderung, daß das koreanisch Gericht einschließlich des Obersten Gerichtshofs eine positive Haltung gegenüber der Normenkontrolle hat und eine klare Beurteilung über die Gültigkeit und deren Anwendungsumfang vornimmt, obwohl es sich dadurch einigermaßen belastet bzw. überfordert fühlt, denn die aktive Normenkontrolle kann dadurch mehrere Streitigkeiten verhindern, rechtliche Sicherheit und Vorhersehbarkeit fördern und den Subjekten der Normsetzung leitende Richtlinien stellen.

Stichwörter: Verwaltungsvorschrift, Verwaltungsnormen, Rechtsverordnung aufgrund einer Ermächtigung, Normenkontrolle, Sanktionsakt gegen ein ungerechtes Unternehmen, Beschränkung der Befähigung bei der Teilnahme an der Ausschreibung

투 고 일: 2015. 5. 25
심 사 일: 2015. 6. 15
게재확정일: 2015. 6. 19

行政行爲의 概念과 種類

勞動組合設立申告의 申告要件 및 申告要件의 審査方式
/朴均省

勞動組合設立申告의 申告要件 및 申告要件의 審査方式

朴均省*

대상판결: 대법원 2014.4.10. 선고 2011두6998 판결

I. 사안의 정리

1. 사건의 개요

(1) 구 전국공무원노동조합은 2009. 8. 28.부터 피고(고용노동부장관)로부터 해직자인 수석 부위원장 소외 7, 부위원장 소외 8, 회계감사원장 소외 11, 충북지역본부장 소외 1, 울산지역본부장 소외 10, 고령군 지부장 소외 9가 노동조합 간부로서 활동하도록 하는 등 조합원 자격을 인

* 경희대학교 법학전문대학원 교수

정하고 있다고 시정요구를 받았다. 구 전국공무원노동조합은 2009. 10. 8.과 같은 달 19.에 걸쳐 소외 7, 8은 탈퇴서를 제출하였고, 소외 9는 조합에서 해직된 자이며, 소외 10은 울산본부 비상대책위원회 대표직을 사퇴하였고, 소외 11, 1은 조합임원이나 조합원에 해당하지 않는다고 보고하였다. 피고는 2009. 10. 20. 구 전국공무원노동조합에게 소외 7, 8, 11, 1이 조합원 탈퇴서를 제출하고도 직위를 유지한 채 노동조합 활동을 한 사실이 인정되므로, 공무원노조법상 노동조합으로 보지 아니한다는 통보를 하였다.

(2) 구 전국공무원노동조합은 2009. 9. 23. 전국민주공무원노동조합 및 법원공무원노동조합과 합병 결의를 하여 '전국통합공무원노동조합'을 설립하였는데, 2009. 11. 28. 대의원회의에서 원고(전국공무원노동조합)로 명칭이 변경되었다.

(3) 구 전국공무원노동조합은 2009. 12. 1. 피고에게 노동조합 해산신고서를 제출하였고, 원고는 같은 날 2010. 2. 25. 피고에게 노동조합 설립신고서를 제출하였다. 피고는 2009. 12. 4. 원고에게, 규약 부칙 제2조에 의하면 원고가 구 전국공무원노동조합 소속 조합원들에 대한 지위를 승계하는 것으로 규정되어 있고, 구 전국공무원노동조합 운영 당시 해직자 82명이 원고에게 가입한 사실이 확인된다고 하면서 조합원에서 배제하도록 보완요구를 하였다.

(4) 피고는 노동조합 설립신고서가 접수 전, 후로 실시된 '공무원노조 가입 대상 관련 조사서'와 원고가 제출한 산하조직표 등을 통해 산하조직 대표자 중 8명이 업무총괄자에 해당한다고 판단하였다.

(5) 원고는 2010. 2. 25. 피고에게 노동조합설립신고서를 다시 제출하였다.

(6) 피고는 구 전공노 소속 조합원이었던 해직 공무원이 신설합병 노동조합인 원고의 조합원으로 가입되어 있는지를 심사한 다음 2010. 3. 3. 아래와 같은 사유로 공무원노조법 제2조, 제6조, 노동조합 및 노동관

계조정법(이하 '노동조합법'이라 한다) 제2조 제4호에 위반된다고 노동조합 설립신고서를 반려하는 처분을 하였다(이하 '이 사건 처분'이라 한다). 1) 구 전국공무원노동조합 소속 조합원이던 해직자 82명이 원고 조합원에 포함되어 있다. 2) 원고 산하조직 대표자 중 8명이 공무원의 노동조합 설립 및 운영에 관한 법률(이하 '공무원노조법'이라 한다) 제6조 제2항 제1호 및 같은 법 시행령 제3조 제1호 제나.목 규정에 따라 노동조합 가입이 금지되는, 부서 내 다른 공무원 업무수행을 지휘·감독하거나 총괄하는 업무에 주로 종사하는 공무원(이하 '업무총괄자'라 한다)에 해당되는 것으로 확인되었고, 그 외에도 상당수 업무총괄자가 원고 조합원에 포함되어 있다.

(7) 원심은 피고가 조합원 가입을 문제 삼은 해직 공무원 중 원고 사무처 각 실장, 상설위원회 내지 특별위원회 위원장 등의 직책을 수행한 소외 1, 소외 2, 소외 3, 소외 4, 소외 5의 경우 이들이 원고 내에서 차지하는 지위와 권한 등에 비추어 볼 때 이들을 단순 상근직원으로 볼 수 없고 실질적으로 원고의 조합원으로 보아야 한다고 판단한 다음 이는 근로자가 아닌 자의 가입을 허용한 경우에 해당한다는 이유로 이 사건 반려처분이 적법하다고 판단하였다. 대법원은 이러한 원심 판단은 정당하다고 하였고, 원고가 해직 공무원, 즉 근로자 아닌 자의 가입을 허용한 것이 인정되는 이상 노동조합법 제12조 제3항 제1호에 의하여 이 사건 반려처분은 적법하다고 하였다.

(8) 원심은 원고 산하 지부장인 소외 6 등이 업무 총괄자의 지위에 있다고 보고 이는 노동조합 가입이 제한된 사람의 가입을 허용한 경우에 해당한다는 이유로 이 사건 반려처분을 적법하다고 판단하였다. 그러나 대법원은 기록상 피고가 원고로부터 설립신고를 제출받을 당시 업무 총괄자의 가입 여부를 의심할 만한 객관적인 사정이 있었다고 볼 만한 자료가 없고, 피고가 어떠한 경위로 문제 된 조합원들의 업무 내용을 조사하게 되었는지를 확인할 자료도 없는 이 사건에서, 피고가 조합원

들의 업무 내용에 대하여 전반적인 조사를 거쳐 업무 총괄자의 가입 여부를 실질적으로 심사한 것은 그 심사권한의 한계를 벗어난 것으로, 설령 소외 6 등이 업무 총괄자에 해당한다고 하더라도 이를 이유로 원고의 설립신고를 반려하는 것은 적법하다고 보기 어렵다고 하였다. 그러나, 앞서 본 바와 같이 원고가 해직 공무원의 가입을 허용함으로써 그 자체로 반려사유가 인정되는 이상 이 사건 반려처분은 적법하다고 할 것이므로, 이러한 잘못은 판결의 결론에는 영향이 없다고 하였다.

2. 원고의 주장

원심 또는 대법원 판결에서 나타난 원고의 주장은 아래와 같다.

1) 노동조합법 제10조에 의하면, 노동조합을 설립하고자 하는 자는 노동조합 설립신고서에 제11조 규정에 의한 규약을 첨부하여 행정관청에 제출하도록 하고 있고, 노동조합법 제12조 제1, 2항에 의하면, 설립신고서를 접수된 때 또는 설립신고서 또는 규약이 기재사항 등 누락으로 보완이 필요한 경우 보완된 설립신고서 또는 규약을 접수한 때에는 3일 이내에 신고증을 교부하여야 한다고 규정하고 있다. 따라서 노동조합 설립신고서를 접수한 행정관청은 접수된 설립신고서 및 구비서류와 규약만을 토대로 노동조합법 제12조 제3항에 규정된 반려사유에 해당하는지 여부만을 심사하여야 한다. 노동조합 설립신고에 대한 형식적 심사권한을 넘어 실질적 심사를 하고자 한 이 사건 처분은 노동조합법에 규정된 노동조합 설립신고 심사방식에 위배되어 위법하다.

2) 원고 규약상 해직자는 조합원 지위에 있지 아니하고, 2010. 3. 31. 제정된 '희생자 구제규정'에 따라 구제금 지급을 받는 대신 위원장이 부여한 조합 업무에 종사하는 제3자에 불과하다. 이는 근로자가 아닌 자에 대한 가입을 허용하는 경우에 해당하지 아니하므로, 노동조합 설립신고서 반려 사유에 해당하지 않는다.

3) 업무총괄자에 해당하는지 여부는 관련 법령과 구체적인 업무 내용에 대한 조사와 검토를 토대로 판단되어야 한다. 피고가 업무총괄자에 해당한다고 지목한 8명은 공무원 노동조합에 가입할 수 없는 업무총괄자에 해당하지 아니하므로, 이 사건 처분은 위법하다.

3. 판결요지

(1) 원심 판결요지

공무원 노동조합 설립신고를 접수한 행정관청으로서는 공무원이 아닌 자나, 노동조합 가입이 배제되는 공무원이 포함되어 있는지 여부에 대한 심사를 할 권한을 가진다. 따라서 피고가 노동조합 설립신고를 받고 제출된 설립신고서와 규약 외에 피고가 이 사건 반려처분 이전에 이미 파악하고 있던 해직자에 관한 정보와 이 사건 반려처분에 즈음하여 조사한 업무총괄자에 대한 정보를 기초로 하여 노동조합 설립신고서 반려 여부를 심사한 것은 적법하다.

(2) 대법원 판결요지

【판시사항】

[1] 행정관청이 노동조합으로 설립신고를 한 단체가 노동조합 및 노동관계조정법 제2조 제4호 각 목에 해당하는지 여부를 실질적으로 심사할 수 있는지 여부(적극) 및 실질적 심사의 기준

[2] 공무원노동조합과 관련하여 노동조합 및 노동관계조정법 제2조 제4호 (라)목에 규정된 '근로자'의 범위

【판결요지】

[1] 노동조합 및 노동관계조정법(이하 '노동조합법'이라 한다)이 행정관청으로 하여금 설립신고를 한 단체에 대하여 같은 법 제2조 제4호 각 목에 해당하는지를 심사하도록 한 취지가 노동조합으로서의 실질적 요

건을 갖추지 못한 노동조합의 난립을 방지함으로써 근로자의 자주적이고 민주적인 단결권 행사를 보장하려는 데 있는 점을 고려하면, 행정관청은 해당 단체가 노동조합법 제2조 제4호 각 목에 해당하는지 여부를 실질적으로 심사할 수 있다.

다만 행정관청에 광범위한 심사권한을 인정할 경우 행정관청의 심사가 자의적으로 이루어져 신고제가 사실상 허가제로 변질될 우려가 있는 점, 노동조합법은 설립신고 당시 제출하여야 할 서류로 설립신고서와 규약만을 정하고 있고(제10조 제1항), 행정관청으로 하여금 보완사유나 반려사유가 있는 경우를 제외하고는 설립신고서를 접수받은 때로부터 3일 이내에 신고증을 교부하도록 정한 점(제12조 제1항) 등을 고려하면, 행정관청은 일단 제출된 설립신고서와 규약의 내용을 기준으로 노동조합법 제2조 제4호 각 목의 해당 여부를 심사하되, 설립신고서를 접수할 당시 그 해당 여부가 문제된다고 볼 만한 객관적인 사정이 있는 경우에 한하여 설립신고서와 규약 내용 외의 사항에 대하여 실질적인 심사를 거쳐 반려 여부를 결정할 수 있다.

[2] 노동조합 및 노동관계조정법(이하 '노동조합법'이라 한다) 제2조 제4호 (라)목 본문, '공무원의 노동조합 설립 및 운영 등에 관한 법률' 제17조 제2항, 제6조 제3항을 종합하면, 공무원노동조합과 관련하여 노동조합법 제2조 제4호 (라)목에 규정된 '근로자'는 원칙적으로 '공무원 자격을 유지하고 있는 자'로 한정되고, 면직·파면 또는 해임된 공무원은 노동위원회에 부당노동행위 구제신청을 한 경우를 제외하고는 '근로자가 아닌 자'에 해당하는 것으로 보아야 한다.

4. 관련법조문 및 법적 문제

헌법 제21조 제1항은 "모든 국민은 언론·출판의 자유와 집회·결사의 자유를 가진다"라고 규정하고 있고, 동조 제2항은 "언론·출판에 대한 허가나 검열과 집회·결사에 대한 허가는 인정되지 아니한다"라고 규정하고 있다.

정의규정인 노동조합 및 노동관계조정법(이하 '노동조합법'이라 한다) 제2조 제4호는 다음과 같이 규정하고 있다: "노동조합"이라 함은 근로자가 주체가 되어 자주적으로 단결하여 근로조건의 유지·개선 기타 근로자의 경제적·사회적 지위의 향상을 도모함을 목적으로 조직하는 단체 또는 그 연합단체를 말한다. 다만, 다음 각목의 1에 해당하는 경우에는 노동조합으로 보지 아니한다. 가. 사용자 또는 항상 그의 이익을 대표하여 행동하는 자의 참가를 허용하는 경우, 나. 경비의 주된 부분을 사용자로부터 원조받는 경우, 다. 공제·수양 기타 복리사업만을 목적으로 하는 경우, 라. 근로자가 아닌 자의 가입을 허용하는 경우. 다만, 해고된 자가 노동위원회에 부당노동행위의 구제신청을 한 경우에는 중앙노동위원회의 재심판정이 있을 때까지는 근로자가 아닌 자로 해석하여서는 아니 된다. 마. 주로 정치운동을 목적으로 하는 경우.

'노동조합법' 제2조 제4호 라목 단서는 공무원노동조합에는 적용하지 아니한다(공무원노동조합법 제17조 제3항). 이에 따라 해직공무원은 일체 공무원노동조합에 가입할 수 없는 것으로 규정되어 있다.

노동조합법 제10조 제1항은 노동조합 설립신고요건을 규정하고 있다. 즉. 노동조합을 설립하고자 하는 자는 다음 각호의 사항을 기재한 신고서에 제11조의 규정에 의한 규약을 첨부하여 연합단체인 노동조합과 2 이상의 특별시·광역시·특별자치시·도·특별자치도에 걸치는 단위노동조합은 고용노동부장관에게, 2 이상의 시·군·구(자치구를 말한다)에 걸치는 단위노동조합은 특별시장·광역시장·도지사에게, 그 외의 노동조합은 특별자치시장·특별자치도지사·시장·군수·구청장(자치구의 구청장을 말한다. 이하 제12조제1항에서 같다)에게 제출하여야 한다. 1. 명칭, 2. 주된 사무소의 소재지, 3. 조합원수, 4. 임원의 성명과 주소, 5. 소속된 연합단체가 있는 경우에는 그 명칭, 6. 연합단체인 노동조합[1]에 있어서는 그 구성노동단체의 명칭, 조합원수, 주된 사무소의 소재지 및 임원의 성명 · 주소(제1항).

노동조합법 제12조 제1항은 "고용노동부장관, 특별시장 · 광역시장 · 특별자치시장 · 도지사 · 특별자치도지사 또는 시장 · 군수 · 구청장(이하 "행정관청"이라 한다)은 제10조제1항의 규정에 의한 설립신고서를 접수한 때에는 제2항 전단 및 제3항의 경우를 제외하고는 3일 이내에 신고증을 교부하여야 한다"라고 적법한 설립신고서를 접수한 때에는 원칙상(제2항 전단 및 제3항의 경우를 제외하고는) 3일 이내에 신고증을 교부하도록 규정하고 있고, 동조 제2항은 "행정관청은 설립신고서 또는 규약이 기재사항의 누락 등으로 보완이 필요한 경우에는 대통령령이 정하는 바에 따라 20일 이내의 기간을 정하여 보완을 요구하여야 한다. 이 경우 보완된 설립신고서 또는 규약을 접수한 때에는 3일 이내에 신고증을 교부하여야 한다"라고 설립신고서 또는 규약의 보완요구에 대하여 규정하고 있고, 동조 제3항은 "행정관청은 설립하고자 하는 노동조합이 다음 각 호의 1에 해당하는 경우에는 설립신고서를 반려하여야 한다. 1. 제2조제4호 각목의 1에 해당하는 경우, 2. 제2항의 규정에 의하여 보완을 요구하였음에도 불구하고 그 기간내에 보완을 하지 아니하는 경우"라고 설립신고서의 반려사유(수리거부사유)를 규정하고 있고, 동조 제4항은 "노동조합이 신고증을 교부받은 경우에는 설립신고서가 접수된 때에 설립된 것으로 본다"라고 규정하고 있다.

공무원의 노동조합 설립 및 운영 등에 관한 법률 제17조는 동 법률과 노동조합법과의 관계를 규정하고 있는데, 공무원노동조합법은 노동조합법의 특별법이라고 할 수 있다.

공무원노동조합법 제6조는 공무원노동조합에 가입할 수 있는 공무

---

1) 동종산업의 단위노동조합을 구성원으로 하는 산업별 연합단체와 산업별 연합단체 또는 전국규모의 산업별 단위노동조합을 구성원으로 하는 총연합단체를 말한다(제2항).

원의 범위를 다음과 같이 정하고 있다. 노동조합에 가입할 수 있는 공무원의 범위는 다음 각 호와 같다. 1. 6급 이하의 일반직공무원 및 이에 상당하는 일반직공무원, 2. 특정직공무원 중 6급 이하의 일반직공무원에 상당하는 외무행정·외교정보관리직 공무원, 3. 삭제, 4. 6급 이하의 일반직공무원에 상당하는 별정직공무원, 5. 삭제(제6조 제1항). 제1항에도 불구하고 다음 각 호의 어느 하나에 해당하는 공무원은 노동조합에 가입할 수 없다. 1. 다른 공무원에 대하여 지휘·감독권을 행사하거나 다른 공무원의 업무를 총괄하는 업무에 종사하는 공무원, 2. 인사·보수에 관한 업무를 수행하는 공무원 등 노동조합과의 관계에서 행정기관의 입장에서 업무를 수행하는 공무원, 3. 교정·수사 또는 그 밖에 이와 유사한 업무에 종사하는 공무원, 4. 업무의 주된 내용이 노동관계의 조정·감독 등 노동조합의 조합원 지위를 가지고 수행하기에 적절하지 아니하다고 인정되는 업무에 종사하는 공무원(제2항). 공무원이 면직·파면 또는 해임되어 「노동조합 및 노동관계조정법」 제82조 제1항에 따라 노동위원회에 부당노동행위의 구제신청을 한 경우에는 「노동위원회법」 제2조에 따른 중앙노동위원회(이하 "중앙노동위원회"라 한다)의 재심판정이 있을 때까지는 노동조합원의 지위를 상실하는 것으로 보아서는 아니 된다(제3항). 제2항에 따른 공무원의 범위는 대통령령으로 정한다(제4항).

II. 평석

1. 쟁점의 정리

이 사건에서 행정관청이 노동조합으로 설립신고를 한 단체가 노동조합법 제2조 제4호 각 목에 해당하는지 여부를 실질적으로 심사할 수 있는지 여부 및 실질적 심사의 기준이 쟁점이 되었다. 원고는 "노동조합

설립신고서를 접수한 행정관청은 접수된 설립신고서 및 구비서류와 규약만을 토대로 노동조합법 제12조 제3항에 규정된 반려사유에 해당하는지 여부만을 심사하여야 한다"라고 형식적 심사[2]만을 하여야 한다고 주장하였는데, 대상 판결은 행정관청이 노동조합으로 설립신고를 한 단체가 노동조합 및 노동관계조정법 제2조 제4호 각 목에 해당하는지 여부를 실질적으로 심사할 수 있다고 하면서 실질적 심사[3]의 기준으로 "행정관청은 일단 제출된 설립신고서와 규약의 내용을 기준으로 노동조합법 제2조 제4호 각 목의 해당 여부를 심사하되, 설립신고서를 접수할 당시 그 해당 여부가 문제된다고 볼 만한 객관적인 사정이 있는 경우에 한하여 설립신고서와 규약 내용 외의 사항에 대하여 실질적인 심사를 거쳐 반려 여부를 결정할 수 있다"라고 판시하였다.

그런데, 노동조합설립요건의 심사의 성격 및 기준의 문제는 노동조합설립신고제도의 취지 및 내용, 노동조합설립요건의 신고요건의 내용, 신고요건의 성질(형식적 요건[4]인지 실질적 요건[5]인지), 노동조합설립신고의 성질(자기완결적 신고인지 이른바 수리를 요하는 신고인지), 신고 및 수리

2) 형식적 심사라 함은 신고요건의 충족 여부를 신고서류 즉 신고서와 제출서류만에 의해 판단하는 것을 말한다.

3) 실질적 심사라 함은 신고요건의 충족 여부를 심사함에 있어 신고서류뿐만 아니라 필요한 경우 자료조사, 현장조사 등을 통해 실질적으로 행하는 심사방식을 말한다.

4) 형식적 요건이라 함은 신고서, 첨부서류 등 신고서류에 해당하는 요건을 말한다.

5) 실질적(실체적) 요건이라 함은 안전 등 공익을 보장하기 위하여 요구되는 인적·물적 요건 및 공익요건을 말한다. 공익요건이란 신고의 실질적 요건 중 안전성, 사업 적합성 등의 요건을 말한다. 공익요건이 신고요건으로 요구되는 경우는 많지 않은데, 예를 들면 직업안정법령상 무료직업소개사업신고를 들 수 있다. 즉, 직업안정법 시행령 제14조는 무료직업소개사업의 신고를 할 수 있는 자는 "그 설립목적 및 사업내용이 무료직업소개사업에 적합하고 당해 사업의 유지·운영에 필요한 조직 및 자산을 갖춘 비영리법인 또는 공익단체로 한다. 또한 그 공익단체는 법인이 아닌 단체 중 그 설립에 관하여 행정기관의 인·허가를 받았거나 행정기관에 신고를 한 단체로서 활동의 공공성·사회성이 인정된 단체를 말한다"고 규정하고 있다.

의 효과 등과 체계적 관련성을 갖고 있다. 또한, 결사의 자유, 단결권 등 헌법규정에도 합치하는 해결을 하여야 한다.

또한, 노동조합설립신고도 신고제인 이상 노동조합설립신고의 법리는 그만의 특수한 법리가 있을 수 있지만, 신고의 일반 법리와 체계적 일관성 및 정합성을 가져야 한다. 그런데 판례는 이에 관한 검토를 충분히 하지 않았다.

나아가 이 사건에서의 노동조합설립요건 중 실질적 요건에 대한 실질적 심사를 긍정하되 실질적 심사를 제한적으로 인정한 판례가 일반 수리를 요하는 신고의 실질적 요건의 심사에 관한 판례의 법리에 어떠한 의미를 가질 것인지가 문제된다. 대상판결의 법리가 타당한지 그리고 일반 수리를 요하는 신고의 실질적 요건의 심사에 어느 정도로 적용될 수 있는지, 아니면 이 판례는 노동조합의 설립신고에만 적용하여야 하는 특수한 법리인지가 문제된다.

이하에서는 이 사건의 해결과 관련이 있는 신고 일반의 법리와 관련판례를 검토하면서 평석대상 판결의 의미와 타당성을 신고요건과 신고요건에 대한 심사방식을 중심으로 검토하기로 한다. 또한 노동조합설립신고제는 헌법적, 행정법적, 노동법적 검토가 필요한 주제이다. 이 글에서는 행정법상 신고제를 중심으로 논의하기로 한다. 또한, 이 사건에서 공무원노동조합과 관련하여 노동조합법 제2조 제4호 (라)목에 규정된 '근로자'의 범위[6]가 쟁점[7]이 되었는데, 이 쟁점은 논의의 대상에서

---

6) 판례는 해직공무원의 노동조합조합원자격에 관하여 "공무원노동조합과 관련하여 노동조합법 제2조 제4호 (라)목에 규정된 '근로자'는 원칙적으로 '공무원 자격을 유지하고 있는 자'로 한정되고, 면직·파면 또는 해임된 공무원은 노동위원회에 부당노동행위 구제신청을 한 경우를 제외하고는 '근로자가 아닌 자'에 해당하는 것으로 보아야 한다"고 판시하였다.

7) 이에 관한 고등법원의 인정사실은 다음과 같다. (1) 구 전국공무원노동조합 소속 해직자 82명 중 소외 12는 대변인을, 소외 1은 조직실장을, 소외 2는 기획실장을, 소외 3은 교섭실장을, 소외 4는 통일위원장을, 소외 5는 희생자 원상회복투쟁위원장을 맡고 있다. (2) 서울특별시 양천구청장은 2009. 12. 3. 소속 공무원이

제외하기로 한다.

2. 신고제의 개관

전형적 신고는 자기완결적 신고 즉, 신고의 요건을 갖춘 적법한 신고가 있으면 수리여부와 관계없이 신고의 효과가 발생하는 신고이다.

자기완결적 신고의 법제도에 관하여는 이견이 거의 없고 법적 문제점도 많지 없다. 그런데, 이른바 '수리를 요하는 신고'에 관하여는 견해의 대립도 심하고 해결되지 않은 많은 문제를 갖고 있다. 이른바 수리를 요하는 신고는 세계 어느 나라 법에서도 찾아보기 힘든 규제유형이기도 하고, 새롭게 형성되고 있는 규제유형이기 때문에 아직 법제도가 완비되어 있지 않은 것은 당연한 것인지도 모른다. 이러한 상황하에서 체계적이고 일관성 있는 판례를 형성해가는 것이 어렵겠지만, 판례가 일관성을 갖지 못한다면 예측가능성이나 공정성의 측면에서는 문제가 될 수 있다.

이 사건에서 문제된 신고요건의 내용(형식적 요건 또는 실질적 요건), 신고요건에 대한 심사방식(형식적 심사 또는 실질적 심사), 수리를 요하는 신고의 성질(수리를 요하는 신고와 허가를 구별할 것인지 여부)에 관하여도 후술하는 바와 같이 학설은 심히 나뉘어 있고, 판례의 입장도 명확한 것만은 아니다.

이외에도 이른바 수리를 요하는 신고의 경우 적법한 신고가 있어도 수리를 거부한 경우에 신고의무를 이행한 것인지 달리 말하면 신고의 대상이 되는 행위를 하면 처벌하여야 하는 것인지에 관하여 견해가 대

었던 원고 위원장 소외 13을 해임하였다. 소외 13은 2009. 12. 21. 서울지방노동위원회에 부당노동행위 구제신청(2009부노143)을 하였으나, 2010. 2. 18. 기각되었다. 소외 13은 2010. 3. 5. 중앙노동위원회에 재심 신청(2010부노53)을 하였으나, 이 사건 처분 후인 2010. 5. 3. 기각되었다.

립하고 있다. 또한 자기완결적 신고와 수리를 요하는 신고의 구별기준에 관하여도 견해가 대립하고 있다. 이에 관한 판례의 입장도 명확한 것은 아니다.

이러한 문제들을 해결하기 위하여는 수리를 요하는 신고의 탄생배경 및 본질을 이해하는 것으로부터 출발하여야 한다. 수리를 요하는 신고는 규제완화정책과 함께 등장한 것으로 판단된다.[8] 규제완화의 차원에서 허가제를 신고제로 완화하면서 허가의 실질적 요건을 전면 폐지하지 않고 완화하여 신고의 실질적 요건으로 존치시키는 경우가 적지 않았다.[9] 이러한 점에 비추어 보면 수리를 요하는 신고는 허가와 유사한 것으로 이론구성하는 것이 타당한 측면이 없지 않다. 그러나 이러한 해석은 법문언상 신고로 규정되어 있는 점, 수리를 요하는 신고를 허가와 유사한 것으로 보면 규제완화의 취지가 몰각되는 점 등을 고려하면 수리를 요하는 신고를 허가와 유사한 것으로 보는 것은 타당하지 않다.

신고제는 신고의 대상이 되는 행위를 하기 전에 사전에 신고를 하여야 한다는 점에서 사전적 규제의 성격을 가지면서도 적어도 자기완결적 신고의 경우 적법한 신고가 되면 수리 여부와 무관하게 신고의 대상이 되는 행위를 할 수 있는 점에서는 사전규제의 성격이 약하다고 할 수 있다. 또한 인적·물적 시설기준 등 공익의 보호를 위한 규제는 사전규제의 방식으로 행해질 수도 있지만, 사후규제 즉 단속의 방식으로도 행해질 수 있다. 즉, 인적·물적 시설기준 등 공익보호사항의 구비를 사후 단속사항으로 하면서 규제대상의 행위를 자기완결적 신고만으로 할 수 있는 것으로 규제설계를 하는 것도 가능하다. 인적·물적 시설기준 등 공익보호사항의 구비를 형식적 요건으로 하여 신고서류만으로 판단하도록 하는 방식과 인적·물적 시설기준 등 공익보호사항의 구비를 신

---

8) 윤기중, 행정규제완화수단으로서의 신고에 관한 연구, 경희대학교 박사학위 논문, 2014, 117쪽 이하 참조.

9) 대표적인 예로 납골당설치신고를 들 수 있다.

고의 형식적 요건으로도 하지 않고 신고후의 단속규정으로 하는 규제방식이 그것이다. 만일 인적·물적 시설기준 등 공익보호사항이 구비되지 않은 것이 단속되면 신고의 대상이 되는 행위에 대해 제재를 가하거나 처벌하는 것으로 한다는 점에서는 사후규제적 성격을 갖는다.

이른바 수리를 요하는 신고에서 수리행위가 있어야 신고에 따른 법적 효과가 발생하는 것에는 이견이 있을 수 없다. 문제는 수리를 요하는 신고의 경우 적법한 신고가 있어도 수리를 거부한 경우에 신고의무를 이행한 것인지 달리 말하면 신고의 대상이 되는 행위를 하면 처벌하여야 하는 것인지가 문제되는데 이에 관하여 견해가 대립하고 있고 판례는 후술하는 바와 같이 적법한 신고가 있어도 수리되지 않으면 신고의무를 이행하지 않은 것이 되고 신고의 대상이 되는 행위를 하면 처벌하여야 한다는 입장을 취하고 있다. 그런데 판례의 입장을 취한다면 이른바 수리를 요하는 신고는 규제의 관점에서는 허가와 유사한 성격을 가지는 것으로 볼 수밖에 없다. 따라서, 규제완화의 관점에서는 이른바 수리를 요하는 신고에서도 적법한 신고가 되면 수리 여부와 무관하게 신고의무를 이행한 것으로 보고 신고의 대상이 되는 행위를 할 수 있고, 처벌할 수 없는 것으로 보는 것이 타당하다.

3. 노동조합 설립신고제

현행법은 노동조합의 설립을 신고제로 하고 있다. 즉, 노동조합법 제10조 제1항은 노동조합을 설립하고자 하는 자는 다음 각 호의 사항을 기재한 신고서에 제11조의 규정에 의한 규약을 첨부하여 연합단체인 노동조합과 2 이상의 특별시·광역시·특별자치시·도·특별자치도에 걸치는 단위노동조합은 고용노동부장관에게, 2 이상의 시·군·구(자치구를 말한다)에 걸치는 단위노동조합은 특별시장·광역시장·도지사에게, 그 외의 노동조합은 특별자치시장·특별자치도지사·시장·군수·구청장(자치구의 구청장을 말한다. 이하 제12조제1항에서 같다)에게 제출하여야 한다. 1. 명칭, 2. 주된 사무소의 소재지, 3. 조합원수, 4. 임원의 성명과 주소, 5. 소속된 연합단체가 있는 경우에는 그 명칭, 6. 연합단체인 노동조합[10]에 있어서는 그 구성노동단체의 명칭, 조합원수, 주된 사무소의 소재지 및 임원의 성명 · 주소(제1항).

노동조합법 제12조 제1항은 "고용노동부장관, 특별시장 · 광역시장 · 특별자치시장 · 도지사 · 특별자치도지사 또는 시장 · 군수 · 구청장(이하 "행정관청"이라 한다)은 제10조제1항의 규정에 의한 설립신고서를 접수한 때에는 제2항 전단 및 제3항의 경우를 제외하고는 3일 이내에 신고증을 교부하여야 한다"라고 적법한 설립신고서를 접수한 때에는 원칙상(제2항 전단 및 제3항의 경우를 제외하고는) 3일 이내에 신고증을 교부하도록 규정하고 있고, 동조 제2항은 "행정관청은 설립신고서 또는 규약이 기재사항의 누락등으로 보완이 필요한 경우에는 대통령령이 정하는 바에 따라 20일 이내의 기간을 정하여 보완을 요구하여야 한다. 이 경우 보완된 설립신고서 또는 규약을 접수한 때에는 3일 이내에 신고증을 교부하여야 한다"라고 설립신고서 또는 규약의 보완요구에 대하여 규정하고 있고, 동조 제3항은 "행정관청은 설립하고자 하는 노동조합이 다음 각 호의 1에 해당하는 경우에는 설립신고서를 반려하여야 한다. 1. 제2조제4호 각목의 1에 해당하는 경우, 2. 제2항의 규정에 의하여 보완을 요구하였음에도 불구하고 그 기간내에 보완을 하지 아니하는 경우"라고 설립신고서의 반려사유를 정하고 있고, 동조 제4항은 "노동조합이 신고증을 교부받은 경우에는 설립신고서가 접수된 때에 설립된 것으로 본다"라고 규정하고 있다.

제7조 제1항은 이 법에 의하여 설립된 노동조합이 아니면 노동위

10) 동종산업의 단위노동조합을 구성원으로 하는 산업별 연합단체와 산업별 연합단체 또는 전국규모의 산업별 단위노동조합을 구성원으로 하는 총연합단체를 말한다(제2항).

원회에 노동쟁의의 조정 및 부당노동행위의 구제를 신청할 수 없다고 규정하고, 제3항은 이 법에 의하여 설립된 노동조합이 아니면 노동조합이라는 명칭을 사용할 수 없다고 규정하고 있다. 그리고, 제7조 제3항의 규정에 위반한 자는 500만원 이하의 벌금에 처한다(제93조).

헌법 제21조 제1항은 결사의 자유를 보장하고 있고, 헌법 제21조 제2항은 결사에 대한 허가제를 금지하고 있다. 헌법 제33조 제1항은 단결권, 단체교섭권 및 단체행동권을 보장하고 있다. 노동3권의 법적 성격에 관하여 자유권설, 생활권설, 혼합권설이 대립하고 있는데, 헌법재판소는 노동3권을 '사회적 보호기능을 담당하는 자유권' 또는 '사회권적 성격을 띤 자유권'으로 보고 있다.11)

노동조합의 설립을 허가제로 하는 것은 결사의 자유를 보장하는 헌법 제21조 제1항, 결사에 대한 허가를 인정하지 아니하는 헌법 제21조 제2항, 근로자의 단결권을 보장한 헌법 제33조 제1항에 반한다. 따라서 현행법상 노동조합설립신고제가 실질적으로 허가제와 같은 것이라면 현행법상 노동조합설립신고제는 위헌이 된다. 허가제의 핵심적 내용은 허가의 대상이 되는 행위를 금지하고 일정한 허가요건을 충족하는 경우에 한하여 사전에 허가를 받아 금지를 해제받도록 하고, 허가를 받지 않고 허가의 대상이 되는 행위를 하는 것을 금지하고 처벌하는 것이다.

헌법재판소는 노동조합의 설립신고제도의 취지를 다음과 같이 보고 있다: "노동조합의 설립신고제도가 노동조합의 자유로운 설립을 일정 부분 제한하고 있기는 하나, 노동조합법이 노동조합의 설립에 관하여 신고주의를 택하고 있는 것은 소관 행정당국으로 하여금 노동조합의 조직체계에 대한 효율적인 정비·관리를 통하여 노동조합이 자주성과 민주성을 갖춘 조직으로 존속할 수 있도록 보호·육성하고 그 지도 · 감독에 철저를 기하기 위한 노동정책적인 고려에 그 취지가 있고(대법원 1997.

---

11) 헌재 1998.2.27, 94헌바13·26, 95헌바44(병합).

10. 14. 선고 96누9829 판결; 대법원 1993. 2. 12. 선고 91누12028 판결 등 참조), 노동조합 설립신고에 대한 심사도 단순히 행정관청에 신고하는 것만으로 성립을 허용할 경우 민주성 및 자주성이라는 실질적인 요건조차 갖추지 못한 노동조합이 난립하는 것을 허용함으로써 노동조합이 어용조합이 되거나 조합 내부의 민주성을 침해할 우려가 있으므로 이를 방지하고 근로자들이 자주적이고 민주적인 단결권 등을 행사하도록 하는 데그 취지가 있다." 또한 "실질적인 요건은 갖추었으나 형식적인 요건을 갖추지 못한 근로자들의 단결체는 노동조합이라는 명칭을 사용할 수 없음은 물론 그 외 법에서 인정하는 여러 가지 보호를 받을 수 없는 것은 사실이나, 명칭의 사용을 금지하는 것은 이미 형성된 단결체에 대한 보호정도의 문제에 지나지 아니하고 단결체의 형성에 직접적인 제약을 가하는 것도 아니며, 또한 위와 같은 단결체의 지위를 '법외의 노동조합'으로 보는 한 그 단결체가 전혀 아무런 활동을 할 수 없는 것은 아니고 어느 정도의 단체교섭이나 협약체결 능력을 보유한다 할 것이므로, 노동조합의 명칭을 사용할 수 없다고 하여 헌법상 근로자들의 단결권이나 단체교섭권의 본질적인 부분이 침해된다고 볼 수 없다고 하였다.[12]

헌법재판소에 의하면 현행법상 노동조합신고제는 허가제가 아니며 근로자의 단결권을 침해하지 않는다는 입장이다. 즉, "헌법 제21조 제2항 후단의 결사의 자유에 대한 '허가제'란 행정권이 주체가 되어 예방적 조치로 단체의 설립 여부를 사전에 심사하여 일반적인 단체 결성의 금지를 특정한 경우에 한하여 해제함으로써 단체를 설립할 수 있게 하는 제도, 즉 사전 허가를 받지 아니한 단체 결성을 금지하는 제도를 말한다. 그런데 이 사건 법률조항은 노동조합 설립에 있어 노동조합법상의 요건 충족 여부를 사전에 심사하도록 하는 구조를 취하고 있으나, 이 경우 노동조합법상 요구되는 요건만 충족되면 그 설립이 자유롭다는 점에

---

12) 헌재 2008. 7. 31. 2004헌바9.

서 일반적인 금지를 특정한 경우에 해제하는 허가와는 개념적으로 구분되고, 더욱이 행정관청의 설립신고서 수리 여부에 대한 결정은 재량 사항이 아니라 의무 사항으로 그 요건 충족이 확인되면 설립신고서를 수리하고 그 신고증을 교부하여야 한다는 점에서 단체의 설립 여부 자체를 사전에 심사하여 특정한 경우에 한해서만 그 설립을 허용하는 '허가'와는 다르다. 따라서 이 사건 법률조항의 노동조합 설립신고서 반려제도가 헌법 제21조 제2항 후단에서 금지하는 결사에 대한 허가제라고 볼 수 없다." 그리고 "노동조합 설립신고에 대한 심사와 그 신고서 반려는 근로자들이 자주적이고 민주적인 단결권을 행사하도록 하기 위한 것으로서 만약 노동조합의 설립을 단순한 신고나 등록 등으로 족하게 하고, 노동조합에 요구되는 자주성이나 민주성 등의 요건에 대해서는 사후적으로 차단하는 제도만을 두게 된다면, 노동조합법상의 특권을 누릴 수 없는 자들에게까지 특권을 부여하는 결과를 야기하게 될 뿐만 아니라 노동조합의 실체를 갖추지 못한 노동조합들이 난립하는 사태를 방지할 수 없게 되므로 노동조합이 그 설립 당시부터 노동조합으로서 자주성 등을 갖추고 있는지를 심사하여 이를 갖추지 못한 단체의 설립신고서를 반려하도록 하는 것은 과잉금지원칙에 위반되어 근로자의 단결권을 침해한다고 볼 수 없다."[13]

대법원은 노동조합법이 노조의 설립에 관하여 신고주의를 취하고 있는 취지를 "소관 행정당국으로 하여금 노동조합에 대한 효율적인 조직체계의 정비·관리를 통하여 노동조합이 자주성과 민주성을 갖춘 조직으로 존속할 수 있도록 노동조합을 보호·육성하고 그 지도·감독에 철저를 기하게 하기 위한 노동정책적인 고려에서 마련된 것이다"라고 보았다.[14]

그렇지만, 다음과 같은 점에서 신고가 수리되지 않은 단체는 활동

13) 헌재 2012.3.29, 2011헌바53.
14) 대법원 1997.10.14. 선고 96누9829 판결[노동조합설립신고증교부(수리)처분취소].

에 적지 않은 지장을 받는다는 것을 부인할 수는 없다. 노동조합법 제7조 제1항이 노동조합법에 따라 신고한 노동조합이 아니면 노동위원회에 노동쟁의의 조정 및 부당노동행위의 구제를 신청할 수 없다고 규정하고, 동조 제3항은 노동조합이라는 명칭을 사용할 수 없다고 규정하고 있다. 그리고, 제93조는 노동조합법에 따라 신고한 노동조합이 아니면서 노동조합이라는 명칭을 사용한 자를 500만원 이하의 벌금에 처하는 것으로 하고 있다. 따라서, 노동조합 신고요건에 대한 실질적 심사를 엄격히 한다면 노동조합 설립의 자유에 대한 침해가 된다고 할 수도 있다. 이러한 점을 고려하여 대상 판례가 "행정관청에 광범위한 심사권한을 인정할 경우 행정관청의 심사가 자의적으로 이루어져 신고제가 사실상 허가제로 변질될 우려가 있다"고 한 것은 타당한 면이 있다. 다만, 신고제가 허가제와 어떻게 다른 것인지에 관하여 보다 깊이 있고 자세한 설명이 없는 부분은 아쉬운 점이다. 특히 허가제의 핵심은 허가를 받지 않는 한 허가요건을 충족한 허가신청을 했다고 하더라도 허가의 대상이 되는 행위를 할 수 없고, 허가없이 허가의 대상이 되는 행위를 하면 무허가행위를 한 것으로 처벌한다는 점이다. 신고증을 교부받아야 노동조합으로 설립되고, 신고증을 교부받지 않은 상태에서는 신고만으로 노동조합이 설립된 것은 아닌 점에서 보면 노동조합신고제는 허가제와 유사한 면이 없지 않다. 그렇지만, 노동조합의 신고가 실질적 요건을 갖추었음에도 수리되지 않은 경우 '법외의 노동조합'으로서[15] 헌법싱 보장된 단체교섭이나 협약체결 능력을 보유하는 점, 신고의 수리없이 노동조합활동을 하여도 그것만으로는 처벌되지 않는 점은 허가제와 다른 점이다.

15) 법외노동조합이라 함은 노동조합법에 따라 신고필증을 받지 못한 노동조합을 말한다. 신고 여부와는 관계가 없다.

4. 노동조합 설립신고에서의 신고요건 및 심사방식

(1) 노동조합설립 신고요건에 대한 심사방식에 관한 원고의 주장 및 판결요지

원고는 다음과 같이 노동조합 설립신고서를 접수한 행정관청은 접수된 설립신고서 및 구비서류와 규약만을 토대로 즉 형식적인 심사만으로 노동조합법 제12조 제3항에 규정된 반려사유에 해당하는지 여부를 심사하여야 한다고 주장하였다.

이에 대하여 원심인 서울고등법원은 신고요건 심사절차에 대하여는 법령상 규정된 바가 없으므로 행정관청은 그 관청에게 일반적으로 기대할 수 있는 적절한 방법에 의한 합리적인 판단으로 해당여부를 결정하여야 한다(대법원 1979. 12. 11. 선고 76누189 판결 참조)고 하면서 공무원 노동조합 설립신고를 접수한 행정관청으로서는 공무원이 아닌 자나, 노동조합 가입이 배제되는 공무원이 포함되어 있는지 여부에 대한(실질적) 심사를 할 권한을 가진다고 판시하였다.

대법원은 "노동조합 및 노동관계조정법(이하 '노동조합법'이라 한다)이 행정관청으로 하여금 설립신고를 한 단체에 대하여 같은 법 제2조 제4호 각 목에 해당하는지를 심사하도록 한 취지가 노동조합으로서의 실질적 요건을 갖추지 못한 노동조합의 난립을 방지함으로써 근로자의 자주적이고 민주적인 단결권 행사를 보장하려는 데 있는 점을 고려하면, 행정관청은 해당 단체가 노동조합법 제2조 제4호 각 목에 해당하는지 여부를 실질적으로 심사할 수 있다고 하면서 "다만, 행정관청에 광범위한 심사권한을 인정할 경우 행정관청의 심사가 자의적으로 이루어져 신고제가 사실상 허가제로 변질될 우려가 있는 점, 노동조합법은 설립신고 당시 제출하여야 할 서류로 설립신고서와 규약만을 정하고 있고(제10조 제1항), 행정관청으로 하여금 보완사유나 반려사유가 있는 경우를 제외하고는 설립신고서를 접수받은 때로부터 3일 이내에 신고증을 교부하도록 정한 점(제12조 제1항) 등을 고려하면, 행정관청은 일단 제출된 설립신고서와 규약의 내용을 기준으로 노동조합법 제2조 제4호 각 목의 해당 여부를 심사하되, 설립신고서를 접수할 당시 그 해당 여부가 문제된다고 볼 만한 객관적인 사정이 있는 경우에 한하여 설립신고서와 규약 내용 외의 사항에 대하여 실질적인 심사를 거쳐 반려 여부를 결정할 수 있다"고 하였다.

결론적으로 말하면 대법원은 노동조합법 제2조 제4호 각 목의 해당 여부를 일단 제출된 설립신고서와 규약의 내용을 기준으로(형식적으로) 심사하되, 설립신고서를 접수할 당시 그 해당 여부가 문제된다고 볼 만한 객관적인 사정이 있는 경우에 한하여 설립신고서와 규약 내용 외의 사항에 대하여 실질적인 심사를 거쳐 반려 여부를 결정할 수 있다고 본 것이다. 그 논거로 행정관청에 광범위한 심사권한을 인정할 경우 행정관청의 심사가 자의적으로 이루어져 신고제가 사실상 허가제로 변질될 우려가 있는 점과 노동조합법은 설립신고 당시 제출하여야 할 서류로 설립신고서와 규약만을 정하고 있고(제10조 제1항), 행정관청으로 하여금 보완사유나 반려사유가 있는 경우를 제외하고는 설립신고서를 접수받은 때로부터 3일 이내에 신고증을 교부하도록 정한 점(제12조 제1항)을 들고 있다.

이러한 판례의 논리적 타당성을 높이기 위해서는 노동조합 설립신고의 법적 성질 즉 노동조합 설립신고가 수리를 요하는 신고인지 여부, 다음으로 일반적으로 수리를 요하는 신고의 실질적 요건에 대한 심사방식 즉 수리를 요하는 신고의 실질적 요건에 대해 실질적 심사를 할 수 있는지를 보다 일반적으로 검토한 후 노동조합 설립신고의 요건인 노동조합법 제2조 제4호 각 목의 해당 여부에 대한 심사방식을 논하는 것이 필요하였다. 또한 신고제를 허가제와 어떻게 구별하여야 하는지도 보다 구체적으로 검토하였으면 좋았을 것이다. 이러한 문제에 대하여는 후술하기로 한다.

(2) 자기완결적 신고에서의 신고요건 및 심사방식

자기완결적 신고의 요건은 형식적 요건만이고 그 심사도 형식적 심사에 그치는 것이 원칙이다.

그런데, 자기완결적 신고에서 시설기준, 자격기준 등 '실질적 요건'이 신고요건으로 요구되는 경우가 있고, 시설기준, 자격기준 등 실질적 요건이 요구되는 경우에도 자기완결적 신고로 보는 경우가 있다. 예를 들면 체육시설의 설치·이용에 관한 법률상 체육시설의설치·이용에관한 법률 및 동법 시행규칙에 의하면 당구장업과 같은 신고체육시설업을 하고자 하는 자는 체육시설업의 종류별로 같은법시행규칙이 정하는 해당 시설을 갖추어 소정의 양식에 따라 신고서를 제출하는 방식으로 시·도지사에 신고하도록 규정하고 있는데, 판례는 "적법한 요건을 갖춘 신고의 경우에는 행정청의 수리처분 등 별단의 조처를 기다릴 필요 없이 그 접수시에 신고로서의 효력이 발생하는 것이므로 그 수리가 거부되었다고 하여 무신고 영업이 되는 것은 아니다"라고 판시하였다.[16] 또한, 구 축산물가공처리법령상 축산물판매업을 하고자 하는 자는 농림부령이 정하는 기준에 적합한 시설을 갖추고 시장·군수·구청장에게 신고하여야 한다고만 규정하고 있는데, "행정관청으로서는 위 법령에서 규정하는 시설기준을 갖추어 축산물판매업 신고를 하는 경우 당연히 그 신고를 수리하여야 하고, 적법한 요건을 갖춘 신고의 경우에는 행정관청의 수리처분 등 별단의 조처를 기다릴 필요 없이 그 접수시에 신고로서의 효력이 발생하는 것이므로 그 수리가 거부되었다고 하여 미신고 영업이 되는 것은 아니라고 할 것이다"라고 판시하였다.[17] 다만, 이들 판례는

16) 대법원 1998.04.24. 선고 97도3121 판결[체육시설의설치·이용에관한법률위반].

17) 대법원 2010.04.29. 선고 2009다97925 판결[손해배상(기)]. 다만, 구 축산물가공처리법(2005. 3. 31. 법률 제7428호로 개정되기 전의 것)상의 축산물판매업 신고는 다음과 같은 이유에서 수리를 요하는 신고라고 보는 것이 타당하다. 즉 구 축산물가공처리법상 축산물판매업의 시설기준으로 영업장 및 화장실의 시설기준이

이른바 '수리를 요하는 신고'라는 개념이 판례에 의해 명시적으로 선언되기 전, 달리 말하면 자기완결적 신고와 수리를 요하는 신고가 명확히 구별되지 않았던 때의 판결인 점, 이들 사건의 경우 적법한 신고임에도 수리가 거부된 사안으로서 원고를 처벌하지 않거나 원고에게 손해배상을 해주는 등의 방식으로 원고의 권리를 구제해줄 필요가 있는 사안에서 이를 위해서는 자기완결적 신고로 보는 것이 필요한 사안인임 점을 고려하면 일반화하기는 적절하지 않은 판례일 수도 있다.

자기완결적 신고에서 '실질적 요건'의 구비여부를 행정청이 형식적 심사만으로 판단하여야 하는지 아니면 실질적 심사도 가능한지에 관한 명시적 판례는 없다. 상기 판결에서 "소정의 시설을 갖추지 못한 체육시설업의 신고는 부적법한 것으로 그 수리가 거부될 수밖에 없고"라고 판시하고 있는데, 이 판시가 자기완결적 신고에서 시설기준 등의 충족 여부에 대해 실질적 심사를 하여야 한다거나 실질적 심사를 할 수 있다고 본 것으로 해석할 수는 없다.

입법에 의하여 실질적 요건이 있는데도 형식적 요건만으로 수리를 받아주도록 되어있는 경우가 있고, 이 경우에는 "실질적 요건은 일단 사인의 판단에 맡기는 것이고, 행정청은 형식적 요건만을 심사하여 수리를 하여 줄 것이나, 그 실질적 요건이 흠결된 상황일 경우는 애당초 수리의 효과는 나타나지 않은 것으로 보아야 할 것이다"라는 주장이 있다.[18)]

자기완결적 신고에서 실질적 요건의 구비여부를 행정청이 형식적

정해져 있다. 구 축산물가공법 시행규칙 제35조는 축산물판매업의 신고서에 "영업장의 시설내역및 배치도"를 제출하도록 규정하고 있고, 동조 별지 제23호 서식인 축산물판매업의 신고서식에는 현장조사 및 시설조사를 신고 처리절차의 한 단계로 규정하고 있다. 이러한 점에 비추어 보면 축산물판매업의 신고의 요건은 실질적 요건(시설기준)을 포함하고 있고, 현장조사 등 실질적 심사가 가능한 것으로 규정하고 있다(구 축산물가공처리법령을 대체하여 제정된 현행 축산물위생관리법령도 동일하게 규정하고 있다).

18) 이상천, 요건으로서의 신고·신청에 따른 효과로서의 수리·등록·허가의 개념적 구분 재론, 공법학연구 제11권 제3호, 2010.8, 285면.

심사만으로 판단하여야 하는지 아니면 실질적 심사도 가능한지는 중요한 문제가 아니다. 그 이유는 이러한 논의의 실익이 크지 않기 때문이다. 우선 자기완결적 신고에서는 수리가 법적 의미를 갖지 않고, 자기완결적 신고의 효과는 신고요건이 충족되면 접수시 발생하기 때문이다. 따라서, 자기완결적 신고에서는 신고요건이 중요한 것이고 신고요건에 대한 심사방식은 중요한 것이 아니다.

생각건대, 시설기준 등이 신고요건으로 요구되는 경우에도 자기완결적 신고로 볼 수 있는 경우는 시설기준 등의 실질적 요건이 형식적 요건화된 경우라도 보아야 한다.[19] 달리 말하면 시설기준 등의 실질적 요건 충족 여부를 신고서에 기재하도록 하고, 행정청은 신고서의 형식적 요건을 충족하였는지 여부를 형식적 심사만으로 판단하도록 하는 경우이다. 이러한 견해가 행정절차법에도 부합하는 견해이다. 행정절차법 제40조는 자기완결적 신고를 규정하고 있는데, 동조 제2항은 자기완결적 신고의 요건을 다음과 같이 형식적 요건만인 것으로 규정하고 있다.[20] 그리고 동조 제3항과 제4항은 행정청의 심사는 동조 제2항의 신고요건의 충족 여부만에 대해서만 심사하여 보완 여부를 결정하도록 규정하고 있기 때문이다. 또한 법령상 시설기준 등의 실질적 요건을 형식적 요건화한 입법자의 의도는 시설기준 등의 요건을 사전규제의 대상이 아니라 사후규제의 대상으로 하고자 하는 것이다. 이러한 점에 비추어 자기완결적 신고의 경우 시설기준 등 '실질적 요건'이 신고요건으로 규정되는 경우 이 시설기준 등 '실질적 요건'은 신고서의 기재사항 또는 첨부서류로 형식적 요건화되었다고 보아야 할 것이다. 이렇게 본다면 자기완결적 신고의 요건은 항상 형식적 요건만이라고 할 수 있을 것이

19) 윤기중, 앞의 논문, 179쪽.

20) "제1항에 따른 신고가 다음 각 호의 요건을 갖춘 경우에는 신고서가 접수기관에 도달된 때에 신고 의무가 이행된 것으로 본다. 1. 신고서의 기재사항에 흠이 없을 것, 2. 필요한 구비서류가 첨부되어 있을 것, 3. 그 밖에 법령등에 규정된 형식상의 요건에 적합할 것"

다. 다만, 행정청이 형식요건화된 시설기준 등이 실제로 갖추어졌는지를 확인하기 위해 현장조사 등 '실질적 심사'를 하는 것이 금지되는 것은 아니다. 그리고 실질적 심사를 하여 시설기준 등이 갖추어지지 않은 것으로 판단되면 수리를 거부할 수 있다. 그러나 이 수리의 거부는 아무런 법적 의미를 갖지 않는다. 자기완결적 요건에 대한 실질적 심사는 자기완결적 신고의 절차나 효과 등 자기완결적 신고와는 전혀 관련이 없는 것이다.

(3) 수리를 요하는 신고에서의 신고요건 및 심사방식

수리를 요하는 신고의 신고요건으로는 형식적 요건과 실질적 요건이 있다. 수리를 요하는 신고의 신고요건의 심사방식으로는 형식적 심사와 실질적 심사가 있다.

일반적으로 형식적 요건의 심사는 형식적 심사이고, 실질적 요건의 심사는 형식적 심사일 수도 있고 실질적 심사일 수도 있다. 신고의 실질적 요건이 신고의 첨부서류만으로 확인이 가능한 경우도 있지만, 신고서류만으로는 그 판단이 어려운 경우도 있다.

수리를 요하는 신고의 경우에 행정청이 형식적 심사만을 하는지 아니면 실질적 심사를 할 수 있는지에 관하여 견해가 대립하고 있다. 수리를 요하는 신고의 경우에는 요건에 대한 형식적 심사만을 거친다고 보는 견해도 있지만[21] 수리를 요하는 신고의 실실석 요선에 내해서는 행정청이 실질적 심사를 할 수 있다는 것이 타당하다.

판례는 분명히 판시하고 있지는 않지만, 수리를 요하는 신고의 경우 실체적 요건을 신고요건으로 하고 있고, 실체적 요건에 대해서는 원칙상 실질적 심사가 가능한 것으로 보는 입장을 취하고 있는 것으로 보

21) 홍정선, 행정법원론(상), 박영사, 2011, 195－196면. 허가나 등록에서는 행정청은 요건에 대한 실질심사를 행하므로 수리를 요하는 신고를 실질적으로 허가나 등록으로 보면서 신고에서는 형식적 심사만 하여야 한다는 것은 논리모순이다.

인다. 우선 대법원 2011.01.20. 선고 2010두14954 전원합의체 판결은 "인·허가의제 효과를 수반하는 건축신고는 일반적인 건축신고와는 달리, 특별한 사정이 없는 한 행정청이 그 실체적 요건에 관한 심사를 한 후 수리하여야 하는 이른바 '수리를 요하는 신고'로 보는 것이 옳다."[22] 라고 판시하고 있다. 양승태, 김지형 대법관은 이 판결의 보충의견에서 법령이 신고의무만을 규정할 뿐 실체적 요건에 관하여는 아무런 규정을 두지 아니하고 있는 경우는 자기완결적 신고로 볼 수 있다고 하고, 법령에서 신고와 관련하여 일정한 실체적(인적·물적) 요건을 정하거나 행정청의 실질적인 심사를 허용하고 있다고 볼 만한 규정을 두고 있는 경우 등에는 그 실체적 요건에 관한 행정청의 심사를 예정하고 있다고 볼 수 밖에 없어 이는 수리를 요하는 신고로 보아야 한다고 하였다. 이에 반하여 박시환, 이홍훈 대법관은 이 판결의 반대의견에서 종래의 판례를 해석함에 있어서 관련 규정의 해석상 신고에 대한 실질적 심사가 허용되는 경우 등에 한하여 수리를 요하는 신고로 해석하는 것이 타당하다고 하였다.

생각건대, 수리를 요하는 신고의 실질적 신고요건은 원칙상 실질적으로 심사할 수 있다고 보는 것이 타당하다. 다만, 실질적 요건의 충족 여부가 신고서류만에 의해 형식적으로 심사될 수 있는 경우에는 형식적 심사가 가능하지만, 신고서류만에 의해 형식적으로 심사될 수 없는 경우에는 실질적 심사를 하여야 한다고 보는 것이 타당하다.[23]

(4) 노동조합설립신고의 신고요건 및 심사방식

노동조합설립신고의 신고요건은 다음과 같다.

1) 노동조합법 제10조 제1항은 노동조합 설립신고요건을 다음과 같이 정하고 있다. 즉. 노동조합을 설립하고자 하는 자는 신고서와 규약

22) 대법원 2011.1.20. 선고 2010두14954 전원합의체 판결 [건축(신축)신고불가취소].
23) 자기완결적 신고와 수리를 요하는 신고의 구별기준에 관하여는 후술.

을 제출하여야 한다. 신고서의 기재사항은 다음과 같다: 1. 명칭, 2. 주된 사무소의 소재지, 3. 조합원수, 4. 임원의 성명과 주소, 5. 소속된 연합단체가 있는 경우에는 그 명칭, 6. 연합단체인 노동조합[24]에 있어서는 그 구성노동단체의 명칭, 조합원수, 주된 사무소의 소재지 및 임원의 성명 · 주소(제10조 제1항). 규약의 기재사항은 다음과 같다: 1. 명칭, 2. 목적과 사업, 3. 주된 사무소의 소재지, 4. 조합원에 관한 사항(연합단체인 노동조합에 있어서는 그 구성단체에 관한 사항), 5. 소속된 연합단체가 있는 경우에는 그 명칭, 6. 대의원회를 두는 경우에는 대의원회에 관한 사항, 7. 회의에 관한 사항, 8. 대표자와 임원에 관한 사항, 9. 조합비 기타 회계에 관한 사항, 10. 규약변경에 관한 사항, 11. 해산에 관한 사항, 12. 쟁의행위와 관련된 찬반투표 결과의 공개, 투표자 명부 및 투표용지 등의 보존·열람에 관한 사항, 13. 대표자와 임원의 규약위반에 대한 탄핵에 관한 사항, 14. 임원 및 대의원의 선거절차에 관한 사항, 15. 규율과 통제에 관한 사항(제11조) 제10조와 제11조에서 규정하고 있는 신고서와 규약의 제출 및 신고서와 규약의 기재사항이라는 신고의 요건은 형식적 요건이다. 이 형식적 요건에 대한 심사는 형식적 심사일 수 밖에 없다.

2) 노동조합법 제2조 제4호는 "'노동조합'이라 함은 근로자가 주체가 되어 자주적으로 단결하여 근로조건의 유지 · 개선 기타 근로자의 경제적·사회적 지위의 향상을 도모함을 목적으로 조직하는 단체 또는 그 연합단체를 말한다. 다만, 다음 각목의 1에 해당하는 경우에는 노동조합으로 보지 아니한다"라고 규정하고 있다. 노동조합법 제2조 제4호 각목은 다음과 같다: 가. 사용자 또는 항상 그의 이익을 대표하여 행동하는 자의 참가를 허용하는 경우, 나. 경비의 주된 부분을 사용자로부터 원조

24) 동종산업의 단위노동조합을 구성원으로 하는 산업별 연합단체와 산업별 연합단체 또는 전국규모의 산업별 단위노동조합을 구성원으로 하는 총연합단체를 말한다(제2항).

받는 경우, 다. 공제·수양 기타 복리사업만을 목적으로 하는 경우, 라. 근로자가 아닌 자의 가입을 허용하는 경우. 다만, 해고된 자가 노동위원회에 부당노동행위의 구제신청을 한 경우에는 중앙노동위원회의 재심판정이 있을 때까지는 근로자가 아닌 자로 해석하여서는 아니 된다. 마. 주로 정치운동을 목적으로 하는 경우. '노동조합법' 제2조 제4호 라목 단서는 공무원노동조합에는 적용하지 아니한다(공무원노동조합법 제17조 제3항). 이에 따라 해직공무원은 일체 공무원노동조합에 가입할 수 없는 것으로 규정되어 있다.

노동조합법 제2조 제4호는 노동조합법상 노동조합의 정의규정이며 노동조합법상 노동조합의 자격을 규정하고 있는데, 노동조합의 자격은 노동조합의 실질적 설립요건으로 볼 수 있다. 이러한 점에서 판례가 노동조합법 제2조 제4호 각목을 소극적·실질적 요건으로 본 것은 타당하다. 다만, 노동조합의 설립의 자유라는 측면에서는 이러한 입법방식 즉 노동조합의 자격규정은 문제가 없지는 않다. 노동조합법 제2조 제4호 각목을 노동조합의 설립요건이나 자격요건으로 정하지 않고 노동조합법 제2조 제4호 각목을 금지하고 금지 위반에 대해 처벌하거나 신고노동조합의 해산사유로 정하는 것으로 사후적 규제로 규정하는 입법방식이 타당할 수도 있다. 그렇지만 이것은 입법정책의 문제이다.

노동조합의 소극적 요건에 대한 심사를 형식적 심사로 보는 견해, 실질적 심사라고 보는 견해,[25] 소극적 요건에 대한 심사는 원칙적으로 형식적 심사로 하고, 임원이 조합원인지 여부와 설립신고서 등의 기재사항 중 허위사실이 있는지 여부에 대해서는 실질적 심사를 할 수 있다는 견해,[26] 대상 판결의 입장을 지지하는 견해,[27] 헌법상 단결권 보장

25) 김형배·박지순, 노동법강의 제3판, 신조사, 2014, 374쪽.

26) 임종률, 노동법 제13판, 박영사, 2015.2, 61면. 다만, 허위사실 기재 여부에 대한 조사는 당사자의 기재 내용 끝에 "위 내용은 사실에 부합됨을 확인(서약)한다"는 취지를 기술하고 서명날인을 받는 방법으로 한정되어야 한다고 주장한다.

27) 김형배, 앞의 책, 835쪽.

의 취지나 노조법상 자유설립주의 이념을 감안하고, 3일 안에 실질적 심사를 한다는 것은 무리이며, 행정관청의 재량에 따른 심사의 오류나 남용을 방지함에 있어서는 신고사항이 허위라고 의심되는 충분한 객관적 사유가 있는 경우를 제외하고는 형식적 자료에 의한 적법성 심사에 그쳐야 하므로 형식적 심사설이 타당하다는 견해[28]가 있다.

판례는 노동조합법 제2조 제4호 각목의 신고요건의 심사방식에 관하여 다음과 같이 판시하였다: "노동조합 및 노동관계조정법(이하 '노동조합법'이라 한다)이 행정관청으로 하여금 설립신고를 한 단체에 대하여 같은 법 제2조 제4호 각 목에 해당하는지를 심사하도록 한 취지가 노동조합으로서의 실질적 요건을 갖추지 못한 노동조합의 난립을 방지함으로써 근로자의 자주적이고 민주적인 단결권 행사를 보장하려는 데 있는 점을 고려하면, 행정관청은 해당 단체가 노동조합법 제2조 제4호 각 목에 해당하는지 여부를 실질적으로 심사할 수 있다. 다만 행정관청에 광범위한 심사권한을 인정할 경우 행정관청의 심사가 자의적으로 이루어져 신고제가 사실상 허가제로 변질될 우려가 있는 점, 노동조합법은 설립신고 당시 제출하여야 할 서류로 설립신고서와 규약만을 정하고 있고(제10조 제1항), 행정관청으로 하여금 보완사유나 반려사유가 있는 경우를 제외하고는 설립신고서를 접수받은 때로부터 3일 이내에 신고증을 교부하도록 정한 점(제12조 제1항) 등을 고려하면, 행정관청은 일단 제출된 설립신고서와 규약의 내용을 기준으로 노동조합법 제2조 제4호 각 목의 해당 여부를 심사하되, 설립신고서를 접수할 당시 그 해당 여부가 문제된다고 볼 만한 객관적인 사정이 있는 경우에 한하여 설립신고서와 규약 내용 외의 사항에 대하여 실질적인 심사를 거쳐 반려 여부를 결정할 수 있다."[29]

28) 이병태, 노동법, (주)중앙경제, 2008, 121-122쪽.

29) 대법원은 이러한 입장에 따라 "피고가 구 전공노에 대하여 해직 공무원의 가입을 이유로 공무원노조법상 노동조합으로 보지 아니한다는 통보를 한 상황에서

이러한 판례의 의의는 다음과 같다. 1) 우선 노동조합 설립신고의 실질적 요건에 대해서는 실질적 심사가 가능하다는 것을 선언하였다. 다만, 노동조합의 신고제가 허가제로 되어서는 안 된다는 점 및 노동조합법의 관련규정을 고려하여 원칙상 형식적 심사를 하고, 설립신고서를 접수할 당시 그 해당 여부가 문제된다고 볼 만한 객관적인 사정이 있는 경우에 한하여 실질적 심사를 할 수 있다고 판시하였다. 이러한 판례의 견해를 찬성하는 견해[30]도 있다. 2) 실질적 심사의 한계를 위반하여 실질적 심사를 하고 신고서의 수리를 거부한 것은 위법하다고 하였다.[31] 3) 다음으로 노동조합 설립신고의 요건에 실질적 요건이 포함되고 제한적이나마 실질적 심사가 가능하다는 점에서 수리를 요하는 신고로 볼 수 있는 노동조합설립신고를 허가제와 구별하고 있는 점에서 의의가 있다. 이러한 결론은 수리를 요하는 신고는 허가제와 구별하여야 한다는 전제에 서는 것이기 때문에 실고 일반법리와 관련하여 의의가 있고 수리를 요하는 신고의 성질에 관하여 실질적으로 허가로 보는 견해와 허가와 구별되는 독자적인 규제형식으로 보는 견해가 대립되고 있는 상황에서 기존의 학설에 큰 반향을 불러일으킬 것이다.

그런데, 이러한 판시가 논리적으로 타당한 것인지, 그 논거는 타당

구 전공노를 합병한 원고로 부터 이 사건 설립신고서를 제출받게 된 사정을 고려할 때, 피고로서는 구 전공노의 조합원이었던 해직 공무원이 합병의 효력으로 원고 조합원의 자격을 취득하여 여전히 조합원으로 남아 있는지에 대하여 심사를 할 수 있다"고 판시하였다.

30) 김형배, 노동법 제24판, 박영사, 2015, 835쪽.

31) 업무총괄자의 가입 여부 심사와 관련한 주장에 대한 판단에서 "기록상 피고가 원고로부터 설립신고를 제출받을 당시 업무총괄자의 가입 여부를 의심할 만한 객관적인 사정이 있었다고 볼 만한 자료가 없고, 피고가 어떠한 경위로 문제 된 조합원들의 업무내용을 조사하게 되었는지를 확인할 자료도 없는 이 사건에서, 피고가 조합원들의 업무 내용에 대하여 전반적인 조사를 거쳐 업무총괄자의 가입 여부를 실질적으로 심사한 것은 그 심사권한의 한계를 벗어난 것"으로 설령 업무총괄자에 해당하는 조합원이 있다고 하더라도 이를 이유로 설립신고서를 반려하는 것은 적법하다고 보기 어렵다고 판시하였다.

한 것인지, 이러한 심사방식을 수리를 요하는 신고 일반에 확대할 수 있는지는 검토를 요한다. 우선 노동조합 신고제가 허가제로 변질될 것을 우려한 것은 타당하다. 결사의 자유를 규정한 헌법 21조와 단결권을 보장한 헌법 33조에 비추어 허가제는 위헌이 되기 때문이다. 그런데, 노동조합의 설립의 자유와 관련하여서는 신고요건에 대한 노동조합의 설립신고가 사전규제인지 여부가 핵심인데 이에 관한 검토가 생략되어 있는 것은 아쉬운 점이다. 그리고, 노동조합 설립신고의 실질적 요건에 대해 원칙상 형식적 심사를 하고, 설립신고서를 '접수할 당시 그 해당 여부가 문제된다고 볼 만한 객관적인 사정이 있는 경우'에 한하여 실질적 심사를 할 수 있다고 판시하고 있는데, 접수할 당시 그 해당 여부가 문제된다고 볼 만한 객관적인 사정이 없음에도 실질적 심사를 하여 노동조합 설립신고의 실질적 요건이 결여된 것이 밝혀졌고, 그러한 실질적 요건의 결여로 노동조합설립신고를 수리해줄 수 없는 경우에도 심사기준을 위반한 사실이 소송 등으로 밝혀진 경우에는 심사기준 위반을 이유로 노동조합 설립신고를 수리하여야 하는지 의문이 제기된다.

노동조합설립의 자유에 대한 침해는 실질적 심사권의 범위와도 관련이 있기는 하지만, 오히려 신고의 효과와 관련이 있다고 보아야 한다. 수리(신고필증 교부)없이 적법한 신고만으로 '정상적인 노동활동'을 할 수 있다고 본다면 전면적으로 실질적 심사권을 인정하는 것만으로 헌법상 인정된 노조설립의 자유를 침해하는 것으로 볼 수는 없다. 그러므로 법외노조의 '정상적인 노동활동'을 인정하는 것으로 입법상 및 해석상 보완이 필요하다. 나아가 법내노조설립을 전형적 등록제로 하고, 신고요건(등록요건)에 대한 전면적 실질적 심사권을 인정하면서 신고(등록)이 수리된 노동조합에 대해서만 노동조합법상의 추가적인 보호를 받도록 하는 것은 가능할 것이다. 다만, 법내노조와 법외노조에 대한 법적 보호의 차이가 지나치다면 평등원칙 침해가 될 수 있고, 나아가 법내노조설립자유에 대한 침해가 될 수도 있다. 그리고 '법외노조'에 대해서도 자기완결적 신고를 하도록 하는 것은 가능하다.

5. 노동조합설립신고의 효과

(1) 자기완결적 신고의 효과

자기완결적 신고는 적법한 신고가 있는 경우에는 수리 여부와 관계없이 신고서가 접수기관에 도달된 때에 신고의 의무가 이행된 것으로 보고(행정절차법 제40조 제2항), 신고의 효과도 발생한다.

시설기준 등 '실질적 요건'이 자기완결적 신고의 요건으로 규정된 경우가 있는데, 이 경우 시설기준 등의 구비여부는 형식적 심사만의 대상이 되지만, 시설기준 등이 실제로 충족되지 않았다면 신고는 적법한 신고가 되지 않고 신고의무를 이행한 것이 되지 않으며 신고의 효과도 발생하지 않는다고 보아야 한다는 견해가 있다.[32] 판례도 이러한 입장을 취하고 있다. 전술 한 판례에서 시설기준을 갖추지 못한 신고는 부적법한 것으로 신고의 대상이 되는 영업행위를 계속하는 것은 무신고 영업행위에 해당한다고 보았다.[33] 그러나, 신고인이 시설기준, 자격기준 등의 충족을 허위로 기재한 것에 귀책사유가 없는 경우에는 신고의 대상이 되는 행위를 무신고행위로 보고 처벌하여서는 안 될 것이다. 나아가 시설기준 등이 형식적 심사를 거쳐 그 충족이 인정되고 신고수리가 된 경우에는 더욱 그러할 것이다.

(2) 수리를 요하는 신고에서 신고의 효과

이른바 수리를 요하는 신고의 경우에는 행정청의 수리행위가 있어야 신고의 효과가 발생한다고 하는 것이 일반적 견해이고 판례의 입장이다.[34]

---

32) 이상천, 앞의 논문, 285면.

33) 대법원 1998.04.24. 선고 97도3121 판결[체육시설의설치·이용에관한법률위반].

판례는 수리를 요하는 신고의 경우 적법한 신고가 있더라도 행정청의 수리행위가 있어야 신고의무를 이행한 것이고, 신고의 대상이 되는 행위를 할 수 있다고 한다. "납골당설치 신고는 이른바 '수리를 요하는 신고'라 할 것이므로, 납골당설치 신고가 구 장사법 관련 규정의 모든 요건에 맞는 신고라 하더라도 신고인은 곧바로 납골당을 설치할 수는 없고, 이에 대한 행정청의 수리처분이 있어야만 신고한 대로 납골당을 설치할 수 있다. 한편 수리란 신고를 유효한 것으로 판단하고 법령에 의하여 처리할 의사로 이를 수령하는 수동적 행위이므로 수리행위에 신고필증 교부 등 행위가 꼭 필요한 것은 아니다."[35] "수산업법 제44조 소정의 어업의 신고는 행정청의 수리에 의하여 비로소 그 효과가 발생하는 이른바 '수리를 요하는 신고'라고 할 것이고, 따라서 설사 관할관청이 어업신고를 수리하면서 공유수면매립구역을 조업구역에서 제외한 것이 위법하다고 하더라도, 그 제외된 구역에 관하여 관할관청의 적법한 수리가 없었던 것이 분명한 이상 그 구역에 관하여는 같은 법 제44조 소정의 적법한 어업신고가 있는 것으로 볼 수 없다."[36]

문제는 적법한 신고가 있었음에도 행정청이 수리처분을 하지 않은 경우에 신고의 효과를 인정하지 않으면 수리를 요하는 신고는 허가제와 유사한 것이 된다는 점이다. 수리를 요하는 신고도 신고에 중점이 있는 신고제인 점을 고려한다면 신고요건을 충족한 신고가 있었는데 수리가 없는 경우에는 신고의무를 이행한 것으로 보고 신고의 대상이 되는 행위를 하여도 처벌하지 않는 것이 타당한 것은 아닌지 의문이 제기된다.

생각건대, 다음과 같은 이유에서 적법한 신고를 하였지만 수리가 거부된 경우에도 신고의무는 이행한 것으로 보고, 신고대상이 되는 행

---

34) 대법원 2000.05.26. 선고 99다37382 판결: 구 수산업법 제44조 소정의 어업의 신고를 이른바 '수리를 요하는 신고'로 보았다.

35) 대판 2011. 09. 08, 2009두6766[납골당설치신고수리처분이행통지취소].

36) 대판 2000. 05.26, 99다37382.

위를 하여도 처벌할 수는 없다고 보는 것이 타당하다. 1) 수리를 요하는 신고도 신고로서 신고행위에 중점이 두어져야 한다. 적법한 신고가 있으면 수리 여부와 관계없이 금지는 해제되는 것으로 보는 것이 타당하다. 2) 적법한 신고를 한 경우에는 수리 여부와 무관하게 신고의무를 이행한 것으로 보아야 한다. 3) 특히 실정법령에서 신고를 하지 않은 것에 대한 처벌을 통상 '신고를 하지 아니하고 신고의 대상이 되는 행위를 한 것'으로 규정하고 있는데,[37] 이 경우에 적법한 신고를 하면 신고를 한 것으로 보아야 한다. 적법한 신고를 하면 범죄의 구성요건해당성이 없는 것으로 보아야 한다.

신고필증 교부의 법적 성질에 관하여는 자기완결적 신고의 경우 신고필증은 신고사실을 단순히 확인하는 것으로서 그 교부의 거부가 항고소송의 대상이 될 수 없다는데 이견이 없고, 판례도 자기완결적 신고의 경우 신고필증의 교부를 법적 효과를 발생시키지 않는 단순한 사실행위로 본다. 신고필증의 교부가 없다 하여 적법한 개설신고의 효력을 부정할 수 없다할 것이다.[38]

수리를 요하는 신고의 경우에 신고필증을 신고 수리를 공적으로 증명하는 준법률행위적 행정행위인 공증행위로 보는 견해[39]가 있지만, 판례는 수리를 요하는 신고에서 "수리란 신고를 유효한 것으로 판단하고 법령에 의하여 처리할 의사로 이를 수령하는 수동적 행위이므로 수리행위에 신고필증 교부 등 행위가 꼭 필요한 것은 아니다"라고 보고, 신고사항 이행통지도 수리처분과 별도로 항고소송 대상이 되는 다른 처분으로 볼 수 없다고 하였다.[40]

37) 장사등에 관한 법률, 제39조 제2의2호 ; 제42조 제3호.
38) 대법원 1985. 04. 23. 선고 84도2953 판결[의료법위반].
39) 홍정선, 앞의 책, 110쪽.
40) 대법원 2011.09.08. 선고 2009두6766 판결[납골당설치신고수리처분이행통지취소].

(3) 노동조합설립신고에서의 신고의 효과

노동조합법에 의하면 노동조합이 신고증을 교부받은 경우에는 설립신고서가 접수된 때에 설립된 것으로 본다(제7조 제4항). 즉 노동조합의 설립이라는 효과는 신고요건을 갖춘 신고만으로는 안되고 노동조합이 신고증을 교부받았어야 한다. 판례도 이러한 입장이다.[41]

헌법재판소는 행정관청이 설립신고서를 수리하지 않거나 반려하는 경우 이에 대하여는 행정처분으로 다툴 수 있고, 이후에 정식으로 신고증을 교부받은 경우 설립신고서가 접수된 때에 노동조합이 설립된 것으로 보게 되므로(노동조합법 제12조 제4항), 결국 노동조합이 실질적인 요건을 갖추고 있었다면 노동조합 설립신고서 접수시부터는 노동조합이라는 명칭을 사용할 수 있고, 이후에 설립신고증을 교부받음으로써 그 이전에 명칭을 사용한 것이 모두 면책되는 것이다라고 하였다.[42]

학설 중에는 노동조합의 자격은 노동조합이 현실적으로 자주성과 민주성을 갖추는 한 부여되어야 하므로 수리(신고증의 교부)에 의해 창설되는 것이 아니고, 확인되는 것으로 보는 것이 타당하다고 하고,[43] 노동조합 자유설립주의 및 행정관청의 심사가 형식적 심사인 점을 고려하여 신고증 교부를 정지조건으로 신고서 접수시에 성립한다고 보고, 3일이 경과했음에도 불구하고 신고증을 교부하지 아니할 때에는 헌법 제33조 제1항에 근거하여 유효한 수리행위가 있는 것으로 보아야 한다고 하는 견해가 있다.[44] 이 견해 중 행정관청의 심사가 형식적 심사라고 보는

---

41) 대법원 1979.12.11. 선고 76누189 판결[노조설립신고서반려처분취소]: "노동조합은 노동조합법 제13조 제1항의 규정에 의거한 설립신고서를 소관 행정관청에 제출하고 동 법 제15조에 의하여 동 관청으로부터 그에 대한 신고증을 교부받음으로서만 성립된다."

42) 헌재 2008. 7. 31. 2004헌바9.

43) 김형배, 앞의 책, 835면, 838면.

44) 김형배, 앞의 책, 838면.

점, 신고증을 교부하지 아니할 때에는 헌법 제33조 제1항에 근거하여 유효한 수리행위가 있는 것으로 보아야 한다고 주장은 판례의 입장과 차이가 있고, 그 타당성에 의문이 가지만, 적법한 신고(신고요건을 갖춘 신고)가 된 경우에는 신고서가 제출된 때 달리 말하면 설립신고서가 접수된 때에 신고증이 교부될 것을 정지조건부로 설립된 것으로 본다는 견해는 타당한 것으로 보인다.

노동조합법이 신고증을 교부받은 경우에 설립신고서가 접수된 때에 설립된 것으로 본다고 규정하고 있다(제7조 제4항). 따라서, 노동조합 설립신고는 수리를 요하는 신고로 보는 것이 타당하다. 수리행위로 노동조합의 설립이라는 법적 효과가 발생하기 때문이다. 신고필증의 교부에 앞서 수리처분이 있는 경우 신고증의 교부는 수리행위의 통지 또는 수리행위의 후속조치로 볼 수 있다. 신고필증의 교부에 앞서 수리처분이 없는 경우 신고증의 교부가 노동조합 설립신고의 수리행위이고 통지행위라고 해석하는 것이 타당하다. 따라서, 일반적으로 신고증의 교부나 거부는 처분이 아니지만 노동조합설립신고증의 교부나 거부는 처분으로 볼 수 있다. 노동조합신고필증교부의 처분성을 인정한 판례도 있다.[45]

적법한 설립신고를 하지 않고 노동활동을 한 경우에 처벌하는 규정은 없다. 노동조합의 실체를 갖고 있으면 신고 여부 및 수리 여부와 관계없이 법외노조로서의 지위를 갖고 일정한 노동활동을 할 수 있다.

6. 노동조합설립신고의 법적 성질

(1) 자기완결적 신고와 수리를 요하는 신고의 구별

이른바 수리를 요하는 신고가 언제 판례에 등장했는지는 명확하지 않다. 2000.05.26. 대법원 판결에서 이른바 '수리를 요하는 신고'를 행정

---

45) 대법원 2003. 12. 12. 선고 2002두7975 판결[노동조합설립신고증교부처분취소] ; 서울행법 2005. 4. 21. 선고 2004구합35356 판결.

청의 수리에 의하여 비로소 그 효과가 발생하는 신고로 보고 있다.[46] 이 판례를 계기로 자기완결적 신고와 수리를 요하는 신고의 구별이 특히 중요해졌다. 이 판결 이전에는 자기완결적 신고와 수리를 요하는 신고 사이에 명확한 구별없이 통일적으로 신고제의 문제로서 신고수리거부의 처분성 및 적법한 신고를 하였음에도 수리되지 않은 경우 신고의 대상이 되는 행위를 하면 처벌받을 것인지가 주로 문제되었다.

자기완결적 신고와 수리를 요하는 신고의 구별기준에 관하여는 다양한 학설이 제기되고 있다.

우선 입법자의 객관적 의사 즉 당해 법령의 목적과 당해 법령에서 나타나고 있는 관련조문에 대한 합리적이고 유기적인 해석을 통해 개별적으로 양자를 구별하여야 한다는 견해(제1설)[47]가 있다. 이 견해에 대하여는 입법자의 객관적 의사 달리 말하면 관련법규정이 구별기준이 된다는 것은 맞는 말이지만, 너무 추상적이고 막연한 기준이라는 비판이 가능하다. “도대체 합리적이고 유기적인 해석론의 결과가 견해마다 다를 수 있어 객관성내지 명확성이 상당히 결여될 것임이 우선 문제점으로 지적될 수 있을 것이다”라는 지적이 있다.[48]

이에 대하여 관련법규정 중 신고요건을 기준으로 자기완결적 신고와 수리를 요하는 신고를 구별하여야 한다는 견해가 있다. 즉 신고요건이 형식적 요건만인 경우에는 자기완결적 신고이고, 신고의 요건이 형식적 요건외에 실질적 요건을 포함하고 있으면 원칙상 수리를 요하는 신고로 보아야 한다고 한다(제2설).[49] 법률적 의사가 분명할 때는 법률적 의사에 따르되 법률적 의사가 불분명할 때는 제2설에 의해야 한다는 견해가 있을 수 있는데, 제2설을 입법자의 의사가 명확하지 않은 경우

46) 대법원 2000.05.26. 선고 99다37382 판결: 구 수산업법 제44조 소정의 어업의 신고를 이른바 ‘수리를 요하는 신고’로 보았다.

47) 홍정선, 앞의 책, 98쪽.

48) 이상천, 앞의 논문, 279쪽.

49) 이상천, 앞의 논문, 284쪽.

의 구별기준으로 보아야 한다면 이 견해는 제2설과 차이가 없는 것이 된다.[50] 제2설에 대하여는 실질적 요건이 신고요건인 경우에도 입법자가 수리를 요하지 않는 신고(자기완결적 신고)로 입법할 수도 있다는 비판이 있다.[51] 이러한 비판에 대하여는 전술한 바와 같이 시설기준 등 '실질적 요건'이 신고요건이 되는 경우에도 자기완결적 신고인 경우가 있지만, 이 경우 시설기준 등 '실질적 요건'은 신고서의 기재사항 으로 되거나 첨부서류만으로 확인하는 것으로 형식적 요건화되었기 때문에 자기완결적 신고에서의 시설기준 등의 요건은 형식적 요건이라고 보는 것이 타당하다는 재비판이 가능하다.

자기완결적 신고의 경우 형식적 심사도 허용되지 않고, 수리를 요하는 신고의 경우 형식적 심사만 허용되고, 허가의 경우 실질적 심사가 허용된다는 견해[52]도 있다.

판례가 일반적으로 관련법령의 목적과 취지, 관련법규정의 합리적이고 유기적인 해석, 당해 신고행위의 성질들을 고려하여 양자를 구별한다고 보면서도 구체적 구별기준을 유형화하고 있다는 견해가 있다.[53]

판례의 입장이 무엇인지 명확하지 않고, 판례의 입장에 대한 학설의 해설도 다양하지만, 판례의 입장은 다음과 같다고 보는 것이 타당하다. 기본적으로 신고요건을 기준으로 자기완결적 신고와 수리를 요하는 신고를 구별하고 있다. 즉, 법령상 신고요건이 형식적 요건만으로 규정되어 있는 경우를 자기완결적 신고로 보고,[54] 법령상 신고요건으로 형식적 요건 외에 실체적 요건도 규정되어 있는 경우에는 이를 수리를 요

---

50) 이상천, 앞의 논문, 281쪽.

51) 홍정선, 앞의 책, 103쪽 ; 이상천, 앞의 논문, 282쪽.

52) 홍정선, 앞의 책, 103-104쪽.

53) 정하중, 행정법개론, 법문사, 2015, 106-107쪽.

54) 자기완결적 신고로 본 사례: ① 수산제조업의 신고(대판1999. 12. 24, 98다57419, 57426), ② 건축법상 건축신고(대판 1999. 04. 27, 97누6780), ③ 체육시설의 설치·이용에 관한 법률 제18조에 의한 골프장이용료변경신고(대결 1993. 07. 06, 93마635).

하는 신고로 본다.[55] 대법원이 "인·허가의제 효과를 수반하는 건축신고는 일반적인 건축신고와는 달리, 특별한 사정이 없는 한 행정청이 그 실체적 요건에 관한 심사를 한 후 수리하여야 하는 이른바 '수리를 요하는 신고'로 보는 것이 옳다"[56]고 한 것은 이를 의미한다.

상기 전원합의체 판결에서 양승태, 김지형 대법관의 보충의견은 다음과 같다: "자기완결적 신고와 수리를 요하는 신고 중 어느 것에 해당하는지는 관련 법령의 목적과 취지, 관련 법 규정에 관한 합리적이고도 유기적인 해석, 당해 신고행위의 성질 등을 고려하여 판단하여야 한다.

법령이 신고의무만을 규정할 뿐 실체적 요건에 관하여는 아무런 규정을 두지 아니하고 있는 경우, 법령에서 신고를 하게 한 취지가 국민이 일정한 행위를 하기 전에 행정청에게 이를 알리도록 함으로써 행정청으로 하여금 행정상 정보를 파악하여 관리하는 정도의 최소한의 규제를 가하기 위한 경우, 사회질서나 공공복리에 미치는 영향이 작거나 직접적으로 행정목적을 침해하지 아니하는 행위인 경우 등에는 이를 자기완결적 신고로 볼 수 있다. 그러나 법령에서 신고와 관련하여 일정한 실체적(인적·물적) 요건을 정하거나 행정청의 실질적인 심사를 허용하고 있

---

55) 수리를 요하는 신고로 본 사례: ① 유료노인복지주택의 설치신고(대판 2007. 01. 11, 2006두14537[노인주거복지시설설치신고반려처분취소]), ② 체육시설의 회원을 모집하고자 하는 자의 시·도지사 등에 대한 회원모집계획서 제출(대판 2009. 02. 26, 2006두16243[골프장회원권모집계획승인처분취소]), 주민등록전입신고(대판 전원합의체 2009. 06. 18, 2008두10997), 체육시설업(볼링장업)신고(대판 1996. 02. 27, 94누6062), 식품위생법에서의 일반음식점영업신고(대판 2009. 04. 23, 2008도6829), 영업허가명의변경신고(대판 1990. 10. 30, 90누1649), 액화석유가스의 안전 및 사업관리법 제7조 제2항에 의한 사업양수에 의한 지위승계신고(대판 1993. 06. 8, 91누11544), 채석허가수허가자명의변경신고(대판 2005. 12. 23, 2005두3554), 건축물 양수인의 건축대장상의 수리 또는 건축주 명의변경신고(대판 1992. 03. 31, 91누4911), 납골당설치신고(대판 2005. 02. 25, 2004두4031), 수산업법 제44조 소정의 어업신고(대판 2000. 05. 26, 99다37382), 인·허가의제의 효과를 수반하는 건축신고(대결 전원합의체 2011. 01. 20, 2010두14954).

56) 대법원 2011.1.20. 선고 2010두14954 전원합의체 판결 [건축(신축)신고불가취소].

다고 볼 만한 규정을 두고 있는 경우, 그 신고사항이 사회질서나 공공복리에 미치는 영향이 크거나 직접적으로 행정목적을 침해하는 행위인 경우 등에는 그 실체적 요건에 관한 행정청의 심사를 예정하고 있다고 볼 수밖에 없어 이는 수리를 요하는 신고로 보아야 한다." 이 견해를 지지하는 견해도 있다[57] 이에 반하여 이 전원합의체판결에서 박시환, 이홍훈 대법관의 반대의견은 종래의 판례를 해석함에 있어서 관련 규정의 해석상 신고에 대한 실질적 심사가 허용되는 경우 등에 한하여 수리를 요하는 신고로 해석하였다.

생각건대, 자기완결적 신고와 수리를 요하는 신고의 일반적인 구별기준은 관련법규정에 의해 추론되는 입법자의 객관적 의사라고 보는 것이 타당하다. 그런데, 이 기준은 너무 일반적이고 추상적인 기준이다. 따라서, 다음과 같이 보다 구체적인 기준을 도출하는 것이 타당하다. 1) 입법자의 의사가 명확한 경우에는 그에 따른다. 2) 관련법규정 중 신고요건의 내용이 가장 중요한 기준이 된다. 형식적 요건은 신고서류만으로 확인이 가능하므로 형식적 요건만이 신고요건인 신고는 원칙상 자기완결적 신고로 보는 것이 타당하다. 신고는 자기완결적 신고가 전형적인 경우이므로 형식적 요건만을 신고요건으로 하는 신고를 굳이 수리를 요하는 신고로 볼 이유도 없다. 3) 형식적 요건뿐만 아니라 실질적 요건이 신고요건이고 실질적 요건에 대해 실질적 심사를 거쳐 수리여부를 결정하도록 하고 있는 경우에는 수리를 요하는 신고로 보아야 한다. 다만, 시설기준 등 '실질적 요건'이 신고요건인 경우에도 신고서의 기재사항으로 형식적 요건으로 규정된 경우에는 자기완결적 신고로 볼 수 있다. 입법자가 공익의 보호를 위해 시설기준 등 '실질적 요건'을 신고요건으로 규정하면서도 규제완화의 목적으로 사전규제의 대상이 아니라 사후규제의 대상(단속기준)으로 규정하고자 신고서의 기재사항으로 하고

57) 정하중, 앞의 책, 106쪽.

형식적 심사만으로 신고요건을 확인하도록 하고 있는 경우에는 자기완결적 신고로 보는 것이 타당하다. 또한, 시설기준 등 실질적 기준이 신고요건이 아니라 단속기준으로 규정되어 있는 경우 시설기준 등 실질적 기준은 신고요건이 아니다. 4) 법률관계를 명확하게 할 필요가 있는 경우 등 신고의 수리가 있어야 구체적인 법적 효과가 발생하는 것으로 하는 것이 타당한 경우에는 당해 신고를 수리를 요하는 신고로 보아야 한다. 예를 들면, 허가영업의 양도양수신고수리를 실질적으로 허가의 변경이라고 보는 견해도 있고 이러한 취지의 판례[58]도 있지만, 영업양도양수를 신고제로 한 입법자의 의사를 고려하여 수리를 요하는 신고로 보는 것이 타당하다.

(2) 수리를 요하는 신고와 허가의 구별

수리를 요하는 신고를 실질적으로 허가라고 보는 견해가 다수견해이다. 수리를 요하는 신고제를 완화된 허가제로 보는 견해,[59] 실질적 허가로 보는 견해[60] 변형된 허가제[61] 또는 등록제[62]로 보는 견해 등이 있다.

이에 대하여 수리를 요하는 신고를 실질적으로 등록이라고 보며 다음과 같이 수리를 요하는 신고를 허가와 구별하는 견해가 있다. 즉, 수

58) 대법원 2012.12.13. 선고 2011누29144 판결[유원시실업허가처분등취소]: "구 관광진흥법(2010. 3. 31. 법률 제10219호로 개정되기 전의 것) 제8조 제4항에 의한 지위승계신고를 수리하는 허가관청의 행위는 단순히 양도·양수인 사이에 이미 발생한 사법상 사업양도의 법률효과에 의하여 양수인이 그 영업을 승계하였다는 사실의 신고를 접수하는 행위에 그치는 것이 아니라, 영업허가자의 변경이라는 법률효과를 발생시키는 행위이다."

59) 김동희, 행정법 I, 박영사, 2011, 123쪽, 정하중, 앞의 책, 105쪽.

60) 김남진·김연태, 행정법 I (제10판), 법문사, 2006, 129쪽.

61) 김중권, 신고제와 관련한 코페르니쿠스적 전환에 관한 소고, 법률신문, 2010.12.6, 4쪽.

62) 김중권, 이른바 수리를 요하는 신고의 문제점에 관한 소고, 행정판례연구 VIII, 2003, 79쪽.

리를 요하는 신고의 경우에는 요건에 대한 형식적 심사만을 거치지만, 허가의 경우에는 형식적 심사이외에 실질적 심사(안전성심사나 공익성심사)도 거쳐야 한다고 본다.[63] 수리를 요하는 신고를 허가 및 변형된 등록과 구별되는 독자적 행위형식으로 보는 견해도 있다.[64]

상기 전원합의체 판결에서 박시환, 이홍훈 대법관의 반대의견은 다음과 같이 신고와 허가를 구별하고 있다: "강학상 논의되는 허가란 법령에 의한 일반적인 상대적 금지를 특정한 경우에 해제하여 적법하게 일정한 사실행위 또는 법률행위를 할 수 있게 해주는 행위를 말하고, 신고란 사인이 행정청에 대하여 일정한 사항을 통지함으로써 공법적 효과가 발생하는 사인의 공법행위를 말하는데, 특히 신고의 경우에는 그 구별기준에 따라 다양한 유형으로 분류될 수 있다. 사인의 행위에 대한 행정청의 사전감독 방법으로 허가제와 신고제 중 어느 것을 택할 것인지 여부, 신고제를 택하더라도 수리를 요하는 것으로 볼 것인지 여부는 각국 사정에 따른 입법정책의 문제로 볼 수 있다. 신고제의 근본 취지는 허가제보다 규제를 완화하여 헌법상 기본권인 국민의 자유권을 보다 넓게 보장하는 한편, 행정청이 그 행정목적상의 필요에 따라 정보를 파악·관리하기 위하여 국민으로 하여금 행정청에 미리 일정한 사항을 알리도록 하는 최소한의 규제를 가하고자 하는 것이다. 그에 따라 형식적·절차적 요건을 갖춘 신고서가 행정청에 도달하면 신고로서의 효과가 곧바로 발생하는 이른바 '자기완결적 신고'가 그 원칙적인 형태로 인정되고 있으며, 행정청의 신고서 수리가 있어야만 신고로서의 효과가 발생하는 '수리를 요하는 신고'는 예외적인 형태로 인정되고 있다. 그런데 이와 같은 수리를 요하는 신고의 경우에는 그 운용 여하에 따라 사실상 허가제와 거의 같은 실질을 갖게 될 소지가 있다는 점에서 그 해석 및 적용에 신중을 기할 필요성이 강하게 대두된다."[65]

---

63) 홍정선, 앞의 책, 106쪽.

64) 박균성, 행정법강의 제12판, 박영사, 2015, 111-112쪽; 윤기중, 앞의 논문, 219쪽.

생각건대, 다음과 같은 이유에서 수리를 요하는 신고를 허가와 구별하는 것이 타당하다. ① 신고제와 허가제는 구별되는 것이다. 신고는 수리행위가 아니라 신고행위에 중점이 있고, 허가는 신청행위가 아니라 허가에 중점이 있다. 신고제와 허가제가 구별되는 것은 명백한 것인데, 입법자가 신고로 규정한 것을 수리를 요하는 신고로 보면서 허가와 유사한 것으로 보는 것은 입법자의 의사에 반하는 것이다. ② 수리를 요하는 신고는 규제완화를 위해 허가의 대상을 신고의 대상으로 변경하면서 나온 개념인데, 수리를 요하는 신고를 허가와 유사한 것으로 보고 허가와 유사하게 운영하는 것은 규제완화의 취지에 맞지 않는다. ③ 자기완결적 신고와 허가는 그 차이가 너무 큰 것이어서 자기완결적 신고와 허가의 중간적 규제형식으로 수리를 요하는 신고를 인정할 필요가 있다. ④ 수리를 요하는 신고의 독자성을 인정하면 향후 수리를 요하는 신고와 허가의 구별실익은 더욱 커질 수 있다: ⓐ 수리를 요하는 신고는 신고의 성질에 비추어 신고요건을 충족하면 신고의 대상이 되는 행위를 할 수 있는 것으로 보아야 하므로 예외 없이 기속행위로 보아야 한다. 판례는 극히 예외적으로 납골당설치신고를 수리를 요하는 신고로 보면서도 기속(거부)재량행위로 보았는데,[66] 신고제의 성격에 비추어 이 판례는 타당하지 않다고 생각한다. 그리고, 만일 중대한 공익상 필요를 위해 거부할 필요가 있다면, 납골당설치는 신고의 대상으로 해서는 안되고 허가의 대상으로 하여야 한다. 납골당설치를 신고제로 할 것인가 아니면 허가제로 할 것인가는 납골당에 대한 국민의 인식 및 납골당의 설치의 공익관련성을 고려하여야 한다. 이에 대하여 판례는 강학상 허가의 경우 원칙상 기속행위로 보아야 하지만 기속재량행위로 보고 있는 경우도 적지 않다.[67] ⓑ 허가의 경우 허가요건을 충족한 신청의 경우

65) 대법원 2011.01.20. 선고 2010두14954 전원합의체 판결[건축(신축)신고불가취소].
66) 대법원 2010.9.9. 선고 2008두22631 판결.
67) 박균성, 앞의 책, 206쪽 참조.

허가가 거부되었음에도 허가의 대상이 되는 행위를 하는 것은 무허가영업으로 처벌되는 것에 이견이 없다. 수리를 요하는 신고의 경우 적법한 신고(신고요건을 충족한 신고)가 있으면 수리되지 않아도 신고의무를 이행한 것으로 보고, 신고의 대상이 되는 행위를 하여도 미신고 행위(영업)가 되는 것이 아니므로 처벌의 대상에서 제외되는 것으로 볼 수도 있을 것이다. ⓒ 수리를 요하는 신고의 절차는 허가절차와 달리 완화된 절차로 규정될 수 있다.

(3) 수리를 요하는 신고와 등록의 구별

실정법상 등록의 명칭을 사용하는 것에는 이질적인 것이 공존한다는 것을 인정하여야 한다. 하나의 유형은 전형적 등록으로서 기본적으로 신고(자기완결적 신고 또는 수리를 요하는 신고)와 같고, 신고와 다른 점은 등록절차를 필요로 하는 것이다. 구 정기간행물의등록등에관한법률(현행 신문 등의 진흥에 관한 법률)상의 등록의 요건[68]이나 게임산업진흥에 관한 법률상 인터넷컴퓨터게임시설제공업 등록의 요건인 인터넷컴퓨터게임시설제공업의 시설기준[69]에 대한 심사는 형식적 심사에 한정되는 반면에 주민등록법상의 주민등록요건의 심사는 실질적 심사이다. 다른 하나는 '변형된 등록'으로서 요건이 다소 완화되었을 뿐 실질적으로 허가와 유사한 것인데, 그 예로 석유 및 석유대체연료 사업법상 석유판매업 등록 등을 들 수 있다.

등록의 경우에는 등록을 필요로 하므로 그 전제로서 항상 수리행위가 필요하다. 등록요건에 대한 심사가 형식적 심사인 경우에도 그러하다. 이러한 점에서는 형식적 심사를 통한 등록은 자기완결적 신고와 유사하면서도 구별된다.

수리를 요하는 신고와 달리 등록에서는 외형적으로 등록절차를 필

68) 헌재 1997.8.21. 93헌바51.
69) 헌재 2009.9.24. 2009헌바28.

요로 한다는 차이점이 있지만, 등록과 수리를 요하는 신고에서의 수리는 동일하게 강학상 수리행위에 속한다.

전형적 등록과 수리를 요하는 신고를 다음과 같이 구별하는 견해가 있다. 1) 개념분화론상 수리를 요하는 신고는 수리를 요하지 않는 신고와의 구별에서 나온 개념인 데 비하여, 등록은 오히려 허가와의 관련하여 허가와의 구분적 개념으로 등장한 개념이다. 그러므로 '수리를 요하는 신고'가 등록보다는 규제적 성격이 훨씬 약하다고 할 수 있을 것이다. 2) 수리를 요하는 신고는 실질적요건에 대한 심사는 실질적으로 하는 것인데 반해 등록의 경우는 실질적 요건의 심사도 형식적·외형적으로 해야 한다. 3) 수리를 요하는 신고에서의 신고수리는 신고라는 한계를 지닌 개념이고 등록은 허가에 이르지 않는 정도의 규제적 개념이라는 본질상의 차이도 여전히 존재한다.[70] 이 견해에 대해서는 실정법상 등록에는 다양한 성질의 것이 있다는 것을 간과한 견해라는 지적이 가능하다.

(4) 노동조합설립신고의 법적 성질

노동조합설립신고를 기본적으로 자기완결적 신고에 속하면서도 다소 완화된 형태나마 실질적 심사를 하는 이른바 하이브리드형 신고로 보는 견해가 있다.[71] 이 견해에 대해서는 자기완결적 신고도 수리를 요하는 신고도 아닌 또 하나의 신고유형을 만드는 것은 규제의 유형을 너무 복잡하게 하는 것으로서 문제가 있다는 비판이 가능하다.

대상 판결은 "행정관청에 광범위한 심사권한을 인정할 경우 행정관청의 심사가 자의적으로 이루어져 신고제가 사실상 허가제로 변질될 우려가 있다"고 판시하고 있는 점에서 보듯이 신고를 허가와 구별하고 있는데, 노동조합설립신고의 법적 성질에 관하여는 논하고 있지 않다. 그

70) 이상천, 앞의 논문, 293쪽.
71) 김용섭, 2014년도 행정법 중요 판례, 고시계, 2015.3.25, 272쪽.

렇지만, 노동조합설립신고를 신고제로 보고 있고, 노동조합설립신고의 소극적 요건에 대해 실질적 심사를 할 수 있는 것으로 보는 점 등에서 비추어 노동조합설립신고를 수리를 요하는 신고로 본 것으로 추론할 수 있다.

생각건대, 다음과 같은 이유에서 노동조합설립신고는 수리를 요하는 신고로 보는 것이 타당하다. 1) 신고요건 중 실질적 요건이 있고, 실질적 요건에 대해서는 원칙상 실질적 심사가 가능한 것으로 보는 것이 타당하다. 2) 설립신고만으로는 노동조합의 설립이라는 효과가 발생하지 않고, 신고증의 교부가 있어야 노동조합 노동조합의 설립이라는 법적 효과가 발생한다. 그런데, 신고증의 교부는 수리의 후속조치내지 수리행위로 볼 수 있다. 그 외에도 노동조합 설립신고가 수리되면 노동조합법상 일정한 중요한 보호를 받는 것이다. 이 법에 의하여 설립된 노동조합이 아니면 노동위원회에 노동쟁의의 조정 및 부당노동행위의 구제를 신청할 수 없다(제7조 제1항). 이 법에 의하여 설립된 노동조합이 아니면 노동조합이라는 명칭을 사용할 수 없다(제3항). 달리 말하면 노동조합은 노동위원회에 노동쟁의의 조정 및 부당노동행위의 구제를 신청할 수 있는 등 노동조합법상의 보호를 받는다. 3) 신고서가 수리되지 않아도 법외노조로서의 지위를 갖고 일정한 노동활동을 할 수 있는데, 이는 헌법상 단결권의 보장을 고려한 해석이다. 노동조합이 신고증을 교부받은 경우에는 “설립신고서가 접수된 때”에 설립된 것으로 본다고 규정하고 있는 것도(제7조 제4항) 단결권의 보장을 고려한 규정이다.

III. 맺음말

대상판결은 행정관청이 노동조합으로 설립신고를 한 단체가 노동조합 및 노동관계조정법 제2조 제4호 각 목에 해당하는지 여부를 실질적으로 심사할 수 있다는 것을 명확히 하면서도 '행정관청에 광범위한 심사권한을 인정할 경우 행정관청의 심사가 자의적으로 이루어져 신고제가 사실상 허가제로 변질될 우려가 있는 점, 노동조합법은 설립신고 당시 제출하여야 할 서류로 설립신고서와 규약만을 정하고 있고(제10조 제1항), 행정관청으로 하여금 보완사유나 반려사유가 있는 경우를 제외하고는 설립신고서를 접수받은 때로부터 3일 이내에 신고증을 교부하도록 정한 점(제12조 제1항) 등을 고려하여 행정관청은 일단 제출된 설립신고서와 규약의 내용을 기준으로 노동조합법 제2조 제4호 각 목의 해당 여부를 형식적으로 심사하되, 설립신고서를 접수할 당시 그 해당 여부가 문제된다고 볼 만한 객관적인 사정이 있는 경우에 한하여 설립신고서와 규약 내용 외의 사항에 대하여 실질적인 심사를 거쳐 반려 여부를 결정할 수 있다'고 노동조합법 제2조 제4호 각 목의 해당 여부에 대한 실질적 심사를 제한하는 실질적 심사의 기준을 제시하였다는 점에 그 의의가 있다. 그렇지만, 그러한 심사기준을 위반한 경우 노동조합법 제2조 제4호 각 목에 해당하여도 신고를 수리하여야 하는지에 대해서는 의문이 제기된다.

대상판결은 노동조합설립신고의 법적 성질 즉 자기완결적 신고인지, 수리를 요하는 신고인지 아니면 새로운 유형의 신고인지에 관하여 신고라는 점을 명확히 하고 허가와는 다른 것이라고 하였을 뿐 그 법적 성질을 명확히 하지 않았다. 생각건대, 노동조합법 제2조 제4호 각 목에 해당하는지 여부를 실질적으로 심사할 수 있다는 점 및 노동조합법상 신고증을 교부받아야 노동조합의 지위를 취득하는 것으로 규정되어 있는 점에 비추어 노동조합설립신고를 수리를 요하는 신고로 보는 것이 타당하다.

노동조합설립신고도 신고인 점에서 신고의 일반 법리에 관한 판례와의 정합성도 필요하고, 신고 일반 법리에 기초하여 노동조합설립신고의 법적 성질, 신고요건, 심사방식, 신고의 효과 등을 규명하는 것이 필요한데, 대상판결이 신고 일반 법리와의 체계적 정합성에 관한 검토를 충분히 하지 않았던 점은 아쉬운 점이다. 다만, 신고 일반 법리 전체가 이론상 명확히 규명되어 있지 못하고, 신고 일반 법리에 관한 판례가 체계적으로 정립되어 있지 못한 상황에서 신고 일반 법리와의 체계적 정합성을 충분히 검토하기도 어려운 점은 있었을 것이다.

자기완결적 신고와 수리를 요하는 신고의 구별기준에 관하여는 여러 견해가 있는데, 다음과 같이 그 구별기준을 정립하는 것이 타당하다고 생각한다. 자기완결적 신고와 수리를 요하는 신고의 일반적인 구별기준은 관련법규정에 의해 추론되는 입법자의 객관적 의사라고 보는 것이 타당하다. 그런데, 이 기준은 너무 일반적이고 추상적인 기준이므로 다음과 같이 보다 구체적인 기준을 도출하는 것이 타당하다. 1) 입법자의 의사가 명확한 경우에는 그에 따른다. 2) 입법자의 의사가 명확하지 않은 경우에는 신고요건의 내용을 기준으로 형식적 요건만이 신고요건인 신고는 원칙상 자기완결적 신고로 보고, 형식적 요건뿐만 아니라 실질적 요건이 신고요건이고 실질적 요건에 대해 실질적 심사를 거쳐 수리여부를 결정하도록 하고 있는 경우에는 수리를 요하는 신고로 보아야 한다. 다만, 시설기준 등 '실질적 요건'이 형식적 요건으로 규정된 경우에는 자기완결적 신고로 볼 수 있다. 3) 신고의 수리로 구체적인 법적 효과가 발생하는 것으로 규정하고 있는 경우에는 당해 신고를 수리를 요하는 신고로 보아야 한다.

신고요건의 심사방식에 관하여는 자기완결적 요건의 심사는 원칙상 형식적 심사에 그치고, 수리를 요하는 신고의 실질적 요건에 대해서는 원칙상 실질적 심사가 가능하다고 보는 것이 타당하다. 수리를 요하는 신고의 실질적 요건에 대해서도 제출된 서류에 의해서만 심사하는 것이 충분히 가능한 경우에는 형식적 심사만 하는 것도 가능하다고 보아야 할 것이다.

신고의 효과에 관하여는 자기완결적 신고는 신고가 적법한 경우 접수시에 신고의 효과가 발생하는 것이 원칙이지만, 부적법한 신고가 행정청에 의해 수리되었고, 부적법한 신고가 신고인의 귀책사유에 의한 경우가 아니면 신고의무 불이행으로 처벌해서는 안 된다고 생각한다. 다만, 법적 근거하에 사후적으로 규제를 가하는 방법을 취해야 할 것이다. 수리를 요하는 신고의 경우 적법한 신고가 있더라도 수리행위가 있어야 신고에 따른 '법적 효과'가 발생하는 것이 원칙이지만, 수리를 요하는 신고도 신고인 점, 그리고, 법령상 신고의무를 이행하지 아닌 한 자를 처벌하는 것으로 규정하고 있는 점 등을 고려하여 적법한 신고가 있었지만 수리되지 않은 경우 신고인이 신고의 대상이 되는 행위를 하여도 신고의무불이행으로 처벌하는 것은 문제가 있다. 수리를 요하는 신고에서 적법한 신고임에도 수리가 거부된 경우 신고의 대상이 되는 행위를 할 수 없다는 것이 판례의 입장인데, 노동조합설립신고의 경우에는 적법한 신고임에도 수리가 거부된 경우 법외노조로서 노동활동을 할 수 있다. 달리 말하면 신고가 수리되지 않아도 신고의 대상이 되는 행위를 제한적으로 할 수 있다는 점은 수리를 요하는 신고에서도 적법한 신고임에도 수리가 거부된 경우 신고의 대상이 되는 행위를 적법하게 하도록 하는 것이 타당할 수도 있다는 것을 보여주는 점에서 중요한 의미를 갖는다.

이러한 점을 포함하여 향후 수리를 요하는 신고와 허가를 구별하여 수리를 요하는 신고를 독자적인 규제형식으로 자리매김하는 것이 규제정책상 필요하다고 생각한다. 자기완결적 신고와 허가는 규제 강도에서 너무 큰 차이를 갖고 있으므로 중간적인 규제강도를 갖는 수리를 요하는 신고라는 독자적 규제형식을 인정하는 것이 타당하다. 등록은 수리를 요하는 신고와 유사한 '전형적 등록'과 허가와 유사한(완화된 허가인) '변형된 등록'이 있다는 점을 간과해서는 안 된다. 이른바 수리를 요하는 신고에서 신고에 따른 법적 효과는 수리행위에 따라 발생하지만, 적법한 신고(신고요건을 갖춘 신고)가 있으면 수리를 요하는 신고에서도 신고의무가 이행된 것으로 보는 것이고, 이렇게 본다면 “수리를 요하는 신고”라는 용어를 “수리행위가 필요한 신고” 또는 “수리행위가 있는 신고”라는 용어로 변경하는 것이 타당하다고 생각한다.

참고문헌

김남진·김연태, 행정법 I (제10판), 법문사, 2006.
김동희, 행정법 I, 박영사, 2011.
김용섭, 2014년도 행정법 중요 판례, 고시계, 2015.3.25.
김중권, 신고제와 관련한 코페르니쿠스적 전환에 관한 소고, 법률신문, 2010.12.6.
김중권, 이른바 수리를 요하는 신고의 문제점에 관한 소고, 행정판례연구 VIII, 2003.
김형배, 노동법 제24판, 박영사, 2015.
김형배·박지순, 노동법강의 제3판, 신조사, 2014.
박균성, 행정법강의 제12판, 박영사, 2015.
윤기중, 행정규제완화수단으로서의 신고에 관한 연구, 경희대학교 박사학위 논문, 2014.
이병태, 노동법, (주)중앙경제, 2008.
이상천, 요건으로서의 신고·신청에 따른 효과로서의 수리·등록·허가의 개념적 구분 재론, 공법학연구 제11권 제3호, 2010.8.
임종률, 노동법 제13판, 박영사, 2015.2.
정하중, 행정법개론, 법문사, 2015.
홍정선, 행정법원론(상), 박영사, 2011.

국문초록

이 사건에서 행정관청이 노동조합으로 설립신고를 한 단체가 노동조합법 제2조 제4호 각 목에 해당하는지 여부를 실질적으로 심사할 수 있는지 여부 및 실질적 심사의 기준이 쟁점이 되었다.

대상판결은 행정관청이 노동조합으로 설립신고를 한 단체가 노동조합 및 노동관계조정법 제2조 제4호 각 목에 해당하는지 여부를 실질적으로 심사할 수 있다는 것을 명확히 하면서도 '행정관청은 일단 제출된 설립신고서와 규약의 내용을 기준으로 노동조합법 제2조 제4호 각 목의 해당 여부를 형식적으로 심사하되, 설립신고서를 접수할 당시 그 해당 여부가 문제된다고 볼 만한 객관적인 사정이 있는 경우에 한하여 설립신고서와 규약 내용 외의 사항에 대하여 실질적인 심사를 거쳐 반려 여부를 결정할 수 있다'고 노동조합법 제2조 제4호 각 목의 해당 여부에 대한 실질적 심사를 제한하는 실질적 심사의 기준을 제시하였다는 점에 그 의의가 있다. 그렇지만, 그러한 심사기준을 위반한 경우 노동조합법 제2조 제4호 각 목에 해당하여도 신고를 수리하여야 하는지에 대해서는 의문이 제기된다.

대상판결은 노동조합설립신고의 법적 성질에 관하여 신고라는 점을 명확히 하고 허가와는 다른 것이라고 하였을 뿐 그 법적 성질을 명확히 하지 않았다. 생각건대, 노동조합법 제2조 제4호 각 목에 해당하는지 여부를 실질적으로 심사할 수 있다는 점 및 노동조합법상 신고증을 교부받아야 노동조합의 지위를 취득하는 것으로 규정되어 있는 점에 비추어 노동조합설립신고를 수리를 요하는 신고로 보는 것이 타당하다.

노동조합설립신고도 신고인 점에서 신고 일반 법리에 기초하여 노동조합설립신고의 법적 성질, 신고요건, 심사방식, 신고의 효과 등을 규명하는 것이 필요한데, 대상판결이 노동조합설립신고제도의 신고 일반 법리와의 체계적 정합성에 관한 검토를 충분히 하지 않았던 점은 아쉬운 점이다.

향후 수리를 요하는 신고와 허가를 구별하여 수리를 요하는 신고를 독자적인 규제형식으로 자리매김하는 것이 규제정책상 필요하다고 생각한다. 자기완결적 신고와 허가는 규제 강도에서 너무 큰 차이를 갖고 있으므로 중간적인 규제강도를 갖는 '수리행위가 필요한 신고' 또는 '수리행위가 있는 신고'라는 독자적 규제형식을 인정하는 것이 타당하다.

주제어: 신고, 노동조합설립신고, 수리를 요하는 신고, 신고요건, 신고요건의 심사

Abstract

The Requirements of Establishment Report of Trade Union and Examination on It.

Park Kyun Sung*

There are 2 issues in this case, first, the administrative office may inspect substantially whether the organization reported as a trade union establishment meets the requirements under Article2, No. 4 of Trade Union and Labor Relations Adjustment Act('Union Act' hereunder) or not, and second, the legal character of standards for substantial examination of registration.

This case clarified that the administrative office can review establishment report substantially whether the organization reported as a trade union establishment meets the requirement under Article2, No. 4 of Union Act or not, but had significance in proposing a standard that limits substantial review under Article 2, No. 4 of Union Act below: administrative office formally could review forms of establishment report and contents of union constitution under Article 2, No. 4 of Union Act, and then office could reject it by substantial examination about information except forms of establishment report and contents of union constitution when there are objective reasons for which that information can not meet the requirements in reporting. However, there are questions on which report is to be accepted, they violating the screening criteria and corresponding to Article 2, No. 4 of Union Act.

* Professor of Kyung-Hee University Law School

This case definitely called legal character of establishment report of trade union as a report and said only that it was different from allowance, did not clarify its specifics regarding legal character. I consider, it is proper that establishment report of trade union is assumed as a report requiring acceptance, in light of reviewing substantially it according to Article 2, No. 4 of Union Act and regulating status acquisition of trade union by issuing report form under the Union Act.

Establishment report of trade union is also report, so legal character, requirements, review ways, effects of report etc. is necessary to be analysed based on general principles of report. But, this case did not sufficiently review system between general principles of report and establishment report of trade union.

It is necessary that report requiring acceptance is distinguished from allowance, and then it accomplish status for own regulation mode on the regulations policy in future. There are great gaps between report self completed and allowance, so it is reasonable that we admit independent regulation mode by 'report requiring acceptance' or "report with acceptance."

Keywords: report, establishment report of trade union, report requiring acceptance, report requirements, review of report requirements

투 고 일: 2015. 5. 25
심 사 일: 2015. 6. 15
게재확정일: 2015. 6. 19

行政行爲의 效力

法律의 違憲決定의 效力과 行政處分의 法的 效果
/鄭南哲

法律의 違憲決定의 效力과 行政處分의 法的 效果

鄭南哲*

대상판결: 대법원 2012. 2. 16. 선고 2010두10907 전원합의체 판결

* 숙명여자대학교 법과대학 교수

Ⅰ. 序 論

헌법재판소에 의해 위헌으로 결정된 법률에 근거한 행정처분과 그 집행행위인 후속집행처분(체납처분)의 효력에 대해서는 여전히 학설상 미궁(迷宮)의 상태이다. 특히 조세법 분야에서 과세처분의 근거가 되었던 법률규정에 대해 위헌결정이 내려진 경우, 그 조세채권의 집행을 위한 체납처분의 효력이 문제가 되고 있다. 이와 관련하여 대법원은 2010두10907 전원합의체 판결(이하 "대상판결"이라 한다)에서 위헌결정의 효력에 위배하여 이루어진 체납처분(압류처분)이 '당연무효'라고 판시하였다.[1] 이 사건에서 Y세무서장은 1997. 10. 22. 원고 X에게 구 국세기본법 제39조 제1항 제2호 다목에 규정된 제2차 납세의무자에 해당한다는 이유로 A주식회사의 체납국세에 대한 과세처분을 하였다. 그런데 헌법재판소는 1998. 5. 28. 그 과세처분의 근거법률이 조세평등주의와 실질적 조세법률주의에 위반되고 과점주주의 재산권을 침해한다는 이유로 위헌을 결정하였다.[2] 그러나 Y세무서장은 2005. 10. 11. 이 사건 과세처분에 따라 당시 유효하게 시행 중이던 국세징수법을 근거로 원고 X가 체납 중이던 체납액 및 결손액(가산세 포함)을 징수하기 위하여 X 명의의 예금채권을 압류하였다. 이 사건에서 원고 X는 Y세무서장의 압류처분에 대해 무효를 구하는 소를 제기하였다.

이 사건과 관련하여 다수의견은 선행처분의 효력에 관하여 전혀 언급하지 않은 채, 후속처분을 무효라고 보고 있다. 즉 후속처분을 무효로 보는 논거로서 위헌결정 이후에 조세채권의 집행을 위한 새로운 체납처분에 착수하거나 이를 속행하는 것은 허용되기 어렵고, 위헌결정의 효력에 위배하여 이루어진 체납처분은 그 사유만으로 하자가 중대하고 객관적으로 명백하여 당연무효라는 것이다. 또한 위헌결정 전에 이미 형

1) 대법원 2012. 2. 16. 선고 2010두10907 전원합의체 판결.
2) 헌재 1998. 5. 28. 97헌가13, 판례집 10-1, 570면 이하.

성된 법률관계에 기한 후속처분이라도 그것이 "새로운 위헌적 법률관계를 생성·확대하는 경우"라면 허용될 수 없다고 판시하고 있다. 이에 대해 반대의견(대법관 안대희, 대법관 신영철, 대법관 김용덕)은, 행정청이 어떠한 법률의 조항에 근거하여 행정처분을 한 후 헌법재판소가 그 조항을 위헌으로 결정하였더라도 그 행정처분이 결과적으로 법률의 근거 없이 행하여진 것으로서 후발적으로 하자가 있게 된다고 하여 무효로 볼 수 없고 취소사유에 불과하다고 보고 있다. 즉 일반적으로 법률이 헌법에 위반된다는 사정은 헌법재판소의 위헌결정 전에는 객관적으로 명백하다고 볼 수 없어 특별한 사정이 없는 한 그러한 하자는 당연무효에 해당한다고 보기 어렵다는 것이다. 나아가 반대의견은 일정한 행정목적을 위하여 독립된 행위가 단계적으로 이루어진 경우에 선행처분에 당연무효 또는 부존재인 하자가 있는 때를 제외하고 그 하자가 후속처분에 당연히 승계된다고 볼 수 없다고 보고 있다. 특히 과세처분과 체납처분(압류처분)은 서로 별개의 독립된 행정처분으로서 선행처분이 당연무효인 경우를 제외하고 과세처분의 하자를 이유로 후속 체납처분의 효력을 다툴 수 없다고 보고 있다. 그리고 체납처분 절차의 진행을 금지하여 실질적으로 당해 과세처분의 효력을 부인하고 사실상 소멸시키는 데까지 위헌결정의 기속력 범위가 지나치게 확장되어서는 안 된다고 비판하고 있다.

지금까지 이 판례에 대하여 學界에서는 다양한 의견이 제시된 것이 사실이나,[3] 여전히 논란의 여지를 남겨 놓고 있다. 다수의견은 이 사건

3) 김용섭, "위헌법률에 근거한 과세처분의 집행 허용여부: 대법원 2012. 2. 16. 선고 2010두10907 전원합의체 판결을 중심으로", 대한변협신문 제441호 (2013. 4), 13면; 서보국, "합헌적 집행법률에 근거한 압류처분의 위헌적 결과에 대한 권리구제의 직접근거로서 헌법 제107조 제2항", 행정판례연구 제18집 1호, 3면 이하; 성중탁, "선행 과세처분의 근거 법률이 위헌선고된 경우, 과세채권의 집행을 위한 후행 체납처분의 효력", 저스티스 통권 제136호 (2013. 6), 228-253면; 이철환, 위헌결정에 근거한 행정처분의 집행가능성, 전북대학교 법학연구 제36집 (2012. 9), 371-400면; 정호경, "행정처분 발령 후 근거법률이 위헌결정된 경우

에서 위헌결정이 해당 법률에 근거한 처분에 어떠한 영향을 미치는지에 대하여 언급하고 있지 않을 뿐만 아니라, 위헌결정의 효력이 왜 후속집행위까지 미칠 수 있는지에 대해서 설득력 있는 논거를 제시하지 않고 있다. 이와 관련하여 행정처분이 발급된 후 그 근거법률이 위헌으로 결정된 경우, 그 행정처분의 효력이 무효인지 취소인지 여부가 확정되어야 한다. 이 문제는 위헌결정의 소급효와 밀접한 관련을 가진다. 대상판결에서 다수의견은 위헌법률에 근거한 행정처분의 효력에 대하여 명확히 언급하지 않았는데, 이 문제는 위헌법률의 효력 및 헌법재판소법 제47조 제2항의 해석과 관련하여 헌법학계에서도 오래전부터 논쟁의 대상이 되어왔던 것이 사실이다. 이 문제를 논하기 위해서는 우선 위헌결정의 효력에 관한 논의가 선행되어야 한다. 또한 대법원의 반대의견에서 지적한 바와 같이 위헌결정의 기속력이 위헌법률에 근거한 행정처분뿐만 아니라 그 후속처분까지 미친다고 해석할 수 있는지에 대해서도 충분한 논의가 필요하다. 이러한 문제는 선행처분의 효력과도 밀접한 관련이 있다. 따라서 본고에서는 위헌결정의 효력, 선행처분과 후속집행처분의 관계 등에 관한 몇 가지 쟁점사항에 대해 지금까지의 논의를 종합하여 비판적으로 검토하고, 후속처분의 무효에 관한 구체적 논거를 제시하도록 한다. 이하에서는 위헌결정의 효력과 소급효(Ⅱ), 위헌법률에 근거한 선행처분의 법적 효과(Ⅲ), 그리고 위헌결정에 따른 처분의 집행행위의 효력(Ⅳ)에 대해 살펴보도록 한다.

의 행정처분의 효력", 행정법연구 제17호(2007. 5), 87-110면 등.

Ⅱ. 違憲決定의 效力에 관한 論議

1. 違憲決定의 效力과 遡及效

위헌결정의 효력에 대해서는 학설이 대립하고 있다. 이와 관련하여 위헌결정에 의해 근거 법률이 처음부터 당연무효인지, 아니면 위헌결정의 효력이 원칙적으로 장래에 향하여 미친다고 보는지가 다투어지고 있다. 이 문제를 검토하기에 앞서 위헌결정의 실체적 효력이 학계에서는 여전히 논란이 되고 있는데, 독일 입법례의 영향으로 當然無效說(ipso iure Nichtigkeit)과 廢止無效說(Vernichtbarkeitslehre)[4]이 대립하고 있다. 당연무효설은 위헌결정에 의해 해당 규범이 처음부터(ex tunc) 무효라는 것을 전제로 하고 있으나, 폐지무효설은 위헌결정에 의해 장래에 향하여 규범의 廢止(Aufhebung)가 인정된다고 보고 있다. 대법원은 대상판결에서 위헌법률에 근거한 선행처분(과세처분)의 효력에 대해 명확히 언급하지 않고, 후속처분인 압류처분의 효력만 판시하였다. 종래 대법원은 행정처분이 발급된 후 그 근거법률에 대해 위헌결정이 선고되더라도 원칙적으로 그 행정처분이 당연무효가 아니라고 보고 있었다. 그러한 이유로 위 대상판결의 반대의견은 선행처분을 취소로 보고 있는 것이다. 대상판결을 정확히 검토하기 위해서는 위헌결정의 효력에 관한 논의가 선행되어야 한다. 즉 위헌결정에 의해 당해 법률을 처음부터 당연히 무효로 보아야 하는지, 아니면 헌법재판소의 위헌결정에 의해서야 비로소 규범의 효력을 장래에 대하여 無效化(Vernichtung)를 시킬 것인지에 대해 다투어지고 있다. 물론 후자의 견해에 의하는 경우에도 예외적으로(제한적으로) 위헌결정의 소급효가 인정될 수 있다. 따라서 이하에서는 위헌결정의 효력과 소급효에 관한 학설 및 판례의 입장을 검토하기로 한다.

4) 이를 학자에 따라 "폐지설" 또는 "취소설" 등으로 부르기도 한다. 본고에서는 "폐지무효설"이라고 표현하기로 한다.

2. 違憲決定의 效力에 관한 學說上 論議

위헌결정의 효력과 관련하여, 헌법재판소의 출범 후 헌법학계에서는 이미 다양한 논의를 전개한 바 있는데,[5] 이 문제는 "헌법재판분야에서 가장 격렬한 논쟁"[6]으로 평가받고 있다. 우리 헌법에는 違憲決定의 效力에 관한 명시적 규정이 없으나, 헌법재판소법 제47조 제1항에서는 "위헌으로 결정된 법률 또는 법률의 조항은 그 결정이 있은 날로부터 효력을 상실한다"는 규정을 두고 있다. 전술한 바와 같이 위헌결정의 효력에 관하여 당연무효설과 폐지무효설이 첨예하게 대립하고 있다.

우선 當然無效說은 실체적 정의에 충실한 견해로서, 헌법재판소의 위헌결정에 의해 해당 법률은 무효라는 것이 확인되어 소급하여 처음부터 효력을 상실하게 된다고 보고 있다.[7] 이 경우 헌법재판소의 위헌결정은 선언적 효력을 가질 뿐, 창설적 효력을 갖지 못한다고 보고 있다.[8] 국내학설 중에는 우리 헌법이 당연무효설을 전제로 하고 있다고 보면서, 헌법재판소법 제47조 제2항도 위헌법률의 당연무효를 전제로 하여 소급효의 범위를 제한하기 위해 규정된 것이라고 이해하는 견해도 있다.[9] 또한 위헌결정의 소급효를 차단하는 것이 헌법 제103조, 제27조

---

5) 이에 관한 주요한 선행연구로는 계희열, "법률에 대한 위헌판결의 효력", 『법률의 위헌결정과 헌법소원의 대상』, 헌법재판연구 제1권 (1990. 10), 173-232면; 尹眞秀, "違憲法律의 效力-憲法裁判所法 제47조 제2항의 憲法的 檢討", 憲法論叢 제1집 (1990), 273-321면; 同人, "위헌인 법률에 근거한 행정처분의 당연무효 여부", 법조 제44집 제10호 (1995), 147-173면.

6) 정태호, "법률에 대한 위헌결정의 소급효문제에 대한 비판적 고찰", 법률행정논총 제19집 (2000. 1), 199-224면.

7) 그러나 개념상 當然無效(ipso iure Nichtigkeit)는 무효의 방식에 관한 것이고, 처음부터 효력이 없는 遡及無效(ex-tunc Nichtigkeit)는 무효의 시기에 관한 것이라는 점에서 양자는 다소 차이가 있는 것이 사실이다. 소급무효가 당연무효는 아닐 수 있으나, 당연무효란 처음부터 효력이 없음을 의미하는 것이 보통이다. 이에 대해서는 계희열, 전게논문, 175면.

8) 계희열, 전게논문, 175면.

9) 이강국, "위헌법률의 효력", 행정판례연구 제2집, 333면 이하(345면).

및 헌법 제10조 후단 등을 근거로 헌법에 저촉될 수 있다는 견해도 있다.[10] 그 주장의 핵심적 내용은 소급효가 없으면 위헌결정 이후에도 그 이전에 성립한 법률관계에 대해서는 위헌 법률을 적용해야 하며, 합헌적인 법률에 의한 국민의 재판청구권을 침해할 수 있고, 나아가 위헌 법률의 계속 적용시 국민의 기본권 보장의무를 침해할 수 있다는 것이다. 독일에서는 전통적으로 위헌인 법률은 처음부터 당연무효라고 보고 있으며, 현재 통설·판례의 입장이다.[11] 그러나 당연무효설은 법이론적으로는 매우 명쾌하고 實體的 正義의 실현에 기여할 수 있으나, 위헌결정에 의해 법률의 개정이나 새로운 제정이 있을 때까지 공백상태에 있게 되어 법적 안정성을 위태롭게 할 수도 있다.

이에 반해 '폐지무효설'은 법적 안정성을 강조하고 있다. 그러한 이유에서 독일에서는 통설적 견해를 비판하면서 '폐지무효설'이 유력하게 제기되고 있다.[12] 특히 독일 연방헌법재판소법의 개정논의에서 폐지무효설을 도입하기 위한 수차례 시도가 있었다.[13] 이러한 폐지무효설을 취하는 대표적인 입법례는 오스트리아의 입법례인데, 그 사상적 기원은 켈젠(Hans Kelsen)과 메르클(Merkle) 등의 段階論(Stufen-Lehre)에서 찾고 있다.[14] 그리고 독일의 학설 가운데에는 무효선언의 객관적(또는 내부적) 형성효(Gestaltungseffekt)를 강조하면서, 이러한 무효선언을 법원에 의한 규범의 폐지(Aufhebung)로 이해하는 견해도 있다.[15] 이러한 견해도 폐지

---

10) 이에 대해서는 尹眞秀, 전게논문, 311-313면.

11) Schlaich/Korioth, Das Bundesverfassungsgericht, 9. Aufl., Rn. 379 ff. 이러한 연방헌법재판소의 위헌결정은 宣言的 效力을 가진다(Maunz/Schmidt-Bleibtreu/Klein/Bethge, BVerfGG, § 79 Rn. 17 f.).

12) Schlaich/Korioth, a.a.O., Rn. 381 참조.

13) 독일 연방헌법재판소법의 제정과정에서의 상세한 논의에 대해서는 계희열, 전게논문, 208-230면 참조.

14) Ulrich Battis, in: Isensee/Kirchhof (Hrsg), Handbuch des Staatsrechts der Bundesrepublik Deutschland, Bd. XII, § 275 Rn. 40.

15) Christian Pestalozza, Verfassungsprozessrecht, 3. Aufl., § 20 Rn. 15 f.

무효설에 가까운 것으로 볼 수 있다. 국내에서도 폐지(무효)설을 주장하는 견해가 유력하다. 즉 헌법 제113조 제1항에서 "법률의 위헌결정" 외에 무효에 관한 명시적 규정이 없고, 헌법재판소법 제45조에서 "위헌 여부만을 결정"한다고 규정하고 있으며, 헌법재판소법 제47조 제2항의 규정내용이 폐지무효설에 근거하고 있다고 주장하고 있다.16) 또 다른 견해는 폐지(무효)론의 타당성을 주장하면서, 즉시효주의를 기조로 한 선택적 소급효론을 주장하고 있다.17) 그 밖에 우리 헌법재판소법 제47조 제2항에 대해 고유한 해석이 필요하다고 주장하면서, 헌법재판소의 위헌결정이 위법법률 그 자체를 폐지하는 것이 아니라 위헌법률의 효력만을 상실시킨다고 보는 견해도 있다.18)

3. 違憲決定의 效力에 관한 判例의 立場

헌법재판소는 원칙적으로 위헌결정의 소급효를 인정하지 않는 헌법재판소법 제47조 제2항 본문이 위헌인지 여부가 문제된 사건에서 합헌이라고 결정하면서, 폐지무효설의 입장에 서 있음을 밝히고 있다. 즉 위헌으로 선고된 법률 또는 법률의 조항이 제정 당시로 소급하여 효력을 상실하는가 아니면 장래에 향하여 효력을 상실하는가의 문제는 특단의 사정이 없는 한 헌법적합성의 문제가 아니라 立法政策의 문제라는 점을 지적하고 있다. 나아가 위헌법률의 효력과 관련하여 법적 안정성을 강조하면서, 소급무효가 아닌 폐지무효설을 인정하는 것이 위헌이 아니라고 결정하였다.19) 다만, 헌법재판소는 법적 안정성을 위해 위헌

16) 홍성방, 헌법소송법, 박영사, 2015, 156면.

17) 정태호, 전게논문, 199면 이하.

18) 허완중, "한국헌법에 따른 헌법재판소법 제47조 제2항의 해석", 공법연구 제37집 제4호 (2009. 6), 245면.

19) 즉 "우리의 입법자는 헌법재판소법 제47조 제2항 본문의 규정을 통하여 형벌법규를 제외하고는 법적 안정성을 더 높이 평가하는 방안을 선택하였는바, 이에

결정의 장래효를 원칙으로 하면서도 例外的으로 부분적인 遡及效를 인정하여 실체적 정의와의 조화를 도모하고 있다.[20] 즉 헌법재판소는 ① 구체적 규범통제의 실효성 보장의 관점에서 법원의 제청이나 헌법소원 청구 등을 통하여 헌법재판소에 법률의 위헌결정을 위한 계기를 부여한 당해 사건, ② 위헌결정이 있기 전에 이와 동종의 위헌여부에 관하여 헌법재판소에 위헌제청을 하였거나 법원에 위헌제청신청을 한 경우의 당해 사건, 그리고 ③ 별도로 위헌제청신청을 아니하였지만 당해 법률 또는 법률의 조항이 재판의 전제가 되어 법원에 계속 중인 사건에 대하여는 소급효를 인정할 수 있다고 결정하였다. 나아가 ④ 당사자의 권리구제를 위한 구체적 타당성의 요청이 현저한 반면에 소급효를 인정하여도 법적 안정성을 침해할 우려가 없고 舊法에 의하여 형성된 기득권이 침해될 사안이 아닌 경우로서 소급효의 부인이 오히려 정의와 평등 등 헌법적 이념에 심히 배치되는 때에도 소급효를 인정할 수 있다고 보고 있다.[21] 특히 헌법재판소는 위헌결정의 이후에 제소된 사건(일반사건)이라도 구체적 타당성의 요청이 현저하고 소급효의 부인이 정의와 형평에 반하는 경우에는 예외적으로 소급효를 인정할 수 있다고 보고 있다.[22]

의하여 구체적 타당성이나 평등의 원칙이 완벽하게 실현되지 않는다고 하더라도 헌법상 법치주의의 원칙의 파생인 법적 안정성 내지 신뢰보호의 원칙에 의하여 정당화된다 할 것이고, 특단의 사정이 없는 한 이로써 헌법이 침해되는 것은 아니라 할 것이다"라고 결정하고 있다(헌재 1993. 5. 13. 92헌가10 등, 판례집 5-1, 226).

20) 한편, 대법원은 위헌결정의 효력이 위헌결정 이후에 제소된 일반사건에까지 미친다고 보고 있다(대법원 1993. 1. 15. 선고 92다12377 판결). 이에 대해 대법원 판례가 전면적 소급효를 인정하고 있다고 보는 견해도 있다(정호경, 전게논문, 105면). 이러한 대법원 입장은 개별 사건에서 위헌결정의 장래효를 원칙적으로 인정함으로써 발생하는 개인의 권리구제와 실체적 정의의 한계를 보완하고, 이를 탄력적으로 해결하기 위한 것이다. 앞으로도 구체적 타당성과 권리구제를 위해 소급효의 예외적 허용에 관한 탄력적 해석의 가능성은 여전히 열려 있다.

21) 헌재 1993. 5. 13. 92헌가10 등, 판례집 5-1, 226.

22) 헌재 1993. 5. 13. 92헌가10 등, 판례집 5-1, 226; 헌재 2013. 6. 27. 2010헌마535, 판례집 25-1, 548.

여기에서 주목할 점은 헌법재판소가 위 92헌가10 사건의 위헌결정 주문에서 예외적인 부분적 소급효를 밝히는 것이 타당하지만, 이를 직접 밝히지 않은 경우에는 일반법원이 개별사건에서 해당 법률의 연혁·성질·보호법익 등을 검토하고 제반이익을 형량해서 합리적·합목적적으로 결정할 수밖에 없다고 보고 있다는 사실이다.

한편, 대법원은 종래 법률에 근거하여 행정처분이 발해진 후 헌법재판소에 의해 그 처분의 근거가 된 법률이 위헌으로 결정되었더라도 일반적으로 법률이 헌법에 위반된다는 사정만으로 헌법재판소의 위헌결정이 있기 전에는 객관적으로 명백한 것이라고 할 수 없다고 보고 있다. 따라서 위헌결정 전에 행정처분의 근거가 되는 당해 법률이 헌법에 위반된다는 사유는 특별한 사정이 없는 한 취소소송의 사유만 될 수 있을 뿐이라고 보고 있다.[23] 또한 "위헌인 법률에 근거한 행정처분이 당연무효인지 여부는 위헌결정의 소급효와는 별개의 문제로서, 위헌결정의 소급효가 인정된다고 하여 위헌인 법률에 근거한 행정처분이 당연무효가 된다고는 할 수 없다"고 판시하고 있다. 나아가 "취소소송의 제기기간을 경과하여 확정력이 발생한 행정처분에는 위헌결정의 소급효가 미치지 않는다"고 보고 있다.[24] 대법원의 기본적인 입장은 위헌결정의 효력을 원칙적으로 장래효로 이해하면서, 예외적인 부분적 소급효를 인정하고 있음을 알 수 있다. 다만, 위헌법률에 근거한 행정처분의 효력이 위헌결정의 소급효와 별개의 문제라고 이해하는 것은 타당하지 않다. 대법원 판례는 위헌법률에 근거한 행정처분에 불가쟁력(존속력)이 발생한 경우에는 소급효를 차단하고 있는데, 법적 안정성을 중시하는 입장이라고

23) 대법원 1994. 10. 28. 선고 92누9463. 이에 대한 同旨判例로는 대법원 1994. 10. 28. 선고 93다41860 판결; 대법원 2009. 5. 14. 선고 2007두16202 판결 등.

24) 판례 및 일부문헌에서는 행정행위의 효력과 관련하여 확정력이라는 표현을 사용하고 있으나, 확정력(Rechtskraft)은 판결의 효력이라는 점에서 행정행위의 효력인 존속력(Bestandskraft)과 구별하는 것이 타당하다. 따라서 본고에서는 이를 '존속력'으로 표현하기로 한다.

평가할 수 있다. 요컨대 헌법재판소와 대법원은 廢止無效說에 기초하여 원칙적으로 장래효를 인정하면서 예외적으로 소급효를 인정하고 있는 것이다.

4. 憲法裁判所法 제47조 제2항의 違憲論에 대한 檢討

헌법재판소법 제47조 제2항에서 "위헌으로 결정된 법률 또는 법률의 조항은 그 결정이 있는 날로부터 효력을 상실한다"라고 규정하고 있고, 이 조항의 단서에서 형벌에 관한 법률 또는 법률의 조항에 대해서는 예외적으로 소급효를 인정하고 있다. 이와 같이 헌법재판소법 제47조 제2항에서 규정하고 있는 것은 위헌결정의 효력에 관한 것인데, 헌법재판소의 위헌결정으로 해당 법률 또는 법률의 조항이 그 결정이 있은 날로부터 효력을 상실한다고 규정하고 있는 것이다. 이 규정은 앞에서 언급한 헌법재판소 및 대법원의 판례의 입장과 같이 처음부터 당연무효가 아니라 위헌결정의 장래효를 규정한 것으로 해석할 수 있다. 이와 관련하여 헌법재판소법 제47조 제2항의 해석을 둘러싸고 그 위헌을 주장하는 견해가 제기되고 있는데, 위헌으로 결정된 조항의 적용이 당해사건에 대해서만 배제되고 그 이전의 사건에 대해서는 그 위헌조항이 적용되어 헌법상 평등원칙에 위배될 수 있다는 것이다. 또한 이 견해는 특정한 사건이 위헌법률심판을 통해 위헌으로 결정되어도 다른 사건에서는 여전히 그 법률이 적용되는 경우에 다시 위헌제청을 해야 한다고 주장한다.[25] 다만, 당연무효설을 주장하는 견해도 헌법재판소법 제47조 제2항의 憲法合致的 解釋을 강조하고 있다.[26]

우리 헌법에는 위헌결정의 효력이나 소급효에 관해 직접적인 근거규정을 두고 있지 않다. 이러한 점은 위헌론을 제기하는 견해도 인정하

25) 이에 대해서는 윤진수, 위헌결정의 효력, 314-315면 참조.
26) 이강국, 전게논문, 343-344면.

고 있다. 따라서 헌법재판소법 제47조 제2항을 곧바로 위헌으로 단정하기는 어렵다. 위헌결정의 효력과 관련하여 실체적 정의를 위해 당연무효를 인정하여 처음부터 효력을 인정하지 않는 입법례를 취할 것인지, 아니면 법적 안정성을 위해 원칙적으로 장래효를 인정할 것인지 여부는 입법정책의 문제라고 볼 수 있다. 그러한 이유에서 헌법재판소도 위헌결정의 효력이 헌법적합성의 문제가 아니라 입법정책의 문제라고 보고 있는 것이다. 실제 오스트리아 입법례와 같이 폐지무효설에 입각한 입법례도 존재하고 있다. 이러한 제 사정을 고려할 때 헌법재판소법 제47조 제2항의 해석과 관련하여, 폐지무효설에 입각한 해석은 위헌으로 보기 어렵다. 다만, 폐지무효설의 단점을 보완해서 실체적 정의와 법적 안정성을 조화시킬 수 있는 방안을 모색할 필요가 있다. 헌법재판소가 이와 관련하여 일정한 경우에 소급효를 인정하고 있음은 전술한 바와 같다. 그러나 입법적으로 이를 명확히 규정하는 것은 바람직하나, 실제로는 구체적인 사건에 있어서 법원이 실체적 정의와 법적 안정성을 서로 형량을 하여 판단해야 하는 경우가 계속해서 발생할 수 있다. 그러한 이유에서 위헌결정의 소급효에 대하여 매우 유연하게 해석할 필요가 있다.

5. 小結

헌법재판소법 제47조 제2항의 적용에 의해 위헌론이 지적하는 바와 같이 법적용의 형평과 같은 현실적인 문제점이 발생하는 것을 배제할 수는 없다. 특히 폐지무효설에 의할 경우 대상판결과 같이 근거 법률이 위헌으로 결정되어도 그 이전에 성립한 법률관계에 대해서는 취소되지 않는 한, 그 위헌인 법률을 적용해야 하는 문제점도 있다. 무엇보다 후술하는 바와 같이 위헌무효인 법률에 근거한 행정처분의 후속집행처분에 대하여 어떠한 논거로 무효를 주장할 수 있는지, 아니면 후속집행처분에 대해서도 취소소송을 통해 다시 다투어야 하는지가 문제된다.

그러나 폐지무효설을 취하더라도 예외적인 부분적 소급효를 인정함으로써 위에서 제기된 문제들은 어느 정도 해소될 수 있다. 또한 헌법재판소법 제47조 제2항의 위헌론을 주장하는 견해와 같이 법관의 독립에 관한 헌법 제103조나 재판청구권에 관한 헌법 제27조 제1항 등을 근거로 헌법재판소법 제27조 제2항을 위헌이라고 판단하기는 어렵다. 위헌결정의 효력에 대해서는 헌법에 명문의 규정이 없고, 또한 헌법재판소가 적절히 지적하고 있는 바와 같이 헌법적합성의 문제라기보다는 입법정책적 판단의 문제이다. 독일의 전통적인 당연무효론을 그대로 적용하는 경우에는 법적 안정성이 위태로울 수 있는 점도 간과할 수 없다. 실제 유럽연합(EU) 회원국의 다수가 처음부터 소급해서 무효를 인정하는 것을 제한하고 있음은 주목할 필요가 있고, 실무에서도 당연무효설과 폐지무효설이 오히려 상당히 접근하고 있다고 평가하는 견해가 유력하다.[27] 그리고 폐지무효설의 적용에 의해 제기되는 실체적 정의의 문제점은 예외적인 소급효를 통해 합리적으로 해결될 수 있을 것이다. 다만, 대법원 2010두10907 사건에서는 선행처분(과세처분)의 효력에 대해 명확히 규정하지 않아, 위에서 언급한 문제점이 여전히 상존하고 있다.

Ⅲ. 違憲法律에 근거한 先行處分의 法的效果

1. 違憲法律에 근거한 行政行爲의 瑕疵效果論

후속처분인 압류처분의 효력을 논하기 전에 위헌결정에 의해 그 이전에 발급된 '선행처분'이 어떠한 효력을 가지는지를 검토할 필요가 있다. 독일에서는 위헌법률에 근거한 행정처분의 효력에 관한 문제를 위

27) Battis, in: Isensee/Kirchhof (Hrsg), a.a.O., § 275 Rn. 51.

헌법률과는 별개의 문제로 보고, 행정행위의 하자론에 따라 그 효력 여부가 결정된다. 따라서 행정행위의 하자에도 불구하고 유효하나 특정한 절차에 따른 취소의 가능성이 남아 있는 것으로 이해하고 있다.[28] 이 견해에 의하면, 위헌법률에 근거한 행정처분의 효력 문제는 결국 구체적인 사안에서 권한 있는 법관의 판단에 달려 있다. 행정행위의 무효와 취소의 구별에 관한 기준으로 종래 중대성설, 중대명백설(명백설), 조사의무설, 명백성보충요건설 등 다양한 학설이 소개되고 있다. 현재는 법규의 하자가 중대할 뿐만 아니라 명백해야 한다는 '중대명백설'이 통설적 입장이다. 판례의 주류도 중대명백설을 따르고 있다.[29] 그러나 우리 행정절차법에는 독일 행정절차법 제44조 제1항과 같은 무효에 관한 규정이 없다. 따라서 무효의 판단은 전적으로 법원의 해석에 달려 있다. 법원은 명백성의 판단에 있어서 일응의 기준을 제시하고 있다. 즉 법률관계나 사실관계에 대하여 법적용을 할 수 없다는 법리가 명확함에도 불구하고 처분을 한 경우, 또는 법률관계나 사실관계가 전혀 없는 사람에게 행정처분을 한 경우는 중대하고도 명백한 하자로 판단하고 있다. 그러나 여기에도 일정한 예외를 인정하고 있어 명백성을 인정하기가 쉽지 않다. 즉 그 법률관계나 사실관계에 대하여 그 법률의 규정을 적용할 수 없다는 법리가 명백히 밝혀지지 아니하여 그 해석에 다툼의 여지가 있는 때에는 행정청이 이를 잘못 해석하여 행정처분을 하더라도 그 하자가 명백한 것은 아니라고 판시하고 있다.[30] 이러한 입장은 위헌법률에 근거하여 발급된 행정처분의 효력에 관한 판례에서도 발견할 수 있다. 즉 대법원은 행정처분의 발급 후 헌법재판소에 의해 그 처분의 근거가 된 법률이 위헌으로 결정된 경우에도 일반적으로 법률이 헌법에 위

28) Battis, in: Isensee/Kirchhof (Hrsg), a.a.O., § 275 Rn. 43 f.

29) 대법원 1995. 7. 11. 선고 94누4615 전원합의체 판결; 대법원 1993. 12. 7. 선고 93누11432 판결; 대법원 2015. 1. 29. 선고 2012두27404 판결.

30) 대법원 2004. 10. 15. 선고 2002다68485 판결; 대법원 2009. 9. 24. 선고 2009두2825 판결.

반된다는 사정이 헌법재판소에 의해 위헌결정이 있기 전에는 그 하자가 객관적으로 명백하다고 볼 수 없다고 판시하고 있다.[31] 위헌법률에 근거한 행정처분의 효력을 취소사유로 보는 입장은 대체로 확고한 편인데, 하자의 명백성 요건은 매우 엄격하다. 다만, 판례가 "특별한 사정"이라는 예외를 두고 있음은 주목된다. 여기에서 이러한 "특별한 사정"은 무효로 볼 수 있는 여지를 남겨두고 있는 것이다.

2. 先行處分의 無效可能性

후속집행처분의 무효를 도출하기 위해 선행처분의 무효가능성을 모색할 필요가 있다. 선행처분의 무효를 주장하기 위해서는 선행처분 자체의 하자효과론에 따라 무효를 도출할 수 있는 방법과 위헌결정의 효력에 의해 선행처분의 무효를 인정할 수 있는 방안을 고려해 볼 수 있다.

먼저 헌법재판소는 원칙으로 중대명백설을 취하면서도, 법적 안정성과 권익구제를 고려하여 예외를 인정하고 있다. 즉 "행정처분 자체의 효력이 쟁송기간 경과 후에도 존속 중인 경우, 특히 그 처분이 위헌법률에 근거하여 내려진 것이고 그 행정처분의 목적달성을 위하여서는 후행처분이 필요한데 후행행정처분은 아직 이루어지지 않은 경우와 같이 그 행정처분을 무효로 하더라도 법적 안정성을 크게 해치지 않는 반면에 그 하자가 중대하여 그 구제가 필요한 경우에 대하여서는 그 예외를 인정하여 이를 당연무효사유로 보아서 쟁송기간 경과 후에라도 무효확인을 구할 수 있는 것이라고 봐야 할 것이다"라고 결정하였다.[32] 특히 대법원은 비록 취득세부과처분무효확인소송에서 실무상 국민의 권리구제

31) 대법원 2000. 6. 9. 선고 2000다16329 판결; 대법원 1994. 10. 28. 선고 93다41860 판결; 대법원 1994. 10. 28. 선고 92누9463 판결 등.

32) 헌재 1994. 6. 30. 선고 92헌바23, 판례집 6-1, 592-593.

에 미흡하다는 비판을 받아들여, 제한적이기는 하나 소위 '명백성보충요건설'을 채택하였다.[33] 다만, 이 판례는 예외적인 판례라는 점에서 주의할 필요가 있다. 요컨대 원칙적으로 하자가 중대하고 객관적으로 명백한 경우에는 무효로 보는 것이 타당하나, 법적 안정성의 확보 및 제3자의 신뢰보호에 비하여 처분의 침해로부터 상대방을 보호할 필요가 강하게 요구되는 경우에는 예외적으로 하자가 중대하기만 하여도 무효로 보는 것이 권리보호의 요청에 부합하고 불합리한 결과를 피할 수 있다는 견해에 경청할 필요가 있다. 대상판결에서도 선행처분인 과세처분의 무효에 대해서는 그 후속집행행위로 인해 권리침해의 가능성이 여전히 존재하고 있고, 법적 안정성이나 제3자의 신뢰보호를 침해할 우려도 적다는 점에서 하자의 명백성 부분을 완화하여 무효를 인정할 수 있다. 이와 같이 위헌결정의 소급효와 관계없이 행정처분 그 자체의 하자효과론에 따라 무효를 도출하는 것이 완전히 배제되는 것은 아니다.

선행처분의 하자를 무효로 볼 수 있는 또 다른 방안은 위헌결정의 소급효에 의한 것이다. 즉 당연무효설에 의하는 경우에는 처음부터 효력이 없음은 물론, 폐지무효설에 의하는 경우에도 위헌결정의 효력에 대해 예외적으로 부분적인 소급효를 인정하는 것이다. 이와 관련하여 위헌법률에 근거한 행정행위에 존속력(특히 불가쟁력)이 발생한 경우에도 위헌결정의 효력이 미치는지 여부가 문제될 수 있다. 독일의 입법례에서는 개인의 권리구제보다 법적 평화(Rechtsfrieden)의 우위를 택하였고,

33) "취득세 신고행위는 납세의무자와 과세관청 사이에 이루어지는 것으로서 취득세 신고행위의 존재를 신뢰하는 제3자의 보호가 특별히 문제되지 않아 그 신고행위를 당연무효로 보더라도 법적 안정성이 크게 저해되지 않는 반면, 과세요건 등에 관한 중대한 하자가 있고 그 법적 구제수단이 국세에 비하여 상대적으로 미비함에도 위법한 결과를 시정하지 않고 납세의무자에게 그 신고행위로 인한 불이익을 감수시키는 것이 과세행정의 안정과 그 원활한 운영의 요청을 참작하더라도 납세의무자의 권익구제 등의 측면에서 현저하게 부당하다고 볼 만한 특별한 사정이 있는 때에는 예외적으로 이와 같은 하자 있는 신고행위가 당연무효라고 함이 타당하다." (대법원 2009. 2. 12. 선고 2008두11716 판결)

존속력이 발생한 행정행위에 대해서는 이러한 위헌결정의 효력이 영향을 미치지 아니한다고 명시적으로 규정하고 있다(독일 헌법재판소법 제79조 제2항 참조).[34] 따라서 이에 대해서는 취소소송을 통해 다툴 수 있을 뿐이다. 이러한 점은 전통적으로 법적 안정성을 중시하는 독일의 입법례의 특성을 잘 보여주고 있다. 그러나 우리 헌법재판소법에는 이에 대한 명문의 규정이 없음에도 불구하고, 위헌결정의 (예외적) 소급효가 제한될 수 있는지가 문제된다. 이 부분에 대하여 대법원은 불가쟁력이 발생한 행정처분에는 위헌결정의 소급효가 제한된다고 판시하고 있다. 독일의 입법례와 비교하면, 우리 헌법재판소법에 위헌법률에 의한 행정처분의 효력에 대해 아무런 규정을 두지 않은 것은 중대한 입법적 흠결이다.

이와 같은 사안에서 명문의 규정이 없음에도 불구하고 우리 대법원은 전술한 바와 같이 종래 불가쟁력이 발생한 선행처분에 대해 '취소'사유로 판단하였다. 그러나 위헌법률에 근거한 행정처분의 하자효과론에 의할 경우에도 선행처분이 예외적으로 무효가 인정될 가능성이 있을 뿐만 아니라, 위헌결정의 효력에 의해서도 선행처분이 무효가 될 수 있다. 특히 위헌결정의 효력과 관련하여 당연무효설에 의할 경우는 물론이고, 폐지무효설에 의하는 경우에도 일정한 경우에는 예외적으로 소급효가 인정될 수 있다. 이러한 점은 헌법재판소의 92헌가10 등 사건에서 확인할 수 있다. 대법원이 종전의 판례 입장과 같이 위헌법률에 근거한 선행처분을 취소사유로 볼 경우에는 후행처분의 효력과의 관계가 문제될 수 있다. 이 문제에 대해서는 아래에서 다시 詳論하도록 한다.

---

34) Battis, in: Isensee/Kirchhof (Hrsg), a.a.O., § 275 Rn. 45.

Ⅳ. 違憲法律에 근거한 處分의 後續執行行爲의 效力

1. 問題의 提起

대상판결은 당해 법률이 아니라 그 법률에 근거한 행정처분의 후속처분에 관한 것이라는 점에서 종전의 사례와 차이가 있다. 여기에서 문제가 되는 것은 후속처분(체납처분)의 근거 법률이 아니라 과세처분의 근거 법률에 대한 위헌결정의 효력이다. 즉 위헌법률에 근거한 행정처분(과세처분)의 효력이 아니라, 이에 근거한 후속집행처분인 압류처분의 효력이 문제가 되고 있다. 이러한 압류처분의 무효확인소송에서는 그 효력 여부가 검토될 필요가 있는데, 위 대법원 판결의 반대의견과 같이 위헌판결의 기속력이 위헌법률에 근거한 행정처분의 후속처분에도 미친다고 볼 수 있는지를 검토할 필요가 있다. 대법원의 다수의견은 후속처분이 위헌결정의 효력에 의해 중대하고 명백한 하자가 되어 무효라고 판시하고 있다. 그러나 선행처분에 불가쟁력이 발생하고 그 후행처분에 대해서는 원칙적으로 하자승계가 부인됨에도 불구하고 왜 위헌결정의 효력이 후행처분에 미치고 있는지에 대해 설득력 있는 논증이 부족하다. 이와 관련하여 선행연구에서 다양한 견해들이 소개되고 있는데, 이에 대한 깊이 있는 검토가 필요하다. 또한 위 대상판결에서 후행집행처분의 효력과 관련하여, 위헌인 규범에 대한 행정의 심사권 및 적용배제권이 전혀 고려되지 못하였다. 이러한 제 문제는 위헌결정의 효력, 사후적으로 위헌으로 결정된 법률에 근거한 행정처분과 그 후속집행처분의 효력 등이 연쇄적으로 관련되어 있다. 이와 관련하여 후속처분의 무효에 관한 논거를 도출할 수 있는 방안에 대해 다각적으로 검토할 필요가 있다.

2. 學說 및 判例

대상판결에서는 위헌결정의 기속력과 후속집행처분의 효력이 문제되었다. 이와 관련하여 위헌법률에 근거한 행정처분의 후속집행작용의 효력에 대해 학설이 대립하고 있다. 우선 전통적인 하자효과론과 무효의 판단기준으로서 중대명백설, 그리고 하자승계론을 바탕으로 후속집행처분의 가능성을 '긍정'하는 견해가 있다. 이 견해는 대법원 판례가 瑕疵效果論에 있어 중대명백설을 취하고 있으므로 위헌결정 전에 한 행정처분은 취소사유에 불과하고, 이와 별개의 목적으로 행하는 집행행위에는 하자승계가 인정되지 않는다고 보고 있다.[35] 이 견해는 대상판결의 반대의견에 가깝다. 이에 대해 위헌법률에 근거한 체납처분의 집행가능성을 '부정'하는 견해도 있다. 즉 "위헌결정시점 이후에는 위헌법률에 근거한 처분의 존속력을 부인하고 집행을 중지함이 타당하다"는 견해[36]가 그러하다. 이 견해는 당연무효설에 근거하여 소급무효가 되는 것을 전제로 하고 있다. 또한 "위헌결정의 소급효 인정으로 법적 안정성을 크게 해치지 않으면서 당사자의 중대한 권익구제에 유용한 경우에는 예외적으로 그 집행가능성을 부정하여야 한다"는 견해도 기본적으로는 집행가능성을 부정하는 입장으로 볼 수 있다.[37] 이 견해는 대부분의 사례가 법적 안정성과 개인의 권익구제가 충돌하는 상황을 전제로 하고 있음을 간과하고 있는데, 구체적으로 어떠한 경우에 집행가능성을 부정해야 하는지가 명확하지 않다. 그 밖에 합헌적인 규범을 적법하게 적용하였으나 결과적으로 위헌·위법인 처분에 해당한다고 보고, 그 권리구제의 논거로 헌법 제107조 제2항을 제시하는 견해도 있다.[38]

---

35) 이철환, 전게논문, 395－396면.

36) 남복현, "헌법재판소 결정의 효력에 관한 쟁점 및 해결방안", 헌법재판소결정의 효력에 관한 연구, 헌법재판연구 제7권, 283면.

37) 성중탁, 전게논문, 248－250면.

38) 서보국, 전게논문, 17－19면, 21면.

한편, 대법원은 종전에 위헌결정 이후에 후속집행처분의 절차를 진행할 수 없다는 입장을 취하고 있었다. 즉 구 '택지소유상한에 관한 법률' 전부에 대한 위헌결정 이전에 택지초과소유부담금 부과처분과 압류처분 및 이에 기한 압류등기가 이루어지고, 위 각 처분이 확정된 경우에, 그 위헌결정 이후에 후속체납처분절차를 진행할 수 없다고 판시한 바 있다.[39] 다만, 이 사건은 후속집행처분의 근거 법률 그 자체가 위헌결정을 받은 경우이다. 따라서 위헌법률에 근거한 처분의 후속집행행위와 관련하여, 그 후속집행행위의 대상판결이 근거 법률 그 자체에 대한 위헌결정이 없는 경우에도 그 집행행위의 효력을 무효로 판시한 것은 최초이다. 이 문제와 관련하여 헌법재판소는 재판의 전제성 판단과 관련된 것이기는 하나, 위헌법률에 근거한 행정처분의 후행처분이 아직 이루어지지 않은 경우에 그 행정처분을 무효로 하더라도 법적 안정성을 크게 해치지 않으면서 당사자의 권리구제를 위해 예외적으로 당연무효로 판단할 수 있다고 결정하였다.[40] 이에 대해서는 쟁송제기기간을 도과하여도 무효확인을 구할 수 있다고 보고 있다. 생각건대 후속집행처분의 효력문제는 그 자체의 법적 효과보다는, 그 선행처분(과세처분)의 근거 법률에 대한 위헌결정의 효력과 선행처분의 법적 효과에서 무효의 논거를 찾아야 한다. 또한 당연무효설이 아니라 폐지무효설에 의하는 경우에도 예외적 소급효를 인정할 수 있다. 전술한 헌법재판소의 92헌가10 결정에는 소급효의 가능성을 구체적으로 예시하고 있다. 이러한 위헌결정의 소급효에 의해 선행행위가 무효로 되는 경우에는 후속집행행위의 무효를 어렵지 않게 도출할 수 있다. 이와 같이 위헌결정의 소급효를 인정하는 경우에도 선행행위의 '존속력'은 선행처분의 무효를 인정하는 데에 가장 큰 장애가 되는 것이 사실이다.

---

39) 대법원 2005. 4. 15. 선고 2004다58123 판결 등 참조.

40) 헌재 1994. 6. 30. 92헌바23, 판례집 6-1, 592.

3. 存續力이 발생한 先行處分의 效力

위헌법률에 근거한 행정처분의 집행이 허용되는지 여부에 대해서는 학설이 대립하고 있는데, 후속집행행위를 무효로 보기 위해 '존속력'이 발생한 행정처분의 효력을 검토할 필요가 있다. 이에 대해 대법원은 전술한 바와 같이 무효가 아닌 취소사유로 보고 있다. 그러나 헌법재판소법에 위헌결정의 소급효를 제한하는 명문의 규정이 없음에도 불구하고, 행정행위의 존속력을 이유로 소급효를 제한하고 있는 것은 再考의 여지가 있다. 특히 당연무효설의 입장에서는 존속력이 발생한 행정행위에 대해 위헌결정의 소급효를 제한하는 것이 필요할 수 있다. 즉 위헌결정에 의해 해당 법률은 처음부터 무효가 되고 이에 근거한 처분도 법적 근거를 상실하게 되므로 그 효력을 인정할 수 없게 된다. 그러나 당연무효설에 의할 경우 위헌결정에 의해 근거 법령은 처음부터 무효가 되어 법의 공백이 발생하므로 법적 안정성을 해칠 수 있다. 당연무효설을 주장할 경우에는 법적 안정성을 위해 예외적으로 소급효를 제한할 필요가 생긴다. 그러한 이유에서 독일 연방헌법재판소법 제79조 제2항 제1문의 규정은 불가쟁력이 발생한 결정에 대하여 소급효를 제한하고 있다. 실체적 정의와 법적 안정성의 조화를 도모하고 있는 규정이라고 볼 수 있다.

이에 반해 우리 헌법재판소법 제47조 제2항에 규정된 위헌결정의 시기에 대해 학설상 견해가 대립하고 있으나, 판례는 원칙적으로 장래효를 인정한다고 해석하고 있다. 이러한 해석 또는 폐지무효설에 의하는 경우에는 예외적인 부분적 소급효의 가능성이 있으나, 또다시 법적 안정성을 고려한 해석을 해야 할 이유는 없다. 즉 법적 안정성에 기초하고 있는 폐지무효설이나 장래효를 원칙으로 하는 해석을 하는 경우에도 실체적 정의와 개인의 권익구제를 위해 행정행위의 존속력에 기속될 이유는 없다. 예외적으로 소급효를 인정해서 오히려 행정행위의 무효를 도출할 수 있다. 하자의 명백성에 관한 요건을 유연하게 해석하여 예외적으로 무효를 인정하거나, 아니면 위헌결정의 예외적 소급효에 의해 행정행위의 무효를 인정할 수 있다. 이와 관련하여 대법원 판례가 위헌결정의 전면적 소급효를 인정한다고 전제하면서, 위헌결정의 소급효를 제한하는 행정처분(행정행위)의 확정력(존속력)이 근거하고 있는 법적 안정성과 이에 대응하는 행정의 법률적합성 원칙이 모두 법치국가원리에서 파생된 것으로서 서로 조화를 이루어야 한다는 주장도 유력하다.[41] 독일과 같이 불가쟁력이 발생한 행정행위에 대해 위헌결정의 소급효를 제한하는 명문의 규정이 없음에도 불구하고, 행정행위의 존속력을 이유로 위헌결정의 소급효를 제한할 이유는 없다. 행정행위의 존속효가 위헌결정의 소급효를 제한할 수 있는 필연적 논거는 될 수 없다. 무엇보다 우리나라에서 독일과 같이 강한 행정행위의 존속력이 보장된다고 단언하기 어렵다. 하자승계론이 그러한 대표적 사례이다. 이러한 하자승계론은 행정행위의 존속력(불가쟁력)을 제한하는 기능을 수행한다.

4. 瑕疵承繼論에 근거한 見解에 대한 反論

일부학설 및 대상판례의 반대의견은 하자승계론에 근거하여, 후속집행행위의 무효를 부인하고 이를 취소사유로 파악하고 있다. 하자승계는 법적 안정성보다 실체적 정의와 개인의 권익구제를 보다 우위에 두는 법리이다. 이러한 하자승계론에 의하면, 행정행위가 불가쟁력을 인정한 경우에도 일정한 경우에 선행행위의 하자를 이유로 후행행위에서 다툴 수 있다고 보고 있다. 즉 하자승계론은 행정행위에 존속력이 발생한 경우에도 – 제한된 경우이기는 하나 – 개인의 권익구제를 위해 예외적으로 행정쟁송을 허용하고 있는 것이다. 나아가 우리 판례는 선행처분

---

41) 정호경, 전게논문, 102면.

과 후행처분이 서로 독립하여 별개의 법률효과를 목적으로 하는 경우에도 예외적으로 수인가능성이나 예측가능성을 이유로 하자승계를 인정하고 있다.[42]

대상판결의 반대의견은 근거 법률이 위헌이 된다는 사정만으로 당연무효가 아니라고 보고, 취소사유에 불과한 하자를 가진 선행처분(과세처분)과 별개의 처분인 후행처분(압류처분) 사이에는 하자승계가 미치지 않는다고 주장한다. 나아가 이러한 과세처분의 근거 규정에 대한 위헌결정의 기속력은 체납처분에 미치지 아니한다고 보고 있다. 그러나 이 문제는 위헌결정의 효력(특히 소급효)과 관련된 문제이며, 하자승계의 문제로 접근할 사안은 아니다. 위헌결정의 기속력은 법원뿐만 아니라 행정청에도 미친다. 여기에서 행정청은 처분청뿐만 아니라 관계 행정청을 포함한다. 따라서 위헌결정의 이후에 그 규범에 근거한 처분의 집행을 허용하는 것은 위헌결정의 기속력에 반하는 것이다. 후속집행처분을 행하는 행정청과 법원은 이러한 헌법재판소의 결정을 준수할 의무를 진다. 만약 위헌법률에 근거한 처분의 집행을 행하는 행정청에 대해 이러한 기속력을 인정하지 않으면, 후속집행행위의 위헌성에 대해 헌법소원을 다시 제기해야 해서 다투어야 한다. 따라서 후속집행행위의 하자를 취소사유로 보는 것은 타당하지 않다. 나아가 선행행위로서 과세처분이 위헌결정에 의해 소급해서 무효가 인정될 경우에는 하자승계의 문제점도 해결될 수 있다. 즉 선행행위인 과세처분에 불가쟁력이 발생한 경우에도 위헌결정에 의해 당연무효가 인정되면, 그 하자는 후행행위에 자연히 승계되어 하자를 다툴 수도 있기 때문이다.[43]

42) 대법원 2005. 4. 15. 선고 2004두14915 판결.
43) 대법원 1994. 1. 25. 선고 93누8542 판결.

5. 小結

위헌법률에 근거한 처분의 후속집행행위에 대해 무효를 인정하기 위해서는 그 처분(선행행위)이 무효가 되어야 한다. 이에 대한 판단을 생략한 채 위헌결정의 기속력에 의해 후속집행행위의 무효를 인정하는 판례의 논거는 설득력이 약하다. 위헌결정은 폐지무효설에 따라 원칙적으로 장래에 향하여 무효이지만, 일정한 경우에는 예외적으로 소급효가 인정될 수 있다. 대상판결과 같이 당사자의 권리구제의 요청이 강하고, 예외적으로 소급효를 인정하여도 법적 안정성을 침해할 우려가 없는 경우에는 예외적인 소급효를 인정할 수 있다. 전술한 바와 같이 위헌결정을 위한 계기를 부여하거나 위헌제청이 되는 등 당해 사건이 아닌 경우에도 소급효를 인정할 수 있다. 헌법재판소의 92헌가10 사건에서 밝히고 있는 바와 같이, 헌법재판소가 위헌결정의 주문에서 예외적 소급효를 언급하고 있지 않는 경우에도, 법원은 개별 사건에서 해당 법률의 연혁이나 보호법익 등을 충분히 검토하고 관련된 이익의 형량을 통해 예외적 소급효를 판단할 수 있다. 대상판결에서는 이러한 점이 간과되었다.

위헌결정의 예외적 소급효가 인정되는 경우에도 존속력이 발생한 선행처분에 대해서 무효를 인정할 수 있는지는 별개의 문제이다. 독일의 입법례와 같이 당연무효설을 취하면서 존속력이 발생한 행정행위에 대해서는 위헌결정의 효력을 차단하는 명문의 규정을 둔 경우도 있다. 그러나 우리 헌법재판소법에는 이에 관한 규정이 없고, 폐지무효설에 따라 예외적으로 소급효가 인정될 수 있다는 것이 헌법재판소의 입장이다. 따라서 행정행위의 존속력은 위헌결정의 예외적 소급효를 제지할 결정적 논거가 될 수는 없다. 헌법재판소는 원칙적으로 법적 안정성을 중시하면서, 예외적으로 당사자의 권리구제를 염두에 두고 소급효를 인정하고 있는 것이다. 대상판결의 경우에 예외적으로 위헌결정의 소급효가 인정되며, 이에 따라 선행처분도 – 불가쟁력이 발생한 경우에도 –

무효가 될 수 있다고 해석해야 한다.

V. 違憲決定의 羈束力과 行政의 適用排除權

1. 後續執行處分과 違憲決定의 羈束力

후속집행행위(체납행위)의 무효가 위헌결정의 '기속력'의 결과인지에 대해서도 다투어지고 있다. 법원이 위헌결정 전에 발생한 사실에 대해 재판을 함에 있어서 해당 위헌법률을 적용하지 못하는 것은 위헌결정의 기속력으로 해석할 수 있다.[44] 그러나 후속집행처분의 근거 법률인 국세징수법이 위헌결정을 받은 것은 아니다. 그럼에도 불구하고 합헌인 법률에 근거한 체납처분이 위헌결정의 기속력을 받은 것으로 볼 수 있는지가 문제된다. 이 경우에도 법원이 선행처분의 근거 법률에 대한 위헌결정의 기속력에 의해 후행처분의 효력을 부인할 수 있는지도 검토할 필요가 있다. 우리 헌법재판소법 제47조 제1항에서는 위헌법률심판의 기속력과 관련하여, 법률의 위헌결정이 법원 기타 국가기관 및 지방자치단체를 기속한다고 규정하고 있다. 이러한 위헌결정의 기속력은 대체로 결정준수의무와 반복금지의무를 내포하고 있다.[45] 이러한 위헌결정의 기속력은 법원뿐만 아니라, 후속집행행위를 하는 행징청에 대해시도 당연히 미친다. 따라서 위헌결정 후에 진행되는 후속집행행위는 헌법재판소의 결정을 준수하고, 헌법재판소의 결정에서 문제된 심판대상뿐만 아니라 동일한 이유에 근거한 동일한 내용을 가진 공권력을 행사하거나 불행사하여서는 아니 된다. 따라서 이러한 행정처분의 집행이 위헌결정

44) 장윤기, "헌법재판소에서 위헌으로 결정된 법률의 효력", 사법행정 (1993. 6), 62면 참조.

45) 헌법재판소, 헌법재판실무제요, 제1개정증보판 (2008), 83면.

의 기속력과 무관하다고 보기는 어렵다.

2. 行政의 審査權 및 適用排除權

후속집행행위의 행정기관에 대해서는 규범에 대한 행정의 심사권 및 적용배제권 등의 관점에서 접근할 수 있다. 독일에서는 폐지무효론이 행정의 심사권 및 적용배제권과 밀접한 관련이 있다는 견해가 유력하다.[46] 후행처분의 효력은 이러한 행정의 심사권 및 적용배제권의 관점에서 살펴볼 수 있다. 법치국가의 원리, 특히 행정의 법률적합성의 원칙에 비추어 행정은 헌법과 법률에 기속된다. 독일기본법 제20조 제3항에서는 이러한 점을 명시하고 있다. 그러나 단순히 형식적 법률에 근거한 경우뿐만 아니라 내용상 헌법에 합치되는 법률에 근거하여 행정작용을 해야 한다. 이를 위반한 하자 있는 행정행위는 사법적으로 통제되고 폐지되어야 한다. 이와 같이 실질적 법치국가원리가 강조되는 것을 정당성국가(Gerechtigkeitsstaat)라 부를 수 있다. 이와 관련하여 행정이 상위법에 위배되는 규범의 적용을 배제할 수 있는지가 문제된다. 법원은 규범의 유효성에 대한 심사를 할 수 있고, 상위법에 위배되는 경우에는 규범의 적용을 배제할 수 있으나, 행정이 헌법에 위반되는 규범을 심사하고 적용배제를 할 수 있는지에 대해 견해가 다투어져 왔다. 독일에서는 이를 인정하고 있다. 즉 행정의 자기통제를 근거로 행정의 심사권을 인정하거나, 당해 사건에서 문제가 된 규범의 적용배제를 인정하자는 견해가 유력하다.[47] 하지만 독일에서는 법률규정의 흠결로 인해 행정은 주위적 규범통제를 실행할 수 없고, 부수적인 적용배제권만 인정되고 있다. 그러나 이러한 부수적 적용배제권에 대해서도 학설

---

46) Battis, in: Isensee/Kirchhof (Hrsg), a.a.O., § 275 Rn. 50.

47) Peter Gril, Normprüfungs- und Normverwerfungskompetenz der Verwaltung, JuS 2000, S. 1081.

상 다툼이 있다.[48]

대상판결에서도 후속체납처분을 집행하는 행정청은 위헌결정의 취지를 존중하여 비록 후속처분의 근거 법률에 위헌의 의심이 없어도 그 체납처분의 집행으로 인해 결과적으로 위헌성을 초래할 수 있는 경우에 규범적용의 배제를 고려할 수 있다. 이러한 행정의 심사권 및 적용배제권은 과세처분을 행한 행정청에 대해서도 적용된다. 이와 관련하여 행정의 심사권 및 적용배제권을 고려하여, 위헌 법률에 근거한 과세처분에 대해 – 비록 불가변력이 발생한 경우에도 – 그 처분청은 직권취소를 할 수도 있다.

Ⅵ. 評價와 課題

대상판결은 위헌법률에 근거한 행정처분의 후속집행행위에 대해 무효를 선언한 것이다. 그 후속집행행위의 근거 법률은 합헌임에도 불구하고, 선행행위의 근거 법률의 위헌결정에 의해 무효가 인정된 최초의 판결이다. 다만, 대상판결에서 後續執行行爲의 무효를 도출하는 論據는 설득력이 약하다. 다수의견이 "새로운 위헌적 법률관계를 생성·확대하는 경우"라 보고, 후속집행행위로서 체납처분 그 자체의 하자효과론에 따라 무효를 판단한 것은 논거가 불충분하다. 다수의견이 후속집행행위의 무효를 도출하기 위해서는 먼저 先行處分의 법적 효과에 관하여 판단을 하였어야 했다. 왜냐하면 후속집행행위의 효력(무효)은 그 근거규범인 국세징수법이 아니라 선행처분의 근거 법률에 대한 違憲決定의 效力에 의한 것이기 때문이다. 이와 관련하여 위헌결정의 예외적 소급효에 의해 선행처분이 무효가 된다는 점을 보다 명확히 논증하지 못한

---

48) 이에 대해서는 Gril, a.a.O., S. 1081.

것은 아쉬움으로 남는다. 종래 판례가 대상판례의 반대의견과 같이 사후적으로 근거 법률이 위헌이라고 결정된 경우에 그 근거 법률에 근거한 선행처분의 효력을 취소사유로 보았기 때문에, 이러한 판례를 그대로 두고 후속집행처분만 무효로 보는 것은 모순으로 보일 수 있다. 반대의견은 그러한 점을 지적하고 있다. 후속집행행위의 무효를 인정한 다수의견의 결론은 찬동하나, 이러한 결론에 이르기 위해서는 위헌결정의 例外的 遡及效가 인정할 수 있는지를 면밀히 검토했어야 했다. 비록 선행처분의 근거 법률에 대한 위헌법률제청이나 위헌제청신청을 하지 아니하였더라도, 이 사건은 당사자의 권리구제를 위해 구체적 타당성의 요청이 있고 법적 안정성을 침해할 우려도 없다. 위헌법률이 제청된 당해 사건이 아니더라도 과세처분의 근거 법률이 위헌 제청된 경우에는 그 결과를 기다려서 판단하는 것이 대부분이고, 위헌결정 후 납세하기를 기대하는 것은 사실상 어렵다. 따라서 이에 대해 위헌결정의 소급효를 인정하여 무효를 인정하는 것이 실체적 정의와 형평에 부합하고, 법적 불명확성을 제거하는 것이다. 이러한 문제를 근원적으로 해결하기 위해서는 독일 연방헌법재판소법 제79조 제2항 제2문과 같이 입법적으로 후속집행행위를 배제하는 규정을 마련하는 것이 보다 바람직하다. 선행행위의 무효에 대해 '명백성' 요건을 완화하거나, 탄력적으로 해석하여 선행행위의 무효를 인정할 수도 있다. 그 밖에 위헌결정에 대해 법적 안정성에 근거한 폐지무효설의 입장에 서 있는 경우에 제3자의 신뢰보호나 법적 안정성을 침해하지 않는 한, 존속력을 가진 행정처분에 대하여 위헌결정의 소급효를 제한할 이유는 없다. 결론적으로 대상판결에서 선행처분의 효력에 대해 적극적으로 석명하지 않고 후속집행행위 그 자체의 하자효과를 논한 것은 위헌결정의 효력에 관한 법리적 오해에서 연유한다. 이에 대해서는 향후 학계의 깊이 있는 논의와 판례의 진취적 발전을 기대하며, 그 성과를 통해 위헌결정에 의한 '처분'과 그 '집행'의 효력에 관한 입법적 개선방안을 마련해야 한다.

참고문헌

국내문헌

계희열, “법률에 대한 위헌판결의 효력”, 『법률의 위헌결정과 헌법소원의 대상』, 헌법재판연구 제1권 (1990. 10), 173－232면 .

김용섭, “위헌법률에 근거한 과세처분의 집행 허용여부: 대법원 2012. 2. 16. 선고 2010두 10907 전원합의체 판결을 중심으로”, 대한변협신문 제441호 (2013. 4), 13면.

남복현, “헌법재판소 결정의 효력에 관한 쟁점 및 해결방안”, 『헌법재판소 결정의 효력에 관한 연구』, 헌법재판연구 제7권, 헌법재판소 (1996. 5), 257－284면.

서보국, “합헌적 집행법률에 근거한 압류처분의 위헌적 결과에 대한 권리구제의 직접근거로서 헌법 제107조 제2항”, 행정판례연구 제18집 1호, 3면 이하.

성중탁, “선행 과세처분의 근거 법률이 위헌선고된 경우, 과세채권의 집행을 위한 후행 체납처분의 효력”, 저스티스 통권 제136호 (2013. 6), 228－253면.

윤진수, “위헌판결의 효력: 헌법재판소법 제47조 제2항의 헌법적 검토”, 헌법논총 제1집(1990), 273－321면.

______, “위헌인 법률에 근거한 행정처분의 당연무효 여부”, 법조 제44집 제10호 (1995), 147－173면.

이강국, “위헌법률의 효력”, 행정판례연구 제2집, 서울대학교 출판부 (1996), 333－366면.

이철환, “위헌결정에 근거한 행정처분의 집행가능성”, 전북대학교 법학연구 제36집 (2012. 9), 371－400면.

장윤기, “헌법재판소에서 위헌으로 결정된 법률의 효력”, 사법행정 (1993. 6), 47－62면.

정남철, "독일의 행정입법 통제", 유럽헌법연구 제5호(2009. 6), 153-180면.

정태호, "법률에 대한 위헌결정의 소급효문제에 대한 비판적 고찰", 법률행정논총 제19집 (2000. 1), 199-224면.

정호경, "행정처분 발령 후 근거법률이 위헌결정된 경우의 행정처분의 효력", 행정법연구 제17호 (2007. 5), 87-110면.

허완중, "한국헌법에 따른 헌법재판소법 제47조 제2항의 해석", 공법연구 제37집 제4호 (2009. 6), 229-255면.

홍성방, 헌법소송법, 박영사, 2015.

헌법재판소, 헌법재판실무제요, 제1개정증보판, 2008.

독일문헌

Battis, in: Isensee/Kirchhof (Hrsg.), Handbuch des Staatsrechts der Bundesrepublik Deutschland, Bd. XII, § 275 Rn. 1 ff.

Benda/Klein, Verfassungsprozessrecht, 3. Aufl., 2012.

Gril, P., Normprüfungs- und Normverwerfungskompetenz der Verwaltung, JuS 2000, S. 1080 ff.

Maunz/Schmidt-Bleibtreu/Klein/Bethge, Bundesverfassungsgerichtsgesetz, 2014.

Pestalozza, Christian, Verfassungsprozessrecht, 3. Aufl., München 1991.

Schlaich/Korioth, Das Bundesverfassungsgericht, 9. Aufl., München 2012.

국문초록

위헌으로 결정된 법률에 근거한 행정처분과 그 후속처분의 효력에 대하여 다투어지고 있는데, 이 문제는 여전히 학설상 迷宮이다. 우선 대법원은 후속집행처분의 효력에 대해 무효를 판시하였으나, 이를 위해서는 先行處分의 效力을 명확히 논증해야 했다. 이 문제는 違憲決定의 效力과 관련이 있다. 특히 헌법재판소는 廢止無效說의 입장에 서 있으며, 그 법적 근거는 헌법재판소법 제47조 제2항이다. 이 조항에 대해서는 위헌설이 계속 제기되었으나, 여전히 합헌이라는 것이 헌법재판소의 확고한 입장이다. 이 문제는 헌법재판소의 입장과 같이 입법정책의 문제이며, 실체적 정의와의 조화를 위해 소급효를 인정할 필요가 있다. 이 사안에서도 위헌법률에 근거한 과세처분은 위헌결정의 遡及效를 인정해서 무효라고 판단하는 것이 옳았었다. 그 밖에 선행처분의 하자효과론에 의하더라도 중대·명백한 하자가 인정될 수 있으며, 명백성의 요건을 완화해서 예외적으로 무효를 인정할 수도 있다. 이에 따라 후속집행처분도 무효라는 결론을 도출하는 것은 하자승계론의 관점에서 제기되는 비판을 피할 수도 있다. 나아가 존속력(불가쟁력)이 발생한 행정행위는 위헌결정의 소급효를 방해하지 아니한다. 그 밖에 후속집행행위의 행정청은 규범에 대한 행정의 심사권 및 적용배제권 등을 고려할 수도 있다.

주제어: 위헌결정(무효선언)의 법적 효과, 무효론, 소급무효, 당연무효, 중대명백설, 위헌인 행정처분(행정행위)의 효력, 기속력, 존속력, 폐지무효론, 소급효, 집행행위, 규범의 심사권 및 적용배제권

Zusammenfassung

Wirkungen verfassungswidriger Gesetze und Rechtsfolgen der Verwaltungsakte

Prof. Dr. Namchul Chung*

Umstritten ist noch, ob verfassungswidrige Einzelakten ipso iure nichtig oder aufhebbar sind. Das Problem ist noch ein Labyrinth der Literatur. Der Koreanische Oberste Gerichtshof (KOGH) hat im Urteil vom 16. 2. 2012 beurteilt, dass ein nachkommender Vollzugsakt des verfassungswidrigen Verwaltungsakts nichtig ist. In diesem Urteil des KOGH werden jedoch keine Begründungen für Wirkungen des verfassungswidrigen Verwaltungsakts dargestellt. Nicht zuletzt das Koreanische Verfassungsgericht (KVerfG) hat entschieden, dass verfassungswidrige Gesetze nicht ipso iure nichtig sind, sondern das Dogma der Nichtigkeit beruht auf der Vernichtbarkeitslehre. Der Grund dafür findet sich vor allem in § 47 Abs. 2 Koreanischen Verfassungsgerichtsgesetzes (KVerfGG). Zwar ist diese Regelung als verfassungswidrig kritisiert worden, aber das KVerfG hat festgestellt, dass sie ist verfassungsmäßig. Die Rechtsfolgen verfassungswidriger Normen stehen, wie das KVerfG zu Recht gezeigt hat, die Gestaltungsfreiheit des koreanischen Gesetzgebers zu. Die Rückwirkung der Nichtigerklärung kann unter dem Gesichtspunkt von materiellen Gerechtigkeit anerkannt werden. In diesem Fall hätte der KOGH entschieden, dass die verfassungswidrige Verwaltungsverfügung zur

* Sookmyung Women's University College of Law

Nichtigkeit mit Rückwirkung führte. Des Weiteren können die Rechtsfolgen der verfassungswidrigen Einzelentscheidungen nichtig sein, wenn die „Offensichtlichkeit“ nicht strikt ausgelegt wird. Daraus ergibt sich dass der Vollzugsakt des verfassungswidrigen Verwaltungsakts nichtig ist, weil er Fehler des verfassungswidrigen Verwaltungsakts übernehmen kann. Darüber hinausgehend führt die Bestandskraft rechtswidriger Verwaltungsakte durch die Nichtigerklärung verfassungs-widriger Normen, anders als im deutschen Recht, zur Nichtigkeit mit Rückwirkung. Die Prüfungs- und Verwerfungskompetenz der Behörde, die den Vollzugsakt erlassen hat, dürfen außerdem nicht übersehen.

Schlüsselwörter: Rechtsfolgen der Nichtigerklärung, Nichtigkeitslehre, Nichtigkeit mit ex tunc-Wirkung, ipso iure Nichtigkeit, Evidenztheorie, Wirkungen verfassungswidriger Verwaltungsakte, Bindungswirkung, Bestandskraft, Vernichtbarkeitslehre, Rückwirkung, Vollzugsakte, Prüfungs- und Verwerfungskompetenz

투 고 일: 2015. 5. 25
심 사 일: 2015. 6. 15
게재확정일: 2015. 6. 19

行政節次 및 情報公開

法解釋을 통한 適法한 行政節次原理의 근거 지움과 規範力/金泰昊

法解釋을 통한 適法한 行政節次原理의 근거 지움과 規範力

-검정 역사교과서 수정명령 제도의 운영을 글감으로-

金泰昊*

대상판결: 대법원 2013. 2. 15. 선고 2011두21485 판결

Ⅰ. 검정 역사교과서 수정명령 사건

1. 사실관계

① 이 글에서 검정 역사교과서 수정명령 사건이란, 금성출판사가 발행한 '고등학교 한국 근·현대사' 교과서(이하 '이 사건 교과서')의 공동저작자(원고들)이 이 사건 교과서 내용을 수정하도록 한 교육과학기술부장관(피고)의 수정명령에 대해 취소소송을 제기한 사건을 가리킨다.

② 1997. 12. 30. 제7차 교육과정 개편의 일환으로 고등학교 2·3학

* 서울대학교 법과대학 강사

년 심화선택 과목으로 한국 근·현대사가 신설되었는데, 해당 과목의 학생용 교과서로 채택되려면 '검정'을 받도록 되었다. 이 사건 교과서는 2002. 7. 30. 피고 교육과학기술부장관으로부터 검정 합격을 받고 2003. 3. 1. 초판이 발행된 이래 매년 수정을 거쳐 2007. 3. 1. 제5판을 발행하였다.

③ 2004. 10. 6. 국회의 교육인적자원부에 대한 국정감사 과정에서 일부 국회의원은 이 사건 교과서가 좌파적 편향성이 심각하다고 주장하였다. 이를 계기로 이 사건 교과서의 이념적인 편향성 여부가 사회적으로 논란이 되기 시작하였는데, 2008. 6.경에는 정치학자, 경제학자, 일부 사학자들을 중심으로 결성된 '교과서포럼'을 비롯하여 대한상공회의소, 통일부, 국방부 등이 교육과학기술부장관에게 이 사건 교과서에 관한 수정요구사항을 제출하였다.

④ 이에 교육과학기술부장관은 2008. 7.경 이 사건 교과서를 포함한 6종의 2009학년도 고등학교 2·3학년용 한국 근·현대사 역사교과서의 수정·보완과 관련하여 '교과서포럼' 및 정부 부처로부터 제출받은 253개 항목의 수정요구안을 취합한 후 국사편찬위원회에 검토를 요청하였다.

⑤ 국사편찬위원회는 소속 연구자를 중심으로 '한국사교과서심의소위원회'를 구성하고, 학계 중진 학자들로 구성된 '한국사교과서심의협의회'를 발족하여 피고가 요청한 검토 작업을 수행한 후 피고에게 그 검토결과를 보고하였다. 그러나 요청한 253개 항목에 대하여 개별적으로 그 적부를 판단하지는 아니하고 서술 방향에 대한 일반적인 지침(개관 12개항, 단원별 서술방향 37개항)만 제시하였다.

⑥ 피고는 그 후 시·도 교육청으로부터 추천을 받은 교원(교직경력 10년 이상의 역사 전공자) 및 그 외 교수나 연구원 중 교육과학기술부 1차관이 선정한 12명 내외의 위원으로 '역사교과전문가협의회'(이하 '전문가협의회')[1]를 구성하고 위 253개 항목의 수정요구안 검토를 의뢰하였다. 이에 전문가협의회는 2007년 개정교육과정 및 국사편찬위원회가 제출

한 보고서의 '서술방향 제언' 등을 참고하고 헌법정신에 입각한 대한민국의 정통성 저해 여부, 학습내용이 고등학교 학생 수준에 적합한지 여부를 기준으로 위 수정요구안을 검토하여 55항목에 대한 수정권고안을 마련하였다.

⑦ 피고는 2008. 10. 30. 사단법인 한국검정교과서를 통하여 고등학교 한국 근·현대사 교과서 발행사들에 대하여, 전문가협의회가 마련한 55항목에 대한 수정권고안에 따라 각 검정교과서들의 일부 내용을 수정하라는 내용의 수정권고를 하였다.

⑧ 그러나 원고들이 이 사건 교과서를 발행한 금성출판사를 통하여 위 수정권고 사항 중 수용 가능한 사항과 불가능한 사항을 구분하여 상당수 항목에 관하여 수정권고를 수용할 수 없다는 의견을 제시하자, 교육부장관은 2008. 11. 26. 금성출판사에게 이 사건 교과서 중 '수정지시 대상' 부분을 '수정지시' 기재와 같이 수정할 것을 명령(이하 '수정명령' 또는 '이 사건 처분')하였다.

⑨ 한편, 이 사건 교과서는 저자인 원고들의 반대의사에도 불구하

1) 전문가협의회 위원들의 명단, 소속 및 지위는 당초 공개되지 아니하였는데 이후 그에 관한 정보공개 청구와 관련하여 해당 정보가 비공개대상정보에 해당하지 않는다는 대법원 판결이 있었다. 대법원 2013. 2. 14. 선고 2010두24784 판결. 대법원의 논거는, "공개할 경우 비록 당사자들의 사생활의 비밀 등이 침해될 염려가 있다고 하더라도, 이 사건 협의회에서 해당 역사교과서의 내용이 헌법 정신에 입각한 대한민국 정통성을 저해하는지, 그 학습 내용이 고등학생 수준에 적합한지 여부 등을 검토하는 업무를 담당한 이상, 국민에 의한 기본적 감시와 통제를 가능하게 하고 협의과정의 투명성, 공공성 및 정당성 확보를 위하여 전문가협의회에 누가 참석하였는지 그 명단, 소속 및 지위를 밝혀 전문가협의회가 위 업무를 담당할 만한 건전한 국가의식 및 역사교육에 대한 전문적 식견을 가진 전문가로 구성되었는지 공개할 필요가 있는 점, 국민이 관심을 가지고 있고 청소년 역사관 형성에 중요한 역할을 하는 역사교과서 수정 작업에 관여한 전문가협의회 역할의 중요성에 비추어 그 구성의 정당성에 관하여 공개적인 논의가 가능하도록 이 사건 정보를 공개할 공익상 필요가 있는 점 등을 종합하여, 이 사건 정보의 공개로 얻는 이익이 이로 인하여 침해되는 당사자들의 사생활의 비밀 등에 관한 이익보다 더욱 크다"는 것이었다.

고 금성출판사에 의하여 수정지시대로 수정되었고 이후 수정된 상태로 교과서가 발행되었다.2)

2. 소송의 경과

가. 제1심 판결3)

제1심은 교과용도서심의회의 심의를 거치지 않은 절차적 하자가 있다는 이유로 이 사건 처분을 취소하였다.

구 교과용 도서에 관한 규정(대통령령) 제26조 제1항은 이미 검정을 받은 교과서에 대하여 수정할 필요가 있다고 인정될 경우 피고는 저작자 또는 발행자에게 수정을 명할 수 있다고만 규정하고 있을 뿐, 달리 그 수정명령에 관한 절차요건을 규정하고 있지는 않다.

그러나 (…) 이 사건 처분은, 그 실질이 새로이 실시된 검정에 따른 처분이라고 할 것이므로, 이 사건 규정이 검정에 관하여 정하고 있는 절차를 준수하여야 할 것이다. 이와 같이 보지 않을 경우, 교과용도서심의회의 심의를 거친 교과서의 내용을 피고가 교과용도서심의회의 별도의 심의를 거치지 않고 임의로 변경하는 것이 가능하게 되는바, 그렇게 되면 검정에 관하여 교과용도서심의회의 심의라는 절차적 통제를 거치도록 함으로써 교육의 자주성 · 전문성 · 정치적 중립성을 확보하도록 한 이 사건 규정의 취지가 잠탈될 우려가 있다. (…)

2) 이에 원고들은 금성출판사를 상대로 저작물의 동일성유지권 침해를 주장하는 소를 제기하기도 하였다. 이에 대해 대법원은 "여러 사정에 비추어 원고들은 출판계약 체결 및 동의서 제출 당시 출판사에 교육과학기술부장관의 수정지시를 이행하는 범위 내에서 교과서를 변경하는 데 동의한 것으로 봄이 타당하고, 행정처분에 해당하는 위 수정지시를 당연 무효라고 보아야 할 사유가 없으므로, 이를 이행하기 위하여 금성출판사가 위 교과서를 수정하여 발행·배포한 것은 교과서에 대한 원고들의 동일성유지권 침해에 해당하지 않는다"고 판단하였다. 대법원 2013. 4. 26. 선고 2010다79923 판결.

3) 서울행정법원 2010. 9. 2. 선고 2009구합6940 판결.

나. 원심 판결[4]

제2심은, 수정명령은 검정과 달리 교과용도서심의회의 심의를 거쳐야 할 절차 규정이 없으므로 이를 거치지 않았다고 하여 이 사건 처분에 절차적 하자가 있다고 할 수 없고, 처분에 재량권을 일탈·남용한 실체적 하자가 있다고 할 수도 없다고 판단하였다.

구 교과용 도서에 관한 규정(대통령령) 제26조 제1항에 의하면, 피고는 검정 합격된 교과용도서에 대하여 그 내용을 검토하여 수정할 필요가 있다고 인정될 때에는 저작자 또는 발행자에게 수정을 명할 수 있다고 규정하고 있을 뿐, 수정명령을 함에 있어 교과용도서의 검정 절차를 거쳐야 한다거나 준용하도록 규정하고 있지 않다.

따라서 피고가 이 사건 교과서에 관한 수정명령을 하기 위하여서는 교과용 도서심의회의 심의절차를 거쳐야 한다는 원고들의 주장은 관계법령에 근거하지 않은 주장으로서 받아들이기 어렵다. 왜냐하면 행정처분이 절차에 위반하여 위법하다고 하기 위하여서는 적어도 그 절차가 법령에 규정되어 있어야 하고, 그럼에도 그 절차에 위배하여 행정처분이 행하여진 경우이어야 하기 때문이다.

검정교과서의 수정절차에 교과용도서의 검정절차를 적용하거나 준용하여야 한다는 예외를 해석상 인정하여야 할 필요성이나 합목적성이 있다고(도) 하기 어렵다.

다. 대법원 판결[5]의 주요 요지

① 교과용도서의 수정과 개편에 관한 구 교과용도서에 관한 규정의 규정 내용과 태도, 교과용도서의 검정제도에 관한 관계 법령 규정들의 내용과 입법 취지 및 검정도서에 대한 수정은 교과용도서로서의 적

4) 서울고등법원 2011. 8. 16. 선고 2010누31319 판결.
5) 대법원 2013. 2. 15. 선고 2011두21485 판결.

합성 여부에 관한 교과용도서심의회의 심의를 거쳐 이미 검정의 합격결정을 받은 교과용도서에 대하여 이루어지는 것인 점, 교과용도서의 수정에 관한 교육과학기술부장관의 권한은 교과용도서의 검정에 관한 권한에서 유래된 것으로서 검정에 관한 권한 행사의 일종으로 볼 수 있는 점 등에 비추어 보면, 구 교과용도서에 관한 규정 제26조 제1항에서 규정하고 있는 '검정도서에 대한 수정명령'의 요건과 절차는, 교육의 자주성 · 전문성 · 정치적 중립성을 보장하고 있는 헌법과 교육기본법의 기본정신이나 교과용도서에 관하여 검정제도를 채택한 구 초 · 중등교육법의 목적과 입법 취지 및 구 교과용도서에 관한 규정에 의하여 교원이나 학부모를 비롯한 이해관계 있는 자나 관련 전문가 등의 절차적 관여가 보장된 검정제도의 본질이 훼손되지 아니하도록 이를 합리적으로 해석하는 것이 타당하다.

② 구 교과용도서에 관한 규정 제26조 제1항은 '교육과학기술부장관은 교육과정의 부분개정이나 그 밖의 사유로 인하여 개편의 범위에 이르지 아니할 정도로 검정도서의 문구·문장·통계·삽화 등을 교정·증감·변경하는 등 그 내용을 수정할 필요가 있다고 인정할 때 검정도서의 수정을 명할 수 있다'는 의미이고, 이러한 수정명령의 대상이나 범위에는 문구·문장 등의 기재내용 자체 또는 전후 문맥에 비추어 명백한 표현상의 잘못이나 제본 등 기술적 사항뿐만 아니라 객관적 오류 등을 바로잡는 것도 포함된다.

③ 구 교과용도서에 관한 규정 제26조 제1항에 따른 검정도서에 대한 수정명령의 절차와 관련하여 구 교과용도서에 관한 규정에 수정명령을 할 때 교과용도서의 검정절차를 거쳐야 한다거나 이를 준용하는 명시적인 규정이 없으므로 교과용도서심의회의 심의 자체를 다시 거쳐야 한다고 보기는 어렵지만, 헌법 등에 근거를 둔 교육의 자주성 · 전문성 · 정치적 중립성 및 교과용도서에 관한 검정제도의 취지에 비추어 보면, 수정명령의 내용이 표현상의 잘못이나 기술적 사항 또는 객관적 오류를

바로잡는 정도를 넘어서서 이미 검정을 거친 내용을 실질적으로 변경하는 결과를 가져오는 경우에는 새로운 검정절차를 취하는 것과 마찬가지라 할 수 있으므로 검정절차상의 교과용도서심의회의 심의에 준하는 절차를 거쳐야 한다. 그렇지 않으면 행정청이 수정명령을 통하여 검정제도의 취지를 훼손하거나 잠탈할 수 있고, 교과용도서심의회의 심의 등 적법한 검정절차를 거쳐 검정의 합격결정을 받은 자의 법률상 이익이 쉽게 침해될 수 있기 때문이다.

Ⅱ. 논제의 제기

이 글의 글감이 된 검정 역사교과서 수정명령 사건의 판결(이하 '대상판결')에 대해서는 다양한 관점에서의 접근이 가능하다. 종래 교과서 검정제도에 대한 법적 접근은 검정 승인·불승인 결정의 사법심사에서 행정당국에게 이른바 재량 또는 판단여지가 어느 범위까지 인정되는가 하는 행정결정의 실체적 통제 가능성에 주된 관심을 두었다.[6] 사회적인 가치가 대립되는 어려운 사안(Hard case)에서 행정법규에 대한 행정당국의 해석·적용에 대해 전면적인 실체적 사법심사가 가능하거나 바람직한가가 문제되었던 것이다.

그런데 대상판결은, 실체적 판단 이전에, 검정 역사교과서 제도에 관한 해당 행정결정이 절차적으로 적법한지를 쟁점화하고, 법령의 문언상으로는 존재하지 않는 절차를 따르지 않았다는 이유로 행정결정을 취소하였다. 이로부터 자연스럽게 다음과 같은 의문이 제기된다. 역사교과

6) 가령 홍정선, 중학교 2종 교과서 검정처분 취소 청구 사건, 사법행정 35권 7호, 1994, 74-81면; 김유환, 교과서 국정 및 검·인정제도의 법적 문제, 한국교육법연구 제8집 제1호, 2005, 1-23면; 조원경, 재량과 판단여지의 구분, 행정판례평선 2011, 208-215면.

서의 검정 및 수정명령에 관한 처분에서 요구되는 절차적 적법성은 역사교과서의 검정 및 수정명령에 대한 법령상 절차 규정의 준수로부터는 담보될 수 없는 것인가? 그 경우 일반법으로서 행정절차법은 어떤 기능을 할 수 있는가? 실정법상의 절차를 넘어서는 적법한 행정절차의 요청이 있다면 이는 어떻게 근거지울 수 있는가? 헌법상 적법절차원리로부터 검정 및 수정명령에 대한 절차적 요청을 근거 짓게 되는 것인가? 그렇다면 경우에 따라서 헌법상 적법절차원리는 행정절차와 관련한 법령 규정을 폐기하거나 대체하는 규범력을 갖는 재판규범이 될 수 있는 것인가? 그 경우 절차적 적법성은 어느 정도의 절차를 보장하여야 담보될 수 있는 것인가? 만약 절차적 적법성을 엄격히 요구하고 그것이 담보되었다면 실체법적 통제는 완화되어도 좋은 것인가?

이 글은 가능한 범위 내에서[7] 위 의문들에 답해 보고자 하는 시도이다. 이를 위해 먼저 수정명령 사건에 초점을 맞춰 법원이 제시한 절차적 위법 판단의 논증과정을 분석·평가한 다음(이하 Ⅲ. 참조), 그 분석의 내용에 터잡아 법리적 일반화 가능성을 모색(이하 Ⅳ.)해 보고자 한다.

Ⅲ. 수정명령의 절차적 위법 판단에서의 논증 분석

1. 전제적 검토 - 교과서 검정에 관한 현행 법제도

가. 교과서검정제도와 헌법

초·중·고교교육 등 보통교육 단계에서 사용되는 교과용도서에 대해 각국은 다양한 방식으로 관여하고 있다. 국가가 독점적으로 교과서

---

7) 이에 대한 포괄적인 답변은 행정절차의 고유한 가치와 기능, 행정의 절차적 통제의 기능과 한계에 대한 발본적인 분석이 있어야 할 것이다. 이 글의 목적은 그러한 논의의 論素를 제시하는 데 있다.

를 직접 저작하거나 위탁하여 저작하도록 하는 국정제, 민간이 교과서 목적으로 저작한 도서에 대하여 교과서로서의 적합성 여부를 국가가 심사·확인하여 교과서로서 사용하도록 하는 검정제, 민간의 저작물을 교육자가 교육목적으로 사용할 때 교과서 채택 여부를 승인하도록 하는 인정제 등이 주된 관여 방법이다. 이처럼 보통교육 단계에서의 교과용도서에 대해 공적 개입을 하는 것은, 피교육자에게 질적·양적으로 균등한 교육을 제공함으로써 국민의 학습권을 보장하는 한편, 국가 차원의 교육정책의 수립과 실행이라는 공익활동 수행에 있어서 교과용도서가 '교육과정'(학교 교육에 있어 학생들에게 어떠한 교육목표를, 어떠한 교육내용과 방법 · 평가를 통하여 성취시킬 것인가를 정해 놓은 공통적 · 일반적 기준)을 구현하는 수단이 될 수 있기 때문이다.

물론 초 · 중 · 고교교육 단계에서 사용되는 교과용도서의 저작과 사용에 있어서도 헌법상 기본권으로서 저작자의 표현의 자유나 학문의 자유, 교육자 및 피교육자가 갖는 교육의 자유는 인정되는 것이므로, 보통교육 단계의 '교과서' 제도 운영에 대한 국가적 차원의 관여는 기본권 제한의 한계를 준수하여야 한다. 그리고 교과서에 대한 국가의 개입에서는 교육에 관한 헌법규정, 교육기본법의 기본원리 등이 헌법의 객관적 가치질서의 유지를 위해 큰 의미를 갖는다. 가령 사회적 가치를 다루는 교과목이나 역사교과서의 경우 교과서의 내용 결정단계가 어떤 가치관을 바람직한 것으로 교육할 것인가, 국가적으로 어떤 기억을 공유하도록 할 것인가 하는 가치관 충돌의 성격의 지니는바,[8] 그에 관한 국가

8) 일본의 역사교과서에 관한 사회적 논쟁은 그 단적인 예다. 일본의 경우 역사교과서와 관련한 세 차례의 대표적인 소송이 있었다. 신일본사를 집필한 家永三郎 교수가 1960년대에 태평양전쟁의 참화를 '너무 어둡게 기술하였다'거나 태평양전쟁을 '무모한' 전쟁으로 표현한 것을 삭제하도록 하는 등 300개의 수정의견을 받으며 교과서검정 신청이 불합격 또는 조건부합격을 받은 데 대해 국가배상청구소송을 한 것, 검정불합격처분취소소송을 한 것, 수정의견이 재량권을 일탈·남용하였다는 이유로 제기된 국가배상청구소송을 한 사건이 그것이다. 이에 대해 상세히는, 이순태, 교과서검정소송의 사법심사에 관한 연구, 1996을 참조. 나중에

의 개입은 우리의 헌법질서, 무엇보다 헌법 제31조에서 천명한 교육의 자주성·전문성·정치적 중립성 요청을 벗어나지 않아야 한다.[9] 제도의 운영에서 교육의 자주성과 전문성, 중립성이 보장되려면, 가령 교과서 검정제도가 정치·행정권력의 교체에 따른 부침을 겪지 않는 방식으로 제도화되고 운영되어야 할 것이다.

나. 교과서 검정에 관한 법령

교과서제도에 대해 초·중등교육법 제29조 제2항은 "교과용도서의 범위·저작·검정·인정·발행·공급·선정 및 가격사정에 관하여 필요한 사항은 대통령령으로 정한다"라고 규정하고 있으며, 그 위임을 받은 교과용 도서에 관한 규정(대통령령, 이하 '교과용도서규정' 또는 '규정')이 구체적인 규율을 두고 있다. 즉 교과용도서규정 제18조는 교육부에 교과용도서의 '편찬·검정·인정·가격결정 및 발행 등에 관한 사항을 심의하기 위하여' 교과용도서심의회를 설치한다고 하고, 교과용도서심의회의 구성 등에 관한 규율을 두고 있다.

파기환송되기는 하였지만, 특히 검정불합격처분취소송의 1심에서는, 불합격처분 사유의 일부가 실질적인 검열이거나 교육기본법 위반이라는 이유로 적용위헌의 판단을 한 바 있고, 국가배상청구소송에서는 수정의견이 재량권을 일탈·남용하였으므로 국가의 배상을 인정하는 판결을 하기도 하였다.

9) 헌법 제31조에 따른 교육기본법 제6조 제1항은 "교육은 교육 본래의 목적에 따라 그 기능을 다하도록 운영되어야 하며, 정치적·파당적 또는 개인적 편견을 전파하기 위한 방편으로 이용되어서는 아니 된다."고 정하고 있다. 이와 관련, 헌법재판소는 교육의 자주성을 "교육내용과 교육기구가 교육자에 의하여 자주적으로 결정되고 행정권력에 의한 통제가 배제되어야" 한다는 의미로, 교육의 전문성을 "교육정책이나 그 집행은 가급적 교육전문가가 담당하거나, 적어도 그들의 참여하에 이루어져야" 한다는 의미로 이해하면서, 교육의 자주성·전문성·정치적 중립성은, "국가의 안정적인 성장 발전을 도모하기 위하여서는 교육이 외부세력의 부당한 간섭에 영향받지 않도록 교육자 내지 교육전문가에 의하여 주도되고 관할되어야 할 필요가 있다는 데서 비롯된 것"이라고 한다. 헌재 1996. 4. 25. 94헌마119 결정; 2001. 11. 29. 선고 2000헌마278 결정 참조. 자세히는, 신현직, 교육의 자주성, 전문성, 정치적 중립성의 법리, 교육법학연구 11호, 1999를 참조.

다만, 각 과목별 교과서에 대해 국정·검정·인정 중 어떤 제도를 채택할 것인지에 대해서는 교과용도서규정에서도 정하고 있지 아니하다. 검정교과서(교육부장관의 검정을 받아 학교에서 학생들의 교육을 위하여 학생용으로 사용할 수 있도록 한 교과서)의 해당 여부는 다시 '초 중등학교 교과용도서 국검인정 구분고시'에서 정하고 있다. 이에 대상판결에서 문제된 '한국 근현대사' 교과서의 경우에도 위 고시에 따라 '검정제'가 적용된 것이다. 사실 이러한 규율은 법률유보의 원칙에서 문제의 소지가 없지 아니한 것으로 보이지만,[10] 어쨌든 그러한 규율방식은 현재까지도 유지되고 있다.

구체적인 검정교과서 승인의 절차는 다음과 같다. 저작자 또는 발행자가 자신의 저작을 교과서로서 검정하여 줄 것을 신청하면 검정도서의 최초 사용학년도 개시 1년 6월 이전에 공고된 '검정기준'에 따라 교과용 도서로서의 적합성 여부 심사를 하게 되고, 그 결과에 따라 교육부장관이 합격 여부를 결정한다(규정 제7조~제10조). 검정 여부의 절차적 정당성을 확보하기 위해서 교육부에는 교과용도서의 편찬, 검정, 인정, 가격결정 등에 관한 사항을 심의하기 위하여 교원, 연구자, 학부모, 시민단체 등으로 구성되는 교과용도서심의위원회를 둔다(규정 제19조).[11]

검정교과서로 승인된 후에도 교육부장관은 교과용도서의 내용을 '수정'[12]할 필요가 있다고 인정될 때에는 저작자 또는 발행자에게 수정을 명할 수 있고(규정 26조), 만약 검정교과서가 수정명령 등을 위반한 경우에는 검정합격을 취소하거나 1년의 범위 안에서 발행을 정지시킬

10) 현재 논란이 되는 역사교과서의 국정교과서화도 고시의 개정으로 가능하다는 것의 문제점에 대해서 생각해 보라.

11) 교과용도서심의위원회의 운영은 현재 국사편찬위원회에서 담당하고 있다. 행정권한의 위임 및 위탁에 관한 규정 제22조 참조.

12) '수정'이란 "교육과정의 부분개정이나 그 밖의 사유로 인하여 교과용도서의 문구·문장·통계·삽화 등을 교정·증감·변경하는 것"으로서 교육과정의 개정 등으로 교과용도서의 2분의 1 이상을 변경하는 '개편'에 이르지 아니하는 것을 가리킨다(규정 제2조 7, 8호 참조).

수 있다(규정 제38조).

2. 적법한 행정절차의 법적 요청을 근거 짓는 해석의 가능성

그런데 검정을 통과한 교과용도서에 대해 하는 수정명령의 경우에는 다음과 같은 규정의 해석이 특히 문제된다. 교과용도서규정에서는 '검정 교과용도서의 내용을 수정할 필요가 있다고 인정하면' 교육과학기술부장관이 저작자 또는 발행자에게 수정을 명할 수 있다(규정 26조)고 하고 있을 뿐, 수정명령에 관해 명문의 별도 절차규율은 없는 것으로 보이는 것이다. '교과용도서심의위원회'를 열어 '심의'를 하도록 한 규정 제19조의 심의 대상에 교과서 '수정'은 포함되어 있지 않은 것으로 문리해석되기 때문이다. 이 규정에 대해, 원심 판결은 문리해석상 법령에 규정된 행정절차가 없고 행정절차를 마련할 예외적 필요성도 없다면 수정명령에 대해 교과용도서심의회의 심의를 거칠 필요가 없다는 해석론을 전개한 반면, 대법원판결은 규정에 따른 교과용도서심의회의 심의에 '준하는' 절차적 요청이 필요하므로 이를 거치지 않은 수정명령은 위법하다고 본 것이다. 그렇다면 대상판결은 이상과 같은 적법절차의 요청을 어떤 조건하에서 어떤 근거로부터 도출한 것이었을까? 이에 대해서 세 가지 가능성을 검토해 보기로 한다.

가. 교과서 검정에 관한 규정의 적극적 해석 가능성 - 목적론적 · 체계적 해석

교과용도서의 '검정절차'와 달리 '수정명령' 절차에서는 교과용도서심의위원회를 거치도록 하는 절차가 없는 것으로 문리해석된다. 만약 여기서 수정명령의 내용이 단순한 오기, 오식을 수정하는 것이라면, 이에 대해서는 검정과 달리 심의위원회를 별도로 개최할 절차적 필요성이 크지 않다고 보더라도 큰 문제가 없을 것이다. 이 경우 '검정'절차와 '수정명령'절차 간에는 질적인 차이가 있다.

그런데 내용적인 오류에 대한 평가가 달라지는 경우라면 어떠한가? 가령 검정 후 새로운 사료가 발굴되는 등으로 인해 학계의 통설이 변경되는 등의 사정이 있었음에도 이를 스스로 수정하지 않은 경우, 새로운 사료의 의미에 대한 학계의 평가가 아직 정립되지 않은 경우, 더 나아가 수정명령의 내용이 이미 검정을 받은 내용에 대한 역사적 재평가의 성격을 갖는 경우라면 '검정'이 끝난 상태에서 '수정명령'을 하는 것이 허용되는가, 아니면 검정취소 후 재검정을 할 것이지 수정명령을 하는 것은 허용되지 않는다고 보아야 할 것인가? 이에 대해 대상판결은, 내용적으로 객관적 오류가 있는 사항이라면 수정명령의 대상은 된다고 하였다. 대신 그 경우에 '재검정'과 '수정명령'이 실질적 유사성을 갖고 있음에도 법령이 정한 절차적 요청에 현격한 차이가 발생하지 않도록, 수정명령이 "검정을 거친 내용을 실질적으로 변경하는 결과"를 가져오는 경우라면 실질적으로 새로운 검정절차에 해당하는 것으로서 그에 따른 절차를 거쳐야 한다고 해석한다.[13] 수정명령제도를 이용하여 검정절차

13) 대법원의 이러한 판시에 따라 대상판결의 파기환송심인 서울고등법원 2013. 11. 7. 선고 2013누8129 판결은 다음과 같은 논거로 이 사건 수정명령이 검정 내용을 '실질적 변경'한 것이라고 판단하였다.

"① 이 사건 처분을 통한 피고의 수정명령은 오기·오식 기타 객관적으로 명백한 잘못이나 제본 등의 기술적 사항에 대한 수정명령에 해당되지 아니한다고 보일 뿐만 아니라, 학설의 변경 등 객관적 상황의 변화에 따라 이 사건 교과서 내용에 대한 수정의 필요성이 제기되어 이 사건 처분을 한 것이라기보다는 2004. 10. 이후부터 제기된 역사 교과서 편향성 여부에 대한 사회적 논란이 그 계기가 되었던 것으로 보이는 점, ② 피고는 금성출판사에 대하여 이 사건 교과서의 수정을 명하면서, '학생들이 이해하기 어렵다', '학습자가 오해할 소지가 있다', '학생들이 선입견을 가질 우려가 있다'는 취지 등으로 그 사유를 제시하였는데, 이는 이 사건 교과서가 학생 수준에 적절한 내용을 선정하였는지, 편향적인 시각·표현을 담고 있지는 않은지 등 앞서 인용한 사실과 같이 피고가 설정한 '검정기준'에 따른 판단에 해당된다고 할 것이고, 이러한 사정은 피고가 이 사건 교과서에 대하여 검정기준에 따라 그 적합성에 관하여 실질적으로 새로운 판단을 한

를 우회함으로써 "검정제도의 취지를 훼손하거나 잠탈"하지 않도록 일정한 수정명령에 대해서 검정절차에 '준하는' 절차를 갖출 것을 요구한 것이다.

이러한 해석은 일단 수정명령에 관한 규정 제26조를 검정절차에 관한 규정 제18조와의 관계에서 목적론적·평가적으로 해석한 것으로 이해된다.[14] 여기서 목적론적－평가적 해석이라 함은, "어떤 법률 규정 또는 그 규정이 속한 법률 전체가 일정한 목적을 갖고 있는 것으로 인정되는 경우에 당해 규정은, 일정한 한계 내에서, 그 인정된 목적에 적합하게 구체적 사건에 적용되게 해석되어야"[15] 한다는 것으로서, 해석에서 있어서 평가적 요소를 포함시킨 것이다.

이 경우 이상과 같은 해석 시도는 우선 법률 전체가 추구하는 일정한 '목적'의 내용이 무엇인지가 해명하여야 할 것이다. 대상판결은 이를 헌법과 상위법률의 목적과 취지로부터 찾은 것으로 보인다. 말하자면 합헌적·합법률적 법령해석 차원에서 목적론적 해석을 한 것이다. 즉 검정제도에 대한 해석에 있어서는 교육의 자주성·전문성·정치적 중립성을 보장하도록 한 헌법과 교육기본법의 취지를 고려하여야 한다는 것이다. 이러한 논리는, 교과용도서규정이 심의위원회를 두면서 교과용도서

것으로 볼 수 있는 점, ③ 이 사건 교과서와 같이 이미 검정을 마치고 교과서로 사용되고 있는 교과용도서에 대하여 사후적으로 행한 수정명령의 형식을 취하고 있더라도, 그것이 후발적 사정변경이 존재하지 아니함에도 기존의 검정 결과와 양립할 수 없는 내용을 포함한 수정명령이라면, 그 실질은 새로이 실시된 검정에 따른 처분이라 할 것인 점.

14) 대법원의 해석은 수정명령에 대한 절차가 검정절차를 따를 것이 아니라 검정절차에 '준하는' 절차를 따르도록 한 것이므로, 규정 제26조에 대해 제18조를 유추적용한 것으로 볼 수 있다. 대상판결의 파기환송심인 서울고등법원 2013. 11. 7. 선고 2013누8129 판결은 전문가협의회의 경우 교과용도서심의회와는 그 법적 성격을 달리하므로 협의회 절차만으로 교과용도서심의회의 운영이나 그 심의에 준하는 심의·결의 과정을 거친 것으로 볼 수 없어서 검정절차에 준한다고 볼 수 없다고 판단하였다.

15) MacCormik, 해석과 정당화(상), 191면.

의 검정에 관한 권한을 전적으로 교육 행정권을 행사하는 장관에게만 맡겨두지 아니하고 학문적으로 전문적 식견을 가진 사람, 학부모, 시민단체에서 추천한 사람 등으로 구성되도록 취지가 교육의 자주성·전문성·정치적 중립성을 보장하도록 하기 위한 장치인바, 그 취지는 교과용도서규정의 해석 전반에서 목적으로서 고려되어야 한다는 것이다. 이러한 해석은 대상판결에서 문제된 수정명령과 관련한 사회적 맥락(context)이 '교육의 자주성, 전문성, 정치적 중립성'에 관한 논란으로서 진행된 면이 없지 않다는 점에서 잘 드러난다. 대상판결은 교육행정 영역에서의 특수한 헌법적 보장 목적을 고려하여 목적론적 · 평가적 해석을 한 것으로 볼 수 있다.

그러나 엄격한 의미에서 수정명령에 대해서는 명문의 절차적 규정이 존재하지 않는 것이고 보면, 이상의 해석은 절차적 요청을 행정처분의 위법판단근거로 사용한 논거로서는 여전히 불충분하다는 비판을 받을 수 있다. 이에 대해 행정절차법 규정과 헌법상 적법절차 요청의 적용가능성 또는 그것들의 보충적 기능을 이하에서 좀 더 살펴보기로 한다.

나. 행정절차법의 적용 가능성

대상판결에서는 처음부터 교과서 검정에 관한 규정이 행정절차법의 적용을 배제한 것으로 해석하고 있다. 행정절차법은 행정절차에 준하는 절차를 거친 사항으로서 '검성의 결과에 따라 행하는 사항'에 대해 행정절차법의 적용대상이 아니라고 하고 있으므로(행정절차법 제3조, 같은 법 시행령 제2조), 이를 문리해석하면 교과서 검정제도와 관련한 처분절차는 행정절차에 관한 일반법인 행정절차법에서 명문으로 그 적용을 제외하고 있는 것으로 보인다.

그러나 구체적 적용에서 교과서 검정에 관한 규정이 적용되지 않는 경우에도 행정절차법의 규정이 당연히 배제된다고 할 것인지는 의문의 여지가 있다. 행정절차법 제정 당시부터 행정절차법의 적용제외에 관한 사항을 시행령을 통해 적용제외할 수 있는 것의 위헌성이 제기되었다는 점[16)]을 감안할 때, 그 위임의 내용으로서 행정절차법의 적용이 배제하려면 성질상 행정절차법상의 행정절차가 불필요하거나 개별 규정의 절차적 보장이 충분한 경우 및 성격상 행정절차제도와 전혀 결합될 수 없는 경우로 한정해석함이 타당하다.[17)] 말하자면, 행정절차법의 목적론적인 해석이 필요하다 할 것이다. 물론 입법자가 당해 사안에서 일반 행정절차법의 적용 배제를 의도한 것이고 그것이 법문상 명백하다면 이를 존중하여야 하겠지만, 행정절차법이 행정절차에 관한 일반법인 이상 개별 절차 규정이 적용될 수 없는 구체적인 사안에서 행정절차법을 일반적으로 배제하는 것은 신중을 기할 필요가 있다.

우리 판례가, "행정절차법의 입법 목적에 비추어 보면, 공무원 인사관계 법령에 의한 처분에 관한 사항이라 하더라도 그 전부에 대하여 행정절차법의 적용이 배제되는 것이 아니라, 성질상 행정절차를 거치기 곤란하거나 불필요하다고 인정되는 처분이나 행정절차에 준하는 절차를 거치도록 하고 있는 처분의 경우에만 행정절차법의 적용이 배제되는 것으로 보아야"[18)] 한다고 하면서도, "행정작용의 성질상 행정절차를 거치기 곤란하거나 불필요하다고 인정되는 사항 또는 행정절차에 준하는 절차를 거친 사항에 해당(하면), 처분의 사전통지 및 의견청취 등에 관한 행정절차법의 규정이 별도로 적용되지 아니한다"[19)]고 한 것은 위와 같은 관점에서 통일적으로 이해될 수 있다.

이 점에서 대상판결의 경우에도 행정절차법 규정이 완전히 배제된다고 할 것인지에 대해서는 의문의 여지가 없지는 아니하다. 다만 대상판결에서 문제된 절차는 '특정한 유형과 수준의 절차'였으므로 행정절차법의 규정이 적용된다고 하더라도 실질적인 결론의 변화에는 영향을 미

16) 이에 대해 자세히는, 오준근, 행정절차법, 120면 이하 참조.
17) 同旨, 오준근, 위의 책, 127면.
18) 별정직공무원 직권면직처분에 대한 대법원 2007. 9. 21. 선고 2006두20631 판결.
19) 직위해제처분취소처분에 대한 대법원 2014.05.16. 선고 2012두26180 판결.

치지 않았을 것으로 보인다. 그 점에서 '특정한 유형과 수준의 절차'적 요청을 어떻게 근거 지을 것인가 하는 문제는 여전히 남는다.

다. 헌법상 적법절차원칙의 적용 가능성

대상판결은 개별 규정의 절차규정에 대한 흠결을 교육에 관한 헌법원리에 터잡은 목적론적－평가적 해석을 매개로 삼아 절차적 요청이 있는 것으로 해석하고 있는데, 이는 결국 헌법상 적법절차원칙을 법령의 매개없이 직접 적용한 것은 아닐까? 결과적으로 문언에 드러나 있지 않은 행정절차에 관한 법적 요청이 행정처분의 절차적 하자를 구성할 수 있다고 선언한 셈이기 때문이다.

그러나 그와 같은 결론에 대해서는 신중한 접근이 필요하다. 적법한 행정절차에 관한 헌법원칙은 행정절차법 및 개별 행정절차규정에 대한 해석지침이 됨은 분명하다. 그러나 그것이 실정절차규정을 대체하거나, 그것의 매개없이 직접 적용된다고 할 수 있을까? 이하에서 이 문제를 적법한 행정절차원리의 규범력 차원에서 좀 더 일반법리적 차원에서 살펴보기로 하자.

Ⅳ. 적법한 행정절차원리의 근거 지움과 규범력

1. 적법한 행정절차원리의 헌법적 의의와 규범력

가. 적법한 행정절차원리의 의의와 실무상 적용

'적법한 행정절차'[20]의 법적 요청은 공권력의 행사가 적법하고 적

20) 정종섭, 헌법학원론, 2014, 502면에 따르면, 적법절차에서 '적법'이란 실정법만이 아니라 넓은 의미에서의 법규범의 원리나 이념에 적합하여야 하고, 절차가 정당하고 적정하여야 한다는 것을 말한다고 한다. 이 글 또한 그와 같은 관점에서

정한 절차에 의하여 이루어져야 한다는 것으로서, 일반적으로 헌법적 차원의 규범력을 갖는 것으로 이해된다. 헌법재판소는 적법한 행정절차의 헌법적 근거를 헌법 제12조 제1항 및 제3항으로부터 도출하고 있는데, 그에 따르면 이들 조항이 국가작용에 대한 "적법절차원리의 일반조항에 해당하는 것으로서, 적법절차의 원칙은 법률이 정한 형식적 절차와 실체적 내용이 모두 합리성과 정당성을 갖춘 적정한 것이어야 한다는 실질적 의미를 지니고" 있는 것으로 이해되며, 이에 이 조항은 "헌법 조항에 규정된 형사절차상의 제한된 범위 내에서만 적용되는 것이 아니라, 국가작용으로서 기본권의 제한과 관련되든 관련되지 않든 모든 입법작용 및 행정작용에도 광범위하게 적용"된다고 판시한 바 있다.[21] 이는 헌법재판소가 헌법 제12조 제1항과 제3항을 들어 적법절차의 원리를 국가의 공권력 행사에 확대하여 적용하는 헌법판례법을 형성한 것으로 이해되며,[22] 헌법재판소의 판시에 따르면 원칙적으로 적법절차원칙의 위반을 이유로 법률의 위헌선언이 가능하다.[23]

한편, 대법원의 경우에도 적법한 행정절차의 원리가 헌법적 위상을 갖는다는 것을 부정한 바는 없었던 것으로 보이나, 종래 이를 절차적 법령의 매개를 통해서만 적용되는 것으로 이해했던 것으로 보인다. 물론

'적법절차'를 '적정절차'를 포함하는 개념으로 사용하기로 한다. 국가에 따라 적법절차원리에서 적정성 여부를 포괄하는 수준은 각기 상이하다. 적법절차의 용례에 관한 비교법적인 연구로는, 강승식, 적법절차에 관한 연구, 토지공법연구 40집, 2008, 183-191면을 참조.

21) 헌법재판소 1989. 9. 8. 선고 88헌가6 결정; 1992. 12. 24. 선고 92헌가8 결정; 2003. 7. 24. 선고 2001헌가25 결정 등.

22) 김성수, 일반행정법, 122면.

23) 다만, 필자의 경우 헌법상 적법한 '행정절차' 원리가 헌법적 위상을 갖는 것은 분명하나, 그 근거를 형사절차에 관한 조항인 헌법 제12조의 '적법한 절차' 규정으로부터 찾기보다는 헌법상 법치국가원리로부터 도출되는 불문헌법적 원리로 이해하는 것이 타당하다고 본다. 同旨, 김성수, 헌법은 존속하고 행정법은 변화한다, 공법연구 41집 4호, 2013, 86-87면; 정영철, 행정법의 일반원칙으로서의 적법절차원칙, 590면 이하.

행정절차법 제정 이전에 훈령에 규정된 청문절차를 거치지 않은 침익적 처분에 대해 절차적 위법을 인정한 바가 있기는 하나,[24] 절차가 법규성이 인정되는 절차규정에 따라 진행되는 경우에는 행정절차법을 포함한 해당 절차규정의 해석만을 절차하자의 인정기준으로 삼는 판례가 일반적이었다고 할 수 있겠다.[25]

그런데 최근의 대법원 판결은, 필요한 경우 적법한 행정절차의 원리를 법령의 매개없이 직접 적용할 수 있는 것으로 이해하고 있는 것으로 보인다. 대표적으로 개별 세법에 납세고지에 관한 별도의 규정이 없더라도 개별세액과 그 산출근거를 구분하여 기재해야 한다는 대법원 판결[26]은 다음과 같이 설시하고 있다.

“헌법상 적법절차의 원칙은 형사소송절차뿐만 아니라 국민에게 부담을 주는 행정작용에서도 준수되어야 하므로, 그 기본 정신은 과세처분에 대해서도 그대로 관철되어야 한다. 행정처분에 처분의 이유를 제시하도록 한 행정절차법이 과세처분에 직접 적용되지는 않지만(행정절차법 제3조 제2항 제9호, 행정절차법 시행령 제2조 제5호), 그 기본 원리가 과세처분의 장면이라고 하여 본질적으로 달라져서는 안 되는 것이고 이를 완화하여 적용할 하등의 이유도 없다. … 국세징수법과 개별 세법의 납세고지에 관한 규정들은 헌법상 적법절차의 원칙과 행정절차법의 기본 원리를 과세처분의 영역에도 그대로 받아들여, 과세관청으로 하여금 자의를 배제한 신중하고도 합리적인 과세처분을 하게 함으로써 조세행정의 공정을 기함과 아울러 납세의무자에게 과세처분의 내용을 자세히 알려주어 이에 대한 불복 여부의 결정과 불복신청의 편의를 주려는 데 그 근본취지가 있으므로, 이 규정들은 강행규정으로 보아야 한다. 따라서

24) 대법원 1984. 9. 11. 선고 92누166 판결. 다만 이러한 판시가 불문의 헌법원리를 인정한 데 따른 것인지 명확한 것은 아니다.

25) 대법원 1994. 8. 9. 선고 94누3414 판결; 2007. 11. 16. 선고 2005두15799 판결 등. 대상판결의 원심판결도 이와 같은 기존 판례의 태도를 기반으로 하고 있다.

26) 가령 대법원 2012. 10. 18. 선고 2010두12347 판결.

납세고지서에 해당 본세의 과세표준과 세액의 산출근거 등이 제대로 기재되지 않았다면 특별한 사정이 없는 한 그 과세처분은 위법하다는 것이 판례의 확립된 견해이다. 가산세 부과처분에 관해서는 국세기본법이나 개별 세법 어디에도 그 납세고지의 방식 등에 관하여 따로 정한 규정이 없다. 그러나 가산세는 비록 본세의 세목으로 부과되기는 하지만(국세기본법 제47조 제2항 본문), 그 본질은 과세권의 행사와 조세채권의 실현을 용이하게 하기 위하여 세법에 규정된 의무를 정당한 이유 없이 위반한 납세의무자 등에게 부과하는 일종의 행정상 제재라는 점에서 적법절차의 원칙은 더 강하게 관철되어야 한다. (…) 납세고지서에 가산세의 산출근거 등이 기재되어 있지 않으면 납세의무자로서는 무슨 가산세가 어떤 근거로 부과되었는지 파악하기가 쉽지 않은 것이 보통일 것이다. 이와 같은 점에 비추어 보면, (…) 개별 세법의 규정 취지는 가산세의 납세고지에도 그대로 관철되어야 마땅하다."

나. 적법한 행정절차원리의 규범력 - 헌법적 원리성(Principle)

이상과 같은 헌법재판소와 대법원의 설시는 적법한 행정절차의 원리가 법령의 매개 없이 직접 적용될 수 있음을 인정한 것처럼 보인다. 그러나 적법한 행정절차원리에 대해 헌법적 위상을 인정하더라도 그 규범력이 직접적이고 독자적인 관철력을 어느 정도까지 가질 것인지는 좀 더 논의가 필요하다. 이 문제는 한편으로는 적법한 행정절차의 원리가 실정절차법규가 존재하지 않는 경우에 보충적으로 직접 적용되거나 진정 입법부작위에 대한 심사기준이 될 수 있는가로서 문제될 수 있고,[27] 다른 한편으로 실정절차법규가 있는 경우에도 적법한 행정절차의 원리

27) 길준규, 적정절차, 우리 행정법에서도 유효한가? 한양법학 34집, 2011. 5, 28면 이하는 미국에서 적법절차가 "최소한의 절차적 보호기준"으로서 실정법과 판례를 보충하는 기능을 한다고 소개하고, 행정절차법이 있는 우리나라에서는 적법절차의 원리가 제한적인 의미만 있으며, 규정이 없는 경우에 한해 위법판단기준으로서 제한적인 의미를 가진다고 한다.

가 실정절차법규의 불충분성을 심사하는 규범통제기준이 될 수 있는가로서 문제될 수 있다.

무엇보다 민주적 정당성을 가진 입법자는 적법절차의 내용과 그 하자의 효과를 어떻게 규율할 것인지에 대해 광범위한 형성의 여지를 갖는 점을 존중할 필요가 있다.[28] 따라서 행정절차법 등 절차 관련 규정이 어느 정도 마련되어 있음에도 적법한 행정절차의 원리를 입법작용 및 행정작용 통제에 관한 재판규범으로 곧바로 적용하여 헌법재판소 및 법원이 절차 형성에 대한 판단권을 광범위하게 가지는 결과를 초래하는 것은 사법권의 자의적 행사 소지가 있을 뿐만 아니라[29] 오히려 절차규정에 대한 예측가능성을 훼손할 우려도 있다.[30] 헌법재판소도 헌법상의 적법절차 위반을 입법에 대한 심사기준으로 삼고는 있으나 행정절차에 관해서는 실제 위헌을 선언한 예는 찾기 어렵다.[31]

생각건대, 적법한 행정절차 원리는 헌법원칙(rule)에 대응하는 헌법적인 법원리(legal principle)로서 법형성과 법적용에서 '원리적으로', 사안의 성격과 여타의 헌법적 요청을 두루 고려한 전제에서, 입법작용(법규

28) Würtenburger (박정훈 역), 행정소송법과 행정절차법의 관계, 서울대학교 법학 45권 1호, 2004. 3., 184면.

29) 사법절차의 경우에는 사법부의 운영 절차라는 점에서 사법적 해석의 여지가 크나, 행정절차의 경우에는 사법절차, 특히 형사사법절차와 같은 수준의 사법적 개입이 인정된다고 하기는 어렵다. 미국에서도 행정절차에 대해서 적법절차원리가 적용되기는 하지만 사법절차에 대한 적용에 비해 상대적으로 약화된 보호를 받는 것으로 보인다. Bell v. Burson, 402 U.S. 535 (1971); Goss v. Lopez, 419 U.S. 565 (1975).

30) 반면 미국의 경우에는 적법절차에 요구되는 절차의 성격은 사법부가 판단할 헌법적 문제이므로 입법자의 법규 제정 문제로 맡겨둘 것은 아니라고 판시한 바 있다. Cleveland Board of Education v. Loudermill, 470 U.S. 532 (1985). 적법절차와 관련하여 미국에서의 논의에 대한 소개로는, 임지봉, 적법절차조항의 우리 헌법에의 도입과 운영, 헌법학연구 제11권 제3호, 2005, 278면 이하 참조. 이 글에서의 관심은 미국에서의 '절차적' 적법절차원리와 관련된 것이다.

31) 가령 헌재 1994. 12. 29. 선고 94헌마201 결정; 헌재 2003. 7. 24. 선고 2001헌가25 결정.

성 있는 행정입법을 포함)의 위법 판단기준이 될 수 있다고 보는 것이 타당하다고 생각된다. 즉 적법한 행정절차 원리는 법규의 위헌심사에 있어서는 일반적인 차원에서나 문제된 당해 법영역에서 갖는 중요성의 정도에 비추어 적합한 비중으로서 고려되어 심사기준이 된다. 그 점에서 적법한 행정절차 원리는 다른 헌법적 가치와의 형량(balancing)을 통해 그 규범력을 관철할 수 있는 성격을 가진다고 이해해야 할 것이다. 한편 적법한 행정절차의 원리는 절차 관련 법령의 해석이나 행정작용의 심사(재량권의 일탈·남용)를 통한 구체적 처분의 위법판단에서도 일반적으로 고려되어야 할 헌법원리이다. 이 경우에는 해석의 범위 내에서 처분의 근거 법규를 적법한 행정절차의 원리에 부합하도록 적용해야 할 것이며, 해당 처분이 적법한 행정절차의 원리를 완전히 배제한 것이라면 이를 위법사유로서 인정할 수 있을 것이다. 이하에서는 그러한 규범력이 관철될 수 있는 조건에 대해서 좀 더 살펴보기로 하자.

2. 적법한 행정절차원리의 직접적용 법리

가. 일반적 기준

적법한 행정절차원리의 적용에 대해서는 다음과 같은 기준들을 제시해 볼 수 있을 것으로 생각된다.

첫째, 헌법 차원에서의 적법한 행정절차원리는 기본권 보호나 헌법적 가치질서와 같은 헌법적 보장을 필요로 하는 '절차'에 관한 규율원리이다. 따라서 기본권 침해가 문제되지 않는 영역에서 적법한 행정절차원리가 직접 적용될 여지는 크지 않다.

둘째, 입법자가 행정절차에 대해 해석의 여지 없는 기준을 두고 있다면, 사법적인 방식으로 절차를 창설하도록 하는 해석은 허용되지 않고, 입법부작위에 대한 통제의 형식으로 적법한 행정절차원리의 위배여부를 심사해야 할 것이다. 이 점에서 실정절차의 준수가 반드시 적법한 행정절차원리의 충족을 의미하지 않는 것이다. 다만 절차규정의 위헌 판단은 일반적인 입법부작위에 대한 위헌 통제가 그러하듯이 제한적으로만 인정될 것이다.

셋째, 적법한 행정절차의 헌법원리가 갖는 가장 중요한 기능은, 법령해석에 대한 해석원리로서의 간접적 적용기능이다. 이 과정에서 행정절차법의 해석에 대한 일반적 기준이나 해당 사안에서 어떤 절차가 적정한가에 대한 결론이 도출될 수 있으며, 실체적 가치와의 접점이 형성된다. 적법한 행정절차의 원리가 해석원리로서의 적용되는 데 있어서는 해당 사안에서 행정절차의 목적과 기능, 다양한 헌법가치가 함께 형량을 통해 두루 고려되어야 한다.

넷째, 적법한 행정절차의 원리적 이해는 절차적 하자가 있다고 하더라도 그것의 독자적 위법사유를 부정할 수 있다는 명제와 조화될 수 있다. 적법한 행정절차의 원리는 그 자체로서 하나의 독립적 헌법적 요청(객관적인 요청일 뿐만 아니라 적정한 절차적 처우를 받을 '권리'로서의 요청일 수도 있다)이지만, 그것은 이익형량에 열려 있는 헌법적 요청이기 때문이다.[32)]

나. 구체적 형량의 기준

적법절차원리가 보장하려는 절차는 근본적으로 절차가 공정할 것(fairness)을 요구하는 것인바, 궁극적으로 공정성 여부를 저울질 해보지 않을 수 없다.

미국의 경우에도 절차의 적정성 여부 판단에는 형량심사의 기준을 따르고 있다.[33)] 그에 따르면 침해되는 사적 이익의 성격과 정도, 기존

32) 가령 미국도 사실관계의 다툼이 없거나 이미 적정한 사실관계에 대한 판단이 있었던 경우에는 사실에 관한 분쟁이 없으므로 청문권이 부정된다고 판단한다. 김현귀, 헌법상 절차적 적법절차원리에 관한 연구, 43면 참조.

33) 리딩케이스로서, Mathews v. Eldridge, 424 U.S. 319 (1976). 형량심사기준에 대해 자세히는, Chemerinsky, Constitutional Law, 579-583면; Breyer (et al.),

절차를 통하여 잘못된 권리침해가 발생할 가능성, 대안적 혹은 추가적 절차가 발생할 재정 및 행정적 부담의 정도가 이익형량의 기준이다.[34] 이러한 이익형량적 관점은 우리 헌법재판소 결정에서도 수용되고 있는 것으로 보이는바, "규율되는 사항의 성질, 관련 당사자의 사익, 절차의 이행으로 제고될 가치, 국가작용의 효율성, 절차에 소요되는 비용, 불복의 기회 등 다양한 요소들을 형량"[35]하여야 한다는 것이다.

무엇보다 형량에 있어서는 적법한 행정절차의 원리가 추구하는 목적을 살피고 그것과 해당 사안과의 관련성을 검토해야 할 것이다. 행정절차가 추구하는 가치는 다양할 수 있다. 행정절차는 행정의 정확성, 지속성, 효율성, 수용성 등을 도모하고 행정절차의 민주적 기능을 담보한다는 객관적 목적[36]과 당사자의 기본권과 절차적 방어권 및 참여권을 보장하는 권리보장적 목적[37]을 모두 갖고 있는바, 해당 절차의 주된 목적이 무엇에 맞춰져 있다고 할 것인지 형량에서 고려될 필요가 있을 것이다.

Administrative Law and Regulatory Policy, 2011, 687면 이하를 참조. 국내 문헌의 소개로는, 김현귀, 위의 책, 45-47면 등을 참조.

34) Mathews v. Eldrige, 424 U.S. 319 (1976). 그 기능과 한계에 대해서는, Mashaw, The Supreme Court's Due Process Calculus for Administrative Adjudication, 1976을 참조. 국내 문헌의 소개로는, 김현귀, 위의 책, 45-47면 참조.

35) 헌재 2003. 7. 24. 2001헌가25, 판례집 15-2상, 1, 17-20; 헌재 2006. 5. 25. 2004헌바12, 판례집 18-1하, 58, 66-67.

36) Breyer (et al.), Administrative Law and Regulatory Policy, 2011, 686면도 참조.

37) 미국의 경우 권리와 특권(privilege)을 나누어서 권리의 경우에 절차보장이 더 중요하다는 구분을 시도한 바 있었으나[Breyer (et al.), Administrative Law and Regulatory Policy, 2011, 644면 이하를 참조], 현재 그 구분은 상대화되어 있다고 할 수 있다. 대상판결의 경우에도 교과서 검정은 전통적인 자유권 침해의 영역이라기 보다는 특권의 부여 여부에 관한 영역이지만, 그와 같은 이유로 절차적 보장의 수준이 약화될 수 있다는 고려를 하지는 않은 것으로 보인다. 이는 해당 절차가 헌법적 가치의 객관적 보장 차원에서의 중요성이 클수록 특권 부여의 사안에서도 절차적 보장이 중요한 의미를 지니기 때문인 것으로 보인다.

다. 구체적 사건에서의 적용

이상의 내용을 수정명령 사건에 적용해 보면, 대상판결에서는 적법절차의 원리의 적용으로서 중립적인 위원회를 구성하는 것이 교육의 중립성 등에 관한 헌법적 보장에서 큰 중요성을 갖는다는 점에 주목하여 행정청이 불충분하나마 유사한 절차를 거쳤다고 하더라도 그것을 적정한 절차로 평가할 수 없고 검정절차에 '준하는 절차'를 갖춰야 적법절차의 헌법원리를 충족하는 것으로 '해석'한 것이라 이해할 수 있다. 이러한 해석은, 적법절차의 준수 여부에 대해 이례적으로 매우 엄격한 심사를 행한 것으로 평가할 수 있다. 이러한 대상판결의 태도는 특히 역사교과서 사건에 관한 절차에 있어서는 고도의 '공정성'이 요구되는 점과 절차회피 또는 절차우회의 가능성을 차단할 절차적 원리를 고려한 점에 터잡은 것으로 보인다. 그리고 법학방법론의 차원에서 판례는, 문언에 없는 절차적 수준을 요구하는 방법으로 검정절차와의 유사성을 들면서 유추해석·목적론적 해석을 사용하여 판결이 '해석'의 범위를 넘어서지 않은 형식을 취하였다. 이러한 해석 방법은 앞서 본 가산세 부과처분에 관한 대법원 판결의 경우와 유사하다. 그 판결에서도 대법원은 해당 처분에 제재적 속성이 있는 점과 처분 상대방의 방어가능성을 보장할 필요성이 있는 점을 고려하여 가산세에 대한 명문의 절차규정은 없더라도 관련 규정을 본세에 관한 절차규정해석에 준하여 절차적 요청이 있는 것으로 '해석'하였다.[38][39]

---

38) 이 점에서 증여세부과처분에 관한 대법원 2014. 1. 16. 선고 2013두17305 판결은 당사자가 구체적인 사정을 알 수 있는 정도이므로 납세고지서에 구체적 계산 내역을 기재하지 아니하였다고 하더라도 위법하지 아니하다고 판단하였다.

39) 이상과 같이 처분의 위법판단에 대해 적법절차의 원리를 적용하는 것이 '해석'의 한계 내에 있는 것인지는 여전히 논의의 여지가 있다. 이에 대해서는 별도의 기회에 다시 살피기로 한다.

3. 補論: 절차적 위법 판단의 실체적 위법 판단에 대한 보충 기능

절차적 정당성이 실체적 정당성에 대한 신뢰를 담보하게 되면 해당 처분의 실체적 하자에 대한 심사강도를 완화시킬 여지가 넓어질 수 있다는 차원에서도 적법한 행정절차의 헌법원리를 사법통제의 차원에서 분석해 볼 수 있다. 이 점에 한정하여, 이하에서 수정명령 사건에서 실체적 위법 판단의 문제를 좀 더 살펴보기로 하자.

가. 재량행위로서의 검정승인과 수정명령

검정행위는 도서에 대하여 교과서라는 특별한 지위를 부여하거나 인정하는 가치 창설적·형성적 행위로서 이른바 강학상 특허로서의 성격을 지닌다고 하고 그 승인 여부에 있어서는 행정에게 일정한 재량이 부여된다고 보는 것이 일반적이다.[40] 법원은 "교과서검정이 고도의 학술상, 교육상의 전문적인 판단을 요한다는 특성에 비추어 보면, 피고가 교과용 도서를 검정함에 있어 법령과 심사기준에 따라서 심사위원회의 심사를 거치고, 검정상 판단이 사실적 기초에 없다거나 사회통념상 현저히 부당하다는 등 현저히 재량권의 범위를 일탈한 것이 아닌 이상 그 검정을 위법하다고 할 수 없다."[41]고 하여 그 판단의 전문성, 대체불가능성에 터잡아 재량행위성을 인정해 왔다.[42] 만약 대상판결에서 문제된

---

40) 다만 표현의 자유 차원에서 교과서 검정을 강학상 허가로 볼 여지도 없지 아니하다. 그러한 입장으로, 東京地裁 1970. 7. 17 판결, 判例時報 604호 참조.

41) 대법원 1992. 4. 24. 선고 91누6634 판결. 관련 내용에 대해서는, 조원경, 재량과 판단여지의 구분, 2006을 참조.

42) 이를 (요건)재량으로 부를 것인지 판단여지로 부를 것인지는 학계의 오랜 논쟁 대상이다. 이하에서는 이를 원칙적으로 '재량'으로 부르는 전제 하에서 논의를 진행하기로 한다. 그 논거와 요건재량 또는 판단여지의 문제에 대한 독일과 한국의 법리 분석에 대해서는, 김태호, 행정처분 요건에 존재하는 재량과 그 사법심사, 대법원 특별소송실무연구회 발표문(2014. 9. 1.), 1-26면 참조.

수정명령의 대상과 범위가 검정에서의 그것과 별다른 차이가 없다면 수정명령의 성격 또한 검정행위와 같다고 이해할 수 있다. 이러한 이해는 대상판결의 1심에서도 잘 드러나고 있다.

"교과서 검정은 대상 도서의 내용이 학문적으로 정확한가, 중립적이고 공정한가, 아동 및 청소년의 심신발달의 단계에 적합한 수준인가 등에 대한 고도의 학술상·교육상의 전문적인 판단이라는 점, 세대 간 바람직한 역사인식의 공유를 위해 공동체가 그 후속세대인 아동 및 청소년에게 어떠한 내용의 역사교육을 할 것인지에 관하여는 공동체 스스로가 결정하여야 할 것이고 이에 관하여 여러 가지 다양한 의견이 있는 경우에는 민주적인 방법으로 결정되어야 할 것인데, 대의제 민주주의 하에서는 민주적으로 구성된 정부가 주권자인 국민의 위임을 받아 헌법과 법률이 정한 바에 따라 이를 결정할 권한을 갖게 된다는 점 등을 고려해 볼 때"(행정청의 판단에 대해서는 원칙적으로 그 재량을 존중하여야 한다).

나. 재량 행사(판단여지)의 위법 여부에 대한 실체적 위법 판단 기준

(1) 심사방식에 대한 일반 법리

검정 및 수정명령에 대한 재량(판단여지)을 인정한다면, 그 위법에 대한 심사의 기준은 ① 일차적으로 해당 처분이 관세법령 및 심사기준에 따라 이루어졌는지 여부, ② 검정에 관한 판단에서의 사실적 기초에 잘못이 없는지 여부, ③ 검정에 관한 판단이 사회통념상 현저히 부당한지 여부 또는 처분시 정한 기준이 객관적으로 합리적이 아니라거나 타당하지 않다고 볼 만한 특별한 사정이 있는지 여부 등을 판단할 수 있을 것이다.[43]

43) 대법원 1992. 4. 24. 선고 91누6634 판결; 2011. 1. 27. 선고 2010두23033 판결 참조.

(2) 이 사건 수정명령 처분 당시의 심사기준과 적용

이 사건 역사교과서의 검정 당시 심사기준에는 공통기준으로 '대한민국의 국가체제를 부정하거나 비방하는 내용이 있는가', '학문상의 오류나 정설화되지 아니한 저작자의 개인적 편견이 포함되어 있는가' 등이 있으며, 한국 근·현대사 교과서의 심사기준으로, '교육과정의 준수 여부' 외에 내용심사 기준으로서 '학생 수준에 적절한 내용을 선정하였는가', '내용의 오류나 편향적인 이론, 시각, 표현 등을 담고 있지는 않은가', '특정한 정당, 지역, 인물, 성, 상품, 종규 등을 비방, 왜곡, 옹호하는 내용은 배제되었는가' 등이 포함되어 있다. 이러한 심사기준은 수정명령 당시에도 동일하였으므로, 그 심사기준은 수정명령의 심사기준이기도 하다.

이상의 심사기준은 상당 부분이 '불확정개념'으로 이루어져 있어 그 자체로서 이미 행정청의 판단에 요건재량 또는 판단여지를 부여하고 있는 것으로 볼 여지가 큰바, 그러한 심사기준의 준수 여부에 대한 사법심사도 행정청의 판단을 대체하는 관점에서 보다는 행정청의 판단을 사후적으로 평가하는 방식으로 이루어지지 않을 수 없음을 알 수 있다. 대상판결의 경우에는 절차적 위법을 지적하고 실체적 판단에까지 나아가지 아니하였으므로 실체적 하자 여부에 대한 판단을 하지 않았다. 반면 대상판결의 원심판결은 절차적 위법을 인정하지 아니하여 실체적 위법에 대한 판단으로 나아가면서 그에 대해 다음과 같이 판단한 바 있다.

"피고가 수정명령을 한 부분은 아래에서 살펴보는 바와 같이, 이해하기 어려운 용어를 쉽게 고치도록 한 것, 오해가 생겨날 여지가 있는 표현이나 서술을 없애거나 고치도록 한 것, 불명료한 서술을 명료한 서술로 고치도록 한 것, 부정적 측면에 초점을 맞춰 역사적 사실을 서술함으로써 그 역사적 의미를 제대로 표현하지 못한 부분을 고치도록 한 것, 역사의 서술에 있어서 중요한 것은 역사적 현실임에도 역사적 현실은 서술하지 않고 주장이나 선전만을 서술함으로써 그 역사적 현실에 대하여 잘못된 인식을 야기할 수 있는 부분을 고치도록 한 것, 하나의 부정적 역사적 사실을 서술함에 있어 그 의미를 지나치게 일반화시켜 단정적으로 표현함으로써 객관적 역사인식에 장애가 될 수 있는 부분을 고치도록 한 것, 진행된 역사적 경과나 역사현실에 부합하지 않는 부분을 바로잡도록 한 것, 역사적 사실의 긍정적 측면과 부정적 측면을 함께 서술함으로써 객관성을 유지하여야 함에도 긍정적 측면이나 부정적 측면만을 서술함으로써 잘못된 역사인식을 야기할 수 있는 부분을 고치도록 한 것 등이다. 따라서 이 사건 처분은 그 수정명령의 필요성이 존재할 뿐만 아니라, 그 재량의 범위 내에서 적절하게 이루어진 것이라고 판단되므로, 재량권의 일탈·남용이 있다는 원고들의 주장은 이유 없다."

이상과 같은 판시의 내용은, 수정명령의 대상이 '객관적 사실'에 대한 정정에 한정되어 있는 것처럼 보이고, 이는 다시 - 전문가협의회까지 거친 이상 - 별도의 심의위원회에 준하는 절차를 거쳐야 할 필요성이 없다는 결론과 만난다. 그러나 과연 그러한가? 가령 다음과 같은 예가 있다. 이 사건 교과서는 "이승만 정부는 부족한 재정을 메우고 정치 자금을 확보하기 위해 미국의 잉여 농산물을 필요 이상으로 들여왔다"고 서술하였는데, 수정명령은 이에 대해 "'필요 이상으로는' 모호하고 과도한 표현이어서 삭제할 것"을 지시한 바 있다.[44] 또 "'역사의 현장' 일장기 대신 올라간 것은 태극기가 아니었다. 일장기가 걸려 있던 그 자리에 펄럭이는 것은 이제 성조기였다. 광복을 공식적으로 확인하는 역사적

44) 이에 대해 원고들은 상고 당시 '필요 이상'이라는 말은 국민경제에 도움이 되는 정도보다 많이 수입을 하였다는 의미로 역사적 사실에 부합되며, 한국사 개설서들에서 쉽게 찾아볼 수 있는 내용이라는 이유로 수정명령의 부당함을 주장한 바 있다. 한편, 수정 후 해당 내용은 "이승만 정부는 부족한 재정을 메우기 위해 미국의 잉여 농산물을 들여왔고, 그 중 일부는 정치 자금으로 이용되기도 하였다."로 수정되었다.

순간은 자주 독립을 위한 시련의 출발점이기도 하였다."는 표현에 대해 민족사의 중요한 사건인 광복을 보다 긍정적으로 서술할 필요가 있다는 이유로 이를 "자주 독립 국가가 수립되지는 않았지만 광복을 공식적으로 확인하는 역사적 순간이었다." 등으로 수정할 것을 지시한 예가 있다. 이러한 예가 '객관적 사실'의 오기에 대한 수정이라고 할 수 있을 것인가? 그렇다면 '검정단계'에서는 이러한 표현이 왜 수정되지 않았던 것일까? 오히려 이 정도의 표현상의 차이가 '편향성'을 이유로 한 수정대상이 된다면 국정이 아닌 검정교과서 제도의 취지가 몰각되는 것은 아닐까? 그렇다면 이상과 같은 수정명령에 대해서는 사실적 기초에 대한 과장이나 가치중립성을 넘어서는, 과도한 검정권 행사를 들어 재량권의 일탈·남용을 인정할 여지는 없었을까? 검정제도와 저작활동은 별개의 것이라고 하더라도[45] 교과서 저작활동은 그 자체가 교과서로서의 사용을 목적으로 하는 이상 검정교과서의 저작자 판단을 수정하려면 일정한 경우 행정청이 그 수정 필요성을 논증하도록 할 필요성도 있는 것이 아닐까?[46] 필자로서는 현재 이에 대한 자신있는 판단을 하기가 어렵다. 이에 대한 판단은 특정한 사안에서 행정청의 재량 판단의 심사강도를 어떻게 형성할 것인가에 대한 세부적인 법리 과정에서 형성되어야 할 것

---

45) 검정제도는 저작과 관련한 기본권 보장과 별개라는 접근에는 의문이 없지 않다. 유사한 맥락에서 미국의 경우 다음과 같은 사례가 있다. 중고등학교 도서관에 학생들에게 적합하지 않은 비미국적이고 반기독교적인 도서가 비치되어 있다는 지적이 있자 관련 심사위원회의 온건한 권고를 무시하고 교육위원회가 해당 도서를 도서관에서 제거하도록 한 조치가 문제되었는데, 해당 도서가 도서관에 비치되지 않을 뿐 판매에는 전혀 지장이 없음에도 불구하고 대법원은 이 문제의 경우 헌법적 가치가 관련된 사안이므로 교육위원회의 재량에도 불구하고 법원이 개입하여야 한다고 적극적인 판단을 한 바 있다. Board of Education of the Island Trees Union Free School District No. 26, N.Y v. Pico, 457 U.S. 853(1982). 이순태, 앞의 논문, 41-42면에서 재인용.

46) 가령 학계의 다수의견이 존재함에도 불구하고 소수의 견해를 이용하여 수정의견을 제시한 것이라면 그 견해의 타당성에 대한 증명이 없는 한 재량권의 일탈·남용으로 볼 수 있을 것이다.

으로 생각된다.

다. 실체적 위법 판단의 절차관련성

행정처분의 요건을 불확정개념으로 정하면서 그 적용·포섭을 합의제위원회에 맡기고 있는 유형군은 행정처분에 대해 재량 또는 판단여지를 인정하는 대표적인 유형군으로 분류되기도 한다.[47] 행정결정이 고도의 독립성을 바탕으로 세계관적 가치관의 대립 속에서 가치 간의 균형점을 위원회에서 추구하도록 하기 위한 취지인 경우에는 특히 그러하다. 그런데 이러한 영역에 대해 재량 또는 판단여지를 인정하는 것은 다른 차원에서 이러한 영역에서 적법한 절차의 보장 여부를 해당 처분의 위법 여부 판단에서 더욱 적절히 통제할 필요가 있다는 의미이기도 할 것이다. 즉 해당 결정을 하는 위원회의 구조가 전문적이고 가치 다원적 판단을 균형 있게 할 수 있는 전문성·독립성·투명성을 확보하고 있는지, 위원회의 구성과 그 결정과정 내지 절차가 특별히 투명하고 정형화되어 있는지, 위원회의 구성이 적절하고 실제에 있어서도 입법목적을 달성할 수 있는 방식으로 운영되고 있는지 등이 평가되어야 실체적 판단의 완화를 보완할 수 있을 것이다.[48]

이러한 점은 이 사건 검정절차 및 수정명령의 경우에도 마찬가지이다. 검정 및 수정명령의 심사기준이 불확정적으로 규율되어 있을수록 이를 심의하는 위원회의 절차가 해당 제도의 헌법적 취지와 관련 기본권의 보장이 이루어지도록 운영되는지 여부가 사법심사에서 반영되어야 할 것이다. 대상판결이 심의위원회에 준하는 절차를 수정명령에 요구한 것도 그러한 취지에서 적법한 행정절차에 대한 헌법원리를 구현한 것으로 볼 수 있다. 관련 위원회 명단 정보공개에 관한 청구소송에서 드러난 바와 같이 교육부장관이 심의위원회를 대신하여 운영한 전문가위원회의

47) 자세히는, 김태호, 앞의 글, 14면 이하 참조.
48) 김태호, 위의 글, 14면.

경우 절차적 전문성, 독립성, 투명성을 보장하는 절차로 보기 어려웠기 때문이다. 이러한 점은 적법한 행정절차의 헌법원리가 행정통제에 있어서 실체적 하자 판단과 상보적인 관계에 있을 수 있음을 보여주는 예이다. 절차적 대상판결 이후에 있었던 역사교과서 수정명령에 관한 별도 사건에서의 서울행정법원 판결은 이를 잘 보여준다. 행정청이 행한 수정심의회의 위원 선정방식 및 위원의 구성, 수정심의회의 소집절차와 심의방식이 교과서 검정에 관한 '교과용도서심의회의 심의에 준하는 절차'에 '준하는 절차'로서 충분하다는 판단을 한 다음, 해당 수정명령은 적법하다는 판단을 한 것이다.[49] 이 결과는 적법한 행정절차에 대한 요청이 갖는 기능과 한계를 함께 드러낸 것이라 할 수 있겠다.

V. 맺으며

법원의 법해석 방법론이 어떤 경향을 보이고 있는지에 대해서는 견해가 다를 수 있다. 대법원의 법해석을 놓고서도 목적론적 법해석의 경향을 보인다며 이를 비판하는 견해가 있는가 하면,[50] 정반대로 판결이 문언중심적 법해석이 주를 이루고 예외적으로 목적론적 법해석을 한다고 비판하는 견해도 있다.[51] 아마도 그러한 분석의 차이는 법원이 사회적으로 논란이 되는 여러 사건들에서 늘 일관된 해석기준을 제시하는 것이 아니기 때문에 분석자의 관심이 향하고 있는 판결이 어디에 있는가에 따른 차이일런지도 모른다.

기실 대상판결의 절차 위반의 판단이 적법한 행정절차 원리의 적용에 대한 법리화 시도의 맥락에서 나왔는지, 개별 구체적 사안의 일회적

49) 서울행정법원 2015. 4. 2. 선고 2013구합29605 판결.

50) 오세혁, 한국에서의 법령해석-우리나라 법원의 해석방법론에 대한 비판적 분석, 27면.

51) 최봉철, 문언중심적 법해석론 비판, 151-152면.

해결을 의도한 것인지 분명한 것은 아니다. 그럼에도, 이 글은 적법한 행정절차의 법적 원리가 규범력을 가질 수 있도록 법리화를 하는 데 필요한 제반 요소들을 이론적으로 검토하는 소재가 될 수 있다고 본 것이다.

결론에 있어 필자는 대상판결을 지지하였다. 대상판결은 적어도 부당한 결과 회피 원리(absurd results principle)[52]를 고려하면서 법해석·적용의 방식에 있어서 법해석자가 자신이 마치 진공상태에 존재하는 것처럼 법텍스트의 문언을 기계적으로 해석하지 아니하고 법텍스트 및 주어진 사건에서의 시대적 맥락(현실적 맥락, 가치관의 맥락 등)을 반영하여 법적 판단의 정합성 또는 통합성(integrity)을 도모한 법해석을 하려 시도한 것으로 보이기 때문이다.[53]

52) 이에 대해서는, 김도균, 우리 대법원 법해석론의 전환: 로널드 드워킨의 눈으로 읽기: 법의 통일성을 향하여, 법철학연구 13권 1호, 2010. 4., 106면 이하 참조.

53) 사회적 맥락을 반영하고 통합적 법해석에 대해서는, 김도균, 위의 글, 89－132면을 참조.

참고문헌

강승식, 적법절차에 관한 연구, 토지공법연구 40집, 2008, 183-191면.

길준규, 적정절차, 우리 행정법에서도 유효한가? 한양법학 34집, 2011. 5, 11-34면.

김광수, 미국 행정절차법 연구: 미국 행정법상 절차적 권리의 유효사거리에 관하여, 행정법연구 12호, 2004, 273-310면.

김도균, 우리 대법원 법해석론의 전환: 로널드 드워킨의 눈으로 읽기: 법의 통일성을 향하여, 법철학연구 13권 1호, 2010. 4., 89-132면.

김도균 편, 한국 법질서와 법해석론, 세창출판사 2013.

김성수, 일반행정법, 제7판, 2014, 122-125면.

김유환, 교과서 국정 및 검·인정제도의 법적 문제, 한국교육법연구 제8집 제1호, 2005. 2. 1-23면.

김철용, 처분의 근거·이유제시의 정도, 행정판례평선, 2011, 362-373면.

김태호, 행정처분 요건에 존재하는 불확정개념과 그 사법심사, 대법원 특별소송실무연구회 발표문(2014. 9. 1.), 1-26면.

김현귀, 헌법상 절차적 적법절차원리에 관한 연구, 헌법재판연구원 2014.

신현직, 교육의 자주성, 전문성, 정치적 중립성의 법리, 교육법학연구 11호(1999. 12.), 153-169면.

오세혁, 한국에서의 법령해석-우리나라 법원의 해석방법론에 대한 비판적 분석, 김도균 편, 위의 책, 3-32.

오준근, 행정절차법, 1998.

이순태, 교과서검정소송의 사법심사에 관한 연구, 부산대학교 석사학위논문, 1996.

윤영미, 절차적 적법절차의 적용방법, 안암법학 제25권, 2007. 11., 99-124면.

임지봉, 적법절차조항의 우리 헌법에의 도입과 운영, 헌법학연구 제11권 제3호, 2005.
정영철, 행정법의 일반원칙으로서의 적법절차원칙, 공법연구 제42집 제1호, 2013. 10., 579－613면.
조원경, 재량과 판단여지의 구분, 행정판례평선, 2011, 208－215면.
최봉철, 문언중심적 법해석론 비판, 김도균 편, 위의 책, 33－55면.
홍정선, 중학교 2종 교과서 검정처분 취소 청구 사건, 사법행정 35권 7호, 1994.
홍준형 · 김성수 · 김유환, 행정절차법 제정 연구, 1995.
阿部泰隆, 教科書検定の'裁量'と司法審査, 法律時報 64巻 8号, 1992, 6－15.
Breyer/Stewart/Sunstein/Vermeule/Herz, Administrative Law and Regulatory Policy－Problems, Text and Cases, 7th ed., 2011.
Chemerinsky, Constitutional Law－Principles and Policies, 3nd ed. 2006.
Hoffmann－Riem/Schmidt－Aßmann(Hrsg.), Verwaltungsverfahren und Verwaltungs verfahrensgesetz, Nomos 2003.
MacCormik, Neil/Summers, Robert(박정훈 역), 해석과 정당화(상), 법철학연구 제5권 2호, 2002, 187－210면.
Mashaw, Jerry L., "The Supreme Court's Due Process Calculus for Administrative Adjudication: Three Factors in Search of a Theory of Value"(1976), Faculty Scholarship Series, Paper 1157.
Mashaw/Merrill/Shane, Administrative Law, 5th ed., 2003.
Würtenburger, Thomas (박정훈 역), 행정소송법과 행정절차법의 관계, 서울대학교법학 45권 1호, 2004. 3., 176－194면.

국문초록

본고는 검정을 통과한 고등학교 역사교과서 내용을 고치도록 한 교육부장관의 수정명령을 취소한 대법원 판결(대판 2013. 2. 15, 2011두21485)을 글감으로 하여 구체적 사안에서 적법한 행정절차원리의 해석·적용과 그 규범력에 관한 법리적 정립 필요성을 검토한 글이다.

대법원 판결은 실체적 적법 여부에 대한 판단 이전에 교과서 수정명령이 갖춰야 할 절차를 위반하였다는 이유로 수정명령을 취소하였는데, 문제는 문리해석상 검정도서의 수정명령에 대해서는 법령상 명문의 절차적 규정이 존재하지 않았다는 데 있었다. 그럼에도 위 판결은, 헌법 등에 근거를 둔 "교육의 자주성·전문성·정치적 중립성 및 교과용도서에 관한 검정제도의 취지"에 비추어 볼 때 "수정명령의 내용이 검정을 거친 내용을 실질적으로 변경하는 결과를 가져오는 경우에는 새로운 검정절차를 취하는 것과 마찬가지"라 할 수 있으므로 "검정절차상의 교과용도서심의회의 심의에 준하는 절차를 거쳐야 한다"고 판단한 바 있다.

이 글은, 판결의 결론에 찬동하면서도, 판결의 논리적 배경에 수정명령에 대한 적법절차적 고려가 있다는 점을 부각하고, 절차적 적법절차의 헌법원리가 갖는 개별 사례에서의 기능을 분석한다. 즉, 행정절차법 및 개별절차 규정의 해석에서 절차적 적법절차 원리는 어떤 기능을 하는지, 실정법상의 절차규정이 없거나 배제되거나 불충분하다면 헌법상 적법절차원리로부터 곧바로 검정 및 수정명령에 대한 절차적 요청을 근거 짓는 재판규범으로서의 규범력을 인정할 수 있는가를 검토한다.

이 글의 결론으로서 제시하는 법리적 제안은, 적법한 또는 적정한 행정절차의 헌법적 원리는 제반 헌법적 가치와의 이익형량 속에서 적용되어야 할 법원리로 이해할 수 있으며, 불충분한 실정절차 규정을 보완할 경우에는 실정 법령해석의 원리로서, 실정절차 규정의 흠결을 보완해야 할 특별한 사정이 있는 경우에는 다른 실체적인 헌법가치를 실현하기 위한 필요성 등이 있는지 등의 형량을 거쳐 예외적으로 입법 및 행정통제의 재판규범으로서 직접 적용될 수 있다.

주제어: 헌법상 적법절차, 적법(적정한) 행정절차, 법원리, 검정교과서, 교육의 중립성, 교과서 수정명령, 행정절차법, 절차적 위법, 규범의 근거 지움, 헌법원리의 규범력

Abstract

Normative Application and Effectiveness of the 'Procedural Due Process' Principle: A Case Study on the Ministry of Education's Modification Order to Amend High School History Textbook

Kim, Tae-Ho*

The Supreme Court (S.C.) of Korea has canceled the Ministry of Education's modification order which requires to amend the contents of the high school history textbook. The S.C. simply decides that the order deviated 'procedural legality' without judging whether it satisfied substantial legality or not. The problem, however, is no explicit procedural rules exist nor literally interpretation could possibly been drawn against the modification order of the screened textbooks.

Despite the nonexistence of explicit procedural rules, the S.C. says that if "the modification brings about a substantial alteration of the contents, it is same to take a new screening procedure" that "the modification order should also go through processes corresponding to that of the Curriculum Books Deliberation Committee's consideration" based on "the purpose of the textbook screening system that emphasizes autonomy, professionality, political impartiality of education and the curriculum books. Such an administrative textbook screening or certification should be done by a separate and impartial committee. And the committee should ensure to undergo a procedural deliberation

---

* Lecturer, School of Law, SNU

that a textbook modification order scrutinized throughout sufficient procedures."

While consenting the S.C. decision, the author highlights how the S.C. has considered 'procedural legality' in its reasoning and examines the function of the 'procedural due process' – as one of the constitutional principle – by individual cases.

The author conclusively theorizes that constitutional principles, such as legitimate or appropriate principles in administrative proceedings, should be construed as fundamental legal principles, while constitutional balancing test as a legal interpretation principle can be exceptionally applied when necessary for the legislative or administrative control, like this study shows in case of political impartiality of education. The author also argues that the balancing test is analogous to the principles applied in Mathews v. Eldrige (424 U.S. 319 (1976)).

Keywords: procedural due process, due process in administrative proceedings, administrative procedural law (APA), certification of textbook, high school history textbook, political impartiality of education, modification order of the textbook, procedural illegality, legal reasoning of normative application, legal effectiveness of constitutional principles

투 고 일: 2015. 5. 25
심 사 일: 2015. 6. 15
게재확정일: 2015. 6. 19

行政爭訟一般

「공공감사에 관한 법률」상의 재심의신청의 법적 성격과 제소기간/兪珍式

「공공감사에 관한 법률」상의 재심의신청의 법적 성격과 제소기간

俞珍式*

대상판결: 대법원 2014. 4. 24. 선고 2013두10809 판결

Ⅰ. 사건의 개요

원고, X는 1977. 6. 20. 설립인가를 받아 B여자고등학교를 운영 중인 사립학교 법인이다. 광주광역시의회는 2011. 7. 18.부터 같은 해 8. 10.까지 B고등학교에 대한 행정사무조사 특정감사를 실시하여 4건의 분할 수의계약, 2건의 공개견적(G2B) 미실시, 2건의 건설 도급업자 부적정 선정, 교육청 지원예산을 이용한 법인재산 조성적 사업금지 위반, 도장공사 과다설계(합계 13,311,000원), 감사결과에 대한 학교장 및 행정실장의 확인서 서명 거부 등을 지적하였다.

* 전북대학교 법학전문대학원, 교수

이에 피고, Y(광주시교육감)는 2011. 9. 7. X에 대하여 광주광역시교육청 행정감사 규정(이하 '이 사건 규정'이라 한다) 제14조 에 따라 과다 설계·지급된 공사비 13,311,000원의 회수조치 및 B고등학교 교장 C, 같은 학교 행정실장 D에 대한 각 징계(해임)를 요구하는 처분(이하 '이 사건 처분'이라 한다)을 하였다.

X는 2011. 9. 8. 이 사건 처분을 문서로 송달받고, 2011. 10. 6. Y에게 이 사건 규정 제16조 에 따라 이의신청을 하였는데, Y가 2011. 12. 23. 이를 기각하자 2012. 1. 9. 이 사건 소를 제기하였다.

Ⅱ. 재판의 경과

1. 제1심(광주지방법원 2013. 1. 17. 선고 2012구합102 판결)

「공공감시에 관한 법률 제25조에 의하면, 자체감사를 한 중앙행정기관등의 장으로부터 감사결과를 통보받은 자체감사 대상기관의 장은 그 감사결과가 위법 또는 부당하다고 인정할 때에는 그 통보를 받은 날부터 1개월 이내에 통보를 한 중앙행정기관등의 장에게 재심의를 신청할 수 있고(제1항 본문), 재심의를 신청받은 중앙행정기관등의 장은 지체없이 자체감사기구에 재심의신청을 검토하게 하되 재심의신청이 요건을 갖추지 못하였을 때에는 각하하며(제3항), 같은 법 시행령 제15조 제2항 제4호는 재심의신청의 각하사유 중 하나로 '행정심판(다른 법률에 따른 특별행정심판을 포함한다), 심사청구, 소송 등을 통하여 확정된 사안인 경우'를 들고 있다. 또한 이 사건 규정 제16조에 의하면, 자체감사 대상기관의 장 또는 공무원 등은 감사결과에 따른 교육감의 처분 요구에 이의가 있는 경우 그 요구를 받은 날부터 1개월 이내에 교육감에게 이의신청을 할 수 있고(제1항),그에 대해 교육감은 특별한 사유가 있는 경우를 제외하고는 이의신청서가 접수된 날부터 2개월 이내에 이를 처리하여야 한다(제2항).

위 법령 규정들을 종합하여 볼 때, 재심의신청 내지 이의신청은 자체감사를 실시한 중앙행정기관등의 장으로 하여금 감사결과나 그에 따른 요구사항의 적법. 타당 여부를 스스로 다시 심사하도록 한 절차로서, 행정심판법상의 행정심판이나 다른 법률에 따른 특별행정심판과 달리 취급되고 있을 뿐만 아니라 위 요구사항에 대한 취소소송을 제기하기에 앞서 반드시 거쳐야 하는 전심절차로 규정되어 있지도 않으므로 재심의신청 내지 이의신청에 대해 행정소송법에서 정한 행정심판을 거친 경우의 제소기간의 특례가 적용된다고 할 수 없고, 따라서 재심의신청 내지 이의신청에 대한 결과를 통지받은 날부터 취소소송의 제소기간이 기산된다고 할 수는 없다(대법원 2012.11.15. 선고 2010두8676 판결 참조).

결국 이 사건 소는 원고가 이 사건 처분이 있음을 알았다고 인정되는 2011.9.8.로 부터 90일이 지난 후인 2012.1.9.에 제기되었으므로, 제소기간을 도과하여 부적법하다.」

2. 원심(原審)(광주고등법원 2013. 4. 25. 선고 2013누368 판결)

원심(原審)도 제1심판결의 내용을 그대로 원용하여 항소를 기각하였다.

3. 대상판결

대상판결 역시 아래와 같은 판지(判旨)로 원심의 판단을 유지하였다.
「행정소송법 제20조 제1항 에 따르면, 취소소송은 처분 등이 있음을 안 날부터 90일 이내에 제기하여야 하는데, 행정심판청구를 할 수 있는 경우에 행정심판청구가 있은 때의 기간은 재결서의 정본을 송달받은 날부터 기산한다. 이처럼 취소소송의 제소기간을 제한함으로써 처분 등을 둘러싼 법률관계의 안정과 신속한 확정을 도모하려는 입법 취지에 비추어 볼 때, 여기서 말하는 '행정심판'은 행정심판법에 따른 일반행정심판과 이에 대한 특례로서 다른 법률에서 사안의 전문성과 특수성을 살리기 위하여 특히 필요하여 일반행정심판을 갈음하는 특별한 행정불복절차를 정한 경우의 특별행정심판(행정심판법 제4조)을 뜻한다.」

「원심은, … 인정한 다음, 공공감사법상의 재심의신청 및 이 사건 감사규정상의 이의신청은 자체감사를 실시한 중앙행정기관 등의 장으로 하여금 감사결과나 그에 따른 요구사항의 적법·타당 여부를 스스로 다시 심사하도록 한 절차로서 행정심판을 거친 경우의 제소기간의 특례가 적용된다고 할 수 없다고 보고, 이의신청에 대한 결과통지일이 아니라 원고가 이 사건 처분이 있음을 알았다고 인정되는 2011. 9. 8.부터 제소기간을 기산하여 이 사건 소가 그 기간의 도과로 부적법하다고 판단하였다.

앞서 본 법리와 공공감사법상의 재심의신청과 이 사건 감사규정상의 이의신청에 관한 관련 규정에 비추어 보면, 이러한 원심판단은 정당하고, 거기에 상고이유로 주장한 것과 같은 법리를 오해한 위법이 없다.

Ⅲ. 평석

1. 분석의 시각

현행법상 이의신청을 비롯한 심사청구, 재심사청구 그리고 재검사[1] 등 정식의 절차인 행정심판에 해당하지 않는 행정불복제도가 실정법상에 난립하고 있다는 사실에 대해서는 다시 설명할 필요가 없을 것이다. 그리고 이들 제도와 행정심판, 행정소송과의 관계의 정합성을 모색하기 위한 연구도 상당한 수를 헤아리고 있으며[2] 이러한 노력의 결과 문제의 해결에 상당히 접근해 가고 있다고 말할 수 있다. 특히, 2014년에 국민권익위원회가 발간한 보고서는 이의신청 등의 제도를 채용하고 있는 개별법률을 분석하여 이들을 특별행정심판, 개별법에 따른 간이불복절차 그리고 행정절차의 특례의 세 카테고리로 나누고 이를 바탕으로 입법론과 해석론을 전개하는 방법론을 전개하고 있다.[3] 이 방법론이 돋보이는 것은 단순히 행정불복제도 등에 관한 일반이론에 바탕하여 문제해결을 모색하는 것이 아니라 개별법(=실정법)상의 규정을 분석하여 이

---

1) 산림기본법 제96조(재검사) ① 제88조에 따라 검사한 결과에 불복하는 자는 그 결과를 통지받은 날부터 14일 이내에 해양수산부장관에게 재검사를 신청할 수 있다.

2) 대표적인 것으로 몇 가지 소개하면 다음과 같다.
김남철, 행정심판과 행정절차제도와의 조화방안, 법학연구(부산대 법학연구소), 제53권 제4호(2012. 1)
김광수 · 박정훈, 행정심판·행정소송·행정절차제도의 조화방안 연구(국민권익위원회 보고서)(2012. 8)
김현준 · 정하중, 행정심판 체계 정비방안에 관한 연구(국민권익위원회 보고서)(2013. 11)
박정훈, 행정심판법의 구조와 기능, 행정법연구(2004년 하반기)
박정훈, 행정심판의 기능－권리구제기능과 자기통제기능의 조화－, 행정법연구(2006년 상반기)
신봉기, 특별행정심판의 개념과 허용요건, 법학논고(경북대) 제32집(2010.2.)
심태규, 개별공시지가에 대하여 이의가 있는 자가 행정심판을 거쳐 행정소송을 제기하는 경우 제소기간의 기산점, 대법원판례해설 제84호(2010년 상)
정형근, 개정 행정심판법의 주요쟁점에 관한 검토, 행정법연구 제27호(2010.8)
최계영 · 김용섭 · 김병기, 특별한 행정불복 절차 및 행정심판절차 특례 설치요건 등에 관한 연구(국민권익위원회 보고서)(2014. 10)
하명호, 행정심판의 개념과 범위—역사적 전개를 중심으로 한 해석론—, 인권과 정의(2014. 11)

3) 최계영 · 김용섭 · 김병기, 특별한 행정불복 절차 및 행정심판절차 특례 설치요건 등에 관한 연구(국민권익위원회 보고서)(2014. 10), 34－61쪽.

에 대한 해답을 찾으려고 하고 있다는 점이다. 그러나 이 방법론 역시 다음과 같은 점을 충분히 고려하지 않고 있다는 점에서 한계를 지니고 있다.

1980년 준사법절차로서의 행정심판법에 관한 제5공화국 헌법 제108조 3항[4]이 규정된 것을 시작으로 1984년 소원법을 대신한 행정심판법의 제정, 같은 해, 1951년에 제정된 구행정소송법을 대폭 개정하여 등장한 신행정소송법 그리고 마침내 1996년에 행정절차법이 제정[5]됨으로써 현재 이들은 행정법에서의 정식절차로 자리를 잡았다. 이들 법제정비의 의미는 특별한 이유가 없는 한 행정절차법에 근거하여 처분을 하고 이에 불복하는 경우 행정심판과 행정소송절차를 거쳐서 문제를 해결하라는 이야기이다.[6] 즉, 이들 정식절차를 우회하는(양립하는) 제도를 만들지 말 것과 현재 난립하고 있는 이의신청 등의 제도를 가능한 한 정식절차 내에서 소화하라는 의미를 갖는다.[7] 실정법상에서 전자(前者)의 예를 찾아보면 「민원사무처리에 관한 법률」상의 이의신청제도, 「부패방지 및 국민권익위원회의 설치와 운영에 관한 법률」상의 고충민원처리제도 그리고 「감사원법」상의 심사청구제도 등이 이에 해당한다고 할 수 있다.[8] 이들 제도는 행정심판법에서 취급하는 사안을 훨씬 완화된 조건

---

4) 이들 정식절차의 성립에 있어서 빠뜨릴 수 없는 사항이 1980년에 제정된 제5공화국 헌법 제108조 3항에 규정된 준사법절차로서의 행정심판에 관한 것이다. 이 조항의 제정에 따라 행정심판법의 절차의 기준이 마련되었다고 볼 수 있다.

5) 이들 정식절차 가운데 행정절차법이 가장 늦게 제정되었는데 그것은 대륙법계의 전통을 이어 받은 한국행정법이 상대적으로 행정절차에 관심이 낮았다는 것을 시사한다.

6) 현행 행정소송법 제19조 단서에서 재결취소소송의 대상으로 행정심판(특별행정심판을 포함)의 재결에 한정하여 이의신청 등의 재결을 배제하고 있는 것도 위와 같은 취지라고 할 것이다. 행정소송법 제2조 제1항 제1호도 참조.

7) 졸고, 행정불복제도를 통해 본 한국법의 단면(斷面), 법제(2015. 6), 106-112쪽.

8) 따라서 이들 제도의 존재는 '분쟁해결의 1회성의 요청'에 반하기 때문에 이들은 가능한 한 행정심판법에 흡수 통합하고 궁극적으로 폐지되어야 한다. 小早川光郎´ 一事不再理´ 行政判例百選 I (1999年2月)´ 161쪽.

에서 다루는 시혜를 베풀고 있다. 후자에 대하여 설명하면 불이익처분의 경우 행정절차법에서 청문을 거친 경우에는 이의신청을 허용하지 않는다든가[9] 신청에 대한 처분의 경우[10] 거부처분을 하는 경우에는 처분을 하기 전에 의견청취절차를 거침으로서 이에 대한 이의신청제도를 두지 않는 방법 등을 말하는 것이다.

또 한 가지는 이의신청 등 난립하는 행정불복제도를 둘러싸고 발생하는 법문제에 대하여 종래의 연구와 판례가 접근하는 방법론의 문제이다. 이들 대표적인 법문제는, 다 알다시피, 이의신청 등을 거친 경우 행정심판과의 관계는 어떻게 되며 또 행정소송을 제기하는 경우 제소기간의 산정을 어떻게 해야 하는가 하는 점들이다. 이 점에 대하여 종래의 연구와 판례는 이의신청 등이 행정심판법 제4조에서 규정하고 있는 특별행정심판에 해당하는가 하는 점에 중점을 두어 논의를 전개하는 것이 보통이다. 그러나 이와 같은 방법론은 다음과 같은 두 가지 차원의 문제가 있다. 첫째로 이의신청 등이 정식절차를 우회하는 제도에 해당하는 경우에 나타나는 문제점이다. 이 경우 해당 법규정에 규정된 이의신청 등의 절차는 행정심판절차에 비하여 약식으로 되어 있는 것이 보통이어서 판례는 이 이의신청 등이 특별행정심판절차에 해당하지 않고 따라서 소제기기간의 산정은 이의신청 등의 재결서가 송달된 날이 아니라 원처분을 기준으로 해야 한다는 입장을 유지하고 있다.[11] 그러나 이렇게 되면 이의신청 등의 절차가 신행되는 동안 쟁송기긴을 놓치게 되어 행정소송을 제기하지 못하는 경우가 많다.[12] 그러나 이 이의신청 등의 재결

9) 일본 행정절차법 第27조 제2항은 청문을 거친 처분의 경우 이의신청을 할 수 없도록 규정하고 있다.

10) 행정절자법 세22조는 신청에 대힌 처분에 대히어는 의견청취를 이무하하지 않고 있다(창원지방법원 2006. 2. 9. 선고 2005구합676 판결【건축허가신청불허가처분취소】, 참고).

11) 대법원 2012. 11. 15. 선고 2010두8676 판결【주택건설사업승인불허가처분취소등】 그리고 본고에서 취급하고 있는 대상판결도 같은 입장이다.

12) 이 점에 대하여 대법원 1993.12.24. 선고 92누17204 판결[개별토지가격결정처분

이 처분성이 있는 경우 위와 같은 해석은 불합리하다고 할 것이다. 물론 현행 행정소송법은 재결취소소송의 대상은 행정심판의 재결에 해당한다고 규정하고 있기 때문에(행정소송법 제19조 단서) 처분성이 있는 이의신청 등의 재결을 어떻게 취급할 것인가 하는 문제는 남는다(이 점에 대해서는 후술한다).[13] 둘째로 이의신청 등이 용어와는 달리 법적 성격이 처분으로 볼 수 있는 경우가 있다. 이 경우에는 법률에 특별한 규정이 없

취소」은 다음과 같이 지적하고 있다. 「이에 따라 재조사청구제도에 관하여 상세하게 규정하고 있는 위 훈령 제12조의2 규정을 행정심판법상의 행정심판제도와 비교하여 볼 때, 그 제1항은 행정심판법 제18조 제1항 소정의 행정심판청구기간(처분이 있음을 안 날로부터 60일)과 동일한 기간의 재조사청구기간을 두고 있고, 그 제2항은 행정심판법 제34조 제1항 소정의 재결기간(심판청구를 받은 날로부터 60일 이내)과 마찬가지로 재조사심의결정기간(재조사청구기간만료일로부터 30일 이내)을 두고 있으며, 그 제3항은 행정심판법 제32조, 제38조 소정의 재결의 구분 및 송달에 관한 규정과 거의 동일하게 재조사결과(재조사결과에 따른 개별토지가격의 조정, 재조사청구의 각하 또는 기각)의 통지에 관하여 규정하고 있는 한편, 그 제4항은 행정심판법 제19조 소정의 심판청구의 방식과 유사하게 재조사청구서식에 관하여 규정하고 있는바, 이러한 점 등을 고려할 때 토지소유자 및 이해관계인들로서는 개별토지가격결정과 아울러 공고된 재조사청구제도를 행정심판법 소정의 행정심판제도와는 별개의 행정심판제도로 오해할 우려가 크고, 따라서 만일 재조사절차만을 경유한 채 바로 행정소송을 제기한 것이 적법한 전심절차를 거치지 아니하여 부적법하다고 한다면 애매하게 규정된 위 훈령의 내용을 잘못 해석, 적용함으로 인한 불이익을 국민에게 전가하는 것이 되어 부당하기 때문이다.」

13) 하급심이기는 하지만 다음과 같이 행정소송법 제19조 단서의 재결을 포괄적으로 해석하는 판례가 있다. 「그런데 행정소송법 제19조는 본문에서 '취소소송은 처분 등을 대상으로 한다'고 하면서 단서에서 '재결취소소송의 경우에는 재결 자체에 고유한 위법이 있음을 이유로 하는 경우에 한한다.'고 규정하고 있다. 이는 행정소송법이 원처분주의를 취하면서 예외적으로 재결 자체에 대한 행정소송을 인정한 것으로 이해된다. 여기에서 말하는 재결이란 행정심판법에서 규정하고 있는 형식적 의미의 행정심판뿐만 아니라 이의신청, 심사청구, 심판청구 등 각 개별법규에서 규정하고 있는 행정기관이 행하는 모든 행정심판이 포함되는 개념이다.」(서울고등법원 2010.04.01. 선고 2009누27123 판결[주택건설사업승인불허가처분취소등]). 그러나 이 판지는 상고심(대법원 2012.11.15. 선고 2010두8676 판결[주택건설사업승인불허가처분취소등])에서 파기되었다.

는 한 행정심판을 제기하거나 행정소송을 제기할 수 있을 것이다.

이상에서 살펴본 것처럼 이의신청 등에 대하여 당해 법률에서 행정심판과 행정소송 등과의 관계에 대해서 명문의 규정을 두고 있지 않는 경우에는 먼저 당해 제도가 특별행정심판에 해당하는가를 살펴보고 만약 이에 해당하지 않는 경우에는 처분성이 있는 가의 여부를 판단하여야 할 것이다.[14]

이하에서는 위에서 언급한 점을 염두에 두고 「공공감사에 관한 법률」상의 자체감사제도와 동법상의 특정감사절차 등에 대하여 살펴본 후 대상판결에 대하여 언급하고자 한다.

---

14) 본고에 대한 게재심사에서 〈심사위원〉 한 분은 "본 대상판결은 교육감이 학교장과 직원에 대한 징계(해임)를 요구하는 처분에 대하여 학교법인이 취소소송을 제기한 것"인데 본고가 '공감법'상의 재심의(=이의)신청의 처분성유무를 논하는 것은 본건 판결의 대상처분을 잘못 파악하는 오류를 범하고 있다는 평을 하였다. 그러나 원고는 '공감법'상의 재심의(=이의)신청절차를 진행하는 과정에서 원처분에 대한 제소기간을 이미 놓쳤고, 거기에 판례는 재심의(=이의)신청이 "자체감사를 실시한 중앙행정기관등의 장으로 하여금 감사결과나 그에 따른 요구사항의 적법. 타당 여부를 스스로 다시 심사하도록 한 절차"라고 하여 이에 대하여 법적 효과를 인정하고 있지 않다. 이렇게 되면 원고에게는 사실상 구제의 길이 막히게 되기 때문에 이에 대한 타개책은 필연적으로 '공감법'상의 재심의(=이의)신청의 법적 효과의 유무, 즉 처분성유무에서 찾을 수밖에 없을 것이다(이 점에 대해서는 본고의 글 전체를 통하여 어느 정도 설명이 되었다고 생각한다). 그리고 또 하나의 지적사항은 '공감법'상의 재심의(=이의)신청이 '특별행정심판'에 해당하는가 하는 점에 대해서 논하지 않고 있다는 것이다. 그러나 본고에서 설명하고 있는 것처럼 '공감법'상의 재심의(=이의)신청제도는 매우 간략한 제도로 되어 있어 이것을 '특별행정심판제도'로 볼 수 없다는 것은 자명한 일이다(헌법 제107조 제3항이 규정하고 있는 '준사법절차'의 의미— 헌재 2000.6.1, 98헌바8, 헌재2001.6.28. 2000헌바30 결정을 소재로 하여—, 공법학연구 제13권 제4호(2012. 11), 참조). 대상판결은, 앞서 언급한 것처럼) 아예 이 재심의(=이의)신청제도가 법적 효력이 없는 절차라고 하고 있다.
그리고 더 나아가 행정심판 이외에 이의신청 등 구제절차가 난립하고 있는데 이에 대한 해결책으로는 기존의 접근법과는 다른 방법론이 필요하다는 것이 필자의 입장이며 이에 대한 시론적인 글을 이미 발표하였다(졸고, 행정불복제도를 통해 본 한국법의 단면(斷面), 법제(2015. 6), 참고).

2. 「공공감사에 관한 법률」상의 자체감사제도

「공공감사에 관한 법률」(이하, '공감법'이라 한다)상의 자체감사제도는 "타율적인 통제장치가 아니라 스스로에 의한 내부견제장치"15)를 활용함으로써 각 기관·단체의 자율성을 확보하는 것을 기본으로 하고 있다. 그리고 이 자율성을 바탕으로 감사제도를 적정하고 공정하게 운용함으로써 국민에 대한 책임성을 확보하고자 하는 것이 동제도의 목적이다('공감법' 제1조). 이 제도는 2010년 7월 1일부터 실시되고 있다.16) 이하에서 제도의 내용을 간단히 소개한다.

1) 적용대상기관

'공감법'이 적용되는 대상은 중앙행정기관, 지방자치단체 그리고 공공기관의 감사기구의 장이 소속되어 있는 기관(그 소속기관 및 소관단체포함)이다(동법 제2조 제1호, 제3조). 여기서 "중앙행정기관"이란 「정부조직법」 제2조에 따른 부 · 처 · 청과 감사원, 국가인권위원회, 국민권익위원회, 공정거래위원회, 금융위원회, 방송통신위원회 및 그 밖에 대통령령으로 정하는 기관을 말한다. 그리고 "지방자치단체"에는 특별시 · 광역시 · 도(제주특별자치도를 제외한다. 이하 같다) · 시 · 군 · 자치구 및 특별시 · 광역시 ·도의 교육청이 포함되어 있다. 본 건에서 사립학교법인 홍복학원이 감사의 대상이 된 것은 교육청의 소관 하에 있기 때문이다. 마지막으로 공공기관이란 "「공공기관의 운영에 관한 법률」 제4조에 따라 지정된 기관(같은 법 제5조제4항에 따른 기타공공기관으로서 직원의 정원이 100명 미만인 기관은 제외한다)과 「감사원법」 제22조제1항 및 제23조에 따른 감사원 감사의 대상기관으로서 대통령령으로 정하는 기관 또는 단체"를 말하고

15) 오영균, 지방자치단체 자체감사 개념 및 개선과제에 관한 연구－공공감사에 관한 법률을 중심으로—, 한국사회와 행정연구 제23권 제2호(2012. 8), 306쪽.

16) '공감법'의 제정배경에 대해서도, 오영균, 상게논문, 313－314쪽, 참조.

있다.

2) 자체감사의 운영체계

(1) 자체감사기구

자체감사는 감사의 주체인 중앙행정기관 등에 설치된 '자체감사기구'에 의하여 수행된다('공감법' 제5조 제1항). 그리고 관계법령, 조례 또는 정관으로 정하는 바에 따라 자체감사기구를 합의제로 운영할 수 있다(동법 제5조 제2항). 한편 자체감사를 전담하는 자체감사기구를 두는 중앙행정기관 및 지방자치단체는 감사기구의 장을 임기 2-5년의 범위에서 개방형직위로 임용한다(동법 제8조 제1항, 제9조 제1항). 그리고 '공감법'은 자체감사활동에서 감사기구의 장의 독립성을 최대한으로 보장하기 위하여 소속을 적정하게 정하도록 하고 있다(동법 제7조). 또한 감사주체의 장 또는 감사기구의 장의 자문에 응하기 위하여 대통령령으로 정하는 바에 따라 감사자문위원회를 둘 수 있다(동법 제5조 제3항).

그리고 실제로 감사는 "감사업무에 대한 전문성과 그 직무수행에 필요한 자질과 적성을 갖춘" 감사담당자가 수행한다(동법 제16조-제18조).

(2) 자체감사의 종류

'공감법'상의 자체감사의 종류는 다음과 같다(다만, 중앙행정기관 등의 업무의 특성에 따라 달라질 수 있다)(동법 제19조 제2항, 동법시행령 제10조).

① 종합감사: 자체감사 대상기관의 주기능·주임무 및 조직·인사·예산 등 업무 전반의 적법성·타당성 등을 점검하기 위하여 실시하는 감사

② 특정감사: 특정한 업무·사업·자금 등에 대하여 문제점을 파악하여 원인과 책임 소재를 규명하고 개선대책을 마련하기 위하여 실시하는 감사

③ 재무감사: 예산의 운용실태 및 회계처리의 적정성 여부 등에 대한 검토와 확인을 위주로 실시하는 감사

④ 성과감사: 특정한 정책·사업·조직·기능 등에 대한 경제성·능률성·효과성의 분석과 평가를 위주로 실시하는 감사

⑤ 복무감사: 자체감사 대상기관에 속한 사람의 복무의무 위반, 비위(非違) 사실, 근무실태 점검 등을 목적으로 실시하는 감사

3. 특정감사절차의 구조

자체감사절차는 '공감법'을 기본으로 하여 각 자체감사주체가 정하는 규정 등(대개는 훈령형식)에 따라 진행된다. 그렇기 때문에 자체감사절차는 감사의 주체가 누구이냐에 따라 조금씩 다르게 나타난다. 본 건에서 문제가 되고 있는 특정감사절차도 마찬가지이다. 이하에서는 '공감법'과 '광주광역시교육청 행정감사규정'(광주광역시교육훈령 제124호)을 바탕으로 하여 특정감사절차의 구조에 대하여 살펴보기로 하자.

1) 감사계획의 수립

자체감사는 감사기구의 장이 자체감사 대상기관에 대하여 수립한 감사계획에 따라 진행된다('공감법' 제19조, 동법시행령 제11조). 이 감사계획에는 ① 감사사항, ② 감사의 목적 및 필요성, ③ 감사의 종류와 감사대상기관 또는 대상부서, ④ 감사의 범위, ⑤ 감사 실시 기간과 인원 그리고 ⑥ 그 밖에 감사에 필요한 사항이 포함되어 있다(동법시행령 제11조 제1항). 광주광역시 교육청의 경우에도 매년 초 위와 같은 감사계획을 수립하여 자체감사대상기관의 장에게 통보하고 있다(동 행정감사규정 제6조 제1항).

2) 감사계획의 통보

감사기구의 장은 특정감사실시예정일 7일 전까지 감사계획의 주요내용(① 감사사항, ② 감사의 종류와 감사 대상기관 또는 대상부서, ③ 감사의

범위, ④ 감사실시 기간과 인원)을 자체감사대상기관의 장에게 통보하도록 되어 있다(동법시행령 제12조 제1항 본문, '광주광역시교육청 행정감사규정' 제6조 제2항 본문). 다만, 「신속히 감사를 하여야 할 긴급한 사정이 있거나 감사의 실효성을 거두기 위하여 부득이한 경우」(동법시행령 제12조 제1항 단서)에는 통보를 생략할 수 있다('광주광역시교육청 행정감사규정' 제6조 제2항 단서). 만약 감사계획통보 이후 감사계획을 변경하였을 때에는 그 내용을 자체감사 대상기관의 장에게 지체 없이 통보하도록 되어 있다(동법시행령 제12조 제2항).

또한 감사주체의 장은 특정사건에 대한 조사를 개시한 후(종료 후에도 마찬가지) 10일 이내에 자체감사 대상기관의 장에게 그 사실을 통보해야 한다(동법 제24조 제1항, 동법시행령 제14조). 이 조사개시의 통보가 있게 되면 자체감사 대상기관의 장은 감사가 진행 중인 특정사건에 대하여는 조사개시의 통보를 받은 날부터 징계 또는 문책 절차를 진행할 수 없게 된다(동법 제24조 제2항).

3) 감사에 필요한 자료의 수집 및 의견청취

감사에 필요한 자료의 수집은 주로 감사반[17]이 자체감사대상기관에 직접 찾아가거나 자체감사대상기관의 장으로부터 관계서류·장부 및 물품 등을 제출받거나 그 소속공무원이나 직원의 출석·답변을 듣는 방법으로 이루어진다('광주광역시교육청 행정감사규정' 제7조 제1항, 제2항, 제9조 제1항 제1호, 제2호). 이 과정에서 전산정보시스템에 입력된 자료를 조사하거나 금고·창고·장부 및 물품 등에 대하여 봉인(封人)을 요구할 수 있다('광주광역시교육청 행정감사규정' 제9조 제1항 제3호, 제4호).

그리고 의견청취는 위의 출석·답변 이외에 다음과 같은 확인서,

17) 광주광역시교육청의 경우 감사반은 감사담당공무원으로 구성되는 데 필요한 경우에는 교육감 소속 공무원을 포함되기도 한다('광주광역시교육청 행정감사규정' 제7조 제3항).

문답서 그리고 질문서 등을 통하여 이루어진다. 먼저 확인서인데 감사반은 감사결과 처리가 필요한 사항의 증거를 보강하기 위하여 필요한 경우에 관계자로부터 관련 사항에 대한 사실관계 등을 기술한 확인서를 받을 수 있다('광주광역시교육청 행정감사규정' 제10조). 그리고 감사반은 감사결과 확인된 사안이 변상 또는 징계사유에 해당되거나 그 밖에 중요 사안과 관련되어 그 책임 소재와 한계를 분명히 하고 행위의 동기 · 배경 또는 변명을 듣기 위하여 필요한 경우에는 문답서를 작성한다('광주광역시교육청 행정감사규정' 제11조). 마지막으로 감사반은 감사결과 위법·부당하다고 인정되는 사항과 사무처리의 내용이 분명하지 않은 사항 등에 대하여 설명·변명 또는 처리대책 등의 의견을 구하기 위하여 질문서를 보내고 답변서를 받을 수 있다('광주광역시교육청 행정감사규정' 제12조). 위의 확인서, 문답서 그리고 질문서는 의견청취의 방법이기도 하지만 감사자료의 수집과정임은 말할 것도 없다.

그리고 의견청취절차와 관련하여 언급해야할 사항은 '적극행정에 대한 면책제도'이다(다만, 이 제도는 2015년 2월 3일부터 시행되고 있기 때문에 본 건과는 직접 관계가 없다). 이 제도는 「자체감사를 받는 사람이 불합리한 규제의 개선 등 공공의 이익을 위하여 업무를 적극적으로 처리한 결과에 대하여 그의 행위에 고의나 중대한 과실이 없는 경우에는 이 법에 따른 징계 요구 또는 문책 요구 등 책임을 묻지」 않는 제도이다('공감법' 제23조의 2, 동법시행령 제13조의 3, 제13조의 4). 이 과정에서 자체감사 대상기관의 장 또는 자체감사를 받는 사람은 적극행정면책 신청서에 적극행정면책 사유를 소명하기 위한 증거자료 등을 첨부하여 자체감사가 종료된 후 감사기구의 장에게 제출할 수 있다(동법시행령 제13조의 4 제1항).

4) 감사결과의 처리

감사가 종료되면 감사주체는 10일 이내에 자체감사 대상기관의 장에게 그 사실을 통보하여야 한다('공감법' 제24조 제1항). 감사결과 지적된 위법·부당한 사항 중 그 내용이 경미하고 행위자의 고의·중과실에 기인하지 아니한 사항 등에 대하여는 감사반장이 자체감사 대상기관의 장에게 현지에서 조치하도록 할 수 있다. 이것을 현지조치라 한다('광주광역시교육청 행정감사규정' 제13조).

감사주체는 특별한 사정이 없으면 자체감사가 종료된 후 60일 이내에 그 감사결과를 자체감사 대상기관의 장 및 감사원에 통보하여야 한다. 이 경우 감사원에 대한 통보는 특별시 · 광역시 · 도의 경우에는 행정자치부장관을, 시 · 군 · 자치구의 경우에는 특별시 · 광역시 · 도와 행정자치부장관을, 특별시 · 광역시 · 도 교육청의 경우에는 교육부장관을, 공공기관의 경우에는 해당 공공기관의 업무를 관장하는 행정기관(이하 "주무기관"이라 한다)의 장을 각각 거치도록 되어 있다('공감법' 제23조 제1항). 이어서 감사결과를 통보받은 자체감사 대상기관의 장은 정당한 사유가 없으면 감사결과의 조치사항을 이행하고(광주광역시교육청의 경우 1월 이내에 처리) 그 이행결과를 자체감사를 한 감사주체의 장에게 통보하여야 하며, 그 이행결과를 통보받은 감사주체의 장은 그 내용을 검토한 후 검토한 내용과 함께 이행결과를 감사원에 지체 없이 통보하여야 한다(공감법 제3항). 그리고 '광주광역시교육청 행정감사규정'에 의하면 「교육감은 감사결과 범죄 혐의가 있다고 인정되는 때에는 자체감사대상기관의 장에게 고발 조치하도록 요구하거나, 수사기관에 직접 고발할 수」도 있다(동행정감사규정 제14조 제2항).

그리고 '광주광역시교육청 행정감사규정' 제15조는 감사결과 행하는 처분의 종류로 다음과 같은 세 가지를 규정하고 있다. 즉, 징계, 경고, 주의 등의 신분상처분, 시정, 개선요구, 권고, 통보 등의 행정상처분 그리고 변상, 시정(회수, 추징, 환불, 보전, 원상복구) 등의 재정상처분이 그것이다.

5) 재심의(=이의)신청

자체감사대상기관의 장 또는 공무원 등은 감사결과가 위법 또는 부당하다고 인정할 때에는 통보를 받은 날부터 1개월 이내에 감사주체의 장에게 재심의(=이의)신청을 할 수 있다('공감법' 제25조 제1항, '광주광역시교육청 행정감사규정' 제16조 제1항). 재심의(=이의)신청을 하는 경우 신청이유와 내용을 분명히 밝히고 필요한 증거자료가 있으면 첨부하도록 되어 있다('공감법' 제25조 제2항). 그리고 신청요건이 미비한 경우 감사주체의 장은 이에 대하여 기한을 정하여 보정(補正)을 요구할 수 있고 그 기간 안에 보정이 된 경우에는 처음부터 적법한 재심의신청이 있는 것으로 본다('공감법' 시행령 제15조 제3항 본문).

재심의를 신청받은 감사주체의 장은 지체 없이 자체감사기구(광주광역시의 경우 감사심의회)에 재심의(=이의)신청을 검토하게 하여 신청이 요건을 갖추지 못하였을 때에는 각하한다('공감법' 제25조 제3항, '광주광역시교육청 행정감사규정' 제16조 제1항, 제2호, 참조). 신청이 이유가 없다고 인정될 때에는 기각하고, 이유가 있다고 인정될 때에는 그 감사결과를 취소하거나 변경하여야 한다('공감법' 제25조 제4항).

재심의(=이의)신청의 처리는 특별한 사유가 있는 경우를 제외하고는 접수한 날로부터 2개월 이내이다('공감법' 제25조 제5항, '광주광역시교육청 행정감사규정' 제16조 제2항). 감사주체의 장은 재심의 사건을 처리하였을 때에는 재심의를 신청한 자체감사 대상기관의 장에게 그 뜻을 문서로 지체 없이 통보하도록 되어 있다('공감법'시행령 제15조 제4항).

6) 직권재심의

"공감법시행령 제15조 제6항은 감사주체의 장은 「감사결과를 통보한 사항으로서 직권으로 재심의하여 그 내용을 변경하거나 취소할 필요가 있다고 인정할 때에는 직권으로 재심의하여 감사결과를 변경하거나 취소할 수 있다」"라고 규정하고 있다('공감법' 제23조, 참조). 그리고 '광주광역시교육청 행정감사규정' 역시 교육감이 증거서류의 오류나 누락 등으로 감사결과의 처분요구가 위법 또는 부당함을 발견하였을 때에는 이를 직권으로 재심의 할 수 있는 제도를 두고 있다(동행정감사규정 제17조)

4. 재심의(=이의)신청의 법적 성격

대상판결은 '공감법'상의 재심의신청 및 이 사건 감사규정상의 이의신청은 「자체감사를 실시한 중앙행정기관 등의 장으로 하여금 감사결과나 그에 따른 요구사항의 적법·타당 여부를 스스로 다시 심사하도록 한 절차」라고 판단하고 있다. 그리고 그 판단의 근거로서 단지 '공감법'상의 재심의(=이의)신청은 특별행정심판에 해당하지 아니 한다는 법리와 '공감법'상의 재심의신청과 이 사건 감사규정상의 이의신청에 관한 관련 규정을 종합한 결과라는 점만을 제시하고 있다. 결국 대법원에 의하면 '공감법'상의 재심의(=이의)신청절차는 법적으로 '무(無)'이며 단지 시혜(施惠)적인 절차라는 것이 된다.[18] 그러나 과연 '공감법'상의 재심의(=이의)신청절차가 대법원의 말처럼 법적으로 의미를 갖지 못하는 것인가에 대해서는 검토가 필요하다고 할 것이다.

본 건에서처럼 재심의(=이의)신청절차가 갖는 법적 의미를 판단함에 있어서 어떠한 기준을 원용할 것인가에 대한 논의는 많지 않다. 이렇게 생각해보기로 하자. 처분절차에서 절차에 하자가 있는 경우 그 처분은 취소의 대상이라는 것은 학설·판례가 모두 인정하는 바이다. 이처럼 절차의 하자를 이유로 처분을 취소하는 것은 당해 절차가 제대로 준수되어 처분이 되었더라면 원래의 처분과는 다른 처분이 행해졌을 가능성이 있기 때문이다. 이것을 우리는 '절차적 이익'이라고 부를 수 있다. 그리고 여기

---

18) 졸고, 행정구제에 있어서 온정주의, 동북아법연구(전북대학교 동북아법연구소) 제4권 제1호(2010년 여름), 참고.

에 그 절차의 진행결과에 대하여 당사자에게 행정청이 응답할 의무가 있다면 당해 절차는 법적 의미(=효력)를 갖는다고 할 수 있을 것이다.[19)]

그러면 먼저 재심의(=이의)신청절차가 신청인에게 어떠한 절차적 이익이 있는 가 살펴보기로 하자. 위에서 살펴본 것처럼 '공감법'과 '광주광역시교육청 행정감사규정'상의 감사과정에서의 상대방에 대한 의견청취는 출석·답변요구, 확인서, 문답서 그리고 질문서 등을 통하여 이뤄지고 있다. 그러나 이들 방식은 감사주체기관의 장의 입장에서 일방적으로 마련된 것임을 알 수 있다. 따라서 여기에서의 의제(議題)의 설정이나 의견청취의 내용은 감사주체기관의 장이 필요한 내용에 초점이 맞춰져서 진행되게 될 것이다. 즉, 피감기관과 피감공무원은 충분히 자신의 의견을 주장하고 이를 뒷받침할 만한 증거를 제시할 수 있는 기회를 충분히 갖지 못하고 있는 것이다.

이렇게 볼 때 재심의(=이의)신청절차는 피감기관과 피감공무원에게 자신의 의견과 주장을 펼 수 있는 기회가 될 수 있다. 물론 '공감법'상의 규정을 보면 의견청취와 관련하여 재심의(=이의)신청시에 신청이유와 내용을 분명히 밝히고 필요한 증거자료가 있으면 첨부하도록 되어있는('공감법' 제25조 제2항) 정도에 그치고 있어 충분하다고는 할 수 없다. 그러나 피감기관과 피감공무원은 이 절차를 통하여 재심신청이 이유가 있다고 인정될 때에는 그 감사결과를 취소되거나 변경되는 이익을 누리게 된다('공감법' 제25조 제4항).[20)]

---

19) 亘理格´ 退去強制手続の構造と取消訴訟(上)—東京地判平成15年9月19日(判時一八三六号四六頁)を契機に´ 判例評論 549号(2004年11月1日)´ 168쪽, 참조.

20) 이 분석과 관련하여 또 다른 심사위원 한 분은 "'당사자에게 절차적 이익이 인정되고, 처리에 대한 응답의무를 인정된다'는 점은 다른 이의신청절차의 경우에도 적지 않게 볼 수 있을 것"이기 때문에 "공심법에 의한 재심의신청절차의 특수성을 보다 명백하게 적시할 필요가 있다 할 것"이라는 지적을 하고 있다. 그러나 이 분석은 '공심법'상의 재심의신청이 법적으로 「무(無)」라고 하는 대상판결의 논리를 극복하기 위하여 행해진 것이다. 따라서 이 분석을 통하여 '공감법'상의 재심의신청이 '다른 이의신청절차'처럼 법적 구속력 지니고 있다는 점을 입

그리고 응답의무의 경우 감사주체의 장은 재심의 사건을 처리한 때에는 재심의를 신청한 피감기관의 장에게 그 뜻을 문서로 지체 없이 통보하도록 되어 있다('공감법'시행령 제15조 제4항).

이상에서 살펴본 바와 같이 '공감법'상의 재심의(=이의)신청절차는 피감기관에게 절차적 이익이 인정되고 처리에 대한 응답의무 또한 인정되기 때문에 법적인 효력이 있고 따라서 처리결과의 통보는 처분성이 있다고 할 것이다.

5. 행정심판, 행정소송과의 관계

이처럼 '공감법'상의 재심의(=이의)신청의 결과(=통보)는 법적 효력 즉 처분성이 있기 때문에 이 결과에 불복하는 자는 행정심판을 제기할 수 있고 또 행정심판을 거치지 않고 행정소송을 제기할 수 있다고 해석해야 할 것이다. 그리고 소제기기간의 기산점은 감사결과의 통보일로 삼아야 할 것이다.

그런데 이 경우 취소소송의 대상과 관련하여 현행법상 한 가지 문제점이 있다. 즉, 앞서 잠깐 언급한 것처럼(Ⅲ. 1), 현행 행정소송법은 재결취소소송의 대상은 행정심판의 재결에 해당한다고 규정하고 있기 때문에(행정소송법 제19조 단서) 이의신청 등에 불복하여 행정소송을 제기하고자 하는 경우 원처분과 이의신청 등의 재결, 어느 쪽을 소송의 대상으로 삼을 것인가 하는 문제이다. 이 점에 대해서는 두 가지 해석이 가능하다. 먼저 첫째는, 본고의 주장처럼, 현재 난립하고 있는 이의신청 등의 불복제도를 정비하여 행정심판과 특별행정심판 이외의 제도는 인정하지 않겠다는 입법자의 의지의 표현이라고 보는 입장이다. 또 하나는 입법의 불비로 현행법상의 다양한 행정불복제도를 고려하지 않은 결과라는 입장이다. 장기적으로는 전자가 바람직하다고 생각하지만 현재로

증하게 되면 이 작업의 목적은 달성된다고 할 수 있다.

서는 행정소송법 제19조의 재결에 이의신청 등의 재결도 포함되는 것으로 해석할 수밖에 없을 것이다.

6. 대상판결에 대한 평가

대상판결은 '공감법'상의 재심의신청이나 이 사건 감사규정상의 이의신청은 「자체감사를 실시한 중앙행정기관등의 장으로 하여금 감사경로나 그에 따른 요구사항의 적법·타당 여부를 스스로 다시 심사하도록 한 절차로서, 행정심판법상의 행정심판이나 다른 법률에 따른 특별행정심판과 달리 취급되고 있을 뿐만 아니라 위 요구사항에 대한 취소소송을 제기하기에 앞서 반드시 거쳐야 하는 전심절차로 규정되어 있지도 않으므로 재심의신청 내지 이의신청에 대해 행정소송법에서 정한 행정심판을 거친 경우의 제소기간의 특례가 적용된다고 할 수 없고, 따라서 재심의신청 내지 이의신청에 대한 결과를 통지받은 날부터 취소소송의 제소기간이 기산된다고 할 수는 없다」고 판시하고 있다.

그러나 이러한 판단은 '공감법'상의 각 규정의 내용에 대한 구체적인 분석을 거치지 않고 단지 형식논리에 기초하여 내려진 것으로 '공감법'의 해석에 있어서 오류를 범하고 있다. 즉, 대상판결은 '공감법'상의 재심의(=이의)신청이 행정심판법 제4조에서 규정하고 있는 특별행정심판에 해당하지 않기 때문에 소제기기간의 산정에 있어서도 재심의(=이의)신청의 결과의 통지일이 아니라 처분일을 기준으로 삼아야 한다는 것이다. 하지만 재심의(=이의)신청절차는 매우 간단한 절차로 되어 있기 때문에 이를 굳이 특별행정심판절차에 해당하는가 살펴볼 필요가 없다고 할 것이다. 즉, 이 사건에서의 문제의 핵심은 재심의(=이의)신청이 법적으로 어떠한 성격을 지니고 있는가 하는 점이기 때문에 먼저 이 점에 대해서 살피고 이를 바탕으로 행정심판과 행정소송과의 관계에 대하여 언급해야 한다(본고의 Ⅲ. 2, 3, 4, 5, 참조).

그럼에도 불구하고 대상판결은 재심의(=이의)신청이 「자체감사를 실시한 중앙행정기관등의 장으로 하여금 감사경로나 그에 따른 요구사항의 적법·타당 여부를 스스로 다시 심사하도록 한 절차」라고 하여 법적으로 '무(無)'라고 하여 더 이상의 검토를 하고 있지 않다.

그러나 이와 같은 해석은 앞서 살펴본 것처럼 '공감법'상의 감사제도에 대한 규정과 재심의(=이의)신청의 규정에 대한 해석의 오류이며 본 건에서의 소제기기산점은 감사결과의 처리통보일인 2011년 12월 23일이며 X의 소제기는 적법하다고 할 것이다.

Ⅳ. 맺음말

이상에서 「공공감사에 관한 법률」상의 재심의(=이의)신청의 법적 성격과 제소기간에 대하여 이에 대한 종래의 이론과 판례의 문제점에 대하여 간단히 살펴보았다. 위의 문제는 현행법상 셀 수 없이 많은 종류의 행정불복제도가 존재하는 데에서 유래하는 당연한 문제이다. 이에 대하여 종래의 학설·판례는, 어느 쪽이냐 하면, 행정심판 이외의 이의신청 등의 제도가 행정심판법 제4조에서 규정하고 있는 특별행정심판에 해당하는가에 대한 점에 중점을 두고 논의를 전개해 왔다. 그러나 이것은 매우 단순한 방법으로 위의 문제를 풀기에는 충분하지 않다. 본고에서는 이 점에 대한 개선책으로 이의신청 등의 제도가 당해 법률에서 어떠한 내용으로 규정되어 있는가, 즉 법적 성격이 무엇인가 규명하는 것이 필수적이라는 점을 제시하고 있다. 이 작업의 결과 이의신청 등이 법적 효력을 지닌 것이라고 판명이 된다면 당연히 소제기기간의 산정에 있어서도 이의신청 등의 재결이 송달된 날로 삼아야 할 것이다.

그러나 본문에서도 잠깐 언급했듯이 근본적인 해결책은 현행의 정식절차, 즉 행정절차법, 행정심판법(특별행정심판제도 포함) 그리고 행정소송법의 카테고리로 현재 난립하고 있는 행정불복제도를 정비하는 일이다.[21] 예를 들면, 본고의 분석대상인 '공감법'상의 재심의신청이 대법원의 입장처럼 「자체감사를 실시한 중앙행정기관 등의 장으로 하여금 감사결과나 그에 따른 요구사항의 적법·타당 여부를 스스로 다시 심사하도록 한 절차」로서 법적으로 '무(無)'라고 한다면 이 제도를 존치해야할 이유는 어디에 있는가? 이처럼 정식절차를 우회하는 제도의 존재는 얼핏 상대방에게 유리하게 적용되는 것처럼 보일 수도 있다. 예를 들면 "기존의 권리구제제도가 제 기능을 발휘하지 못하는 경우를 대비한 보충적 구제제도로서 전통적인 행정구제제도인 행정쟁송절차의 결점을 보완하고 그 부담을 경감시키는 역할"[22]을 하기 때문에 필요하다는 지적도 있다. 그러나 앞서 살펴본 것처럼 현행법은 이들 제도에 대응하는 입법체계를 갖추고 있지 못하고 있기 때문에 오히려 혼란이 가중되어 이 사건에서 볼 수 있는 것처럼 원고는 소제기의 타이밍을 놓치고 있다.

그렇기 때문에 본고는 현행 난립하는 행정불복제도의 정비의 한 예로서 본고의 분석대상인 '공감법'상의 재심의신청제도는 다음과 같이 정비할 것을 제안한다. 즉, 이 제도의 핵심은 '공감법'상의 감사절차에서 피감기관과 피감공무원에 대한 의견청취절차가 불충분하기 때문에 이 점을 보완하여 감사주체의 장에게 다시 한 번 처분을 고려하도록 하는 데에 있다고 볼 수 있다. 그렇다면 이러한 기능을 굳이 처분 후의 법적 성격도 불분명한 상태의 제도(재심의신청)로 구성할 이유는 없을 것이다. 즉, 이 기능은 처분 전의 절차에 부여하는 것이 생산적이라는 것은 누구나 동의할 수 있을 것이다. 따라서 현행법상 감사주체의 장의 입장에서 진행되고 있는 피감기관과 피감공무원에 대한 의견청취절차를 개선하여 충분히 자신의 주장과 의견을 말하고 이를 입증할 수 있는 제도를 사전절차로 마련하고 현행 재심의신청제도는 폐지되어야 한다.

---

21) 졸고, 행정불복제도를 통해 본 한국법의 단면(斷面), 법제(2015. 6), 참조.
22) 김용섭, 행정소송 전단계의 권리구제방법 및 절차, 저스티스 통권 제105호, 207쪽.

참고문헌

국무총리행정심판위원회·법제처, 행정심판 10년사

김동희, 제20판 행정법Ⅰ, 박영사(2014)

김용섭, 행정소송 전단계의 권리구제방법 및 절차, 저스티스 통권 제105호

박균성, 제12판 행정법강의, 박영사(2015)

小早川光郎´ 行政法 上´ 弘文堂(1999)

小早川光郎´ 行政法講義〔下Ⅰ〕´ 弘文堂(2002)

김남철, 행정심판과 행정절차제도와의 조화방안, 법학연구(부산대 법학연구소), 제53권 제4호(2012.1)

김광수·박정훈, 행정심판·행정소송·행정절차제도의 조화방안 연구(국민권익위원회 보고서)(2012. 8)

김현준·정하중, 행정심판 체계 정비방안에 관한 연구(국민권익위원회 보고서)(2013. 11)

박정훈, 행정심판법의 구조와 기능, 행정법연구(2004년 하반기)

______, 행정심판의 기능－권리구제기능과 자기통제기능의 조화－, 행정법연구(2006년 상반기)

신봉기, 특별행정심판의 개념과 허용요건, 법학논고(경북대) 제32집(2010.2.)

심태규, 개별공시지가에 대하여 이의가 있는 자가 행정심판을 거쳐 행정소송을 제기하는 경우 제소기간의 기산점, 대법원판례해설 제84호(2010년 상)

오영균, 지방자치단체 자체감사 개념 및 개선과제에 관한 연구－공공감사에 관한 법률을 중심으로－, 한국사회와 행정연구 제23권 제2호(2012. 8)

유진식, 행정불복제도를 통해 본 한국법의 단면(斷面), 법제(2015. 6)

______, 헌법 제107조 제3항이 규정하고 있는 '준사법절차'의 의미－ 헌재

2000.6.1, 98헌바8, 헌재2001.6.28. 2000헌바30 결정을 소재로 하여-, 공법학연구 제13권 제4호(2012. 11)

______, 행정구제에 있어서 온정주의, 동북아법연구(전북대학교 동북아법연구소) 제4권 제1호(2010년 여름)

정형근, 개정 행정심판법의 주요쟁점에 관한 검토, 행정법연구 제27호(2010.8)

최계영·김용섭·김병기, 특별한 행정불복 절차 및 행정심판절차 특례 설치요건 등에 관한 연구(국민권익위원회 보고서)(2014. 10)

하명호, 행정심판의 개념과 범위-역사적 전개를 중심으로 한 해석론-, 인권과 정의(2014. 11)

최종구, (박사학위논문)행정심판제도의 헌법적 의의(건국대, 2008)

황해봉, (박사학위논문)행정심판제도와 행정심판기관에 관한 연구(경희대, 2007)

小早川光郎´ 一事不再理´ 行政判例百選 I (1999年2月)

亘理格´ 退去強制手続の構造と取消訴訟(上)—東京地判平成15年9月19日(判時一八三六号四六頁)を契機に´ 判例評論 549号(2004年11月1日)

국문초록

「공공감사에 관한 법률」상의 재심의신청의 법적 성격이 무엇이며 제소기간은 어느 시점으로 삼을 것인가 현행법상 불분명한데 이 문제는 현행법상 많은 종류의 행정불복제도에도 해당된다. 이 점에 대하여 종래의 학설·판례는, 어느 쪽이냐 하면, 행정심판 이외의 이의신청 등의 제도가 행정심판법 제4조에서 규정하고 있는 특별행정심판에 해당하는가에 대한 점에 중점을 두고 논의를 전개해 왔다. 그러나 이것은 매우 단순한 방법으로 위의 문제를 풀기에는 충분하지 않다. 본고에서는 이 점에 대한 개선책으로 이의신청 등의 제도가 당해 법률에서 어떠한 내용으로 규정되어 있는가, 즉 법적 성격이 무엇인가 규명하는 것이 필수적이라는 점을 제시하고 있다. 이 작업의 결과 이의신청 등이 법적 효력을 지닌 것이라고 판명이 된다면 당연히 소제기기간의 산정에 있어서도 이의신청 등의 재결이 송달된 날로 삼아야 할 것이다.

그러나 근본적인 해결책은 현행의 정식절차, 즉 행정절차법, 행정심판법(특별행정심판제도 포함) 그리고 행정소송법의 카테고리로 현재 난립하고 있는 행정불복제도를 정비하는 일이다. 예를 들면, 본고의 분석대상인 '공감법'상의 재심의신청이 대법원의 입장처럼 「자체감사를 실시한 중앙행정기관 등의 장으로 하여금 감사결과나 그에 따른 요구사항의 적법·타당 여부를 스스로 다시 심사하도록 한 절차」로서 법적으로 '무(無)'라고 한다면 이 제도를 존치해야할 이유는 없다. 이처럼 정식절차를 우회하는 제도의 존재는 얼핏 상대방에게 유리하게 적용되는 것처럼 보일 수도 있다. 예를 들면 "기존의 권리구제제도가 제 기능을 발휘하지 못하는 경우를 대비한 보충적 구제제도로서 전통적인 행정구제제도인 행정쟁송절차의 결점을 보완하고 그 부담을 경감시키는 역할"을 하기 때문에 필요하다는 지적도 있다. 그러나 앞서 살펴본 것처럼 현행법은 이들 제도에 대응하는 입법체계를 갖추고 있지 못하고 있기 때문에 오히려 혼란이 가중되어 이 사건에서 볼 수 있는 것처럼 원고는 소제기의 타이밍을 놓치고 있다.

그렇기 때문에 본고는 현행 난립하는 행정불복제도의 정비의 한 예로서 본고의 분석대상인 '공감법'상의 재심의신청제도는 다음과 같이 정비할 것을 제안한다. 즉, 이 제도의 핵심은 '공감법'상의 감사절차에서 피감기관과 피감공무원에 대한 의견청취절차가 불충분하기 때문에 이 점을 보완하여 감사주체의 장에게 다시 한 번 처분을 고려하도록 하는 데에 있다고 볼 수 있다. 그렇다면 이러한 기능을 굳이 처분 후의 법적 성격도 불분명한 상태의 제도(재심의신청)로 구성할 이유는 없을 것이다. 즉, 이 기능은 처분 전의 절차에 부여하는 것이 생산적이라는 것은 누구나 동의할 수 있을 것이다. 따라서 현행법상 감사주체의 장의 입장에서 진행되고 있는 피감기관과 피감공무원에 대한 의견청취절차를 개선하여 충분히 자신의 주장과 의견을 말하고 이를 입증할 수 있는 제도를 사전절차로 마련하고 현행 재심의신청제도는 폐지되어야 한다.

주제어: 행정절차, 행정심판, 행정소송, 이의신청, 공공감사에 관한 법률

Abstract

Legal Character and Period for Applying of Application for Reexamination in Act On Public Sector Audits

Yoo, Jin Sik*

It is not clear what is the legal character and period for applying of Application for Reexamination in Act On Public Sector Audits, which is the problem that other many administrative appeal systems in existing law also have. Generally existing theories and cases have handled this problem as follows; if other objection systems than A dministrative Appeals belong to Article 4 (Special Administrative Appeal, etc.) of Administrative Appeals Act or not. But it is too simple to solve this problem. And so it is suggested in this paper that it is necessary to find out how the objection system is prescribed in the law or what is the legal character of it. Then, if we find out the objection system legal effect we regard the day the decision arrives as the period for applying of it.

But the fundamental solution is that we should arrange those disordered administrative objection systems to put into the formal procedures such as Administrative Procedures Act, Administrative Appeals Act and Administrative Litigation Act. For example if Application for Reexamination in Act On Public Sector Audits has not legal effects, as Korean Supreme Court said, there is no reason to sustain such a system. An so it is desirable that Application for

* Chonbuk National University, Law School, Professor

Reexamination in Act On Public Sector Audits be arranged such as follows; we should newly prescribe to give an auditor enough opportunity to hear the administrative agency and the person audited and repeal Application for Reexamination in Act On Public Sector Audits.

Key Words : Administrative Procedure, Administrative Appeal, Administrative Litigation, Objection System, Application for Reexamination in Act On Public Sector Audits

투 고 일: 2015. 5. 25
심 사 일: 2015. 6. 25
게재확정일: 2015. 6. 26

地方自治法

教育에 關한 國家와 地方自治團體의 權限/崔峰碩

教育에 關한 國家와 地方自治團體의 權限

崔峰碩*

대상판결: 대법원 2014. 2. 27. 선고 2012추213판결

Ⅰ. 사건과 판결의 개요

1. 사건의 경위

가. 교육부 장관의 직권취소처분의 경위

교육부 장관은 2012. 1. 27. 학교생활기록부에 「학교폭력예방 및 대책에 관한 법률」제17조 제1항 각호에 규정된 학교폭력대책자치위원회의 학교폭력 가해학생에 대한 조치사항을 기록하여 학생에 대한 생활지도 및 상급학교 진학 자료로 활용하도록 하기 위하여 교육부훈령 제239호로 「학교생활기록 작성 및 관리지침」을 개정[1](이와 같이 개정된 것을 이하 "이 사건 지침"이라 한다)하였다.

* 동국대학교 법과대학 교수, 법학박사.

1) 「학교폭력예방 및 대책에 관한 법률」제17조 제1항 각호의 개정내용은 다음과 같다.

경기도교육감은 2012. 2. 15. 교육부 장관에게 학교폭력 징계사항의 학교생활기록부 기재를 재고하여 달라는 요청을 하였다. 교육부 장관은 2012. 6. 29. 교육부 훈령 제257호로 이 사건 지침을 다시 개정하여, 고등학교의 경우에도 학교생활기록부 보존기간을 초등학교, 중학교와 마찬가지로 졸업 후 10년에서 졸업 후 5년으로 변경하였다.

국가인권위원회는 2012. 7. 9. 2012년 제14차 전원위원회를 개최하여 '학교생활기록부 학교폭력 기록에 대하여 졸업 전 삭제심의제도나 중간삭제제도를 도입하는 등 학교생활기록부 학교폭력 기재가 또 다른 인권침해가 되지 아니하도록 개정하여야 한다'는 내용이 포함된 '인권친화적 학교문화 조성을 위한 종합정책권고' 결정을 하였다.

경기도교육감은 이에 근거하여 2012. 8. 9. 관내 교육지원청과 각급 학교에 "교육부 및 경기도교육청의 향후 방침이 정해질 때까지 각급 학교에서는 학교생활기록부에 학교폭력 가해사실 기록을 보류하기 바란다"라는 내용의 공문을 보냈다(이하 '이 사건 보류지시'라 한다).

교육부장관은 2012. 8. 16. 국가인권위원회에 '인권친화적 학교문화 조성을 위한 종합정책권고' 중 '학교생활기록부 학교폭력 기재에 관한 권고사항'에 대한 수용불가 방침을 통보한 후, 2012. 8. 23. 경기도교육감에게 ① 귀 교육청에서 학교에 안내한 학교생활기록부 기재 보류 지시를 취소하고, ② 법령에 따라 학교폭력 가해학생 조치사항을 학교생활기록부에 기재하도록 관내 학교 및 교육지원청에 2012. 8. 24.까지 안

(가) 학교생활기록부 기재방법

'학적사항 특기사항'란에 전학, 퇴학처분을, '출결상황 특기사항'란에 사회봉사, 특별교육이수 또는 심리치료, 10일 이내의 출석정지를, '행동특성 및 종합의견'란에 서면사과, 접촉·협박 및 보복행위 금지, 학교에서의 봉사, 학교급체를 각 기재한다.

(나) 학교생활기록부 보존기간

학교생활기록부에 기록된 가해학생에 대한 조치사항은 초등학교와 중학교는 졸업 후 5년간 보존하고, 고등학교는 10년간 보존한다.

내 공문 시행 후, 이를 2012. 8. 27.까지 교육부에 제출하라'는 내용의 시정명령을 하였다.

경기도교육감이 이 시정명령에 응하지 아니하자, 교육부장관은 2012. 8. 27. 해당 사안은 학교장이 「초 · 중등교육법」 제25조에 따라 작성·관리하여야 할 사안으로 교육감이 자의적으로 판단할 사항이 아니라는 등의 이유로 경기도교육감의 이 사건 보류 지시를 직권으로 취소하였다. 이에 대하여 경기도교육감은 2012. 8. 29. 「지방자치법」 제169조 제2항에 따라 교육부장관을 상대로 이 사건 직권취소처분에 대한 이의의 소를 제기하였다.

나. 교육부의 공무원징계 경위

교육부장관은 2012. 8. 28부터 2012. 9. 13.까지 경기도교육청에 대한 특정감사를 실시하여 기관경고를 포함하여 중징계와 경징계 등의 징계[2)]를 행하였다.

교육부장관은 2012. 10. 16. 경기도교육청에 특정감사 결과에 따라 기관경고 처분을 하고 그 외 처분사항에 대하여는 교육감 책임 하에 조치한 후 그 결과를 제출하도록 하는 한편, 경기도교육청 소속 징계대상자 중 일반징계위원회 관할 징계사건 대상자인 학교장 등을 경기도 교육청에 설치된 일반징계위원회에 1개월 이내에 징계의결을 요구하여 징계조치하고, 교육과학기술부 특별징계위원회 관할 징계사건 대상자인 '교육장, 시 · 도 교육청 교육국장 및 그 하급자'에 대하여는 「교육공무원법」 제51조 제1항의 규정에 따라 지체 없이 교육과학기술부로 징계의결 요구를 신청하며, 사립학교 교원에 대한 징계는 해당 학교법인에 징계 등 신분상 조치하도록 요구할 것 등의 처분 요구를 하였다.

---

2) 교육부장관의 징계내용은 다음과 같다.

다. 직무이행명령의 경위와 내용

경기도교육감은 2012. 11. 15. 교육부장관에게 교육과학기술부 감사규정 제21조에 따라 재심의신청을 하였으나, 교육부장관은 2012. 11. 20. 경기도교육감의 재심의신청을 기각하였다. 그리고 교육부장관은 2012. 11. 22. 경기도교육감에게 「교육공무원법」 제51조 제1항의 규정에 따라 지체 없이 교육공무원 특별징계위원회 관할 징계사건 대상자인 '교육장, 시·도교육청 교육국장 및 그 하급자'에 대한 징계의결 요구[3]를 신청하도록 요청하였으나, "경기도 교육감은 이에 응하지 아니한다"라는 이유로 「지방자치법」 제170조에 따라 2012. 11. 27.을 기한으로 교육과학기술부 특별징계위원회 관할 징계사건 대상자에 대하여 교육과학기술부에 징계의결 요구를 신청할 것을 내용으로 하는 이 사건 직무이행명령을 하였다.

---

(1) **학교폭력 가해학생 학교생활기록부 기재 관련 업무 처리 부당**
처분내용 : 기관경고, 중징계
중징계 : 교육국장 장학관 소외 1, 교수학습지원과장 장학관 소외 2, (전) 교수학습지원과 장학관 소외 3(현 경기도교육연수원), (전) 교수학습지원과 장학사 소외 4(현 화홍고등학교), 교수학습지원과 장학사 소외 5, 대변인 계약직 4급 소외6

(2) **학교폭력 가해학생 조치사항 학교생활기록부 기재 거부**
처분내용 : 중징계, 경징계, 경고
중징계 : 수원농생명과학고 교장 소외 7 등 8명
경징계 : 다산고 교감 소외 8, 전곡고 교감 소외 9
경　고 : 수원농생명과학고 교감 소외 10 등 33명

(3) **공무원 복무부당**
처분내용 : 경징계
경징계 : 수원교육지원청 교육장 소외 11등 25명

(4) **교육과학기술부 감사단 명예훼손**
처분내용 : 중징계
중징계 : 대변인 계약직 4급 소외 6

3) 교육장, 시·도교육청 교육국장 및 그 하급자에 대한 징계요청의 사유는 다음과 같다.

2. 판결요지

[1] 구 초·중등교육법(2013. 3. 23. 법률 제11690호로 개정되기 전의 것) 등 관계 법령의 해석에 의하면 교육감의 학교생활기록의 작성에 관한 사무에 대한 지도·감독 사무는 기관위임 국가사무에 해당하지만, 지방자치법 제169조에 규정된 취소처분에 대한 이의소송의 입법 취지 등을 고려할 때, 교육감이 위와 같은 지도·감독 사무의 성격에 관한 선례나 학설, 판례 등이 확립되지 않은 상황에서 이를 자치사무라고 보아 사무를 집행하였는데, 사후적으로 사법절차에서 그 사무가 기관위임 국가사무임이 밝혀졌다는 이유만으로 곧바로 기존에 행한 사무의 구체적인 집행행위가 위법하다고 보아 징계사유에 해당한다고 볼 수는 없다.

[2] 교육과학기술부장관이 교육감에게 담당 교육청 소속 교육공무원들이 교육과학기술부 방침에 반하여 학교폭력 가해학생 학교생활기록

---

(1) **학교폭력 가해학생 학교생활기록부 기재 관련 업무 처리 부당**
중징계 대상: 경기도교육청 교육국장 및 그 하급자
징계사유: 징계대상자들은 교육과학기술부의 학교폭력 조치사항 학교생활기록부 기재 방침 안내, 이 사건 시정명령 및 이 사건 직권취소처분을 담은 공문서를 접수하고도 관할 학교에 이를 통보하지 아니하고 교육과학기술부 방침에 반하는 내용의 이 사건 보류조치에 관한 공문을 4회에 걸쳐 시행함으로써 「국가공무원법」 제56조, 「국가공무원 복무규정」 제2조의2, 제3조, 「지방자치법」 제8조 제3항을 위반함.

(2) **공무원 복무부당**
경징계 대상: 수원교육지원청 교육장 소외 11 등 25명
징계사유: 징계대상자들은 2012. 8. 27. 경기도교육청에서 개최돈 학교폭력 가해학생 조치사항 학교생활기록부 기록 관련 교육장 회의에 참석하여 '경기도교육청 교육장 호소문'이라는 제목 아래 수원교육지원청 교육장 소외 11 등 경기도 지역교육장 25명의 연명으로 교육과학기술부의 학교폭력 가해학생 조치사항 학교생활기록부 기재 반대 및 감사 철회 등을 요구하는 호소문을 작성하여 같은 날 도교육청 홈페이지에 발표함으로써 「국가공무원법」 제56조, 「국가공무원 복무규정」 제3조 제2항을 위반함.

부 기재 관련 업무 처리를 부당하게 하고 학교폭력 조치사항의 학교생활기록부 기재 반대 등을 요구하는 호소문을 담당 교육청 홈페이지에 발표한 행위에 대하여 징계의결 요구를 신청하도록 요청하였으나 이에 응하지 않자 징계의결 요구를 신청할 것을 내용으로 하는 직무이행명령을 한 사안에서, 징계대상자들이 학교생활기록의 작성에 관한 지도·감독 사무를 집행하면서 사무의 법적 성질을 자치사무라고 보고 직무상 상관인 교육감의 방침에 따라 교육부장관의 '학교생활기록 작성 및 관리 지침'의 시행을 보류하는 내용으로 직무를 수행하였으나 그 행위가 결과적으로 법령을 위반한 것이라는 평가를 받게 되더라도, 그러한 사정만으로 징계대상자들의 직무집행 행위가 징계사유를 구성한다고 보기는 어렵고, 호소문 발표행위가 국가공무원법 제66조 제1항에서 금지하는 '공무 외의 일을 위한 집단행위'에 해당하거나 국가공무원 복무규정 제3조 제2항 또는 공무원의 성실의무를 규정한 국가공무원법 제56조를 위반한 것으로 볼 수 없어, 징계대상자들에 대한 징계사유가 성립되지 않으므로 교육감에게 징계의결요구를 신청할 의무가 없고 직무이행명령도 위법하다고 한 사례.

이 판결의 요지를 정리하면 다음과 같다.

첫째, 국가공무원인 '교육장, 시·도교육청 교육국장 및 그 하급자들'에 대한 징계의결요구의 신청 사무의 성격은 기관위임사무인 국가사무이다.

둘째, 교육감의 학교생활기록의 작성에 관한 지도·감독 사무의 법적성질은 기관위임사무인 국가사무이다.

셋째, 경기도 교육청 소속 교육공무원들이 교육부장관의 방침과 달리 학교폭력 가해학생 학교생활기록부 기재 관련 업무처리를 부당하게 하였다거나 경기도 교육청 소속 교육지원청 교육장들이 학교폭력 가해학생 조치사항을 학교생활기록부에 기재하는 것을 반대하는 내용의 호소문을 발표한 행위가 「국가공무원법」상 징계사유에 해당하지는 아니한다.

3. 사안의 쟁점과 논의 대상

이 판결의 대상이 된 사건은 교육감이 집행하는 사무가 자치사무인지 아니면 기관위임사무인지에 대한 혼동으로부터 야기된 것이라고 할 수 있다. 이는 결국 교육에 관한 개별사무의 법적 성질을 어떻게 정할 것인가의 문제, 즉 국가와 교육감 간의 교육에 관한 행정권한의 배분과 귀속의 문제라 할 수 있다. 따라서 대상판결을 통해 다음과 같은 쟁점에 대해 살펴보기로 한다.

첫째, 헌법상 보장된 교육권과 교육제도의 의미, 구체적으로 우리 헌법에서 국민의 교육받을 권리를 기본권으로 보장하고 있는 의미와 헌법상 교육제도의 의미를 정리하고 이에 따른 헌법상 교육에 관한 권한과 책무의 귀속관계를 분석해본다.

둘째, 교육에 관한 책무를 수행함에 있어 우리 법제는 지방교육자치제도를 채택하여 운용하고 있다. 지방교육자치제도는 우리 헌법이 제도적으로 보장하는 지방자치제도와 교육의 자주성·전문성을 추구하고자 입법으로 마련된 교육제도가 결합된 것으로 국가와 광역지방자치단체간의 교육권한 배분 및 광역지방자치단체의 교육행정 집행기관으로서 교육감의 선출과 교육권한의 지방자치제를 통한 실현을 그 본질로 한다. 이로 인해 교육에 관해서는 국가행정과 지방행정이 동시에 기능하게 됨으로써 국가와 지방간에 권한과 사무의 구분이 필요한 상황이다. 이를 위해 교육사무의 본질과 그에 관한 사무구분과 관련된 논의를 정리하고 교육에 관한 국가의 권한과 책무 및 지방의 권한과 책무를 구별한다.

셋째, 교육행정권한과 관련한 교육부와 교육감 간에 갈등과 분쟁은 교육행정을 중앙과 지방으로, 그리고 지방에서 다시 지방자치단체장과 교육감으로 나누어 놓은 현행 지방자치제도의 구조적 문제에서 기인한다고 할 수 있다. 따라서 지방교육자치제도의 제도적 의의와 특성을 지방자치제도와의 관계 하에서 검토함으로써 교육감의 법적 지위와 위상 및 권한의 범위를 밝히고 교육감과 교육행정을 병점하는 국가와의 관계를 정리해본다.

대상판례는 국가와 교육감의 교육행정권한의 구별 문제와 별론으로 교육공무원들의 교육부 방침에 반하는 내용의 호소문 발표행위가 징계사유에 해당하지 않고, 따라서 국가의 징계요청에 응하지 않은 교육감의 부작위가 직무이행명령의 대상이 아니라는 점을 판시하고 있다. 이는 교육공무원의 표현의 자유와 직무연관성 등에 관해 공무원에 대한 표현의 자유를 제한하는 법령에 대한 해석을 엄격히 함으로써 공무원임과 동시에 기본권향유자인 국민에 해당하는 교육공무원의 기본권보장을 존중하는 취지를 밝힌 점에서 상당한 의의를 갖는 것으로 보인다. 다만, 이 문제를 보다 심층적으로 다루기 위해서는 표현의 자유와 공무원의 지위 및 권한 전반에 관한 체계적인 검토가 있어야 하는 바, 여기에서는 논의의 중점을 교육행정에 관한 국가와 지방의 권한에 관한 영역에 한정하고 공무원의 표현에 자유에 관한 논의는 추후의 과제로 남겨두고자 한다. 또한 대상판결의 청구취지인 "직무이행명령의 취소"와 관련하여 교육감의 기관위임사무 미실시(부작위)에 대한 국가의 권력적 관여수단인 직무이행명령은 그 자체로 상당한 법적 문제점과 입법적 과제를 가지고 있는 것으로 거론되고 있다.[4)]

---

4) 이에 관해 상세한 내용은 최봉석, "직무이행명령의 취소", 『행정판례연구』 제19권 제2호, 행정판례연구회, 2015, 125면 이하 참조.

Ⅱ. 교육권과 교육제도의 공법적 의의

1. 교육과 교육제도의 목적과 지향

교육제도란 국민인 개인뿐만 아니라 국가와 사회의 존속 및 발전을 주된 목적으로 시작되었다고 할 수 있다. 이러한 교육의 기본적인 목적은 오늘날에도 원칙적으로 유효하다고 할 수 있을 것이다. 우리 헌법재판소는 "우리 헌법은 그 전문과 제1장 총강에서 우리 대한국민이 자유롭고 문화적인 민주복지국가를 이룩하여 항구적인 세계평화와 인류공영에 이바지함을 그 이념으로 하고 있음을 밝히고 있다. 이러한 헌법이념의 실현은 국민 각자의 자각과 노력이 뒷받침되어야 비로소 가능한 것이므로 궁극에는 교육의 힘에 의존할 수밖에 없는 것이다. 헌법이념을 실현하는 기능을 가진 교육은 그 목적이 국민 개개인의 타고난 저마다의 소질을 개발하여 인격을 완성하고, 자립하여 생활할 수 있는 능력을 증진시킴으로써 그들로 하여금 인간다운 생활을 누릴 수 있도록 함과 아울러 평화적이고 민주적인 국가 및 사회의 형성자로서 세계평화와 인류공영에 이바지함에 있는 것"이라고 하여 교육의 궁극적 목적을 헌법이념의 실현에 두고 있는 것으로 보고 있다.[5)]

2. 교육제도에 관한 국가의 권한

가. 국가 교육권한의 법적 기초

국가의 교육권한이란 넓게는 국가에게 헌법상 부여된 교육을 할 지위 또는 자격을 말하고, 넓게는 국가가 법률상 유효하게 교육과 관련된

5) 헌법재판소 1991. 7. 22. 89헌가106 결정.

행위를 할 수 있는 권한의 범위를 지칭한다고 할 수 있다. 이러한 광의의 교육권한은 주로 국가의 교육행정주체로서의 자격이나 책무의 귀속 자체의 인정여부 또는 그 교육에 관한 권한의 추상적 범위 등을 논할 때 주로 문제되고, 협의의 교육권한은 광의의 교육권한이 국가에 귀속됨을 전제로 하여 교육과 관련된 구체적인 업무를 수행하는 법률상 권한의 내용 범위를 논할 때 주로 문제된다고 할 수 있다. 따라서 실제 교육의 현장에서 문제가 되는 국가의 교육권한은 협의의 교육권한에 관한 것이라고 할 수 있다. 그러나 협의의 교육권한은 언제나 광의의 교육권한을 전제로 한 것인 만큼, 교육행정의 현장에서 구체적인 교육권한의 내용과 범위를 확인하기 위해서는 "헌법으로부터(vom Verfassungsrecht)"의 체계적인 검토가 이루어져야 할 것이다. 특히 우리의 현행 지방교육자치제도와 같이 국가의 교육행정 전반을 관할하는 교육부와 교육감 그리고 국가공무원인 교사와 국공립학교의 장과 교육법 및 교육공무원법의 준용을 받는 사립학교의 장과 교사 등으로 복잡하게 얽혀있는 교육행정집행체계 하에서는 개별 법률의 몇 몇 조항이나 국가 또는 지방자치단체의 유사행정집행과정 등에 기초하여 교육에 관한 권한과 책임의 소재를 파악하는 것은 대단히 어려울 뿐만 아니라 위험한 시도가 될 수 있다. 따라서 우리 교육현장의 문제에 대한 근본적인 해법을 찾기 위해서는 그 논의와 검토의 출발지점을 헌법에서 찾을 필요가 있다.

나. 국가 교육권한의 법적 근거

(1) 헌법상 근거

국가의 교육권한의 헌법상 근거에 관하여는 견해가 나뉘고 있다. 우리 헌법 제31조 제4항은 "교육의 자주성·전문성·정치적 중립성 … 법률이 정하는 바에 의하여 보장된다"라고 규정하고 있고, 제6항은 "학교교육 및 평생교육을 포함한 교육제도와 그 운영, 교육재정 및 교원의 지위에 관한 기본적인 사항은 법률로 정한다"라고 하여 '교육제도 법정주의'를 규정하고 있다. 일반적인 견해는 이 헌법 조항에 근거하여 교육에 관한 '국가의 포괄적 입법권'이 인정되는 것으로 이해한다.[6)]

한편 국가의 교육권한을 '국민의 교육받을 권리'로부터 유래된 권한으로 보는 견해도 존재한다. 이러한 견해는 오늘날 헌법 제31조 제1항이 규정하는 '국민의 교육받을 권리를 보장하여야 할 국가의 책무'로부터 권한을 도출하고 있다.[7)] 또한 일부에서는 헌법 제31조 제5항 상의 '국가의 평생교육 진흥의무'를 국가의 교육권한의 근거규정으로 보기도 한다.[8)]

헌법재판소는 "우리 헌법 제31조 제4항은 교육의 자주성·전문성·정치적 중립성 및 대학의 자율성은 법률이 정하는 바에 의하여 보장된다고 규정하는 한편 제31조 제6항은 학교교육 및 평생교육을 포함한 교육제도와 그 운영, 교육재정 및 교원의 지위에 관한 기본적인 사항은 법률로 정한다고 규정함으로써 교육의 물적 기반이 되는 교육제도와 아울러 교육의 인적기반으로서 가장 중요한 교원의 근로기본권을 포함한 모든 지위에 관한 기본적인 사항을 국민의 대표기관인 입법부의 권한으로 규정하고 있다"라고 판시함으로써 헌법 제31조 제4항과 제6항을 국가의 교육권한의 근거로 들고 있다.[9)]

또한 헌법재판소는 "헌법 제31조 제6항에 의하여 모든 학교제도의 조직, 계획, 운영, 감독에 관한 포괄적인 권한, 즉, 학교제도에 관한 전반적인 형성권과 규율권을 국가가 갖는다"고 인정하면서, "학교교육에 관한 한, 국가는 헌법 제31조에 의하여 부모의 교육권으로부터 원칙적으로 독립된 독자적인 교육권한을 부여받았고, 따라서 학교교육에 관한

6) 손희권, "국가의 교육권의 법리", 『한국교육』 제34권 제4호, 한국교육개발원, 2007, 210－213면.
7) 정태수, "독자적 교육법리로서의 교육권론", 『교육법학연구』 제1권 제1호, 대한교육법학회, 1988, 23－25면.
8) 표시열, 『교육법』, 박영사, 2008, 215면.
9) 헌법재판소, 1991. 7. 22. 89헌가106결정.

광범위한 형성권을 가지고 있다"라고 하여 부모의 교육권으로부터 독립된 독자적인 국가의 교육권한이 존재함을 인정하기도 하였다. 그리고 헌법 제31조 제1항이 모든 국민에게 교육받을 권리를 보장하고 있음에 비추어 국민 누구나 능력에 따라 균등한 교육을 받을 수 있게끔 노력해야 할 의무와 과제가 국가에게 있음을 강조하였다.[10]

이와 관련된 국가의 교육사무의 권한은 크게 두 가지 관점에서 근거를 가진다.

첫째로 생존권적 인권이자 기본권으로 인정되는 '국민의 교육을 받을 권리'를 보장하기 위한 헌법 제31조 제1항과 제3항 상의 국가의 임무이다. 물론 헌법 제31조 제1항은 국민의 기본권을 명시하고 국가에 이를 보장할 '의무' 또는 '책임'을 부여한 규정이지 '권한'의 근거규정이 아니라고 볼 수도 있다.[11] 그러나 근대 입헌주의에서 국가의 권한은 기본적으로 국민의 기본권을 보장하고 국가의 질서를 유지하기 위한 임무에서 도출된다는 점을 전제로 한다면, 국가에 책임을 부여한다는 것이 곧 국가에 권한을 부여하는 것으로 이해될 수 있을 것이다. 따라서 국민의 교육을 받을 권리를 규정하고, 무상의 의무교육을 제공하도록 규정하고 있는 헌법 제31조 제1항과 제3항 등에 따라 국가의 교육권한이 인정된다고 할 수 있을 것이다.

두 번째로 헌법 제31조 제4항과 제6항이 부여하는 교육제도 등에 대한 포괄적 입법권이다. 국가는 교육제도와 그 운영, 교육재정 등에 대한 포괄적 입법권이다. 국가는 교육제도와 그 운영, 교육재정 및 교원의 지위에 관한 기본적인 사항을 법으로 규율할 권한을 헌법 제31조 제6항으로부터 직접 부여받고 있다. 헌법 제66조 제4항은 "행정권은 대통령을 수반으로 하는 정부에 속한다"고 하여 정부에 일반적인 행정권한을 부여하였다. 국가는 이 조항에 근거하여 교육행정권한을 행사하게 되고

10) 헌법재판소, 2000. 4. 27. 98헌가16 결정.
11) 손희권, 앞의 논문, 210-212면.

특히 헌법 제31조 제6항에 근거하여 법률로 정해진 교육제도의 기본적인 틀에 따라 공교육을 행하게 된다.

(2) 법률상 근거

1) 교육행정조직에 관한 법률

헌법 제96조는 행정각부의 설치 및 그 조직과 직무범위를 법률로 정하도록 규정하고 있는바, 이에 따라 국가의 행정조직과 그 직무범위를 「정부조직법」이 정하고 있다. 「정부조직법」은 제29조에서 교육부장관이 학교교육에 관한 사무를 관장한다고 규정하고 있다.

2) 교육사무의 기본적 체계에 관한 법률

「교육기본법」은 교육이념과 교육제도가 따라야 할 기본원칙들 예컨대, 교육의 자주성·중립성 등을 제시하며, 교육당사자들의 권리와 의무 그리고 교육에 관한 국가의 권한과 책임을 규정하고 있다. 특히 「교육기본법」은 제17조에서 "국가와 지방자치단체는 학교와 사회교육시설을 지도·감독한다"라고 하여 명시적으로 국가와 지방자치단체에 학교에 관한 지도·감독권한을 부여하고 있으며, 그 이외에 국가에 학습자가 평등하게 교육받을 수 있도록 보장할 책임, 교육의 자주성과 중립성을 보장할 책임 등을 부여하였다.

교육단계에 따라 제정되어 있는 「육아교육법」, 「초·중등교육법」, 「고등교육법」, 「평생교육법」 등은 개별 교육단계별 교육제도의 틀을 마련하고 있다. 이 법들의 공통점은 학교의 종류와 그 설립 및 운영에 관한 기본적인 사항들을 제시하고, 국가의 지도·감독권에 따른 세부적인 권한들과 의무교육 실시의무를 보다 구체적으로 정하고 있다. 이외에도 지방자치단체의 교육 및 학예에 관한 사무를 관장하는 기관의 설치와 그 조직 및 운영 등에 관한 사항을 규정하는 「지방교육자치에 관한 법률」과 사립학교의 설립 및 운영에 관한 사항을 규정한 「사립학교법」, 국가·지방자치단체·교육기관·기업 등이 인적 자원을 양성·배분·활용하고, 이와 관련되는 사회적 규범과 네트워크를 형성하기 위하여 행하는 제반활동에 관한 정책시행을 장려하는 「인적자원개발 기본법」 등이 교육제도의 기본 틀을 구성하는 법률로 제정되어 있다. 헌법 제31조 제6항은 또한 교육재정과 교육의 지위에 관한 기본적인 사항도 법률로 정하도록 하고 있는바, 그에 관한 기본적인 법률로서 「교육공무원법」과 「교육세법」, 「지방교육재정교부금법」 등이 제정되어 운용되고 있다.

다. 국가 교육권한의 한계

헌법재판소는 국가의 교육권한을 학교제도에 대한 포괄적 권한을 포함하는 교육입법권·교육행정권·교육감독권으로 보고 있다.[12] 그리고 국가의 교육권한의 내용은 헌법 제31조 제6항이 정한 학교교육을 포함한 교육제도와 그 운영, 교육재정 및 교원의 지위에 관한 기본적인 사항으로 한다. 그런데 교육에 관한 사무를 교육 내적사무와 교육 외적 사무로 구분할 경우, 교육 내적 영역에까지 국가가 권한을 갖는지에 대해서는 견해가 나뉜다. 교육 외적 영역이란 교육제도와 그 운영에 있어 교육의 외적자원이나 형식적 제도의 내용들에 관한 사무영역을 일컫는다. 교육 외적 사무로는 교육제도나 조직의 형성, 학교시설의 설치, 교원의 임용 및 평가 등을 내용으로 하며 이들의 국가의 교육권한의 내용에 속한다는 점에 대하여는 이견이 없다. 그러나 국가가 교육내용과 교육과정을 결정할 수 있는 권한을 갖는지에 관하여는 상당한 논란이 있다.[13] 이에 관해 입법자가 명시적인 입법을 통해 이에 답하지 않고 있을 뿐만 아니라 헌법재판소나 법원 역시 국가에게 전권적인 교육내용결정권을 인정한 것은 아니어서[14] 국가의 교육내용결정권한의 인정범위에 대한 문제는 여전히 남겨져 있는 것으로 보인다.

---

12) 헌법재판소 2006. 2. 23. 2003헌바84 결정.

13) 이와 관련하여 한수웅, "교육을 받을 권리와 국가교육권한의 한계", 『법조』 제57권 제4호, 법조협회, 2008, 20면 참조.

14) 허종렬, "교육에 관한 국가의 권한과 그 한계", 성균관대학교 박사학위논문, 1993. 188면 참조. 다만, 헌법재판소는 교육의 내적인 영역 교육내용의 결정도 국가의 권한에 속한다고 밝힌 바(헌법재판소 1992. 11. 12. 89헌마88 결정) 있다.

Ⅲ. 지방교육자치제도와 교육행정권한

1. 교육행정의 의의

'행정(行政)'이 무엇인지에 대한 정의는 매우 다양하여 그 정의 방법론에 대하여도 견해가 나뉘지만,[15] 여러 정의들을 종합하여 볼 때, 행정은 공권력 주체가 공익실현을 위하여 법의 집행으로서 행하는 조직적·체계적·협력적 작용을 말한다. 그리고 교육행정이란 간단하게는 '교육에 관한 행정'이라 할 것이다. 보다 구체적으로는 "국가권력기관이 교육정책의 대강적 기준을 정립한 교육법규에 따라 구체적으로 교육정책을 실현하는 공권력작용으로서, 교육주체인 국민의 교육을 받을 권리의 실현을 보장하기 위하여 교육을 조직하고 운영하며, 교육목적과 목표를 달성하기 위하여 필요한 여러 가지의 조건 정비를 완수해가는 국가 또는 지방공공단체의 교육활동"[16]이라고 설명되기도 하는데, 이는 결국 교육행정을 "교육에 관한 행정을 총칭하는 것"으로 정의하는 것과 차이가 없는 것으로 보인다.

2. 지방교육자치제도와 교육행정권한

가. 지방교육자치제도의 법적 근거와 본질

지방자치제도에 관한 헌법 제8장의 제117조와 제118조는 '교육자치' 또는 '지방교육자치'라는 개념을 명문화하고 있지는 않다. 오직 헌법 제117조의 "지방자치단체는 주민의 복리에 관한 사무를 처리하고"라는

15) 국가작용 중에서 입법과 사법을 제외한 나머지 작용이 행정이라고 정의하는 소극설(공제설)과 이에 반하여 행정의 내용을 적극적으로 밝히고자 시도하는 적극설로 나뉜다.

16) 노기호, "학생의 학습권 보장을 위한 국가 교육권한의 범위와 한계", 『원광법학』 제24권 제4호, 원광법학연구소, 2008. 23면.

지방자치단체의 행정(집행)고권과 그 권한의 내용적 범주, 즉 사무를 구체화하고 있는 「지방자치법」 제9조의 예시 중 하나로 제2항 5호에서 규정하고 있는 "교육·학예에 관한 사무"17)라는 법률상의 근거와 「지방자치법」 제121조 제1항의 "지방자치단체의 교육·과학 및 체육에 관한 사무를 분장하기 위하여 별도의 기관을 둔다"라는 규정과 제2항에서는 "제1항에 따른 기관의 조직과 운영에 관하여 필요한 사항은 법률로 정한다"라는 규정에 의해 지방자치제도의 일환으로 또한 지방자치제도와는 상대적으로 독립된 제도로 자리 잡고 있다. 더불어 「지방교육자치에 관한 법률」은 제3조에서 "지방자치단체의 교육 · 학예에 관한 사무를 관장하는 기관의 설치와 그 조직 및 운영 등에 관하여 이 법에서 규정한 사항을 제외하고는 그 성질에 반하지 않는 한 「지방자치법」의 관련 규정들을 포괄적으로 준용한다"라고 규정하고 있다. 따라서 비록 교육 및 학예에 관한 사무를 처리하는 기관은 별도로 규율되지만, 그 이외의 사항들은 기본적으로 「지방자치법」에 의하여 규율된다. 이렇게 볼 때, 지방교육자치제도는 헌법에 의해 직접 보장되는 제도보장(제도적 보장)으로서의 헌법적 제도라고 확정하는 데에는 무리가 없지 않은 것으로 보이며, 오히려는 헌법에 명문화된 국가의 교육에 관한 권한과 책무를 실현하기위해 헌법의 취지와 목적을 실현하기 위해 법률의 규정을 통해 마련된 법률상의 자치제도라는 것이 보다 적절한 법적 위상인 것으로 보인다. 다만, 지방교육자치제가 지방자치제를 전제로 하고 있다는 점에서 적어도 지방자치제도를 보장하고 있는 헌법 제117조 및 제118조와의 관련성이 간접적으로 인정될 수 있을 것이며, 지방교육자치제가 지방자

17) 「지방자치법」제9조 제2항은 지방자치단체의 사무범위를 예시하고 있는바, 동항 제6호는 교육 · 체육 · 문화 · 예술의 진흥에 관한 사무를 지방자치단체의 사무로 명시하고 그 구체적 내용으로 가목으로 "유아원 · 유치원 · 초등학교 · 중학교 · 고등학교 및 이에 준하는 각종 학교의 설치 · 운영·지도와 나목에서 도서관 · 운동장 · 광장 · 체육관 · 박물관 · 공연장 · 미술관 · 음악당 등 공공교육 · 체육 · 문화시설의 설치 및 관리"를 예로 들고 있다.

치에 관해 집행법률로서의 위상을 넘어 지방자치에 관한 헌법적 규율내용을 아울러 규정하고 있는 것으로 이해되고 있는 「지방지치법」에 의해 최초의 입법적 기초가 마련된 점을 고려할 때, 지방교육자치제도는 지방자치제도와 함께 넓은 의미의 지방자치제도를 형성하고 있다고 할 수 있다. 지방교육자치제도에 관한 이러한 이해는 헌법재판소의 입장과도 유사하다.[18] 그러나 현행 지방교육자치제도가 직접적이고 형식적인 헌법적 근거는 갖추지는 못한 점이나 헌법이 국가교육제도의 내용을 법률로 정하도록 하고 있는 교육법정주의를 확정하고 있는 점 그리고 민주적 대표성을 갖는 교육의회나 이에 의해 규범화되는 교육조례의 체계를 갖추지 못한 점 등을 고려할 때, 현재의 지방교육자치제도에 대해 완전한 내용의 권한과 책무를 귀속시키는 데에는 어려움이 있는 것으로 보인다.

나. 교육감의 교육행정권한의 법적 성질과 근거

헌법과 법률에 의한 국가의 교육에 관한 행정권한과 더불어 우리 법제는 지방교육자치제도라는 또 하나의 교육행정체제를 구축하고 있다. 헌법재판소에 따르면 현행 지방교육자치제도에 대해 "헌법 제31조 제4항은 교육의 자주성·전문성·정치적 중립성 및 대학의 자율성은 법률이 정하는 바에 의하여 보장된다고 규정하고 있고, 헌법 제117조 제1항은 지방자치단체는 주민의 복리에 관한 사무를 처리하고 재산을 관리하며, 법령의 범위 안에서 자치에 관한 규정을 제정할 수 있다고 하여 헌법상의 제도보장으로서의 교육자치제도를 규정하고 있다."[19]라고 하여 지방교육자치제도 역시 헌법에 기초한 교육제도의 하나임을 밝히고 있다. 이와 함께 헌법재판소는 지방교육자치제도와 국가의 교육행정권한과의 관계에 관해 "지방교육자치도 지방자치권 행사의 일환으로서 보

18) 헌법재판소 2000. 3. 30. 99헌바113 결정.
19) 헌법재판소 2002. 3. 28. 2000헌마283 결정.

장되는 것이므로 국가권력에 대한 지방적 자치로서의 속성을 지니고 있지만, 동시에 그것은 헌법 제31조 제4항이 보장하고 있는 교육의 자주성 · 전문성 · 정치적 중립성을 구현하기 위한 것"[20]으로서 "교육자치는 지방교육의 특수성을 살리기 위하여 지방자치단체의 수준에서 행하는 것"으로 보고 있다.[21] 결국 지방교육자치제도는 헌법상 교육의 자주성 · 전문성 · 정치적 중립성을 구현하기 위하여 지방교육의 특수성을 반영하여 지방자치단체의 단위에서 실현하기 위하여 지방자치제도의 한 내용이라고 할 수 있다. 따라서 헌법 제31조 제4항의 교육의 자주성·전문성·정치적 중립성 및 지방적 특수성은 지방교육자치제도의 목적이 되고, 헌법 제117조, 제118조의 지방자치제도는 지방교육자치제도의 형식적 법제도로서의 현실적인 근거가 된다고 할 수 있다. 그러나 헌법 제31조 제4항은 지방교육자치제도뿐만 아니라 헌법 상 국가의 교육권한 및 책무에 관한 근거가 되며 그의 구체적인 내용이 국가의 입법기관인 국회에 의해 법률로 정해지는 만큼, 지방교육자치제도 또한 국가의 교육권한을 전제로 하는 것이라 할 수 있다.[22]

3. 교육감의 법적지위와 권한

가. 교육감의 법적지위

지방교육자치제도에 있어서 교육감의 정치적 상징성은 그 선출 방식이 2010년에 들어 직선제로 바뀌면서 더욱 강화되었다. 여기서 정치

---

20) 헌법재판소 2000. 3. 30. 99헌바113 결정.

21) 헌법재판소 2002. 3. 28. 2000헌마283 결정.

22) 대법원 역시 "비록 「지방교육자치에 관한 법률」 제3조가 지방자치단체의 교육·학예에 관한 사무를 교육감이 담당하도록 규정하고 있으나 교육·학예에 관한 사무 자체와 그 지원에 관한 사무는 구별하여야 하고, 지원의 경우에는 일반 지방자치단체의 장이 이를 담당할 수 있다"라고 판시한 바 있다.(대법원 2013.04.11. 선고 2012추22 판결)

적 상징성이라 함은 즉 민주적 정당성을 의미한다. 그러나 직선제라는 선출방식에 의하여 정치적 상징성이 강화되었다는 것과는 별개로, 여전히 그 법적 지위나 권한은 헌법과 법령이 정하는 바에 따라 규정되는 것이다. 특히 자치행정은 독자적 기관에 자치권을 부여하면서도, 그 자치가 완전한 자치를 의미하는 것이 아니라 국가의 기본질서 내에서의 자치를 의미한다는 점에서 자치행정기관에 대한 국가의 관여는 필수적이다. 다만 해당 사무의 종류 및 내용 등에 따라서 자치의 범위 내지 관여의 수단 및 강도가 달라질 뿐이다. 교육감은 광역지방자치단체의 교육 및 학예에 관한 사무영역에 있어 지방자치단체의 장과 같은 지위에 있다. 일반적으로 우리나라의 지방자치단체제도에서 지방자치단체의 장은 지방자치단체의 집행기관이자 대표기관으로서의 지위와 함께 국가의 하부행정기관으로서의 두 가지 지위를 동시에 가진다. 이는 지방교육자치제도에서도 마찬가지다.

(1) 지방자치단체 기관으로서의 지위

교육감은 광역지방자치단체의 교육 및 학예에 대한 사무영역에 있어 해당 지방자치단체의 집행이관이자 대표기관이다. 원칙적으로 지방자치단체의 장이 「지방자치법」 제101조에 따라 지방자치단체의 사무를 총괄하고 그에 대한 통할대표권을 갖지만, 「지방자치법」 제121조는 교육 및 학예에 관한 사무에 있어서의 별도 기관의 존재를 예견하고 있으며, 「지방교육자치에 관한 법률」제18조가 교육감의 지위를 명시하고 있다. 즉 교육감은 "시·도의 교육·학예에 관한 사무의 집행기관"으로서 관련 사무를 총괄하고(제1항), "교육·학예에 관한 소관 사무로 인한 소송이나 재산의 등기 등에 대하여 당해 시·도를 대표"한다(제2항). 여기서 사무를 총괄한다 함은 "하급행정기관과 소속 공무원을 지휘·감독하여 업무의 통일적·계속적인 수행을 가능하도록 하며 사무의 관리·집행을 행하는 것"을 말한다.[23] 그리고 대표라 함은 "지방자치단체를 외부

에 대표하는 것을 뜻하며, 교육감의 법적 행위의 효력이 지방자치단체에 귀속됨"을 의미한다.[24]

교육감은 집행기관이자 대표기관으로서의 지위가 인정되는 범위 내에서는 지방자치단체의 장의 사무통할권과 대표권이 원칙적으로 배제된다. 결국 광역지방자치단체에는 교육 및 학예에 관한 사무인지의 여부를 기준으로 두 개의 대표기관과 집행기관이 존재하는 것이다.[25] 그에 따라 "시 · 도지사와 해당 시 · 도의 교육감은 동일한 지방자치단체의 기관으로서 상호간에 지방자치단체를 대표하여 소송을 제기할 수 없다."[26] 이러한 점을 종합할 때, 지방교육청과 교육감을 과연 '지방교육자치단체' 혹은 '지방교육자치단체의 장'으로 볼 수 있는가는 여전히 의문의 대상이 될 수 있다. 우리헌법은 지방자치단체에 대해 자치권을 부여하고 지방자치제도를 헌법상의 제도로 보장하고 있으며, 헌법의 규정에 따라 지방의회는 지방자치단체의 필수적 기관이 된다. 그러나 교육감과 그가 소속한 지방교육청은 지방자치제도와 지방자치단체의 자치권을 전제로 하여 그 소관사무 중 오직 교육·학예에 관한 사무를 전담하는 법정 기관으로서의 위상을 가지기 때문에 비록 교육감이 주민의 직선제를 통해 선출되는 정당성과 대표성을 가졌다는 이유만으로 그를 지방자치단체장과 독립된 혹은 병렬적 지위를 가지는 지방교육자치단체장으로

---

23) 이기우 · 하승수, 『지방자치법』, 대영문화사, 2007, 261면.

24) 이기우 · 하승수, 위의 책, 285면.

25) 대법원은 교육감의 사무와 지방자치단체의 사무를 구별하면서 "수업료, 입학금 그 자체에 관한 사무는 교육 · 학예에 관한 사무로서 지방자치단체 중 특별시 · 광역시·도의 사무에 해당한다고 할 것이나, 수업료, 입학금의 지원에 관한 사무는 학생 자녀를 둔 주민들의 수업료, 입학금 등에 관한 부담을 경감시킴으로써 청소년에 대한 기본적인 교육여건을 형성함과 동시에 청소년이 평등하게 교육을 받을 수 있도록 하는 것이므로, 이와 같은 사무는 지방자치단체 고유의 자치사무… 라고 할 것이다"라고 판시하여 '교육 · 학예에 관한 사무' 자체와 이를 지원하거나 이와 연관된 일반적인 주민복리사무는 지방자치단체의 일반적인 자치사무라고 밝히고 있다.(대법원 2013.04.11. 선고 2012추22 판결)

26) 대법원 1994. 4. 26. 선고 93추175 판결.

볼 수 있는 것인가? 또한 「지방자치법」과 「지방교육자치에 관한 법률」에 의해 운용되고 있는 지방교육자치제에 대해 헌법에 의해 명문으로 보장된 지방자치제도와 동일한 또는 유사한 자치제도로서의 위상을 부여할 수 있는가?에 대해서는 보다 엄정한 진단이 내려져야 할 것으로 보인다.

(2) 국가 행정기관으로서의 지위

교육감은 지방자치단체의 기관으로서의 지위와는 별개로 국가의 하부 행정기관으로서의 지위도 함께 갖는다. 「지방교육자치에 관한 법률」 제19조에 의하여 국가행정사무 중 시·도에 위임하여 시행하는 사무로서 교육 및 학예에 관한 사무는 교육감에게 위임하여 행해진다. 물론, 법령에 다른 규정이 있는 경우에는 그러하지 아니한다. 이와 같이 위임된 교육 및 학예에 관한 국가행정사무를 처리하는 경우, 특히 기관위임사무를 처리하는 교육감은 국가행정기관의 지위에 있게 된다. 즉 국가 및 「정부조직법」 제29조에 의하여 인적자원개발정책, 학교교육·평생교육, 학술에 관한 사무를 관장하는 교육부의 하급행정관청이 된다. 이 경우 교육감은 지방자치단체의 기관으로서의 지위를 갖지 않고 오직 국가행정기관으로서의 지위만 갖게 된다.

나. 국가와 지방자치단체의 권한

(1) 국가의 권한

현행 법령상의 교육에 관한 국가(교육부)의 권한(사무)은 매우 포괄적이다. 이를 크게 분류하면 첫째로 유·초·중등교육에 관한 정책 수립 및 지원·조정·평가 및 관련제도의 기준·관리에 관한 권한, 둘째로 유·초·중등교원 정책의 수립 및 관련 양성 및 인사제도 운영에 관한 권한, 셋째로 교육자치제도 및 지방교육행정기관의 관리 및 기구·정원·재정 관련 정책수립 및 제도운영에 관한 권한으로 나누어 볼 수 있다. 교육에 관한 국가의 권한은 주로 「교육기본법」 및 「초·중등교육법」 등에서 규정[27]하고 있다.

법령에 규정되어 있는 교육에 관한 국가의 권한은 교육제도, 교육에 관한 전국적·통일적 기준, 교원인사(정원관리) 등의 교육제도와 인사에 관한 권한을 제외하면 지방교육재정지원, 교육여건확보, 교육을 위한 지방자치단체의 요청사항 등 주로 교육지원에 관한 사항으로 한정되어 있다. 이는 헌법에 의해 국가에게 맡겨진 교육에 관한 책무를 충분히 반영하는 것으로 보기에는 입법적 완결성에 있어 문제가 있는 것으로 평가될 수 있다. 그러나 헌법이 교육에 관한 권한과 책무를 원칙적으로 국가에게 귀속시킨 이상 교육에 관한 국가의 행정권한은 법령에 규정된 범위에 한정되지 않고 이를 넘어 포괄적으로 교육의 전 영역에 미치는 것으로 보아야 할 것이다. 따라서 법령에 의해 교육에 관한 권한과 사무가 국가(교육부)가 아닌 교육감 등 다른 기관에 속하는 것으로 규정된 경우에도 국가는 해당 권한(사무)의 집행에 대해 감독(관여)권을 가지는 것으로 볼 수 있다.

---

27) 법령상의 교육에 관한 국가(교육부)의 권한(사무)은 다음과 같이 정리될 수 있다.

① 기본적인 국가교육제도의 수립 및 법령 제·개정 사항
② 국가 표준 또는 전국적으로 통일적인 기준 설정이 필요한 사항
③ 국가의 의무 이행에 관한 사항
④ 학생의 보건·안전에 관한 사항
⑤ 지역간 교육격차 해소 및 교육기회 형평성 확보를 위해 필요한 사항
⑥ 국제법 준수 또는 국제협력에 따른 정부의무 이행 사항
⑦ 전국적 통계·정보의 수집이 필요한 사항
⑧ 국가 차원의 정책으로 추진되어야 할 사항
⑨ 지방교육재정 지원 및 교육여건 확보에 관한 사항
⑩ 교원 등 국가공무원의 정원관리에 관한 사항
⑪ 유·초·중등교육의 발전을 위하여 시·도가 요청하는 사항
⑫ 지방교육청·학교에 대한 평가 및 학생의 학업성취도에 대한 평가에 관한 사항

(2) 지방자치단체의 권한

현행 법령상의 교육감의 교육에 관한 권한(사무)은 크게 분류하여, 첫째로 지방자치단체의 교육, 과학, 체육, 기타 학예에 관한 사무 관장 및 집행, 둘째로, 유·초·중·고교 및 평생교육기관에 대한 기획, 조직, 인사, 지도, 운영, 관리, 조정, 지원, 평가, 감사, 재정 등의 집행, 셋째로 고등학교 및 고등기술학교에 대한 직접 지도, 감독, 집행 등이 이에 해당하는 것으로 볼 수 있다. 교육감은 법령 또는 조례의 범위 안에서 그 권한에 속하는 사무에 관하여 교육규칙을 제정할 수 있으며(교육규칙 제정권 :「지방교육자치에 관한 법률」 제25조 제1항). 소속 공무원을 지휘·감독하고 법령과 조례·교육규칙이 정하는 바에 따라 그 임용·교육훈련·복무·징계 등에 관한 사항을 처리할 수 있다(소속 공무원에 대한 지휘·감독권 :「지방교육자치에 관한 법률」 제27조). 또한 교육감은 그 소관 사무의 범위 안에서 필요한 때에는 대통령령 또는 조례가 정하는 바에 따라 교육기관을 설치할 수 있고(교육기관의 설치권 :「지방교육자치에 관한 법률」 제32조), 그 권한에 속하는 사무의 일부를 보조기관, 소속 교육기관 또는 하급교육행정기관에 위임할 수 있다(사무의 위임·위탁권 :「지방교육자치에 관한 법률 제26조」 제1항). 교육감의 교육에 관한 행정권한은 주로 「교육기본법」,「초·중등교육법」,「지방자치법」,「지방교육자치에 관한 법률」,「중앙행정권한의 지방이양촉진 등에 관한 법률」 등의 법령에 의해 규정되고 있다.[28]

교육감의 교육에 관한 권한은 주로 교육에 필요한 기관, 시설, 교구 등에 관한 지원과 교육재정에 관한 사항 및 교과과정의 운영과 교육·학예의 진흥 등 교육의 내용에 관한 사항 그리고 교육공무원의 인사에 관한 사항 등 실질적으로 교육에 관한 전 영역에 걸친 것으로 보인다. 그

28) 「지방교육자치에 관한 법률」 제20조의 교육감의 교육·학예에 관한 관장사무는 다음과 같다.

러나 비록 개별법령이 교육에 관해 포괄적인 권한과 사무를 교육감에게 귀속시킨다고 하여도 이에 대한 국가(교육부)의 감독(관여)은 다른 어느 영역보다 구체적이고 실질적으로 행사될 수 있는 것이며, "국가 표준 또는 전국적으로 통일적인 기준 설정이 필요한 사항"이라는 국가(교육부) 권한(사무)의 기준에서 나타나는 바와 같이 비록 법령상의 형식적 사무배분에 의해 교육감의 사무로 보이는 경우에도 그 실제적인 권한의 소재는 해당사무의 특성과 영향, 즉 '전국적 통일성의 필요' 여부에 따라 판단되어야 할 것으로 보인다.[29]

4. 지방교육자치제도의 보장과 교육행정권한의 한계

가. 지방교육자치제도의 운용 현황과 문제점

「지방교육자치에 관한 법률」은 "교육의 자주성 및 전문성과 지방

---

① 조례안의 작성 및 제출에 관한 사항
② 예산안의 편성 및 제출에 관한 사항
③ 결산서의 작성 및 제출에 관한 사항
④ 교육규칙의 제정에 관한 사항
⑤ 학교, 그 밖의 교육기관의 설치·이전 및 폐지에 관한 사항
⑥ 교육과정의 운영에 관한 사항
⑦ 과학·기술교육의 진흥에 관한 사항
⑧ 평생교육, 그 밖의 교육·학예진흥에 관한 사항
⑨ 학교체육·보건 및 학교환경정화에 관한 사항
⑩ 학생통학구역에 관한 사항
⑪ 교육·학예의 시설·설비 및 교구에 관한 사항
⑫ 재산의 취득·처분에 관한 사항
⑬ 특별부과금·사용료·수수료·분담금 및 가입금에 관한 사항
⑭ 기채·차입금 또는 예산 외의 의무부담에 관한 사항
⑮ 기금의 설치 및 운용에 관한 사항
⑯ 소속 국가공무원 및 지방공무원의 인사관리에 관한 사항
⑰ 그 밖에 당해 시·도의 교육·학예에 관한 사항과 위임된 사항

29) 대법원 2001. 11. 27. 선고 2001추57 판결; 대법원 1999. 9. 17. 선고 99추30 판결

국가와 지방자치단체는 모두 교육에 관한 개별 법령상의 권한(사무)의 소재를 밝히기 위해 직접적인 근거 법령 자체가 아닌 헌법과 관계법령 및 판례 등에 의존할 수밖에 없게 되었다. 그렇다고 하여 지방자치단체에게 인정되는 자치권을 헌법상의 제도보장과 자치권보장의 대상이라고 보기 어려운 지방교육자치제도와 교육감에 대해 인정하는 데에는 무리가 따른다. 나아가 독일의 경우도 우리와 유사하듯이, 우리 헌법은 기본적으로 교육에 관한 권한과 책무를 국가에게 귀속시키고 그 내용을 법률로서 정하도록 하고 있는 만큼, 일반적으로 지방자치법 영역에서 지방자치단체의 사무권한에 관해 적용되는 보충성의 원칙은 교육행정 분야에서는 원용되기 어렵다고 할 수 있을 것이다. 이렇게 볼 때, 교육에 관한 권한과 사무의 귀속을 정함에 있어서는 현행 「지방자치법」이 사무배분에 관하여 취하고 있는 '국가우선주의' 원칙이 보다 유효하다는 아이러닉(ironic)한 결과가 나타나게 되었다.

현재 교육행정사무의 배분에 관해서는 적어도 입법적으로는 명확한 기준이 제시되고 있지 못하다. 이에 따라 많은 연구들은 교육에 관해 지방자치제도와 유사한 지방교육자치제도가 운용되고 있다는 이유에서 혹은 「지방자치법」과 「지방교육자치에 관한 법률」이 교육·학예에 관한 사무를 지방자치단체의 사무로 규정하고 있다는 점 등을 근거로 하여 법령상 권한과 사무의 귀속관계가 불분명하거나 국가와 지방자치단체가 권한을 병점하고 있는 경우, 이를 지방자치단체의 사무로 이해하고자 하는 경향이 없지 않은 것으로 보인다. 그러나 이러한 입장들은 교육에

대한 해석상의 다툼을 원인으로 한 것이다. [참고판례] "교원의 지위에 관한 사항은 법률로 정하여 전국적으로 통일적인 규율이 필요한 것이고 국가가 이를 위하여 상당한 경비를 부담하고 있으므로, 이에 관한 사무는 국가사무로 보아야 하는데, 위 조례안 제5조가 교원의 지위에 관한 사항에 속하는 교원의 차별 및 불이익 금지 등에 관하여 규정하고, 제6조, 제9조, 제10조가 교원의 지위 보호를 위하여 교권보호위원회 및 교권보호지원센터의 설치·구성·운영에 관한 사항 등을 규정한 것은 국가사무에 관하여 법령의 위임 없이 조례로 정한 것으로 조례제정권의 한계를 벗어나 위법하다."(대법원 2014.2.27. 선고 2012추145 판결)

관한 헌법적 규율과 헌법상 교육제도의 목적과 취지를 바탕으로 개별 법령을 해석하여야 하는 해석방법 상의 오류에 기반 한 것으로 보인다. 결국 교육에 관한 국가와 지방자치단체의 권한과 사무의 귀속관계를 정리하고 그 구별의 기준을 정하는 것은 법원에 맡겨질 수밖에 없게 되었다고 할 수 있는 바, 이 분야에 관한 법원의 판결은 분쟁의 해결이나 권리구제적 기능을 넘어 '사법(司法)에 의한 입법'으로서의 실질적 의미를 가진다고 할 수 있을 것이다.

2. 대상판결의 의미와 과제

대상판결은 판결의 대상이 된 사건의 다툼이 "교육감의 학교생활기록의 작성에 관한 사무에 대한 지도·감독 사무가 지방자치단체의 자치사무인가? 아니면 기관위임사무인가?"에 관한 원고 및 소외 관계 교육공무원 등의 오인에서 비롯된 것임을 밝히고 있다. 그리고 교육감의 지도·감독 사무의 성격에 관한 선례나 학설 및 판례가 확립되지 못했음을 이러한 오인의 원인으로 지적하고 있다. 나아가 이러한 문제의 해결이 최종적으로 사법절차에서 해결될 수밖에 없음을 이유로 하여 사법적 결단, 즉 판결을 예정하지 못한 소외의 징계대상자 등의 행위 역시 위법하지 않다는 결론에 이르고 있다. 어찌 보면 이 판결은 청구취지인 직무이행명령의 위법성에 대한 판결이기보다는 혼란을 야기하고 있는 관련 입법과 연구 및 판례의 문제점을 해결하고자 하는 입법형성적 결정 내지 사법에 대해 '마이더스의 손(The Midas Touch)'과 같은 위상을 부여하는 또 다른 의미에서의 사법적극주의의 표방으로 볼 수 있을 것이다. 판결은 또한 교육분야의 전문가인 교육감과 교육공무원들에 대해 "법률상의 무지 내지 혼동 가능성"을 이유로 면죄부를 던진 이 판결은 법사회학적 내지 법정책학적 고려가 법률심보다 우선함으로 인해 마치 입법자나 헌법재판소와 같이 규범수용성 여부를 위법성 판단의 잣대로 원용할 수라서 교육분야에서의 지방(지방자치단체)의 권한과 사무범위는 교육감의 권한과 그 궤를 같이 한다고 할 수 있다. 결국 지방자치단체와 교육감의 교육권한은 교육에 관한 국가의 권한과 지방자치단체의 권한이 어떻게 구별되는가에 따라 달라질 수 있으며, 이는 원칙적으로 개별 법령에 의한 교육권한의 배분에 의해 결정되게 된다.[33] 그러나 교육에 관한 행정권한이 원칙적으로 헌법에 의해 국가에 부여된 책무라는 점을 전제로 할 때, 교육에 관해 교육감에게 인정될 수 있는 고유한 권한은 헌법재판소가 밝히고 있는 바와 같이 "지방교육의 특수성"이 인정되는 분야라 할 수 있으며,[34] 다른 지방교육행정권한은 법령에 의해 지방자치단체에게 이관되거나 위임된 범주에 한정된 것이라 할 수 있다. 나아가 개별법령이 특정 사무를 지방자치단체(교육감)의 사무로 규정한 경우라도 그 실질적인 권한의 소재여부는 헌법 및 관련 법률 등을 종합적으로 고려하여 판단하여야 한다.[35]

33) 대법원은 법령의 규정뿐만 아니라 "사무의 성질이 전국적으로 통일적인 처리가 요구되는 사무인지 여부나 그에 관한 경부 부담과 최종적인 책임귀속의 주체 등도 아울러 고려하여 판단"하여야 한다는 입장을 취하고 있는 만큼, 교육에 관한 행정권한이 국가(교육부)의 사무인지 교육감의 사무인지는 법령의 규정과는 별도로 사무의 내용과 성질 등에 관한 개별적인 실질적 검토가 이루어져야 하는 것으로 판시(대법원 1999. 8. 17. 선고 99추30 판결)하고 있다.

34) 헌법재판소는 학교설립에 관한 국가와 지방자치단체 간의 권한의 배분에 관하여 '지역적특성'과 '전국적통일성'이라는 기준을 적용하고 있다. "고등교육법 및 같은 법 시행령, 사립학교법, 지방자치법의 관련 규정을 종합하면, 청구인의 학교설치, 운영 및 지도에 관한 사무는 지역적 특성에 따라 달리 다루어야 할 필요성이 있는 사무로서 유아원부터 고등학교 및 이에 준하는 학교에 관한 사무에 한하여 이를 자치사무로 보아야 할 것이고, 대학의 설립 및 대학생정원 증원 등 운영에 관한 사무는 국가적 이익에 관한 것으로서 전국적인 통일을 기할 필요성이 있는 국가사무로 보아야 할 것이다"(헌법재판소 2012. 7. 26. 2010헌라3 결정)

35) "지방교육자치에 관한 법률 제20조 제16호, 제27조는 교육감이 교육·학예에 관하여 소속 국가공무원의 인사관리에 관한 사항을 관장하고, 소속 공무원의 임용·징계 등에 관한 사항을 처리한다고 규정하고 있다. 그러나 이는 교육감이 교육공무원법령에 따라 위임받은 국가사무를 그의 관장 사무로서 확인하는 취지에 불과하므로, 이 규정을 근거로 해당 사무를 지방자치단체의 교육·학예에 관한

IV. 비교법적 검토 - 교육에 관한 독일 지방자치단체와 국가와의 관계

1. 교육에 관한 국가의 권한 - 총체적 형성권(지배권)

독일의 경우에는 우리와 달리 "교육자치" 또는 "지방교육자치제도"라는 표현이나 이에 해당하는 내용을 담아내고 있는 제도가 없이, 교육에 관한 권한과 책무가 국가, 즉 연방제 하에서의 개별국가에 해당하는 주(Land)에 귀속하는 것으로 설정하고 있다. 이러한 국가주도형 교육체제는 연방헌법(GG)에서도 명문화되어 있는 것으로서, 이는 근대국가의 형성과 국가통합을 근본적인 이념으로 하고 있던 바이마르(Weimar)헌법 이후 일반화되어온 헌법적 결단이라 할 수 있다. 독일의 현행 연방헌법(GG) 제7조 제1항 "모든 학교제도(das gesamte Schulwesen)는 국가의 감독 하에 있다"라고 규정[36]하여 교육에 관한 국가의 독점적인 권한을 헌법상 명문화 하고 있다. 이 규정에 대해 독일연방헌법재판소(BVerfG)는 국가의 "감독(Aufsicht)"을 교육제도와 그 운영, 즉 교육에 관한 총체적인 형성권으로서 교육에 관한 계획과 조직 및 결정 등에 관한 국가의 총체적인 지배권을 의미하는 것으로 보고 있다.[37] 이러한 헌법의 기본적 결정은 최근에까지 유지되고 있는데, 유럽연합(EU)의 출범이후에 이루어져온 '연방주의개혁(Föderalismusreform)'의 결과를 반영한 2006년부터 2014년에 이르는 헌법개정과정에서도 교육에 관한 국가(Land ; State ; 州)의 총체적인 형성권은 다시 한 번 강조되어 교육에 관한 국가의 '전속적인 입법권(ausschließliche Gesetzgebungsbefugnisse)'이 헌법에 명문화

자치사무라고 볼 수 없다."(헌법재판소 2013. 12. 26. 2012헌라3 결정)

36) 독일의 바이마르(Weimar)헌법(1919) 제14조 제1문 역시 현행 연방헌법(GG) 제7조 제1항과 동일한 내용을 규정한 바 있다.

37) BVerfGE 6, 101, 104.

(연방헌법 제23조 제6항 제1문)되고 있다.

독일의 교육에 관한 국가 중심적 관할은 바이마르공화국의 출범과 독일통일 및 그 이후 유럽연합의 출범 이후 줄곧 국가의 지속성과 미래를 담보하기 위한 국가내부의 통합(Intergation)을 고려한 헌법적 결단에 입각한 것이라는 해설이 일반화되고 있다.[38] 이러한 점에서 남북분단 이후 통일에 이르는 과정에서의 헌법과 국가의 지속성을 유지되어야 한다는 사회통합의 요청이 어느 나라보다도 큰 우리나라의 경우 교육의 국가주도성은 더욱 의미가 있는 것으로 볼 수 있는바, 교육에 관한 독일에서의 논의는 우리에게도 유의미한 것으로 보인다.

2. 교육행정사무에 대한 지방자치단체와 국가의 권한 – 원칙적 국가사무

독일의 경우에도 교육행정의 집행은 실질적으로 지방자치단체에 의해 이루어지고 있다. 이는 교육행정사무가 본원적으로 국가에 속한다고 하더라도 그 집행은 지방자치단체의 영역 내에서 주민을 대상으로 하여 이루어지는 것이므로 독일 연방헌법 제28조 제2항의 지방자치단체의 집행고권(Ausübungshoheit)과 필연적으로 연계되기 때문이다.[39] 이에 따라 상당수의 교육행정사무는 법령에 의해 지방자치단체(Gemeinde)에 이관되어 '의무적 자치사무(pflichtige Selbstverwaltungsaufgaben)'가 되거나 '기관위임사무(기관차용 : Organleihe)'로 집행되고 있다.[40] 그렇지만, 독일 연방헌법이 전제하고 있는 바와 같이 교육에 관한 국가의 고권(Hoheitsmacht)은 지방자치단체의 교육행정권한에 대해 우위에 있는 만

38) Vgl. F. Hennecke, Schule und Selbstverwaltung, in ; Mutius, Selbstverwaltung im Staat der Industriegesellschaft, 1983, S.931ff.

39) BVerwGE 18, 38.

40) Vgl. Gern, Deutsches Kommunalrecht, 2003, Rn.313ff.

큼, 지방자치단체의 교육행정에 대해서는 국가의 포괄적인 감독과 개입이 허용되게 된다.[41]

다만, 교육감에 의해 집행되는 우리의 교육행정사무는 독일의 경우와는 달리 기관위임사무나 의무적 자치사무에 한정된 것이 아닌 만큼, 교육행정사무 전반에 대해 국가의 포괄적인 감독권이나 개입권이 인정된다고 보는 데에는 무리가 있을 것으로 보인다. 교육행정사무의 집행에 대한 국가의 감독권 또는 개입권의 존부와 범위는 결국 교육행정사무가 누구의 행정권한에 속하는 어떠한 법적 성질의 사무인가에 따라 결정되게 된다. 따라서 독일이나 우리의 경우 모두 국가와 지방자치단체 간에 교육행정사무의 배분 내지 구별을 명확히 하여야 하는 것은 무엇보다도 선행되어야 할 과제가 된다고 하겠다.

우리식의 지방교육자치제도를 두고 있지 않는 독일의 경우 지방자치분야의 모든 영역에서 지방자치단체의 자치권이 실현되고 보충성의 원칙에 따라 그 사무와 권한의 배분에 있어 지방자치단체가 우선적으로 고려되지만, 오직 교육분야에 관해서만은 이러한 지방자치의 일반적인 원리가 유연화되는 특성을 가진다. 이를 들어 지방자치단체의 교육사무는 자치성(Kommunitarismus)으로부터 상대적으로 "이질적인 퍼즐조각(heterogen Puzzleteile)"으로 표현하기도 한다.[42] 교육분야의 특성으로 인하여 교육사무가 보통지방자치단체를 통해 지방자치단체의 일반적 사무로 집행되는 독일의 경우에도 교육사무는 특별한 원칙이 적용되는 영역이 되고 있는 것이다. 이렇게 볼 때, 교육에 관한 사무를 지방교육자치제도라는 별도의 집행체계 가운데 운용하고 있는 우리나라의 경우에는 일반 지방자치제도 하의 사무배분 및 집행의 체계와는 구별되는 교육의 특성에 부합하는 별도의 운용체계를 구축하는 것이 필요할 것으로 보인다.

---

41) Vgl. BVerfG, DVBl 1987, S.134f.

42) Vgl. Schäfer/Roreger, Kommunale Aufsichtmitglieder, 1999, S.59f.

3. 교육행정사무 배분 – 교육지원사무의 지방자치단체 귀속

독일연방헌법재판소는 교육에 관한 사무를 “교육 외부적 사무(äußere Bildungsangelegenheiten)”와 “교육 내부적 사무(innere Bildungsangelegenheiten)”로 구분하여 학교의 설립과 폐지 및 시설의 설치와 유지, 행정직원의 인사와 각종 교육 관련 물품의 구매나 교재의 공급 등과 같은 교육지원에 관한 사무를 교육의 ‘외부적 사무’로 보고 이를 지방자치단체의 사무로 하는 한편, 교원의 선발과 훈련 및 교육과 인사, 교육목표 및 방향의 설정과 교과과정의 마련, 학생의 선발과 입학, 의무교육의 운영, 학교의 종류의 지정 등과 같은 교육제도 및 교육내용의 확정과 운용에 관한 사무를 교육의 ‘내부적 사무’로 하여 이를 국가(주 : Land)에 귀속시키고 있다.[43]

우리의 경우에도 대법원은 학교의 장이 행하는 학교생활기록의 작성에 관한 사무의 성질 및 교육감의 학교생활기록부 작성에 관한 지도 및 감독 사무,[44] 교육공무원인 교원에 대한 징계사무,[45] 교원능력개발

---

43) BVerfGE 59, 360, 377 ; BVerfGE 56, 155.

44) 대법원 2014. 2. 27. 선고 2012추183 판결.

45) 대법원 2013. 12. 26. 선고 2011추 63 판결. “구 교육공무원법(2011. 9. 30. 법률 제11066호로 개정되기 전의 것. 이하 같다)은 교육을 통하여 국민 전체에 봉사하는 교육공무원의 직무와 책임의 특수성에 비추어 그 자격·임용·보수 및 신분보장 등에 관하여 특례를 규정함을 목적으로 마련되었다(제1조). 이러한 교육공무원법의 입법목적과 그 구체적인 규정 내용에 비추어 보면, 교육공무원법령이 규율하는 교육공무원의 징계 사무는 교육공무원의 자격, 임용방법이나 절차, 보수, 재교육이나 연수, 신분보장 등에 관한 사무와 더불어 국민 전체의 이익을 위하여 통일적으로 처리되어야 할 성격의 사무라고 보인다. 또한 구 교육공무원법 제33조 제1항에 따르면 대통령령이 정하는 바에 의하여 교육부장관은 그 임용권의 일부를 교육행정기관 등의 장에게 위임할 수 있고, 그 위임에 따른 구 교육공무원 임용령(2011. 10. 25. 대통령령 제23243호로 개정되기 전의 것)제3조 제5항 제3호는 교육부장관이 교사의 임용권을 해당 교육감에게 위임한다고 규정하고 있다. 이와 같은 교육공무원 징계사무의 성격, 그 권한의 위임에 관한 교육공무원법령의 규정 형식과 내용 등에 비추어 보면, 국가공무원인 교사에 대한

평가에 관한 사무[46] 등에 대하여 "국민 전체의 이익을 위하여 통일적으로 처리되어야 할 성격의 사무"라는 등의 이유로 국가사무 및 기관위임사무라 판단하였으나, 수업료·입학금의 지원에 관한 사무,[47] 학교급식시설의 지원에 관한 사무[48] 등에 관하여는 자치사무라고 판시한 바 있다. 이러한 점을 비교할 때, 국가와 지방자치단체 간의 교육사무의 배분 내지 구별에 관한 독일과 우리 법원의 입장은 유사한 점이 발견되는바, 그 기초는 양국의 헌법이 교육에 관한 권한과 책무를 기본적으로 국가에 귀속시킨다는 점에 있다고 할 수 있을 것이다. 다만 우리의 교육관련 법령이 교육과정의 운영이나 교원인사에 관한 사항 등과 같은 독일의 '교육 내부적 사무'에 관한 권한을 교육감에게 부여한 것은 선거를 통해 선출된 교육감의 대표성과 정당성에 기반하여 그 실질적 의미가 지방교육자치제를 통해 구현되도록 하려는 입법자의 결단이 있었던 것으로 볼 수 있다. 결국 독일과 우리의 교육행정사무 배분의 차이는 지방교육자치제의 시행여부와 교육감이라는 지방교육대표기관의 존재여부에 따른 것으로 보인다.

4. 교육에 관한 지방자치단체의 위상 – 협력과 참여

독일에서 교육에 관한 국가와 지방자치단체의 역할과 관계가 연방헌법과 판례가 나타내고 있는 것과 같이 언제나 국가는 주도적이고 감독자적인 지위에 서게 되고 지방자치단체는 단순한 법령상의 교육지원사무의 수행자나 기관위임사무의 집행자의 지위만을 가지게

징계는 국가사무이고, 그 일부인 징계의결요구 역시 국가사무에 해당한다고 봄이 타당하다. 따라서 교육감이 담당 교육청 소속 국가공무원인 교사에 대하여 하는 징계의결요구 사무는 국가위임사무라고 보아야 한다."

46) 대법원 2013. 5. 23. 선고 2011추56 판결.

47) 대법원 2013. 4. 11. 선고 2012추22 판결.

48) 대법원 1996. 11. 29. 선고 96추84 판결.

되는 것은 아니다. 독일의 경우 지방자치단체는 광범위한 협력고권(Kooperationshohet)과 참여고권(Partizipationshoheit)을 바탕으로 하여[49] 교육에 관해 국가(Land) 내의 지방자치단체들이 목적조합(Zweckverband)을 형성하여 국가와 일정한 법적 관계를 유지하거나 국가의 교육관련 위원회(Ausschuß) 등에 참여하여 상호 정보공유와 소통을 통해 지방자치단체의 입장을 국가의 교육행정에 적극적으로 반영시키고 있다. 다만, 교육에 관한 국가권한에 대한 지방자치단체의 참여는 기관형성적 내지 의사결정적 참여(Beteiligung : Teilnahme)가 아니라 비구속적 내지 자문적 참여(Partizipation)에 해당하는 것인 만큼, 국가와 협력적 관계를 넘어 대립적 내지 경쟁적 관계를 형성할 수는 없다고 할 것이다.

V. 판결의 의의와 과제

1. 판결의 법제적 의의 – 교육행정권한의 특수성과 관련 법제의 한계

현행 「지방자치법」은 제9조부터 제11조까지 지방자치단체의 사무에 관해 규정하면서 제9조에 지방자치단체의 사무를 예시하고, 제10조에서는 국가사무와 지방자치단체의 사무 중 광역지치단체의 사무와 기초자치단체의 사무를 구별하는 기준을 제시함과 동시에 제11조에서는 국가사무의 처리제한과 위임사무의 근거를 각각 규정하고 있다. 이는 결국 헌법이나 「정부조직법」이 아닌 「지방자치법」에서 행정사무 귀속의 우선권을 국가에게 부여하여 제1차적으로 국가사무를 정하고 이에 대해서는 지방자치단체가 처리할 수 없도록 전제한 후 그 다음으

49) Vgl. Stober, Kommunalrecht, 3.Aufl., 1996, S.87f.

로 지방자치단체의 사무를 광역사무와 기초사무로 나누어 광역사무를 우선 배분하고 마지막으로 그 어떤 주체에도 속하지 않는 사무를 기초사무가 시행하도록 하는 '국가우선주의' 내지 '광역우선주의' 체계라 할 수 있다. 이러한 「지방자치법」의 사무구분체계에 대해서는 그동안 많은 비판이 제기되어 왔고, 지방자치단체의 자치권의 내용적 핵심이라고 할 수 있는 전권한성(Allzuständigkeit)의 원칙이나 자기책임성(Eigenverantwortlichkeit)의 원칙에 의할 때에도 지방자치제도의 본질을 훼손하는 입법태도로 평가되고 있다. 실제 독일과 프랑스 등 지방자치제도를 가지고 있는 대부분의 국가들이 소위 '보충성의 원칙(Subsidialitätsprinzip)'에 따라 권한과 사무의 배정에 있어 국가보다는 지방자치단체에 우선권을 부여[50]하고 있고, 보충성의 원칙에 대한 예외 인정에 있어 엄격한 자세를 취하고 있는 것[51]으로 보인다. 그리고 이러한 입장의 배경에는 지방자치제도의 역사성과 헌법에 의한 제도로서의 명문의 보장이 자리하고 있는 것으로 해석되고 있다.[52]

「지방교육자치에 관한 법률」은 지방자치단체의 교육·학예에 관한 사무에 관하여 「지방자치법」과는 다른 입법방식을 취하고 있는데, 이 법 제3조는 지방자치단체의 교육·학예에 관한 사무 전반을 지방자치단체의 사무로 규정하고 있다. 뿐만 아니라 교육에 관한 국가사무와 지방사무의 구별(배분)기준이나 지방사무의 특성을 추론할 수 있는 법문(法文)이나 용어의 제시 또한 없다. 이는 이미 헌법과 「교육기본법」, 「교육공무원법」 등에서 교육에 관한 기본적인 행정권한을 국가에게 귀속시킨 경우나 국가와 지방자치단체에게 병점시킨 경우 모두에 대해 근본적인 입법적 충돌을 가져오게 하는 갈등의 유인이 되고 있다.[53] 이에 따라

---

50) BVerfGE 79, 127 (149).

51) Vgl. Münch/ Kunig, Grundgesetz-Kommentar, 3.Aufl., 1995, Art.28 Rn.48.

52) Vgl. Schmidt-Aßmann, Kommunale Selbstverwaltung "nach Rastede", Festschrift für Sendler, 1991, S.121ff.

53) 현재 교육분야에 관한 상당수의 대법원 판례는 법령상의 사무와 권한의 귀속에

교육의 특수성을 살리기 위하여 지방자치단체의 교육 · 과학 · 기술 · 체육 그 밖의 학예에 관한 사무를 관장하는 기관의 설치와 그 조직 및 운영 등에 관한 사항을 규정함으로써 지방교육의 발전에 이바지함을 목적으로"(동법 제1조) 1991년에 제정되었다. 「지방교육자치에 관한 법률」은 제2조에서 "지방자치단체의 교육 · 과학 · 기술 · 체육 그 밖의 학예(이하 "교육 및 학예"라 한다)에 관한 사무는 특별시 · 광역시 및 도(이하 "시 · 도"라 한다)의 사무로 한다"고 규정하여 교육 · 학예에 관한 자치를 광역자치단체인 시 · 도 단위로만 시행하고 있다. 이 법은 제정 시부터 시 · 도의 교육·학예에 관한 의안과 청원 등을 심의 · 의결하는 기관으로 '교육위원회'를, 시 · 도의 교육 · 학예에 관한 사무를 집행하는 기관으로 '교육감'을 두었다. 즉 하나의 지방자치단체 안에 일반 영역에서는 시 · 도의회와 시장 또는 도지사 등의 장이, 교육 및 학예 영역에서는 교육위원회와 교육감이 지방자치단체의 의결기관과 집행기관으로 분리·독립되어 공존하였다. 그러나 한시법으로 제정되어 있던 교육위원회와 교육위원에 관한 「지방교육자치에 관한 법률」상의 규정들이 2014년 6월 30일 그 효력을 잃으면서 현재 교육위원회와 교육의원 제도는 폐지되었다(다만, 제주도의 경우 「제주특별자치도 설치 및 국제자유도시 조성을 위한 특별법」에 따라 교육위원회가 유지되고 있다). 비록 교육위원회가 시 · 도의회의 상임위원회로 존속하고 있지만, 사실상 현행 「지방교육자치에 관한 법률」에는 교육감만이 지방자치단체의 교육 · 학예 사무에 관하여 독립된 집행기관으로 존재한다고 볼 수 있다.

지방교육자치제도는 「지방교육자치에 관한 법률」 외에 「지방자치법」과 「교육기본법」 등 관련 법률들을 통하여 실현되고 있다. 물론 지방교육자치제도는 「지방교육자치에 관한 법률」에 의해 그 기본구조가 형성되지만, 그 운용은 「지방자치법」, 「교육기본법」과 「초 · 중등교육법」[30)]

30) 「초 · 중등교육법」은 교육감에게 관할 시·도에 소속된 공립 · 사립학교에 대하여 포괄적인 지도 · 감독권(제6조)과 관할 구역의 학교를 대상으로 한 장학지도권(제

등 관련 법령들에 의하여 종합적으로 이루어지고 있는 특징을 가지고 있다. 그러나 상당수의 법률에서는 교육에 관한 권한과 사무를 국가와 지방자치단체 모두에게 병렬적(중복적)으로 귀속시키고 있어[31] 해석과 집행에 있어 혼란과 갈등이 초래[32]되는 원인이 되고 있다.

나. 지방자치단체의 교육행정권한의 한계

「지방교육자치에 관한 법률」은 「지방자치법」 제121조 제2항의 규정에 따라 "지방자치단체의 교육·과학 및 체육에 관한 사무를 분장하기 위한 기관의 조직과 운영에 관하여 필요한 사항"을 규정하고 있다. 교육감은 "지방교육청의 장으로서 지방자치단체의 교육·학예에 대한 사무의 대표성과 이에 상응하는 권한"을 갖는다(제18조 내지 제29조 규정). 따

7조) 및 학교평가권(제9조)을 부여하고 있다.

31) 「교육기본법」은 국가와 더불어 지방자치단체에게도 학교를 설립·경영할 권한(제11조)와 학교 및 사회교육시설을 지도·감독할 권한(제17조)을 포괄적으로 부여하고 있다. 이외에도 「교육기본법」은 학습자가 평등하게 교육을 받을 수 있도록 지역 간의 교원 수급 등 교육 여건 격차를 최소화하는 시책을 마련하여 시행할 것(제4조), 교육의 자주성과 전문성을 보장하고 지역 실정에 맞는 교육을 실시하기 위한 시책을 수립·실시할 것(제5조), 교육재정을 안정적으로 확보하기 위하여 필요한 시책을 수립·실시할 것(제7조), 특수교육(제18조)·영재교육(제19조)·과학·기술교육(제22조) 등을 진흥하기 위한 시책을 수립·실시할 것, 사립학교를 지원·육성할 것(제25조) 등의 책임을 국가와 지방자치단체 모두에 부여하고 있다.

32) 「교육공무원법」에 의하면, 국가나 지방자치단체는 교육공무원의 연수와 그에 필요한 시설 및 연수를 장려할 계획을 수립하여 실시하도록 노력하여야 하고(제38조 제2항), 국가나 지방자치단체는 특별연수계획을 수립하여 교육공무원을 국내외의 교육기관 또는 연구기관에서 일정 기간연수를 받게 할 수 있다(제40조 제1항). 또한 「교원연수규정」에 따르면, 교육부장관 및 교육감은 직무연수의 대상자를 선정하기 위하여 필요하면 교원을 대상으로 교원의 능력을 진단하기 위한 평가(교원능력개발평가)를 매년 실시할 수 있다(제18조 제1항). 이에 대해 대법원은 "교원능력개발평가사업을 시행하면서 그 실시 및 평가의 균일성·공정성의 확보를 도모할 필요가 있으므로, 교원능력개발평가 사무는 전국적으로 통일적인 실시가 필요한 업무"라는 점을 들어 국가사무로 판시한 바 있다(대법원 2013. 5. 23. 선고 2011추56 판결).

있다는 자세를 취하고 있는 것으로 보인다. 나아가 이 판결이 쟁점이 된 교육사무에 관한 국가와 지방자치단체의 권한의 구별에 관한 원칙이나 기준에 관하여 대법원의 종전 선행판결이 제시하고 있는 법리와 기준을 그대로 적용하고 있으면서도 결론적으로 종전 판례의 입장이 "일의적이지 못하다"는 결론에 이른 점 역시 다소 무리가 있는 것으로 보인다. 그럼에도 불구하고 대상판결은 이에 더 나아가 종전보다 구체적이거나 정리된 그 어떤 구별기준도 제시하려고 시도하지 않은 채, 입법의 불명확성과 그 해석의 불완전성을 이유로 그 법의 수범자에 대해 "위법하지 않다"는 사실상의 '불가지(不可知)선언'에 이르고 있는 점은 판결이 문제로 삼은 선행 학설과 판례 등의 문제점보다 더 큰 오류라 아니할 수 없다(물론, 이 판결이 교육공무원의 표현의 자유의 범위와 그 제한에 관해 구체적인 원칙을 제시하고 있는 점은 별론으로 한다).

대상판결은 "교육감이 … 지도 · 감독 사무의 성격에 관한 선례나 학설, 판례 등이 확립되지 아니한 상황"이라는 점을 위법성판단의 기준으로 제시하고 있다. 그러나 이에 관해 어떠한 선례나 학설이 있는지? 이들 선례나 학설에는 어떠한 문제점과 논란이 있는지? 등에 관해서는 일체의 언급이 없을 뿐만 아니라 교육감의 지도·감독에 관한 사무의 법적 성질에 관해서는 앞에서 살핀 바와 같이 그동안 사실상 일관된다고 할 수 있는 대법원의 입장에 대해, 일체의 분석이나 판례의 변경도 없이 일의적으로 "모두 문제다"라고 일길(폄하)하면서 이를 근거로 결론에 이른 것은 올바른 사법판단이라고 보기 어렵다. 그러나 재판부가 이러한 자세를 취할 수도 있게 한 현행 입법상의 문제점이나 이에 대응한 학계의 혼동 역시 없지 않기에 역설적으로 대상판결은 관련 입법과 학계에 대한 의미 있는 시사점을 전하고 있는 것으로 볼 여지도 있다.

앞에서 밝힌 바와 같이 지방교육자치제의 지방자치성에 주목하는 입장들은 지방교육자치제를 지방자치제와 동일 또는 유사한 것으로 이해하는 입장을 견지하고 있고, 지방교육자치제와 지방자치제를 구별하는 입장 역시 소위 진보교육감과 교육부 간의 갈등사례나 교육감직선제의 문제점 등을 지적하며 지방교육자치제의 정치성에 주목하고 있는 경향이 일반적이라 할 수 있다. 그러나 이미 우리 헌법은 교육에 관해 국가의 근원적 책임성과 법정주의를 명문화하였고, 지역적 특성을 반영한 지방교육자치제의 운용을 법정화 하고 있는 만큼, 지방교육자치제는 헌법과 법률의 틀 안에서 국가에 의해 이관되거나 위임된 교육사무 또는 지역적 특성을 반영한 교육사무를 탈정치성과 전문성을 기반을 하여 집행하는 교육공동체자치라 할 수 있다. 따라서 교육에 관한 국가행정과 지방행정은 상호 협력적 관계를 형성·유지하여야 하고 지방자치단체에 대한 국가의 관여 역시 원칙적으로 비권력적이고 협력적인 범위로 한정되어야 하며 권력적 관여의 경우에는 현행 「지방교육자치에 관한 법률」상의 준용규정 과는 달리 보다 엄격한 법적 근거와 명확성이 요구된다고 하겠다.[54)]

이러한 점에서 볼 때, 대상판례를 포함한 기존의 대법원 판례가 교육사무의 본질과 이에 대한 권한의 귀속관계에 대한 본질을 설파하지 못한 가운데 지방자치단체의 사무와 국가사무의 구별에 관한 일반적인 기준이라고 할 수 있는 "전국적 통일성"이나 "비용의 부담관계" 등을 기준으로 하여 교육에 관한 권한과 사무를 구별해온 입장은 '교육'과 '교육제도'에 관해 헌법이 정한 본질적인 내용을 숙지하지 못한 결과라 할 수 있다. 헌법과 법률에 의해 권한과 사무의 소재가 명확히 확정되지 않는 한 본원적으로 국가의 관할에 속한다는 헌법상의 원칙이 판결을 통해 적시될 필요가 있다. 물론 종전의 일부 판례에서 부분적으로 제시되기는 했으나, 교육에 관한 권한과 사무를 '교육의 내용에 관한 사무'와 '교육 지원 사무'로 구별하[55)]거나, 독일의 경우와 같이 '교육 내부적 사무'와 '교육 외부적 사무' 하여 그 구체적인 기준을 제시하는 등의 보다 발

54) 임현, "교육감의 권한과 통제에 관한 법적문제", 『토지공법연구』 제56집, 2012.
55) 대법원 2013.04.11. 선고 2012추22 판결 참조.

전된 입법형성적 성과를 제시할 수 있게 되기를 기대해본다.

Ⅵ. 결론

교육사무는 헌법이 나타내고 있는 바와 같이 원칙적으로 국가의 책무에 속한다. 교육자치제도가 헌법이 직접적으로 보장하고 있는 헌법상의 제도이기보다는 엄밀하게 보아 헌법과 지방자치법의 관계를 전제로 한 연계성에 의존하여 형성된 법률적 자치제도임을 감안한다면 교육행정과 교육사무에 관한 본원적 국가귀속성은 명정하다고 할 수 있다. 그렇기에 현실적으로도 교육감의 직선제를 제외하면 교육자치제도는 하나의 자치제도로서의 실질을 가지기 어렵다는 지적 또한 없지 않다. 교육의회를 두고 있지 않은 점이나 국가공무원이 지방교육청의 교육공무원이 되고 있는 점 및 대부분의 집행사무가 기관위임사무인 점 등을 감안한다면 교육자치제도가 헌법의 보장대상이 되는 자치제도인가에 관해 의문을 갖지 않을 수 없다. 따라서 일반적인 지방자치제도와 지방자치단체를 전제로 하여 헌법상 인정되는 자치권, 즉 전권한성과 자기책임성의 원칙이 교육자치의 영역에도 그대로 적용된다는 확대해석에는 주의가 필요할 것으로 보인다. 이는 곧 교육감에 대한 사무배분이 헌법 상 시방자시단세의 자치권이나 지방자치법 상의 사무배분기준에 따라 이루어질 수 없는 것으로서 일반적인 지방자치단체의 사무와는 달리 별도의 법률에 의해 명확히 그 내용이 정해져야 할 대상임을 의미한다. 비록 우리와 같은 지방교육자치제도를 두고 있지 않지만 교육에 관한 사무를 일반 지방자치단체가 처리하고 있는 독일의 경우에도 교육사무에 대해서는 일반 사무와 다르게 엄격한 국가사무 본원주의와 국가의 포괄적인 형성권과 지배권을 승인하고 있는 점에 관해 주목할 필요가 있는 것으로 보인다. 우리의 경우 그동안 지방교육자치제도의 '자치'라는 개념적

이상에 사로잡혀 '교육'에 관하여 헌법이 밝히고 있는 국가 중심의 법정주의의 원칙은 간과되어 온 것으로 보인다.

교육·학예에 관한 사무에 있어 보통지방자치단체와는 별도로 교육 및 학예 사무에 관한 집행기관이자 대표기관으로서 교육감을 두고 있다. 교육감은 지방자치단체의 교육 및 학예 사무에 대한 대표권과 사무통할권을 갖는다. 그리고 국가의 하부행정기관으로서의 지위에서 기관위임사무의 처리를 담당하게 된다. 일반적으로 자치행정에 대하여는 행정의 통일적 수행과 효율성 도모 그리고 자치단체의 적법한 활동 보장을 위하여 국가의 관여가 행해지게 되는데, 특히 교육행정은 국가적 차원의 목적을 가지고 행해지는 것으로서 정책의 형성과 시행에 있어 국가의 관점에서 일반적이고 전문적인 집행이 담보되어야 할 필요가 있다. 특히 교육감이 국가의 하부행정기관으로서 권한을 행사하는 기관위임사무의 영역에 대하여는 보다 실효적인 국가의 관여가 이루어져야 할 것이다. 그러나 지방교육자치제의 제도적 의의와 목적을 고려할 때, 국가의 관여는 구체적이고 명확한 법적 근거 하에서 인정되며, 법률유보를 충족한 경우에도 관여의 범위는 교육의 전문성과 중립성 그리고 지역적 특성이라는 본질적 내용에 대한 침해가 되어서는 안 될 것이다. 나아가 교육자치제도에 부합하는 적절한 국가 관여의 수단들이 마련될 필요가 있다. 지방교육행정에 대한 국가관여의 문제들에 대해 「지방자치법」을 적용 또는 준용하여 규율하기 보다는 「지방교육자치에 관한 법률」의 개정을 통해 일반적인 지방자치제도의 경우와 구별되는 교육자치제도에 부합하는 국가관여의 체계를 규정하는 것 역시 시급히 마련되어야 할 입법적 과제라 할 수 있다.

교육사무의 법적 성질과 그에 관한 권한의 귀속주체를 정하는 임무는 입법자에게 맡겨져 있다고 할 수 있다. 그러나 현재 자치관련 법령의 경우 입법자가 국가와 교육감의 사무를 명확하게 배분하고 있지 못하여 그 구별이 용이하지 않은 것이 사실이다. 특히 많은 규정들이 국가와 지방자치단체 양자에 모두 포괄적인 교육 권한을 부여하고 있어 그 권한의 충돌이 일어날 소지를 충분히 내포하고 있다. 나아가 많은 권한들의 대상사무가 자치사무인지, 기관위임사무인지 여부의 구별 또한 법 규정상으로 명확하지 않아 결국은 사법부에 의한 사후적 해결에 의하여만 해당 사무의 종류가 판단될 수밖에 없는 경우가 많다. 국가와 교육감 간의 권한배분의 불명확성은 특히 주민의 직선으로 선출된 교육감이 민주적 정당성을 가진 채 국가의 교육정책과는 별개의 교육관을 가지고 국가와 다른 입장을 취하는 경우, 이는 국가와 교육감 간의 갈등의 근본적인 원인이 되고 있다. 이와 같은 상황에서 국가와 교육감 간의 분쟁은 오로지 사법부에 의한 사후적 해결에 맡겨질 수밖에 없게 된다. 차제에 전문성과 탈정치성을 요건으로 하는 지방교육의 수장을 지극히 정치적일 수밖에 없는 선거라는 절차를 통해 선출하는 교육감선임방식에 대해서는 신중한 재고가 필요할 것으로 보인다.

교육자치제도는 지방자치제도의 파생품이거나 유사품이 아니며, 지방자치제도와는 구별되는 완전히 별도의 유형의 자치제도라 할 수 있다. 따라서 교육자치제도가 헌법과 법률이 전제하는 국가의 교육책무의 범위 내에서 교육이라는 사물관할과 교육자와 피교육자 및 학부모로 이루어지는 인적관할을 전제로 한 '교육공동체자치'라는 전제 하에서 지방교육자치단체의 고유한 행정권한과 사무 및 그에 대한 국가의 관여가 설세되고 입빕화되어야만 한다. 지방교육자치제도를 풀뿌리민주주의의 강화나 국민주권 및 권력분립의 확대, 주민과 그 대표의 정치성을 전제와 목적으로 하는 일반적인 지방자치제도와 혼동하는 것은 오히려 교육자치제도의 본질을 훼손하는 것이 될 수도 있다. 헌법이 국민의 교육기본권과 이를 보장할 국가의 책무를 규정함과 동시에 교육공무원의 정치적 중립을 의무화하고 있는 취지를 상기시킬 필요가 있다. 현재의 교육자치제도에 대해 "교육감 직선제만 포기하면 실질적으로 교육자치제도는 막을 내리게 된다"라는 식의 정치적·제도적 의미에 천착하는 것 역시 교육자치제도의 본질에 대한 오해라 아니할 수 없다. 교육자치제도의 현실적 한계와 허점을 폄하하거나 하나의 정치제도로 오인하기보다는 교육자치제도에 대한 인식의 정비와 함께 그 본질에 부합하는 보다 철저한 제도의 재설계와 입법적 정비가 선행되어야 할 것으로 보인다. 교육관련 법령들의 개정을 통해 교육에 관한 헌법의 관리체계가 법률에 명정하게 수용되도록 하여야 하며 국가와 교육감 간의 구체적인 권한과 사무가 명확히 배분되도록 하여야 할 것이다. 이러한 권한 배분에 있어서는 어느 정도의 수준까지 교육감에게 권한을 인정할 것인지 여부, 어떠한 사무를 자치단체가 자율적으로 판단하여 행하는 것이 바람직한 것인지의 여부, 어떠한 사무가 국가의 통일적이고 일반적인 규율에 적합한지 여부 등에 대해 교육과 교육제도의 본질 및 헌법이 지향하고 있는 교육체계에 대한 명확한 이해에 기초한 입법적 결단이 있어야 할 것이다.

참고문헌

김남진·김연태, 『행정법I, II』, 법문사, 2014.

강인수, 『교육법연구』, 문음사, 1989.

계희열, 『헌법학(중)』, 박영사, 2002.

권영성, 『헌법학원론』, 법문사, 2010.

김동희, 『행정법II』, 박영사, 2013.

김정환·강선보, 『교육철학』, 박영사, 1998.

노기호, 『교육권론』, 집문당, 2008.

박균성, 『행정법론(하)』, 박영사, 2013.

박재윤 외, 『교육분야 쟁점관련 법령 분석연구』, 한국교육개발원. 2005.

박철홍 외, 『현대교육학 개론』, 학지사, 2013.

서정후, 『교육의 이해』, 한울출판사, 2006.

송덕수, 『신민법강의』, 박영사, 2011.

신현직, 『교육법과 교육기본권』, 청년사, 2003.

이기우·하승수, 『지방자치법』, 대영문화사, 2007.

이기우, "교육자치의 본질과 과제", 『민주법학』 제27호, 민주주의법학연구회, 2005.

임 현, "교육감의 권한과 통제에 관한 법적문제", 『토지공법연구』 제56집, 2012.

조태제, "지방자치단체의 적절한 재정확보의 헌법적 보장", 『헌법학연구』 제7권 제3호, 한국헌법학회, 2001.

최봉석, 『지방자치의 기본법리』, 한국법제연구원, 2010.

______, "기관위임사무 폐지론에 대한 재고", 『지방자치법연구』, 한국지방자치법학회, 2003.

______, "직무이행명령의 취소", 『행정판례연구』 제19권 제2호, 행정판례연구회, 2015.

표시열, “지방교육자치의 기본가치와 주요쟁점”, 『교육법학연구』 제22권 제1호, 대한교육법학회, 2010.

홍정선, 『신지방자치법』, 박영사. 2013.

홍준현, “중앙정부의 지방자치단체에 대한 행정적 관여의 본질”, 『한국지방자치학회 2005년도 하계학술대회』, 한국지방자치학회, 2005.

Gern, A., Deutsches Kommunalrecht, 2003.

Hennecke, F., Schule und Selbstverwaltung, in ; Mutius, Selbstverwaltung im Staat der Industriegesellschaft, 1983.

Münch/Kunig, Grundgesetz-Kommentar, 3.Aufl., 1995.

Schäfer/Roreger, Kommunale Aufsichtmitglieder, 1999.

Schmidt-Aßmann, Kommunale Selbstverwaltung “nach Rastede”, Festschrift für Sendler, 1991.

Stober, R., Kommunalrecht, 3.Aufl., 1996.

국문초록

현행 「지방자치법」에서는 지방자치단체의 사무에 대해 '국가우선주의' 내지 '광역우선주의'를 취하고 있는 반면, 「지방교육자치에 관한 법률」에서는 지방자치단체의 교육·학예에 관한 사무 전반을 지방자치단체의 사무로 규정하고 있다. 특히 헌법이 교육에 관한 권한과 책무를 국가에게 귀속시키고 그 내용을 법률로서 정하도록 하고 있고 교육에 대한 교육에 관한 국가사무와 지방사무의 구별기준이나 지방사무의 특성을 추론할 수 있는 법문이나 용어의 제시되어 있지 않은 상태여서, 일반적으로 지방자치법 영역에서 지방자치단체의 사무권한에 관해 적용되는 보충성의 원칙은 교육행정 분야에서는 원용되기 어렵다. 이러한 상황에서 교육에 관한 국가와 지방자치단체의 권한과 사무의 귀속관계를 정리하고 그 구별의 기준을 정하는 것은 법원에 맡겨질 수밖에 없게 되었고, 이 분야에 관한 법원의 판결은 분쟁의 해결이나 권리구제적 기능을 넘어 '사법에 의한 입법'으로서의 실질적 의미를 가진다.

교육사무의 법적 성질과 그에 관한 권한의 귀속주체를 정하는 임무는 입법자에게 맡겨져 있다. 현재 자치관련 법령의 경우 입법자가 국가와 교육감의 사무를 명확하게 배분하고 있지 못하여 그 구별이 용이하지 않으며, 많은 규정들이 국가와 지방자치단체 양자에 모두 포괄적인 교육 권한을 부여하고 있어 그 권한의 충돌이 일어날 소지를 충분히 내포하고 있다. 또한 많은 권한들의 대상사무가 자치사무인지, 기관위임사무인지 여부의 구별도 법 규정상으로 명확하지 않아 결국은 사법부에 의한 사후적 해결에 의하여만 해당 사무의 종류가 판단되는 상황이다.

그러나 본 논문의 대상판결은 "교육감이 … 지도·감독 사무의 성격에 관한 선례나 학설, 판례 등이 확립되지 아니한 상황"이라는 점을 위법성판단의 기준으로 제시하고 있다. 이에 관해 어떠한 선례나 학설이 있는지, 이들 선례나 학설에는 어떠한 문제점과 논란이 있는지 등에 관해서는 일체의 언급이 없다. 또한 대상판례를 포함한 기존의 대법원 판례가 교육사무의 본질과 이에 대한 권한의 귀속관계에 대한 본질을 설파하지 못한 가운데 지방자치단체의 사무와 국가사무의 구별에 관한 일반적인 기준이라고 할 수 있는 "전국적 통일성"이나 "비용의 부담관계" 등을 기준으로 하여 교육에 관한 권한과 사무를 구별하고 있는 점도 아쉬움으로 남는다.

우리 헌법에서 교육에 관해 국가의 근원적 책임성과 법정주의를 명문화하였고, 지역적 특성을 반영한 지방교육자치제의 운용을 법정화하고 있는 만큼, 지방교육자치제는 헌법과 법률의 틀 안에서 국가에 의해 이관되거나 위임된 교육사무 또는 지역적 특성을 반영한 교육사무를 탈정치성과 전문성을 기반으로 하여 집행하는 교육공동체자치라 할 수 있다. 이에 독일연방헌법재판소에서 교육에 관한 사무를 "교육 외부적 사무"와 "교육 내부적 사무"로 구분하고 있는 점은 시사하는 바가 크다. 교육자치제도는 지방자치제도의 파생품이거나 유사품이 아니며 지방자치제도와는 구별되는 완전히 별도의 유형의 자치제도이다. 헌법과 법률이 전제하는 국가의 교육책무의 범위 내에서 교육이라는 사물관할과 교육자와 피교육자 및 학부모로 이루어지는 인적관할을 전제로 한 '교육공동체자치'라는 전제 하에서 지방교육자치단체의 고유한 행정권한과 사무 및 그에 대한 국가의 관여가 설계되고 입법적 정비가 이루어져야 할 것이다.

주제어: 지방자치, 교육자치, 교육사무, 교육공동체자치, 국가사무

Abstract

Authority of Nation and Local Government to Education

Prof. Dr. jur. Choi, Bong Seok*

Local Autonomy Act provides that government work is National priority attention or metropolitan priority attention, while Local Education Autonomy Act provides that general education work is local government authority. It does not provided criteria between nation work and local government in Constitutional law, and also sentence or term inferred feature of the local government work. Subsidiary principle that generally refers to work authority in local government law does not apply to educational administration. As a result, Court must establish a clear cut line of authority and responsibility in nation and local government work authority by judgment. Judgment means judicial legislation beyond the functions of settlement of a dispute or relief of right.

Legislator should be decided the legal characteristics and authority of education work. But Legislator fails to distinguish clearly nation and educational superintendent work in law relating local government. And recognize and comprehensive authority to both sides. So nation and educational superintendent can be happen conflict of education work authority. As a result, education work authority decided by a posteriori settlement by court.

Supreme Court decision in article adduced "precedent, theory or case been established about educational superintendent work authority"

* University Dongguk, Seoul

to illegality standard. Decision does not mention entirely the precedent, theory or case about educational superintendent work authority. It is to be desired that Supreme Court classified education work and authority the following standards, general classified standard about nation and local government work, "national unity" or "cost sharing."

Nation responsibility to education and codification of education system is stipulated in Constitutional law. Local Education Autonomy is educational community autonomy on the basis of professionalism and non-political position within the framework of Constitution and law. There are many implications that German federal constitutional court divided education work, "external education work" and "internal education work."

Educational autonomy system is not fake or derivative of local government system but entirely separate type of system. It should be institutionalized that inherent executive authority, work and intervention of government on the premise that educational autonomy system is "educational community autonomy" that based on material jurisdiction that means education in the range of national education duty according to constitution and law and personal jurisdiction that composed of educator, educate and school parent.

Key words: Local government, Education Autonomy. Education Work, Educational Community Autonomy, Nation Work

투 고 일: 2015. 5. 25
심 사 일: 2015. 6. 15
게재확정일: 2015. 6. 19

租稅行政法

名義受託者의 不動産 任意 處分時 讓渡所得稅의 納稅義務者

金世鉉*

대상판결: 대법원 2014. 9. 4. 선고 2012두10710 판결

Ⅰ. 서설

대법원은 부동산 명의신탁의 경우에 명의신탁된 재산의 법형식적인 소유 명의는 수탁자에게 있으나 실질적인 소유권은 신탁자에게 있으므로, 신탁자가 자신의 의사에 의해 신탁재산을 양도하는 경우에는 그가 양도소득을 사실상 지배, 관리, 처분할 수 있는 지위에 있어 양도소득세의 납세의무자가 된다고 하겠지만, 수탁자가 신탁자의 위임이나 승낙 없이 임의로 명의신탁 재산을 양도하였다면 그 양도 주체는 수탁자

* 仁川地方法院 富川支院 判事

이지 신탁자가 아니고, 양도소득이 신탁자에게 환원되지 않는 한 신탁자가 양도소득을 사실상 지배, 관리, 처분할 수 있는 지위에 있지도 아니하므로 '사실상 소득을 얻은 자'로서 양도소득세의 납세의무자가 된다고 할 수 없다고 판단하여 왔다.

이 글의 대상 판결(대법원 2014. 9. 4. 선고 2012두10710 판결, 이하 '대상판결'이라 한다)은 양도소득을 명의신탁자에게 환원하였다고 판단할 수 있는 기준으로서 '명의수탁자가 양도대가를 수령하는 즉시 전액을 자발적으로 명의신탁자에게 이전하는 등 사실상 위임사무를 처리한 것'과 같이 명의신탁자가 양도소득을 실질적으로 지배, 관리, 처분할 수 있는 지위에 있어 명의신탁자를 양도의 주체로 볼 수 있는 경우라는 것을 제시하고 있다.

이하에서는 구체적인 판례를 통해 명의신탁에서 양도소득이 명의신탁자에게 환원되었다고 판단할 수 있는 기준을 논의해 보고, 위 판례가 갖는 의미에 대해서도 생각해 보고자 한다.

Ⅱ. 대상판결의 요지(대법원 2014. 9. 4. 선고 2012두10710 판결)

1. 사실 관계

가. 원고 A는 D의 처, 원고 B, C는 D와 원고 A 사이의 자녀들이다.

나. D는 2003. 11. 8. 사망하였고, 원고들은 별지 부동산 목록[1] 순번 1 내지 17 기재 토지(이하 '이 사건 토지'라 한다)를 그 상속 지분(원고 A가 3/7지분, 원고 B, C가 각 2/7 지분)에 따라 상속하였다.

---

1) 별지 부동산 목록은 생략한다.

다. D의 어머니인 E는 이 사건 토지 중 일부가 E의 소유라고 주장하면서 2003. 11. 21. 원고들을 상대로 위 토지 중 원고들의 각 소유지분에 관한 이전등기를 청구하는 소(의정부지방법원 2003가합6887호; 이하 '제1소송'이라 한다)를 제기하였다.

라. 원고 A는 그 언니인 X 및 X의 남편인 Y 등과 함께 이 사건 토지의 소유권을 유지할 방안을 모색한 결과 이 사건 토지에 관한 소유명의를 A에게 신탁한 후 그에 관한 소송 등의 업무를 Y에게 위임하기로 약정하였다. 이에 따라 이 사건 토지 중 별지 부동산 목록 순번 1 내지 5, 11, 13 내지 15 기재 토지에 관하여는 2003. 12. 8. 원고들 앞으로 소유권이전등기를 경료하였다가 같은 날 X 명의로 증여를 원인으로 한 소유권이전등기를 경료하였고, 별지 부동산 목록 순번 6 내지 10, 12, 16, 17 기재 토지에 관하여는 2003. 11. 21. 원고들 앞으로 소유권이전등기를 경료하였다가, 그 중 1/2 지분에 관하여는 2003. 11. 27., 나머지 1/2 지분에 관하여는 2003. 12. 3. 각 X 명의로 증여를 원인으로 한 소유권이전등기를 경료하였다.

마. 한편 D의 작은 아버지들인 F, G 등은 2004. 3. 3. 이 사건 토지 중 별지 부동산 목록 순번 1, 2 기재 토지 및 포천시 가산면 가산리 산 OO－O, 같은 리 OO－O(이하 위 두 필지의 토지를 '소외 토지'라 한다)에 관하여 소유권을 주장하면서 원고들 및 X를 상대로 그에 관한 원고들 및 X 명의 등기의 말소를 청구하는 소(의정부지방법원 2004가단7781호; 이하 '제2소송'이라 한다)를 제기하였다.

바. 제1소송은 2004. 7. 29. E의 패소로 종국되었고, 제2소송은 2005. 5. 26. X가 F, G에게 소외 토지에 관하여 소유권을 이전하는 내용의 조정이 성립되어 종국되었다.

사. 위 각 토지에 관하여 원고들 및 X 명의의 이전등기를 경료하거나, Y가 원고들을 대신하여 제1, 2소송에 대응하는 과정에서, 등기 및 소송 비용이 발생하게 되자, X 및 Y는 이 사건 토지를 처분하여 위 비

용 등에 충당하기로 하고, 2004. 7. 21. 甲에게 이 사건 토지 중 별지 부동산 목록 순번 1, 2 기재 토지 및 소외 토지를 대금 11억 2천만 원에, 2005. 2. 20. 乙에게 별지 부동산 목록 순번 3 내지 13 기재 토지를 대금 4억 원에, 2004. 6. 28. 丙 등에게 별지 부동산 목록 순번 14, 15 기재 토지를 대금 6,000만 원에, 2005. 2. 3. 및 2005. 8. 31. 戊 및 己에게 별지 부동산 목록 순번 16, 17 기재 토지를 대금 합계 2억 원에 각 매도하는 계약을 체결하였다[그 중 甲에게 매도한 소외 토지에 관하여는 앞서 본 바와 같이 2005. 5. 26. X가 F, G에게 소유권을 이전하기로 하는 내용의 조정이 성립됨으로써 甲에 대한 이전등기의무를 이행할 수 없게 되었으나, 별지 부동산 목록 순번 1, 2 기재 토지에 관하여는 2009. 6. 24. X가 甲에게 위 매매계약을 원인으로 한 소유권이전등기를 경료하기로 하는 내용의 화해권고결정이 확정되었다(의정부지방법원 2008나12225호); 한편 별지 목록 순번 16, 17 기재 토지에 관하여는 2005. 2. 3. 및 2005. 8. 31. 戊 및 己 앞으로 각 소유권이전등기가 경료되었다].

아. 원고들은 2006. 5. 18. X에 대하여, 주위적으로 원고들이 X에게 이 사건 토지를 명의신탁하였다는 이유로 X 명의의 소유권이전등기의 말소를, 예비적으로 이 사건 토지 가액 상당의 반환을 각 청구하는 소(의정부지방법원 2006가합3582호)를 제기하였다. 위 법원은 2007. 1. 26. 원고들이 X에게 이 사건 토지를 명의신탁하였다고 인정한 다음, 이 사건 토지 중 그 당시까지 X 명의의 등기가 그대로 남아 있는 별지 부동산 목록 순번 1 내지 15 기재 토지에 관하여는 위 명의신탁이 「부동산 실권리자명의 등기에 관한 법률」(이하 '부동산실명법'이라 한다) 제4조 제1항에 의하여 무효라는 이유로 X 명의 등기의 말소를 명하고, 이 사건 토지 중 그 당시 이미 戊 및 己 앞으로 소유권이전등기가 마쳐진 별지 부동산 목록 순번 16, 17 토지에 관하여는 그 처분 당시의 시가 상당액인 합계 281,610,000원의 배상을 명하는 판결을 선고하였다.

자. 이에 대하여 X가 항소하였다(서울고등법원 2007나32889호). 항소

심 계속 중 별지 부동산 목록 3 내지 15 기재 토지에 관하여 매수인들 앞으로 소유권이전등기가 경료되었다. 이에 따라 원고들은 주위적으로 별지 부동산 목록 1, 2 기재 토지에 관하여는 명의신탁 무효를 원인으로 한 X 명의 등기의 말소를 청구하고, 별지 부동산 목록 3 내지 17 기재 토지에 관하여는 명의신탁 부동산의 처분에 따른 부당이득반환 또는 손해배상청구로서 그 가액 합계 1,039,330,000원을 청구하며, 예비적으로 원고들이 X에게 이 사건 토지의 매매를 위임하였다고 인정될 경우 위임계약을 해지함과 아울러 원고들이 주장하는 이 사건 토지의 매매대금 합계 17억 8,000만 원의 반환을 청구하는 것으로 청구취지 및 원인을 변경하였다. 그 후 별지 부동산 목록 순번 1, 2 기재 토지에 관하여도 2009. 8. 31. 매수인인 甲에게 소유권이전등기가 경료되었다(이 사건 토지 모두에 대하여 매수인에게 소유권이전등기가 모두 경료됨). 항소심 법원에서는 2009. 10. 8. 이 사건 토지의 매도대금 중 앞서 본 각종 등기 및 소송 비용 등으로 충당된 금액을 제외한 나머지 4억 원을 X 및 Y가 연대하여 원고들에게 지급하는 내용으로 조정이 성립되었다.

차. 피고 의정부세무서장은 이의신청 및 국세심사청구를 거치면서 2010. 2. 10. 원고들에게, 원고들이 이 사건 토지 중 1 내지 15항 기재 각 토지(이하 '이 사건 양도토지'라 한다)를 양도하였음을 이유로 피고가 2010. 2. 10. 원고 A에게 한 54,764,970원, 원고 B에게 한 36,422,500원, 원고 C에게 한 36,030,820원의 양도소득세(각 2005년 귀속분 양도소득세)를 부과하는 이 사건 처분[2])을 하였다.

이에 따라 원고들은 "위 양도소득세 처분을 취소한다"는 청구취지로 이 사건 소를 제기하였다.

---

2) 피고는 원고들과 X의 위 소송 당시 이미 타인 명의로 소유권이전등기가 경료된 이 사건 토지 중 16, 17항 기재 각 토지에 관하여는 <u>그 양도소득이 원고들이 아닌 X에게 귀속된 것</u>으로 보아 <u>이 사건 처분의 양도세액에 포함하지 않았다.</u>

2. 대법원 판결의 요지

[1] 명의신탁자가 자신의 의사에 의해 명의신탁재산을 양도하는 경우에는 그가 양도소득을 사실상 지배, 관리, 처분할 수 있는 지위에 있다고 할 것이어서 양도소득의 납세의무자가 된다고 할 것이지만, 명의수탁자가 명의신탁자의 위임이나 승낙 없이 임의로 명의신탁재산을 양도하였다면 양도주체는 명의수탁자이지 명의신탁자가 아니고 양도소득이 명의신탁자에게 환원되지 않는 한 명의신탁자가 양도소득을 사실상 지배, 관리, 처분할 수 있는 지위에 있지 아니하므로 '사실상 소득을 얻은 자'로서 양도소득세의 납세의무자가 된다고 할 수 없다.

[2] 명의수탁자가 명의신탁자의 위임이나 승낙 없이 임의로 처분한 명의신탁재산으로부터 얻은 양도소득을 명의신탁자에게 환원하였다고 하기 위하여는, 명의수탁자가 양도대가를 수령하는 즉시 전액을 자발적으로 명의신탁자에게 이전하는 등 사실상 위임사무를 처리한 것과 같이 명의신탁자가 양도소득을 실질적으로 지배, 관리, 처분할 수 있는 지위에 있어 명의신탁자를 양도의 주체로 볼 수 있는 경우라야 하고, 특별한 사정이 없는 한 단지 명의신탁자가 명의수탁자에 대한 소송을 통해 상당한 시간이 경과한 후에 양도대가 상당액을 회수하였다고 하여 양도소득의 환원이 있다고 할 수는 없다.

3. 1심 및 원심의 판단

가. 1심 판결(의정부지방법원 2011. 9. 6. 선고 2011구합810 판결)

1심은, 원고들이 X를 상대로 X가 원고들로부터 명의신탁받은 이 사건 토지를 타에 매도하였다며 부당이득반환 소송을 제기하고, 위 소송에서 원고들이 X, Y로부터 4억 원을 지급받기로 조정이 성립된 점,

원고들과 X 사이의 위 소송 당시까지도 이 사건 양도토지에 대한 소유권은 X의 명의로 남아 있었던 점, 원고들이 X를 상대로 부당이득반환소송을 제기하여 위와 같이 조정이 성립된 점을 종합하여 보면, X가 이 사건 양도토지를 타에 양도함으로 인한 양도소득은 원고들과 X, Y 사이에 성립된 조정에 의하여 명의신탁자인 원고들에게 귀속되었다고 봄이 상당하다고 보아, 원고들을 그에 관한 양도소득세의 납세의무자로 보아 원고들에게 양도소득세를 부과한 이 사건 처분은 적법하다고 판단하였다(원고 패소).

나. 2심 판결(서울고등법원 2012. 4. 19. 선고 2011누35387 판결)

2심 판결은, 원고들이 이 사건 토지에 관하여 그 소유 명의를 X에게 신탁한 후 X를 상대로 위 명의신탁이 부동산실명법에 의하여 무효라고 주장하면서 이 사건 토지에 관한 X 명의의 소유권이전등기의 말소를 청구하는 소를 제기한 점, 위 소송 계속 중 이 사건 토지에 관하여 X로부터 매수인들 앞으로 소유권이전등기가 경료된 사실이 밝혀지자, 원고들이 명의신탁의 무효에 따른 말소등기를 받는 것에 갈음하여 X 및 Y로부터 이 사건 토지의 매도 대금 중 그 동안 이 사건 토지와 관련한 각종 비용을 공제한 나머지 금액 4억 원을 반환받기로 하는 조정이 성립된 점 등을 바탕으로, 명의수탁자인 X 명의의 이 사건 토지를 양도함으로써 얻은 양도소득은 명의신탁자인 원고들에게 전액 환원되어 원고들이 그 양도소득을 사실상 지배, 관리, 처분할 수 있는 지위에 있게 되었다고 할 것이어서 원고들이 그에 대한 양도소득세의 납세의무자가 되었다. 따라서 이 사건 처분은 적법하다고 판시하였다. 결론적으로 2심 판결은 1심 판결과 유사한 이유로 같은 결론을 내리게 되었다(원고 패소).

4. 원고의 상고 이유

원고들이 이 사건 조정을 통하여 수령한 4억 원의 법적 성격은 명의수탁자 X가 이 사건 토지를 임의로 처분함에 기초한 불법행위로 인한 손해배상금의 일부이고, 이러한 손해배상금의 일부를 수령하였다는 사정만으로 이 사건 양도토지의 양도소득이 원고들에게 환원되었다고 볼 수는 없다.

5. 참조 조문

■ 구 국세기본법(2010. 1. 1. 법률 제9911호로 개정되기 전의 것)

제14조(실질과세)

① 과세의 대상이 되는 소득·수익·재산·행위 또는 거래의 귀속이 명의일 뿐이고 사실상 귀속되는 자가 따로 있는 때에는 사실상 귀속되는 자를 납세의무자로 하여 세법을 적용한다.

■ 구 소득세법(2009. 12. 31. 법률 제9987호로 개정되기 전의 것)

제4조(소득의 구분)

① 거주자의 소득은 다음 각 호와 같이 구분한다.

3. 양도소득 자산의 양도로 인하여 발생하는 소득

제21조(기타소득)

① 기타소득은 이자소득·배당소득·부동산임대소득·사업소득·근로소득·연금소득·퇴직소득 및 양도소득외의 소득으로 다음 각 호에 규정하는 것으로 한다.

10. 계약의 위약 또는 해약으로 인하여 받는 위약금과 배상금

제88조(양도의 정의)

① 제4조 제1항 제3호 및 이 장에서 "양도"라 함은 자산에 대한 등

기 또는 등록에 관계없이 매도, 교환, 법인에 대한 현물출자 등으로 인하여 그 자산이 유상으로 사실상 이전되는 것을 말한다. 이 경우 부담부증여(「상속세 및 증여세법」 제47조 제3항 본문에 해당하는 경우를 제외한다)에 있어서 증여자의 채무를 수증자가 인수하는 경우에는 증여가액 중 그 채무액에 상당하는 부분은 그 자산이 유상으로 사실상 이전되는 것으로 본다.

■ 구 소득세법 시행령(2010. 2. 18. 대통령령 제22034호로 개정되기 전의 것)

제41조(기타소득의 범위 등)

⑦ 법 제21조 제1항 제10호에서 "위약금 또는 배상금"이라 함은 재산권에 관한 계약의 위약 또는 해약으로 인하여 받는 손해배상으로서 그 명목 여하에 불구하고 본래의 계약의 내용이 되는 지급자체에 대한 손해를 넘는 손해에 대하여 배상하는 금전 또는 기타 물품의 가액을 말한다. 이 경우 계약의 위약 또는 해약으로 인하여 반환받은 금전 등의 가액이 계약에 의하여 당초 지급한 총금액을 넘지 아니하는 경우에는 지급자체에 대한 손해를 넘는 금전 등의 가액으로 보지 아니한다.

■ 구 부동산 실권리자명의 등기에 관한 법률(2010. 3. 31. 법률 제10203호로 개정되기 전의 것)

제4조(명의신탁약정의 효력)

① 명의신탁약정은 무효로 한다.

② 명의신탁약정에 따라 행하여진 등기에 의한 부동산에 관한 물권변동은 무효로 한다. 다만, 부동산에 관한 물권을 취득하기 위한 계약에서 명의수탁자가 그 일방당사자가 되고 그 타방당사자는 명의신탁약정이 있다는 사실을 알지 못한 경우에는 그러하지 아니하다.

③ 제1항 및 제2항의 무효는 제3자에게 대항하지 못한다.

Ⅲ. 이 사건의 쟁점

1. 쟁점의 정리

대상 판결은 기본적으로 명의수탁자가 처분한 명의신탁 부동산으로부터 발생한 양도소득의 납세의무자가 명의신탁자와 명의수탁자 중 누구인가 하는 문제가 쟁점이고, 처분 후 상당 기일이 지난 후 명의수탁자로부터 명의신탁자에게 금원이 건네진 경우 양도소득이 명의신탁자에게 환원되었다고 볼 수 있는지 여부 또한 쟁점이라고 할 수 있다.

이하에서는 부동산 명의신탁과 양도소득의 납세의무자에 관한 논의를 살펴보고, 양도소득의 환원에 관한 대법원 판례를 분석하여 대법원이 바라보는 환원의 기준과 대상판결의 의의, 그리고 그러한 기준이 타당한지 여부를 살펴보도록 한다.

2. 기본 개념

가. 실질과세의 원칙

조세공평주의는 응능부담의 원칙에 따라 담세력에 상응한 과세에 기초를 두게 되는데, 그와 같은 담세력의 유무와 정도는 과세원인행위의 법형식보다 실질적인 소득 또는 권리관계에 따라 판단되어야 한다는 원칙을 실질과세의 원칙이라고 말한다. 국세기본법 제14조 제1항은 "과세의 대상이 되는 소득 · 수익 · 재산 · 행위 또는 거래의 귀속이 명의일 뿐이고 사실상 귀속되는 자가 따로 있는 때에는 사실상 귀속되는 자를 납세의무자로 하여 세법을 적용한다"고 하여 '귀속에 관한 실질주의'를 규정하고, 또한 제2항은 "세법 중 과세표준의 계산에 관한 규정은 소득·수익 · 재산 · 행위 또는 거래의 명칭이나 형식에 불구하고 그 실질내용에 따라 적용한다"고 하여 '거래내용에 관한 실질주의'를 규정하고

있다.[3)]

부동산 명의신탁과 관련된 양도소득세의 납세의무자와 관련하여서도 이런 실질과세의 원칙이 적용된다. 명의신탁자와 명의수탁자 중 실질적으로 경제적 이익을 누가 얻었느냐에 따라서 양도소득세를 누가 부담하는지가 결정되기 때문이다.

나. 소득세법상의 양도의 개념

소득세법 제4조 제1항 제3호는 양도소득을 "자산의 양도로 발생하는 소득"이라고 규정하고 있고 같은 법 제88조 제1항은 "양도"라 함은 자산에 대한 등기 또는 등록에 관계없이 매도, 교환, 법인에 대한 현물출자 등으로 인하여 그 자산이 유상으로 사실상 이전되는 것을 말한다고 규정하고 있다.

양도는 유상과 사실상 이전이라는 2가지 요소를 핵심 요소로 하는데, 유상이란 자산의 사실상 이전에 반대급부가 따르는 것을 말하고, 사실상 이전은 자산의 권리주체가 실질적으로 바뀌는 것을 말한다.[4)] 대법원 판례에 의하면, 부동산 매매의 경우 토지 또는 건물의 등기를 마치는 경우뿐만 아니라 매수 후 그 대금을 거의 전부 지급한 경우도 양도소득이 발생한 것으로 본다.[5)]

3. 부동산실명법이 금하는 명의신탁의 유형과 그 효력

부동산실명법이 금하는 명의신탁은 그 명칭에 대하여 여러 가지 견해가 있지만, 다음과 같이 2자간 등기명의신탁, 3자간 등기명의신탁, 계

3) 장석조, "조세법상 실질과세원칙의 적용한계 : 실질의 의미에 관한 판례이론의 분석과 재해석", 사법논집33집, 대법원 법원행정처(2001), 553면.

4) 이중교, "부동산 명의신탁에 따른 양도소득세와 취득세 과세에 관한 연구 −사법과 세법의 관계를 중심으로−", 법조 통권 667호, 법조협회(2012. 4.), 15면.

5) 대법원 1983. 6. 14. 선고 81누206 판결 등 참조.

약명의신탁으로 구분하기로 하고,[6] 이 글에서는 부동산실명법이 무효로 규정한 명의신탁 중 부동산 명의신탁을 중심으로 살펴보려고 한다.

가. 2자간 등기명의신탁

2자간 등기명의신탁은 명의신탁자가 명의수탁자와 사이에 명의신탁 약정을 하고 명의신탁자 소유의 부동산을 매매 또는 증여 등의 형식으로 명의수탁자 명의로 소유권이전등기를 하는 형식의 명의신탁을 말한다.

부동산 명의신탁이 부동산실명법 시행 후에 이루어진 경우에는 부동산실명법 제4조 제1항, 제2항에 의하여 명의신탁약정과 그 등기에 의한 물권변동이 무효이므로, 명의수탁자 명의의 소유권이전등기도 원인 무효가 된다.

부동산 명의신탁이 부동산실명법 시행 전에 이루어졌고, 위 법에서 정한 위 법 시행일로부터 1년 이내에 실명등기 등을 하지 않은 경우에는 부동산실명법 제4조, 제11조, 제12조에 의하여 그 유예기간이 경과한 후에는 명의신탁약정과 그에 따른 등기에 의한 물권변동은 모두 무효가 된다.

결국 당해 부동산의 종국적인 소유자는 명의신탁자라고 할 수 있다.

나. 3자간 등기명의신탁

3자간 등기명의신탁은 명의신탁자가 명의수탁자와 명의신탁약정을 하고 명의신탁자가 직접 매매계약의 한 당사자가 되어 매도인과 계약을 체결하고 부동산을 매수하되 그 등기는 명의수탁자 명의로 경료하는 방식이다.

3자간 등기명의신탁의 경우, 대법원 판례[7]에 의하면, 부동산실명법

---

6) 3자간 등기명의신탁은 견해에 따라서 중간생략등기명 명의신탁, 중간생략 명의신탁 등으로 불리기도 한다. 예컨대 대법원 2008. 9. 25. 선고 2008다41635 판결.

7) 대법원 2002. 3. 15. 선고 2001다61654 판결

에서 정한 유예기간 경과에 의하여 기존 명의신탁약정과 그에 의한 등기가 무효로 되고 그 결과 명의신탁된 부동산은 매도인 소유로 복귀하므로, 매도인은 명의수탁자에게 무효인 그 명의 등기의 말소를 구할 수 있게 되고, 한편 부동산실명법은 매도인과 명의신탁자 사이의 매매계약의 효력을 부정하는 규정을 두고 있지 아니하여 유예기간 경과 후로도 매도인과 명의신탁자 사이의 매매계약은 여전히 유효하므로, 명의신탁자는 매도인에 대하여 매매계약에 기한 소유권이전등기를 청구할 수 있고, 그 소유권이전등기청구권을 보전하기 위하여 매도인을 대위하여 명의수탁자에게 무효인 그 명의 등기의 말소를 구할 수도 있다.

대법원 판례에 의하면, 3자간 등기명의신탁에 있어서는 명의신탁이 부동산실명법 시행 후에 이루어졌든지, 그 전에 이루어져 유예기간 이내에 실명등기를 하지 않았든지 상관 없이 부동산의 종국적인 소유자는 명의신탁자임을 전제로 한 것으로 보인다[8)]

다. 계약명의신탁

계약명의신탁은 신탁자와 수탁자가 명의신탁약정을 하고 명의수탁자가 직접 계약당사자가 되어 부동산의 매도인과 매매계약을 체결하고 그 등기까지 명의수탁자 명의로 경료하는 방식이다. 부동산실명법 제4조 제2항에 의하면, 무효인 명의신탁약정에 따른 등기에 의한 부동산 물권변동은 무효이지만, 계약명의신탁에 있어서 매도인이 명의신탁약정 사실을 모르는 경우에는 그 물권변동을 유효한 것으로 규정하고 있다. 따라서 계약명의신탁의 경우 매도인이 명의신탁약정에 대하여 선의인지 악의인지에 따라 소유권 귀속의 유무가 달라질 수 있다.

8) 김행순, "부동산의 중간생략등기, 명의신탁과 관련한 양도소득세의 몇 가지 문제", 조세법 실무연구 Ⅱ, 재판자료 제121집, 법원도서관(2010), 402면.

1) 매도인이 선의인 경우

매도인이 명의신탁자와 명의수탁자 사이의 명의신탁 약정사실을 모르는 경우에는 명의신탁약정은 무효이지만, 매도인과 명의수탁자 사이의 매매계약은 유효이고 그에 따른 명의수탁자 명의의 소유권이전등기도 유효하게 된다. 따라서 명의수탁자는 매도인뿐만 아니라 명의신탁자에 대한 관계에서도 부동산의 소유권을 유효하게 취득한다.[9] 따라서 이 경우에는 명의수탁자가 부동산을 임의로 처분하더라도 횡령죄가 성립하지 않는다.[10]

다만, 명의수탁자는 명의신탁자가 제공한 매수자금으로 당해 부동산을 매수하였으므로 명의신탁자에게 부당이득반환의무를 지게 되는데, 대법원 판례에 의하면 계약명의신탁의 시기가 부동산실명법 시행 전인데 유예기간 내에 실명등기가 되지 않은 경우에는 명의수탁자는 명의신탁자에게 당해 부동산 자체를 부당이득으로 반환해야 한다.[11] 한편, 위와 같은 경우에도 유예기간 내에 부동산에 관하여 명의신탁자 명의로 소유권이전등기를 하는데 법률상 장애가 있었던 경우[12]나, 계약명의신탁 시기가 부동산실명법 시행 후에 이루어진 경우[13]에는 명의수탁자는 당해 부동산 자체가 아니라 명의신탁자로부터 제공받은 매수자금을 부당이득한 것이어서 명의신탁자에게 매수자금을 부당이득으로 반환해야 한다고 한다.

---

9) 대법원 2005. 1. 28. 선고 2002다66922 판결.

10) 대법원 2009. 9. 10. 선고 2009도4501 판결, 대법원 2000. 3. 24. 선고 98도4347 판결.

11) 대법원 2010. 2. 11. 선고 2008다16899 판결, 대법원 2008. 11. 27. 선고 2008다62687 판결 등 참조.

12) 농지개혁법 소정의 농지매매증명이나 농지법 소정의 농지취득자격증명의 발급요건을 충족시키는 못한 경우가 이에 해당할 것이다. 대법원 2008. 5. 15. 선고 2007다74690 판결.

13) 대법원 2007. 6. 14. 선고 2007다17284 판결, 대법원 2005. 1. 28. 선고 2002다66922 판결 등 참조.

2) 매도인이 악의인 경우

매도인이 매매계약 체결 당시 명의신탁자와 명의수탁자 사이의 명의신탁약정 사실을 알고서 명의수탁자와 부동산 매매계약을 체결하였다면 부동산실명법 제4조 제1항, 제2항 본문에 의하여 명의신탁자와 명의수탁자 사이의 명의신탁약정과 명의수탁자 명의의 소유권이전등기가 모두 무효가 되어 매도인이 당해 부동산의 소유권을 여전히 보유하게 된다. 다만, 대법원 판례는, 악의의 매도인이 위와 같이 매매계약의 무효 사실이 밝혀진 후에 계약명의자인 명의수탁자 대신 명의신탁자가 그 계약의 매수인으로 되는 것에 대하여 동의 내지 승낙을 함으로써 부동산을 명의신탁자에게 양도할 의사를 표시하였다면, 명의신탁약정이 무효로 됨으로써 매수인의 지위를 상실한 명의수탁자의 의사에 관계없이 매도인과 명의신탁자 사이에는 종전의 매매계약과 같은 내용의 양도약정이 따로 체결된 것으로 봄이 상당하고, 따라서 이 경우 명의신탁자는 당초의 매수인이 아니라고 하더라도 매도인에 대하여 별도의 양도약정을 원인으로 하는 소유권이전등기청구를 할 수 있다고 한다.[14)]

4. 명의수탁자의 부동산 양도와 양도소득세의 납세의무자

가. 2자간 등기명의신탁의 경우

1) 명의수탁자가 명의신탁자의 위임 내지 승낙을 받아 부동산을 제3자에게 양도한 경우

부동산실명법 시행 전 종래 대법원 판례는 명의신탁에 대한 제3자는 선, 악의를 불문하고 당해 부동산을 유효하게 취득하고, 위 양도로 인한 양도소득세 납세의무자는 당해 양도소득을 실질적으로 향유하는 명의신탁자라고 판단하였다.[15)]

---

14) 대법원 2003. 9. 5. 선고 2001다32120 판결 등 참조.

15) 대법원 1993. 9. 24. 선고 93누517 판결, 대법원 1987. 11. 10. 선고 87누554 판결

부동산실명법 시행 후에 명의신탁 등기가 이루어진 경우라도 명의수탁자가 명의신탁된 부동산을 명의신탁자의 위임 내지 승낙을 받아 양도하였다면, 부동산실명법 제4조 제3항에 의하여 제3자는 부동산을 유효하게 취득하고, 부동산실명법 제4조 제1항, 제2항에 의해서 명의신탁 약정과 그에 따른 명의신탁등기가 모두 무효가 되므로, 명의신탁자는 명의수탁자에 대하여 원인무효를 원인으로 한 소유권이전등기말소를 구하거나 진정명의 회복을 원인으로 한 소유권이전등기를 구할 수 있으므로,[16] 명의신탁자가 양도소득을 사실상 지배, 관리, 처분할 수 있는 지위에 있어서 양도소득세의 납세의무자가 된다.[17]

그런데 과세관청으로서는 특별한 사정이 없는 한 당해 부동산이 명의신탁된 것임을 알기 어려워 부동산등기부상의 소유명의자인 명의수탁자에 대하여 과세처분을 할 수밖에 없을 것인바, 이와 같은 사정을 고려하면 과세관청이 명의수탁자에게 한 양도소득세 과세처분의 위법이 중대, 명백하다고 볼 수는 없으므로 당연 무효라고 할 수 없고,[18] 위법한

등 참조.

16) 대법원 2002. 9. 6. 선고 2002다35157 판결 등 참조.

17) 이하에서는 명의수탁자가 명의신탁자의 위임 내지 승낙을 받아 부동산을 제3자에게 양도한 경우에는 명의수탁자가 양도소득을 명의신탁자에게 환원한다고 보아 양도소득의 납세의무자는 명의신탁자라고 판단한다. 만약, 명의수탁자가 명의신탁자의 위임 내지 승낙을 받아 부동산을 제3자에게 양도한 후 그 이익을 명의수탁자 자신이 취하기로 약정된 경우라면 당연히 양도소득의 납세의무자는 명의수탁자가 되어야 한다.

18) 대법원 1997. 11. 28. 선고 97누13627 판결 참조. 행정처분이 당연무효라고 하기 위하여는 처분에 위법사유가 있다는 것만으로는 부족하고 그 하자가 법규의 중요한 부분을 위반한 중대한 것으로서 객관적으로 명백한 것이어야 하며, 하자가 중대하고 명백한 것인지 여부를 판별함에 있어서는 그 법규의 목적, 의미, 기능 등을 목적론적으로 고찰함과 동시에 구체적 사안 자체의 특수성에 관하여도 합리적으로 고찰함을 요한다(대법원 2007. 11. 15. 선고 2005다24646 판결, 대법원 1995. 7. 11. 선고 94누4615 전원합의체 판결 등 참조)는 것이 대법원 판례의 입장이다. 대법원 판례의 입장은 소위 말하는 중대명백설의 입장인데, 중대명백설이 개인의 권리구제와 법적 안정성의 요청을 합리적으로 조정하기 위하여 고안된 이론이며, 지금까지 그 기능을 충실히 하여 왔다는 점에서 중대명백설이 가

것으로 보아 이를 취소할 수 있다고 할 것이다.

2) 명의수탁자가 부동산을 임의로 제3자에게 양도한 경우

이런 경우는 양도소득이 명의신탁자에게 환원되지 않는 한 명의신탁자는 사실상 소득을 얻은 자가 아니므로 양도소득세의 납세의무자는 명의수탁자가 된다.[19] 이 때 양도소득이 명의신탁자에게 환원이 되었는지 여부에 대한 판단이 중요한데, 이 부분이 대상판결의 쟁점이고 여기에 관해서는 아래에서 자세히 논의하고자 한다.

참고적으로 대법원 판례는 명의수탁자가 임의로 허위채무 부담을 통해 강제경매의 방법으로 명의신탁된 부동산을 처분하였고, 이에 명의신탁자가 채권가압류, 손해배상청구소송 및 강제집행 등 강제적인 방법을 통하여 그 경락대금의 일부를 불법행위로 인한 손해배상액으로 수령하였더라도, 이는 명의신탁된 부동산의 양도로 인한 양도소득이 명의신탁자에게 환원되어 명의신탁자가 양도소득을 사실상 지배·관리·처분할 수 있는 지위에 있다고 볼 수 없다고 한다.[20]

나. 3자간 등기명의신탁의 경우

1) 명의수탁자가 명의신탁자의 위임 내지 승낙을 받아 부동산을 제3자에게 양도한 경우

3자간 등기명의신탁의 경우, 명의신탁약정과 명의수탁자 명의의 등기가 무효가 되므로 명의신탁된 부동산은 매도인 소유로 복귀하게 되지만, 매도인과 명의신탁자 사이의 매매계약은 여전히 유효하므로, 명의신탁자는 매도인을 대위하여 명의수탁자에 대하여 명의신탁된 부동산에

지는 의의는 무척 크다고 생각되므로, 위 견해에 찬성한다. 윤인성, "행정처분의 당연무효 사유와 취소 사유의 구별기준에 대한 소고 – 중대명백설에 대한 비판적 검토를 중심으로 –", 특별법연구 제9권, 사법발전재단(2011), 105면 참조.

19) 대법원 1999. 11. 26. 선고 98두7084 판결, 대법원 1991. 3. 27. 선고 88누10329 판결.

20) 대법원 1999. 11. 26. 선고 98두7084 판결.

대한 등기말소청구 등을 통하여 매도인 명의로 회복등기를 한 다음 명의신탁자 명의로 소유권이전등기를 할 수 있어, 위 부동산의 최종 소유권자는 명의신탁자라고 할 수 있음은 앞에서 이미 살펴보았다.

따라서 3자간 등기명의신탁에 있어서 명의수탁자가 명의신탁자의 위임 내지 승낙 하에 부동산을 제3자에게 양도하면 2자간 명의신탁에서와 마찬가지로 제3자는 선, 악의를 불문하고 당해 부동산을 유효하게 취득하고, 명의신탁자가 명의신탁된 부동산의 양도로 인한 양도소득을 사실상 지배, 관리, 처분할 수 있는 지위에 있으므로, 실질과세의 원칙상 명의신탁자가 양도소득세의 납세의무자라 할 것이다.

2) 명의수탁자가 부동산을 임의로 제3자에게 양도한 경우

3자간 등기명의신탁에서 2자간 등기명의신탁의 경우와 마찬가지로 명의수탁자가 명의신탁된 부동산을 임의로 제3자에게 양도한 경우, 그 양도주체는 명의수탁자이고 그 양도소득이 신탁자에게 환원되지 아니하는 한, 명의신탁자는 사실상 소득을 지배·관리·처분할 수 있는 지위에 있다고 할 수 없으므로, 2자간 명의 신탁에서와 마찬가지로 양도소득세의 납세의무자는 명의수탁자로 보아야 한다.

다. 계약명의신탁의 경우

1) 명의수탁자가 명의신탁자의 위임 내지 승낙을 받아 부동산을 제3자에게 양도한 경우

매도인이 명의신탁약정사실을 알지 못한 계약명의신탁이 부동산실명법 시행 전에 이루어졌고 실명 등기를 하지 않고 같은 법 소정의 유예기간이 경과한 경우에 명의수탁자는 명의신탁자에게 명의신탁된 당해 부동산 자체를 부당이득으로 반환할 의무가 있음은 위에서 본 바와 같다. 이와 같은 상황에서 수탁자가 신탁자의 의사에 따라 당해 부동산을 제3자에게 양도하고서 그 양도소득을 명의신탁자에게 환원하였다면, 당해 양도소득을 사실상 지배·관리·처분할 수 있는 자는 명의신탁자라고 봄이 타당하므로, 실질과세의 원칙에 의하여 명의신탁자를 당해 양도소득세의 납세의무자라고 보아야 한다.[21)]

다만, 이 경우 과세관청으로서는 이와 같은 사정을 알 수 없으므로, 명의수탁자에 대한 과세처분의 적법성을 다투는 명의수탁자로서는 당해 양도소득의 실질적인 귀속자가 명의신탁자임을 입증하여야 할 것이다.

2) 명의수탁자가 부동산을 임의로 제3자에게 양도한 경우

이런 경우 매도인이 명의신탁약정이 있는 사실을 알았는지 아니면 몰랐는지에 관계없이, 또 제3자의 선·악의를 불문하고 그 양도행위는 유효하므로, 수탁자와 제3자 사이의 양도로 인한 양도소득세의 납세의무자는 그 양도소득이 신탁자에게 환원되지 아니하는 한 명의수탁자라고 할 수 있다.[22)]

5. 양도소득이 환원되었는지 여부에 관한 판례의 기준 분석[23)]

가. 양도소득이 환원되지 않았다고 판단한 사례

1) 대법원 1999. 11. 26. 선고 98두7084 판결

○ 사실관계 요약 : 명의신탁자가 부동산에 대한 명의신탁을 하였고, 명의수탁자의 상속인들이 부동산의 등기 명의를 반환하기를 거부하

---

21) 김행순, 전게논문, 420면 참조.

22) 요컨대, 부동산실명법 시행과 관련 없이 명의신탁과 관련하여서는 명의수탁자가 명의신탁자의 위임 내지 승낙을 받아 부동산을 제3자에게 양도한 경우에는 양도소득세 납세의무자가 명의신탁자이고, 명의수탁자가 부동산을 임의로 제3자에게 양도한 경우는 양도소득이 명의신탁자에게 환원되지 않는 한 그 납세의무자가 명의수탁자라고 판단되고, 이는 2자간 등기명의신탁, 3자간 등기명의신탁, 계약명의신탁의 경우 모두 동일한 결론에 이른다고 할 것이다.

23) 법원 내부의 판결문검색시스템을 통해서 검색된 모든 대법원, 하급심 판례를 담고자 노력하였다(2015. 3. 12. 기준).

고 이를 횡령하려고 다른 사람들과 위 토지에 대하여 강제경매를 신청하여 위 토지가 낙찰되었고, 명의신탁자는 위 상속인에 대한 허위채권자들을 상대로 가압류 등의 조치를 취하였으며 그 상속인을 상대로 손해배상소송을 제기함. 명의신탁자는 이러한 조치 등을 통해서 명의신탁자가 명의수탁자의 상속인 및 그 공범들로부터 약 19억 원을 회수함. 과세관청은 명의수탁자에 의하여 임의 처분된 부동산 지분의 경락으로 인한 양도소득이 명의신탁자에게 환원되었다고 하여 명의신탁자가 양도소득세의 납세의무자라고 판단함.

○ 법원의 판단[24) : 법원은 이는 명의신탁된 부동산에 대한 양도대가가 아니고 그 대가가 환원된 것도 아니며 단지 명의수탁자의 상속인이 이를 임의로 처분한 불법행위로 인한 손해의 배상으로 수령한 것으로 봄. 즉, 명의신탁자는 양도소득세 납세의무자가 아님.

2) 대법원 2013. 10. 11. 선고 2013두12379 판결(심리불속행 기각), 대구고등법원 2013. 5. 24. 선고 2012누2123 판결

○ 사실관계 요약 : 명의신탁자가 부동산을 명의신탁하였는데, 명의수탁자가 명의신탁자의 동의 없이 그 중 일부 지분을 다른 사람에게 매도하여 소유권이전등기를 경료하여 줌. 그러다가 명의수탁자는 횡령혐의로 고소당해서 수사를 받다가 사망하였고, 명의수탁자의 아들, 배우

---

24) ○ 판결 전문
그러나 원심의 인정사실에 의하더라도, 원고가 수탁자인 이명○ 등으로부터 회수한 금원은 우선 그 명목이 이 사건 토지 지분의 양도대가가 아니라, 이명○가 이를 임의로 처분한 불법행위로 인한 손해의 배상으로 수령한 것이고, 그 수령 경위도 이명○ 등이 수탁자의 지위에서 수령 즉시 명의신탁의 취지에 따라 원고에게 반환한 것이 아니라, 원고가 채권가압류, 손해배상 청구소송 및 강제집행 등 강제적인 방법을 통하여 이를 추심한 것으로서 경락대금 완납일로부터 2년 이상이 경과한 뒤에야 그 일부를 수령하게 된 것에 불과하므로, 원고가 위와 같이 손해배상액을 수령한 것을 가지고 이 사건 토지 지분의 양도에 따른 양도소득이 신탁자인 원고에게 환원되어 원고가 양도소득을 사실상 지배, 관리 처분할 수 있는 지위에 있다고 볼 수는 없을 것이다.

자는 망인인 명의수탁자와 공모하여 부동산을 횡령하였다는 혐의로 기소되어서 유죄 판결이 확정됨. 원고는 명의수탁자를 상대로 횡령한 토지를 반환하고 횡령하지 않고 남은 부동산에 대한 반환 절차 및 부당이득한 돈을 반환하라는 등의 소송을 제기하였고, 망인을 수계한 상속인들로부터 약 12억 원을 반환받는 등의 내용으로 화해권고결정이 확정됨. 원고는 명의수탁자의 배우자를 상대로 손해배상소송을 제기하여 4억 원 등을 지급하라는 판결을 선고받고 위 판결이 확정됨. 원고는 위 화해권고결정을 통해서 약 1억 원을 회수하였고, 명의수탁자의 가족들은 원고를 위해서 위 형사절차 도중 4억 원을 공탁함. 과세관청은 명의신탁자에 대하여 양도가액 11억 원이 원고에게 환원되었다고 보아 2009년 귀속 양도소득세 337,875,140원을 부과·고지하는 처분을 함.

○ 법원의 판단[25) : 법원은 명의신탁자가 명의수탁자의 가족들로부터 일부 금원을 지급받은 것은 명의신탁계약상의 채무를 이행 받은

---

25) ○ 판결 전문

이 사건에 돌아와 보건대, 앞서 본 증거 및 인정사실과 변론 전체의 취지에 의하여 인정되는 다음과 같은 사정 즉, ① 원고가 석병○ 등으로부터 509,385,748원을 지급받은 것은 망 석영○ 및 기타 관련자들로부터 이 사건 임야에 관한 명의신탁계약상의 채무를 이행 받은 것이 아니고, 망 석영○ 기타 관련자들을 상대로 명의신탁계약의 위약 또는 횡령에 관한 형사고소로 인한 형사소송 중의 변제공탁, 압류·추심이라는 민사집행 등을 거쳐 이 사건 임야의 양도일로부터 상당한 기간이 경과된 후에야 회수하게 된 것이고, 그 명목 또한 부당이득반환 또는 손해배상에 상응하는 것이므로 이를 양도대가의 정상적인 반환으로 보기는 어려운 점, … ③ 이 사건 화해권고결정 및 관련 민사판결에 의하여 원고에게 귀속하게 된 부당이득반환청구권 또는 손해배상청구권과 그 청구권에 기하여 수령하였거나 장래에 수령하게 될 금전도 명의수탁자로부터 내부적 명의신탁관계의 취지에 따라 이전받은 권리가 아니라 신탁목적물을 처분하고 그 대가를 이전해 주지 않음으로 인한 것이므로 이 또한 양도대가의 정상적인 반환이라고 볼 수 없는 점, … 등을 종합하여 보면, 원고는 명의수탁자인 망 석영○ 기타 관련자들로부터 이 사건 임야의 횡령행위에 따른 부당이득반환 또는 손해배상을 받은 것에 불과하고 이 사건 임야의 양도소득을 환원받은 것으로 보기는 어려우므로 그 임야의 양도로 인하여 '사실상 소득을 얻은 자'에 해당하거나 원고가 그 양도소득을 사실상 지배·관리·처분할 수 있는 지위에 있게 된 것으로 볼 수 없다.

것이 아니고, 명의신탁계약의 위약 또는 횡령에 관한 형사고소로 인한 형사소송 중의 변제공탁, 압류·추심이라는 민사집행 등을 거쳐 이 사건 임야의 양도일로부터 상당한 기간이 경과된 후에야 회수하게 된 것이고, 그 명목 또한 부당이득반환 또는 손해배상에 상응하는 것이므로 이를 양도대가의 정상적인 반환으로 보기는 어려운 점 등을 근거로 양도대가가 환원된 것이 아니라고 봄. 즉, 명의신탁자는 양도소득세의 납세의무자가 아님.

3) 서울고등법원 2014. 6. 24. 선고 2013누28758 판결(항소기각, 상고기간 도과로 확정), 서울행정법원 2013. 9. 11. 선고 2012구단16599 판결

○ 사실관계 요약 : 명의신탁자가 명의수탁자에게 부동산을 명의신탁하였는데, 명의수탁자가 위 부동산을 임의로 매도하였고, 매수인으로부터 일부 금원을 받았는데, 명의신탁자에게 위 매도 사실이 발각되자, 그 수익을 명의신탁자에게 일부 반환하였고 명의신탁자는 사망함. 명의신탁자가 명의수탁자로부터 환원받지 못한 매매대금은 총 100,380,000원임. 과세관청은 명의신탁자를 본래 납세의무자로 하여 양도소득세를 결정하면서 명의신탁자의 상속인들을 연대납세의무자로 하여 2008년도 귀속 양도소득세 260,014,430원을 결정·고지함. 명의신탁자의 상속인들은 명의수탁자가 부동산을 임의처분한 후 명의신탁자가 환원받지 못한 금액에 대해서는 사실상 소득을 얻은 것이 아니므로 이 부분에 관해서는 양도소득세 부과처분이 취소되어야 한다고 주장하면서 이 사건 소를 제기함(다른 청구 부분은 생략함).

○ 법원의 판단[26] : 양도소득이 모두 명의수탁자에게 귀속되었으

---

26) ○ 1심 판결 전문

이 사건으로 돌아와 살펴보건대, 명의수탁자인 차영○이 임의로 이 사건 부동산을 양도하는 매매계약을 체결함으로써 취득한 매매대금 중 100,380,000원이 여전히 망인이나 그 상속인인 원고들에게 환원되지 아니하였음은 앞에서 인정한

나 명의신탁자나 그 상속인에게 환원되지 않는 상황이라면 이는 신탁자가 양도소득을 사실상 지배, 관리, 처분할 수 있는 지위에 있지 않다고 보아야 하므로 환원되지 아니한 금액에 대해서는 양도소득세 납세의무를 부담한다고 볼 수 없음. 오히려 이 부분의 양도소득세는 대외적 소유자이면서 양도소득이 실제로 귀속된 명의수탁자에게 부과되는 것이 실질과세의 원칙에 부합하는 것으로 판단됨. 이 사건 매매대금 중 명의신탁자나 그 상속인들이 환원받지 못한 100,380,000원에 관해서는 이를 양도가액에서 공제하고 양도소득세를 산정함이 상당하다고 판단함. 환원되지 못한 부분은 명의신탁자가 양도소득세 납세의무자가 아님.

4) 대법원 2011. 11. 24. 선고 2011두19918 판결(심리불속행기각), 서울고등법원 2011. 7. 22. 선고 2010누43565 판결(항소기각), 서울행정법원 2010. 11. 15. 선고 2009구단10805 판결

○ 사실관계 요약 : 원고(명의신탁자)는 자신이 운영하던 회사 직원 X의 명의를 빌려 토지를 매수하였는데, 농지점용허가를 받기 위해 위 직원의 부친(명의수탁자) 명의로 위 토지에 관하여 소유권이전등기를 경

바와 같으므로 위 금액은 일응 이 사건 양도소득가액에서 제외되어야 한다고 할 것이다.
이에 대하여 피고는 망인이나 원고들이 반환받지 못한 100,380,000원에 대해서는 차영○의 도산 등으로 회수불능이 되었다는 객관적 입증이 없으므로 위 금액을 양도소득에서 제외하여서는 아니된다는 취지의 주장을 한다. … 오히려 수탁자가 신탁자의 위임이나 승낙없이 임의로 명의신탁을 양도하고 양도소득이 신탁자에게 환원되지 아니한 경우와 관련해서는 앞에서 살펴본 이 사건 법리에 따라 판단하여야 할 것인바, 이 사건과 같이 명의수탁자인 차영○이 임의로 이 사건 부동산을 양도하였고, 그 후 일단 양도소득이 모두 명의수탁자인 차영○에게 귀속되었으나 신탁자인 망인이나 그 상속인인 원고들에게 환원되지 않는 상황이라면 이는 신탁자가 양도소득을 사실상 지배, 관리, 처분할 수 있는 지위에 있지 않다고 보아야 하므로 환원되지 아니한 금액에 대해서는 양도소득세 납세의무를 부담한다고 볼 수 없다. 오히려 이 부분의 양도소득세는 대외적 소유자이면서 양도소득이 실제로 귀속된 차영○에게 부과되는 것이 실질과세의 원칙에 부합하는 것으로 판단된다…. 결국, 피고의 위 주장은 이유 없다.

료함. 위 부친은 사망하였고, 명의수탁자의 상속인들은 위 토지에 관하여 상속지분을 경료하고 이를 제3자에게 매도함. 원고는 과세관청에게 위 매매에 관하여 실지거래가액에 의한 양도차익을 산정하여 2006년 귀속 양도소득세 과세표준의 기한후 신고를 하면서 양도소득세를 납부하였고, 피고는 위 매매에 따른 양도소득이 원고에게 귀속된 것으로 보아 원고에게 위 매매에 관하여 위 기한후 신고의 내용과 같이 2006년 귀속 양도소득세(가산세 포함) 184,704,860원을 결정하여 통지하는 이 사건 처분을 함. 그런데 위 매도과정을 자세히 보면, 위 토지의 매수인이 등기명의자인 망인의 아들 X에게 토지의 매도 제의를 하였고, 이에 X는 원고에게 그와 같은 제의가 있음을 알렸으며, 원고는 망인의 상속인이 X를 포함한 2인만 있는 것으로 알고 위 토지 매도를 위임하였고, X는 매수인으로부터 받은 계약금 중 일부를 원고에게 지급함. 매수인은 매매계약에 따른 소유권이전등기를 진행하다가 망인의 상속인으로 두 명이 더 있는 것을 알게 되자 X에게 위 매매계약에 관하여 공동상속인 전원의 동의를 얻을 것을 요구하였고 한 명의 소재를 확인하지 못함. 원고는 망인의 상속인으로 2인이 더 있고 한 명의 소재가 확인되지 않는 등으로 위 매매계약의 이행이 정상적으로 진행되지 않자 X에게 위 매매계약을 해제하도록 하였고, 이에 X는 매수인에게 위 매매계약을 해제하고 계약금을 반환하겠다는 내용을 통지함. 한편, 원고는 그 무렵 X에게 이 사건 토지가 실제로는 원고의 소유로 망인에게 명의신탁된 것이라는 내용을 공증하여 줄 것을 요구하였는데, X는 그 요구에 응하지 않음. 원고는 망인의 공동상속인인 X 등을 상대로 이 사건 토지에 관하여 원고 앞으로 부당이득을 원인으로 한 소유권이전등기절차를 이행하라는 내용의 민사소송을 제기함. 한편, 매수인이 X를 사기 혐의로 형사고소하자, X 등은 매수인과 다시 매매계약을 체결함. 원고는 X 등이 매수인과 매매계약을 체결하고 소유권이전등기를 경료해 준 사실을 알게 되자 X 등을 상대로 손해배상 또는 부당이득반환을 원인으로 이를 지급하라는 내용의 청구취지 및 청구원인 변경을 함. 원고는 민사소송에서 X 등으로부터 일부 금원을 지급받는 내용으로 승소판결을 받았고 그 무렵 위 판결은 확정됨. X는 횡령죄로 기소되어 유죄판결이 확정됨. 원고는 X 등을 상대로 위 승소판결을 근거로 X 등으로부터 약 3억 7천만 원을 추심함.

○ 법원의 판단[27] : 원고가 X 등을 상대로 이 사건 토지에 관하여 원고 앞으로 부당이득을 원인으로 한 소유권이전등기절차를 이행하라는 내용의 민사소송을 제기함으로써 당초의 X에 대한 이 사건 토지의 매매위임을 철회하였다고 봄이 상당하고, 원고가 X 등으로부터 이 사건 매매에 따른 대금 중 일부를 회수하기는 하였으나, 이는 원고가 X 등을 상대로 제기한 민사소송에서 X 등으로 하여금 부당이득반환으로 금원의 지급을 명하는 내용의 승소판결을 받고 그에 기하여 가압류를 본압류로 이전하는 채권압류 및 추심명령을 받아 추심한 것으로서, 그 명목이 이 사건 토지의 임의 처분에 따른 부당이득의 반환으로 수령한 것이고, 그 수령경위도 X 등이 매매대금을 수령한 후 자발적으로 원고에게 반환한 것이 아니라 원고가 채권가압류, 부당이득반환청구소송, 강제집행 등의 강제적인 방법을 통하여 이 사건 매매 시점으로부터 1년 이상이 경과한 후에 그 일부를 추심한 것인 점에 비추어 보면, 원고가 이 사건 매매에

27) ○ 판결 전문
이 사건의 경우,… 원고가 신관○와 현창○으로부터 이 사건 매매에 따른 대금 중 일부를 회수하기는 하였으나, 이는 원고가 신광○ 등을 상대로 제기한 민사소송에서 신광○ 등으로 하여금 부당이득반환으로 금원의 지급을 명하는 내용의 승소판결을 받고 그에 기하여 가압류를 본류로 이전하는 채권압류 및 추심명령을 받아 추심한 것으로서, 그 명목이 이 사건 토지의 임의 처분에 따른 부당이득의 반환으로 수령한 것이고, 그 수령경위도 신관○, 현창○ 등이 매매대금을 수령한 후 자발적으로 원고에게 반환한 것이 아니라 원고가 채권가압류, 부당이득반환청구소송, 강제집행 등의 강제적인 방법을 통하여 이 사건 매매 시점으로부터 1년 이상이 경과한 후에 그 일부를 추심한 것인 점에 비추어 보면, 원고가 이 사건 매매에 따른 대금 중 일부를 수령하였다고 하여 이 사건 매매에 따른 양도소득이 원고에게 환원되어 원고가 그 양도소득을 사실상 지배, 관리, 처분할 수 있는 지위에 있게 된 것으로 볼 수도 없다.

따른 대금 중 일부를 수령하였다고 하여 이 사건 매매에 따른 양도소득이 원고에게 환원되어 원고가 그 양도소득을 사실상 지배, 관리, 처분할 수 있는 지위에 있게 된 것으로 볼 수도 없음. 원고(명의신탁자)는 양도소득세의 납세의무자가 아님.

나. 양도소득이 환원되었다고 판단한 사례

■ 대법원 1996. 2. 9. 선고 95누9068 판결

○ 사실관계 요약 : 원고가 X 회사에게 토지 중 일부가 토지구획정리사업지구 내에 포함될 것으로 예상되는 부분만을 매도하되 나중에 위 사업지구에서 제외되는 토지부분에 관한 소유 명의를 환원받기로 약정하고 위 토지 전부에 관하여 X에게 소유권이전등기를 마쳐줌. 그 후 ①, ②, ③, ④ 토지가 토지구획정리사업지구에서 제외되었음. X는 1991. 10. 2. 위 4필지의 토지가 토지구획정리사업지구에서 제외된 이후에도 원고에게 그 소유권이전등기를 환원하여 주지 아니한 상태에서 Y 공사에게 공공용지의취득및손실보상에관한특례법상의 협의취득절차에 따라 이를 매각하여 그 소유권이전등기를 해 주고 손실보상금을 지급받은 다음, 위 매매계약에 따라 원고에게 소유 명의를 환원하여 줄 의무가 있는 토지는 위 4필지의 토지 중 판시 ①, ② 토지뿐이라고 주장하면서 그 2필지 토지에 대한 보상금액만을 공탁하였고, 이에 원고는 그 후 배상금의 일부로 수령한다는 내용의 이의를 유보하고 그 공탁금을 수령함. 과세관청은 원고에 대하여 위 ①, ② 토지와 관련된 양도소득에 대한 법인세 등을 부과함.

○ 법원의 판단[28] : 원고(명의신탁자)는 ①, ②, ③, ④ 4필지의 토

---

28) ○ 판결 전문

원심이 거시증거에 의하여 원고가 소외 주식회사 광명○○(이하 소외 회사라 한다)에게 천안시 쌍용동 소재 27필지의 토지 중 토지구획정리사업지구 내에 포함될 것으로 예상되는 부분만을 매도하되 나중에 위 토지구획정리사업지구 내에 포함되는 토지면적이 확정되면 그 사업지구에서 제외되는 토지부분에 관하여 소

지에 관하여는 소유권을 유보한 채 X(명의수탁자)에게 소유권이전등기만을 마쳐놓은 것이어서 원고가 X에게 명의신탁한 것임. 위와 같이 명의신탁된 토지를 수탁자인 X가 원고의 동의 없이 임의로 Y에게 협의취득시켰으므로 그 양도주체는 일응 수탁자인 X라고 할 것이지만, 당초 약정대로 X가 원고에게 위 4필지의 토지에 관한 소유 명의를 환원시켜 주었다고 하더라도 원고 역시 Y에게 이를 협의취득시키거나 수용당할 수밖에 없었고, 위 2필지의 토지에 관하여는 X가 스스로 그 보상금 전액을 공탁하여 원고가 이를 출금해 간 점에 비추어 보면, X가 Y에게 위 2

유 명의를 환원받기로 약정하고, 위 27필지 토지 전부에 관하여 소외 회사 앞으로 소유권이전등기를 마쳐 준 사실 및 그 후 판시 ①, ②, ③, ④ 토지가 토지구획정리사업지구에서 제외된 사실을 인정한 다음, 결국 원고는 토지구획정리사업지구에서 제외된 위 4필지의 토지에 관하여는 소유권을 유보한 채 소외 회사에게 소유권이전등기만을 마쳐놓은 것이어서 원고가 소외 회사에게 명의신탁한 것이라고 판단하였음은 옳고, 거기에 소론과 같은 심리미진이나 채증법칙위배로 인한 사실오인의 위법이 있다고 할 수 없다.

원심이 거시증거에 의하여 소외 회사가 1991. 10. 2. 위 4필지의 토지가 토지구획정리사업지구에서 제외된 이후에도 원고에게 그 소유권이전등기를 환원하여 주지 아니한 상태에서 대한○○○○(이하 소외 공사라 한다)에게 공공용지의취득및손실보상에관한특례법상의 협의취득절차에 따라 이를 매각하여 그 소유권이전등기를 해 주고 손실보상금을 지급받은 다음, 위 매매계약에 따라 원고에게 소유 명의를 환원하여 줄 의무가 있는 토지는 위 4필지의 토지 중 판시 ①, ② 토지뿐이라고 주장하면서 1991. 10. 9. 그 2필지 토지에 대한 보상금액만을 공탁하였고, 이에 원고는 1992. 3. 3. 배상금의 일부로 수령한다는 내용의 이의를 유보하고 그 공탁금을 수령한 사실을 인정한 다음, 위와 같이 명의신탁된 토지를 수탁자인 소외 회사가 원고의 동의 없이 임의로 소외 공사에게 협의취득시켰으므로 그 양도주체는 일응 수탁자인 소외 회사라고 할 것이지만, 당초 약정대로 소외 회사가 원고에게 위 4필지의 토지에 관한 소유 명의를 환원시켜 주었다고 하더라도 원고 역시 소외 공사에게 이를 협의취득시키거나 수용당할 수밖에 없었고, 위 2필지의 토지에 관하여는 소외 회사가 스스로 그 보상금 전액을 공탁하여 원고가 이를 출급해 간 점에 비추어 보면, 소외 회사가 소외 공사에게 위 2필지의 토지를 양도함으로써 얻은 양도소득은 원고에게 전액 환원되어 원고가 그 양도소득을 사실상 지배·관리·처분할 수 있는 지위에 있게 되었다고 할 것이어서 원고가 그 양도소득에 대한 법인세 및 특별부가세의 납세의무자가 되었다고 판시하였음은 옳고, 거기에 소론과 같은 법리오해의 위법이 있다고 할 수 없다.

필지의 토지를 양도함으로써 얻은 양도소득은 원고(명의신탁자)에게 전액 환원되어 원고가 그 양도소득을 사실상 지배·관리·처분할 수 있는 지위에 있게 되었다고 할 것임. 원고(명의신탁자)가 그 양도소득에 대한 법인세 및 특별부가세의 납세의무자라고 할 것임.

다. 판례에서 나타난 명의수탁자의 부동산 임의 처분시 명의신탁자에게로 양도소득이 '환원' 되었는지 여부에 대한 구체적인 기준

1) 양도소득 환원의 기준

명의수탁자가 명의신탁 부동산을 임의로 처분하였더라도 명의신탁자를 양도소득세 납세의무자로 본다면 그러한 경우는 명의신탁자에게 양도소득이 환원되었다면 명의신탁자가 부동산을 직접 처분하거나 처분을 수탁자에게 위임한 것과 같이 취급할 수 있기 때문이라고 판단된다. 이 경우 명의신탁자에게 양도소득이 환원되었다면, 양도소득의 실질 귀속자는 명의신탁자가 될 것이기 때문이다.

그러므로 양도소득이 명의수탁자로부터 명의신탁자에게로 환원되었는지 여부는 그 당시 부동산의 처분 경위, 양도 소득 중 일부 또는 전부가 어떤 경위로 명의신탁자에게 전달되었는지 그 경위 등을 종합해 볼 때, 명의신탁자가 부동산 양도 당시 양도소득을 실질적으로 지배하거나 관리하고 있었는지를 기준으로 판단해야 할 것이다.

2) 판례들로부터 도출할 수 있는 구체적인 판단 요소

앞서 본 판례들로부터 도출할 수 있는 양도소득 환원 여부를 판단할 수 있는 기준은 다음과 같다고 할 것이다.

가) 양도대가를 즉시 이전하였는지 여부

명의수탁자가 양도대가를 받은 후 즉시 또는 며칠 이내에 공탁하고 명의신탁자가 공탁금을 출급한 경우 양도소득이 환원되었다고 인정할 수 있겠지만, 양도대가를 수령한 날로부터 오랜 시간이 경과한 후 그 금액을 지급하였다면 명의신탁자에게 양도소득으로 환원되었다고 보기 어려운 경우가 많을 것이다.

나) 양도대가를 전액 환원하였는지 여부

명의수탁자가 명의신탁자에게 양도대가를 전액 환원하였다면 양도소득을 환원하였다고 볼 수 있지만, 양도대가가 전부 환원되지 않는다면, 명의신탁자는 양도 당시부터 부동산의 양도대가를 실질적으로 지배·관리하고 있었다고 보기 어려운 경우가 많을 것이다.

다) 명의수탁자가 자발적으로 양도대가를 명의신탁자에게 이전하였는지 여부

명의신탁자가 명의수탁자를 상대로 등기말소청구 소송이나 기타 소송을 제기한 후에 비로소 명의수탁자가 양도대가 상당액을 명의신탁자에게 지급한 경우라면 양도소득 그 자체를 환원하였다고 보기 보다는 손해배상금 상당액을 지급한 것으로 봄이 타당하다. 반면 명의신탁자라도 명의신탁 부동산을 처분하지 않을 수 없는 상황에서 명의수탁자가 명의신탁자의 승낙을 받지 아니하고 처분하였으나 그 양도대가(토지보상금)를 받은 직후 전액을 공탁하였고 이를 명의신탁자가 출급해 갔다면 양도소득이 환원되었다고 인정할 수 있을 것이다.

3) 판례에서 나타난 기준에 대한 평가(私見)

명의수탁자가 양도대가를 즉시, 전액, 자발적으로 명의신탁자에게 이전한다면 더할 나위 없이 양도대가가 명의신탁자에게 환원되었다고 볼 수 있을 것이다. 이런 측면에서 위에서 본 3가지 요소를 중점적으로 양도소득 환원의 기준으로 보는 대법원의 판단은 타당하다고 보인다. 다만, 위 기준에서는 다소 어긋나더라도 명의신탁자와 명의수탁자의 구체적인 위임 약정에서 정한 바에 따라 양도대가를 즉시가 아닌 일정 시간이 지난 후에 전액이 아닌 일부를 약정에 따라 지급하였다면 이것 또

한 양도소득의 환원이 있다고 보아야 할 것이다. 따라서 명의수탁자와 명의신탁자 사이에 구체적인 위임 약정이 없다면 위 판례의 기준을 따르겠지만, 위 두 당사자 사이에 구체적인 위임 약정이 있다면 위 약정을 우선 기준으로 삼아 약정 내용대로 이행되었는지 여부를 고려해야 할 것이다.

라. 명의신탁자가 명의수탁자로부터 양도대가 상당의 부당이득금 또는 손해배상금을 받았을 경우 위약금 등 기타소득에 해당하는지 여부

구 소득세법(2009. 12. 31. 법률 제9987호로 개정되기 전의 것, 이하 같다) 제21조 제1항 제10호, 구 소득세법 시행령(2010. 2. 18. 대통령령 제22034호로 개정되기 전의 것, 이하 같다) 제41조 제7항에 의하면, 계약의 위약 또는 해약으로 인하여 받는 위약금과 배상금은 양도소득이 아니라 기타소득으로 과세하고, 여기서 '위약금 또는 배상금'이라 함은 재산권에 관한 계약의 위약 또는 해약으로 인하여 받는 손해배상으로서 그 명목 여하에 불구하고 본래의 계약의 내용이 되는 지급자체에 대한 손해를 넘는 손해에 대하여 배상하는 금전 또는 기타 물품의 가액을 말한다. 이 경우 계약의 위약 또는 해약으로 인하여 반환받은 금전 등의 가액이 계약에 의하여 당초 지급한 총금액을 넘지 아니하는 경우에는 지급자체에 대한 손해를 넘는 금전 등의 가액으로 보지 아니한다. 즉 채무불이행으로 인하여 받은 손해배상금에서 본래의 계약의 내용이 되는 지급 자체에 대한 손해를 차감한 금액이 기타소득에 해당하는 것이다. 채무불이행에 있어서의 재산적 손해는 채무불이행에 따른 기존재산의 감소에 상당하는 적극적 손해와 채무가 이행되었더라면 채권자가 목적물을 전매하여 얻었을 이익의 상실에 상당하는 소극적 손해로 구분한다. 적극적 손해는 통상손해로 되나, 소극적 손해는 특별손해로 되는 경우가 많다. 그런데 본래의 계약의 내용이 되는 지급 자체에 대한 손해의 범위와 관련하여 채무불이행으로 인한 소극적 손해가 포함되는지의 여부가 문제가 되고 있다. 본래의 계약의 내용이 되는 지급 자체에 대한 손해란 본래의 계약에 의하여 입은 현실적인 손해의 의미로 새겨야 할 것이므로 채무불이행으로 인한 적극적 손해만을 의미한다고 해석하고자 한다.[29]

따라서 명의신탁자가 명의수탁자로부터 지급받은 양도대가 상당의 손해배상금 등에 대하여 기타소득으로서 과세할 수 있는지 여부는 본래의 계약의 내용이 되는 지급 자체에 대한 손해를 넘은 손해에 대한 배상금에 해당하는가를 검토할 필요가 있다. 그런데, 실제 사안에서는 명의수탁자가 명의신탁자에게 본래의 계약 내용이 되는 지급 자체를 넘는 금원을 지급하는 경우가 많지 않기 때문에 과세관청이 실제 사안에서 명의수탁자로부터 명의신탁자에게 환원된 금원에 대하여 명의신탁자에게 기타소득으로서 과세할 가능성은 낮다고 할 것이다.[30]

6. 사안의 검토

이 사건 양도토지의 양도소득이 원고(명의신탁자)에게 환원되었다고 볼 수 있는지와 관련하여 1심 판결, 2심판결과 대법원의 결론이 엇갈렸다. 구체적으로 보면 다음과 같다.

가. 부정설(대법원 판결)

X는 토지의 양도대가를 수령하는 즉시 자발적으로 원고들에게 이전한 것이 아니라 원고들이 제기한 소송절차에서 상당한 시간이 경과한 후에 조정 성립에 따라 양도대가 상당액을 지급한 것에 불과하다는 것

29) 김완석, “소득세법상 손해배상금의 취급”, 중앙법학 제7집 제4호, 중앙법학회(2005), 107면.,

30) 오히려 대상 판결처럼 명의신탁자에게 소득이 환원되었다고 보아 양도소득세를 부과하는 경우가 많을 것이다. 실제 소송에서 과세관청에게 유리한 소송 결과가 날지 여부는 개개의 사안에 따라 다를 것이다.

을 그 근거로 한다.

나. 긍정설(1심, 2심 판결)

긍정설은 ① 원고들이 X를 상대로 X가 원고들로부터 명의신탁받은 이 사건 토지를 타에 매도하였다며 부당이득반환 소송을 제기하고, 위 소송에서 원고들이 X, Y로부터 4억 원을 지급받기로 조정이 성립된 점,[31] ② 원고들과 X 사이의 위 소송 당시까지도 이 사건 양도토지에 대한 소유권은 X의 명의로 남아 있었던 점, ③ 원고들이 X를 상대로 부당이득반환소송을 제기하여 위와 같이 조정이 성립된 점 등을 근거로 한다.

다. 소결 - 부정설이 타당함.

이 사안에서는 명의신탁자인 원고들과 명의수탁자인 X 사이에서는 구체적인 위임약정이 없다고 보이므로, 위 판례의 기준을 적용할 필요가 있다. 위 판례 기준을 사안에 적용해 보면, X는 양도대가를 즉시 지급하지 않았고 원고들이 제기한 소송의 소송절차 도중 조정에 이르러서 지급한 것이며, 대가 전부가 아닌 일부를 지급하였을 뿐이다. 또한 비록 위 소송절차에서 조정에 이른 것은 맞지만 소송절차 진행된 후 합의에 이른 것이므로 판결에 의하여 회수한 것과 실질적인 차이가 없으므로 X가 자발적으로 양도대가를 원고들에게 지급하였다고 보기 어렵다. 따라서 이 사안에서는 양도소득이 명의신탁자인 원고들에게 실질적으로 환원되었다고 보기 어렵다.

그렇다면 위와 같은 부정설을 택한 대법원의 판단은 정당하다.

---

31) 아마도 긍정설은 판결에 의하여 돈을 지급한 경우와는 달리 X가 자발적으로 양도소득을 원고들에게 환원하였다는 점을 강조할 것이다.

Ⅳ. 결론

종래 대법원판결은 명의신탁된 부동산을 명의수탁자가 임의로 처분한 경우 양도소득이 명의신탁자에게 환원되어야 명의신탁자가 양도소득세의 납세의무를 진다는 판시를 누차 해왔지만, 그 구체적인 기준에 대해서는 언급을 하지 않아 왔다. 대상 판결은 양도소득이 명의신탁자에게 환원되었는지 여부에 대한 구체적인 기준을 제시해주었다. 즉, 명의수탁자가 양도대가를 수령하는 즉시 전액을 자발적으로 명의신탁자에게 이전하는 등 사실상 위임사무를 처리한 것과 같이 명의신탁자가 양도소득을 실질적으로 지배, 관리, 처분할 수 있는 지위에 있어 명의신탁자를 양도의 주체로 볼 수 있는 경우라야 하고, 특별한 사정이 없는 한 단지 명의신탁자가 명의수탁자에 대한 소송을 통해 상당한 시간이 경과한 후에 양도대가 상당액을 회수하였다고 하여 양도소득의 환원이 있다고 할 수는 없다는 것이 그것이다. 명의신탁받은 부동산을 명의수탁자가 임의로 처분하는 경우의 대부분은 소송절차를 거치게 되고 그러한 와중에 명의신탁자에게 명의수탁자가 양도소득 일부를 지급하는 경우가 많으므로 대부분의 사안에서 횡령죄의 잘못을 저지른 명의수탁자에게 양도소득세의 납세의무를 지울 수 있다는 점에서 대상 판결은 의의가 있다고 하겠다. 이는 실질과세원칙을 준수했다는 측면에서도 의의가 크다.

판례에서 실제로 양도소득이 명의신탁자에게 환원되었다고 본 기준은 양도대가를 즉시 이전하였는지 여부, 양도대가를 전액 환원하였는지 여부, 명의수탁자가 자발적으로 양도대가를 명의신탁자에게 이전하였는지 여부 등인데, 위 기준은 원칙적으로 타당하지만, 명의신탁자와 명의수탁자 사이에 구체적인 위임 약정이 있다면 위 약정을 우선 기준으로 삼아 약정 내용대로 이행되었는지 여부를 기준으로 양도소득 환원 여부를 판단해야 한다고 생각한다.

대상 판결의 사안에서는 명의수탁자는 양도대가를 명의신탁자에게 즉시 지급하지 않았고 명의신탁자들이 제기한 소송의 소송절차 도중 조정에 이르러서 지급한 것이며, 대가 전부가 아닌 일부를 지급하였을 뿐이므로 위 양도소득은 명의신탁자에게 환원된 것이 아니라고 본 대상판결의 결론 또한 타당하다고 할 것이다.

참고문헌

이창희, 세법강의 제9판, 박영사(2011)

임승순, 조세법 2010년도판, 박영사(2010)

장석조, "조세법상 실질과세원칙의 적용한계 : 실질의 의미에 관한 판례이론의 분석과 재해석", 사법논집33집, 대법원 법원행정처(2001)

이중교, "부동산 명의신탁에 따른 양도소득세와 취득세 과세에 관한 연구 –사법과 세법의 관계를 중심으로–", 법조 통권 667호, 법조협회(2012. 4.)

김행순, "부동산의 중간생략등기, 명의신탁과 관련한 양도소득세의 몇 가지 문제", 조세법 실무연구 Ⅱ, 재판자료 제121집, 법원도서관(2010)

김완석, "소득세법상 손해배상금의 취급", 중앙법학 제7집 제4호, 중앙법학회(2005)

윤인성, "행정처분의 당연무효 사유와 취소 사유의 구별기준에 대한 소고 – 중대명백설에 대한 비판적 검토를 중심으로–", 특별법연구 제9권, 사법발전재단(2011)

국문초록

종래 대법원판결은 명의신탁된 부동산을 명의수탁자가 임의로 처분한 경우 명의신탁자에게 양도소득세의 납세의무를 부담지우기 위해서는 양도소득이 명의신탁자에게 환원되어야 한다는 판시를 누차 해왔지만, 그 구체적인 기준에 대해서는 언급을 하지 않아 왔다. 대상 판결은 양도소득이 명의신탁자에게 환원되었는지 여부에 대한 구체적인 기준을 제시해주었다. 즉, 명의수탁자가 양도대가를 수령하는 즉시 전액을 자발적으로 명의신탁자에게 이전하는 등 사실상 위임사무를 처리한 것과 같이 명의신탁자가 양도소득을 실질적으로 지배, 관리, 처분할 수 있는 지위에 있어 명의신탁자를 양도의 주체로 볼 수 있는 경우라야 하고, 특별한 사정이 없는 한 단지 명의신탁자가 명의수탁자에 대한 소송을 통해 상당한 시간이 경과한 후에 양도대가 상당액을 회수하였다고 하여 양도소득의 환원이 있다고 할 수는 없다는 것이 그것이다. 명의신탁받은 부동산을 명의수탁자가 임의로 처분하는 경우의 대부분은 소송절차를 거치게 되고 그러한 와중에 명의신탁자에게 명의수탁자가 양도소득 일부를 지급하는 경우가 많으므로 대부분의 사안에서 횡령죄의 잘못을 저지른 명의수탁자에게 양도소득세의 납세의무를 지울 수 있다는 점에서 대상 판결은 의의가 있다고 하겠다. 이는 실질과세원칙을 준수했다는 측면에서도 의의가 크다.

판례에서 실제로 양도소득이 명의신탁자에게 환원되었다고 본 기준은 양도대가를 즉시 이전하였는지 여부, 양도대가를 전액 환원하였는지 여부, 명의수탁자가 자발적으로 양도대가를 명의신탁자에게 이전하였는지 여부 등인데, 위 기준은 원칙적으로 타당하지만, 명의신탁자와 명의수탁자 사이에 구체적인 위임 약정이 있다면 위 약정을 우선 기준으로 삼아 약정 내용대로 이행되었는지 여부를 기준으로 양도소득 환원 여부를 판단해야 한다고 생각한다.

대상 판결의 사안에서는 명의수탁자는 양도대가를 명의신탁자에게 즉시 지급하지 않았고 명의신탁자들이 제기한 소송의 소송절차 도중 조정에 이르러서 지급한 것이며, 대가 전부가 아닌 일부를 지급하였을 뿐이므로 위 양도소득은 명의신탁자에게 환원된 것이 아니라고 본 대상판결의 결론 또한 타당하다고 할 것이다.

주제어: 명의신탁, 양도소득세, 소득의 환원, 임의 처분, 명의수탁자, 명의신탁자

Abstract

A Study on the Taxpayer of Capital Gain Tax in Case of a Title Trustee's Disposing Real Estate

−Focusing on the Supreme Court Decision 2012Du10710 Delivered on September 4, 2014−

KIM, SE−HYUN*

Although Korean Supreme Court rulings repeatedly showed that capital gains must be returned to a title truster so that a title truster becomes liable to capital gain tax when a title trustee arbitrarily disposes the properties under title trust, the specific standards have been never mentioned. This judicial decision 2012Du10710 has suggested the specific standards to see if capital gain is returned to a title truster. In other words, a title truster must be seen as a main agent of transferring who is in the position to effectively dominate, control, and dispose capital gains like when a title trustee voluntarily transfers the full amount to a title truster the moment he/she receives payment of transfer asset, handling the delegated affairs practically, and it cannot be said that capital gains are returned even if after a considerable period of time a title truster just has the equivalent of payment of transfer asset restored through lawsuits against a title trustee unless there are special circumstances. Most of the cases of a title trustee's arbitrarily disposing the properties under title trust lead to legal proceedings and during this process title trustees often give part

* Judge of District Court, Bucheon Branch Court of Incheon District Court

of capital gains to title trusters, so this judicial decision is meaningful in that it is possible to impose capital gain tax duty upon a title trustee under the charge of embezzlement in most cases, and that the principle of substantial taxation was observed.

In the precedents, the standards to judge real restoration of capital gains to a title truster were as follows : whether or not the payment of transfer asset was immediately returned, whether or not it was the full amount of payment that has been restored, whether or not a title trustee voluntarily gave the payment of transfer asset to a title truster, and so on. Although these standards are technically appropriate, if there is any detailed mandate agreement between a title truster and a title trustee I think this agreement should be the first yardstick to see if contents of agreement are carried out, and then judgement on whether capital gains are restored must be made.

In the case of this judicial decision 2012Du10710, the title trustee did not give the payment of transfer asset to the title trusters right away, the payment was made after reaching mediated agreements during the legal proceedings taken by the title trusters, and part but not all of it was paid, so the conclusion of this judicial decision is also valid that the above mentioned capital gains were not returned to the title trusters.

Keywords: title trust, capital gain tax, return of capital gains, arbitrary disposal, title trustee, title truster

투 고 일: 2015. 5. 25
심 사 일: 2015. 6. 15
게재확정일: 2015. 6. 19

整備事業組合의 租稅法的 性質과 取得稅 課稅問題*

成重卓**

Ⅰ. 서설

도시및주거환경정비법(이하 '도시정비법')상 정비사업을 시장·군수 또는 주택공사 등이 아닌 자가 시행하고자 하는 때에는 반드시 조합(이하 '정비사업조합')을 설립하여야 한다(도시정비법 제8조 및 제13조). 정비사업조합은 조합, 조합원, 시공사, 채권 은행 및 시, 군, 구 공공기관 등 다양한 이해관계인과 관련되어 있어 정비사업조합의 회계 및 세무관계는 매우 복잡하다. 그런 연유로 실무상 정비사업조합에 발생하는 다양한

* 한국연구재단(과제번호 2013S1A5A8021991)의 지원으로 이룩된 성과임
** 경북대 법학전문대학원 조교수, 변호사, 법학박사

세목의 조세를 세법에 따라 적정하게 처리하지 못하여 가산세가 부과되는 등 조세상 불이익을 받는 사례도 자주 발생한다. 그러므로 정비사업조합에 발생하는 조세법적 쟁점에 대한 이해가 반드시 필요하다. 이하에서는 정비사업 중 특히 주택재개발사업 및 주택재건축사업을 위하여 설립된 조합이 부담하는 조세문제 중 가장 논란이 많은 취득세를 중심으로 살펴보고자 하며 그 논의의 전제(前提)로서 먼저 정비사업조합의 조세법적 지위와 그 법적성격이 무엇인지에 관하여 종례 학설과 판례 및 최근 개정된 조세특례제한법을 중심으로 상세히 검토해 보고자 한다.

Ⅱ. 주택재건축, 재개발 정비사업조합의 조세법적 지위

1. 문제의 제기

도시정비법이 시행되기 전에는 재건축조합의 법인성에 대하여 해석상 다툼이 있었다. 그러나, 현행 도시정비법 제18조는 주택재개발조합과 재건축조합을 정비사업조합이라는 명칭으로 통합하여 법인으로 규정하고 있다. 따라서 현행법상으로는 정비사업조합은 그 법적지위가 법인으로 당연 의제되며, 조합설립인가를 받은 후에 설립등기를 함으로써 비로소 성립한다.[1)] 한편, 법인의 성격과 관련하여, 도시정비법상 재건축조합은 그 명칭에 정비사업조합이라는 문자를 반드시 사용하여야 하고, 사업비용의 부과 및 연체료를 강제로 징수할 수 있을 뿐만 아니라, 자료

1) 도시정비법 제정 전 주택재개발조합은 법인격이 부여되어 있었으나, 재건축조합의 경우 그 성격이 모호한 측면이 있어 혼란이 있었다. 이에 도시정비법은 조합의 납세의무이행이나 등기능력, 소송당사자능력 등에 혼란이 있던 점을 감안하여 재건축, 재개발을 나누지 않고 모든 정비사업조합을 법인으로 규정하였다. 법인은 등기함으로써 법인격을 취득하므로 모든 정비사업조합은 설립인가일로부터 30일 이내에 법인으로 등기하여야 한다.

의 제출, 임원의 개선 등 행정청에 의한 감독을 받으며, 조합의 임·직원은 형법상 뇌물죄의 적용을 받는 공무원으로 의제되는 등 도시정비법 규정 내용에 비추어 볼 때 공법상 법인이라고 보아야 할 것이다.[2] 그런데 정비사업조합이 공법인이라고 할 경우 당해 법인이 영리법인지 또는 비영리법인지의 여부가 또다시 문제가 된다. 정비사업조합은 주택재건축과 주택재개발 등 사업방식에 따라 각 설립될 수 있는데, 전자에 따라 설립되는 경우, 후자의 경우보다 공공성에 비해 영리성이 보다 강한 반면, 후자의 경우는 공공적인 측면이 더 강조되는 특성이 있다.[3] 또한 양자는 사업의 수행 및 운영측면에서 볼 때, 실체(Entity)의 측면과 사업목적 달성을 위한 도관(Conduit)의 성격이 혼합되어 있으므로, 그러한 특성에 맞춘 합리적인 과세제도가 마련될 필요성이 있다.[4]

2. 도관설 및 실체설에 따른 조합에 대한 과세 취급

구분	도관설[5]	실체설[6]
조합에 대한 출자	① 과세 없음이 원칙 ② 단, 조합원이 자신의 출자 이상의 지분을 취득한 경우에는 과세	① 조합에게 법인세(소득세) 과세원칙 ② 이익분배시, 조합원에게도 소득세 과세
사업에 따른 수입	조합원에게 소득세 과세 원칙	① 조합에게 법인세(소득세) 과세원칙 ② 단, 사업이익 조합원 분배시, 조합원에게 소득세 과세

---

2) 김명섭, "주택재건축 관련 취득세 논의", 사법논집 제42집, 법원도서관, 2006. 12, 242면.

3) 성중탁, "주택재건축사업과 주택재개발의 법적 쟁점 비교 고찰", 인권과 정의, 대한변호사협회, 2013. 2, 2-4면.

4) 임규진, 정승영, "정비사업조합의 법적성격과 과세문제", 조세연구 제9권 제3집, 한국조세연구포럼, 2009. 11, 10면.

조합계약 해지에 따른 과세	과세 없음	① 조합에 대해 양도소득세 과세 ② 조합원에 대해 취득세 과세
출자했던 부동산의 조합계약 해지 후 처분(양도소득세 계산시 기준)	조합에 최초 출자한 당시의 부동산가액 기준 과세	조합계약 해지 당시(조합으로부터 반환받을 때) 부동산가액 기준 과세

3. 영리법인 여부에 따른 과세제도의 차이

주택재건축과 주택재개발은 그 공공성에 따라 해당 정비사업조합의 법적성격도 차이가 있을 수 있다. 즉, 주택재건축의 경우 노후 또는

---

5) 도관설은 집합설 또는 결합설(Aggregate Theory)이라고도 하는데 법인 또는 조합은 일종의 사업을 위한 수단으로서의 역할만 할 뿐 그 실체는 공동으로 사업을 하고 있는 법인 또는 조합의 구성원 개인이라고 보는 견해이다. 이에 따르면, 정비사업조합의 일련의 활동들은 모두 해당조합의 조합원에게 그대로 귀속되며 조합은 단지 통로로서(Pass-through)의 역할만 하게 된다. 이 견해에 따라 정비사업조합의 실체를 파악하면, 정비사업조합은 법인격을 가지고 있으나 조합원의 공동사업의 수단임을 감안하여 과세제도를 정비 또는 해석·적용해야 한다고 본다. 따라서 정비사업조합의 조합원이 현물출자를 하고, 출자지분 이상을 취득하게 되는 경우에만 양도소득세를 과세할 수 있게 되며 재건축 또는 재개발에 따른 수익 역시 조합원에게 바로 소득세 과세를 하게 된다. 특히 조합계약이 해지된 후 해당 부동산의 처분이 있는 경우 조합원의 조합에 대한 현물출자 당시 가액을 기준으로 조합원의 차익을 계산한다(이준규·이은상, "조합과세의 문제점과 개선방안", 세무학연구 제18권 제1호, 한국세무학회, 2011, 200면).

6) 실체설은 법인 또는 조합이 독자성을 갖추고 있는 존재로서, 구성원과는 별도로 취급할 필요가 있다고 판단한다. 이 견해에 따르면, 정비사업조합의 경우 법인격 있는 법인으로서 독자성을 갖추고 있으므로 법인으로서 과세상 취급을 받을 필요가 있게 된다. 따라서 조합원이 현물출자를 하게 되는 경우 이에 대한 양도소득세 과세문제가 발생하고 주택재건축 또는 재개발에 따른 수익에 대한 법인세 과세문제가 발생하며, 조합원에게 수익배분시 조합원의 개별 소득세 과세문제가 발생한다. 또한 조합계약이 해지된 이후 부동산 처분을 하게 되면 도관설의 경우와 달리 조합원은 차익계산에 있어서 조합이 해당부동산을 조합원에게 반환할 때의 가액을 기준으로 계산한다.(이준규·이은상, "전게논문", 197-200면)

불량에 따른 도시정비라는 큰 틀에서는 주택재개발사업의 경우와 동일하나 재개발에 비해 자율성이 보다 큰 편이기 때문이다. 다만, 주택재건축이나 주택재개발 모두 공공적 성격을 가지고 있다는 점과 재개발, 재건축을 불문하고 정비사업조합이 공법(公法)적 성격이 강한 도시정비법에서 명시적으로 법인으로 규정되어 있는 점을 감안하면, 일률적으로 비영리법인으로 볼 여지도 있다.[7] 위와 같이, 각 조합을 영리법인으로 볼지, 아니면 비영리법인으로 볼지에 따라, 과세소득, 납세의무의 범위 등의 과세상 주요 부분이 달라 질 수도 있으므로 그 성격의 규명은 중요한 문제라고 할 수 있다.[8]

종래 과세관청은 재건축, 재개발조합을 비영리법인으로 보고 과세문제에 접근하여 왔다. 구체적으로 조합원이 조합에 현물출자하고 조합으로부터 건축된 주택을 분양받을 경우에는 이를 환지로 보아 양도소득세를 부과하지 않았다.[9] 다만, 조합이 비영리법인이라는 전제하에 조합이 획득한 소득 중 조합이 비조합원에게 분양하는 주택 및 상가만을 수익사업으로 보아 법인세 과세대상으로 삼아 왔다.[10] 이러한 해석은 부가가치세 적용에서도 마찬가지인데 재개발, 재건축사업에 있어서 조합원에 대한 분양은 재화의 공급에서 제외하여 부가가치세를 면제하여 왔

---

7) 주택재건축과 주택재개발이라는 조합설립 목적에서 파생되는 차이점 및 실무 관행상 재개발과 재건축에 이르게 되는 과정에서도 정부나 지자체의 개입 정도에서 차이가 있기 때문에 그 법적 성격을 영리법인으로 볼지, 비영리법인으로 볼지는 중요한 문제에 해당한다.

8) 김완석, "재건축에 관한 조세법적 검토", 토지공법연구 제33집, 한국토지공법학회, 2006, 46면.

9) 재정경제원 재일 46014-2386, 1996. 10. 23.

10) 이점에 대한 과세관청의 대표적인 해석지침으로는 다음을 들 수 있다. 「도시개발법에 의하여 설립된 재개발조합이 상가 등을 신축 분양하는 때에는 법인세법 제1조 제1항의 수익사업으로서 법인세 납세의무가 있는 것임.」(국세청 법인 46012-1554,1993. 4. 27.) 이러한 해석에 따라 재개발, 재건축사업에 대해서는 비조합원에 대한 분양수익만을 과세대상으로 삼는 것으로 일반적으로 받아들여지고 있었다.

다.[11] 또한, 지방세의 경우 도시정비법에 의한 주택재개발사업의 시행으로 인하여 당해 사업의 대상이 되는 부동산의 소유자가 환지계획 및 토지상환채권에 의하여 취득하는 토지, 관리처분계획에 의하여 취득하는 토지 및 건축물("환지계획등에 의한 취득부동산")과 사업시행자가 환지계획이나 관리처분계획에 의하여 취득하는 체비지 또는 보류지가 있는 경우 그에 대한 취득세·등록세는 면제되었다.[12] 또한 법인세와 관련하여서도 법인세법상 비영리법인의 경우 수익사업과 목적사업을 구분할 것이 요구되는데 이를 반영하여 주택재개발, 재건축조합의 경우에도 조합원분양분을 목적사업으로 일반분양분을 수익사업으로 보아 회계처리하여 왔다. 이는 과세대상을 일반 분양분에서 발생한 이익이나 소득에 한정하였기 때문이다.

4. 주택재건축, 재개발조합이 영리법인인지 여부

(1) 쟁점

주택재개발·재건축조합에 대한 과세의 방법 및 범위를 결정하기 위해서는 이들 조합의 성격이 먼저 규명되어야 할 것이다. 현행 도시정비법은 정비사업조합을 법인으로 규정하고 있는바, 소득세나 법인세 또는 부가가치세 등의 과세에 있어서는 그 법인이 영리법인지 또는 비영리법인지에 따라 과세상 차이가 발생할 수 있다. 대표적으로, 법인세의 과세에 있어서 당해 조합이 영리법인지 또는 비영리법인지에 따라서 과세상 차이가 발생한다. 먼저, 영리법인의 경우에는 순자산증가설[13]의

---

11) 재개발사업시행자가 종전의 토지 등의 소유자에게 신축 건축물을 분양하는 경우에는 부가가치세법 제6조의 재화의 공급에 해당되지 않는다.(구 재무부 소비 23601-1216, 1985. 12. 5.)

12) 구 지방세법 제109조 제3항(개정 2000.12.29, 2002.12.30, 2005.12.31, 2007.12.31.).

13) 순자산증가설은 순자산의 증가가치를 과세소득으로 해야 한다는 학설로서, 자산을 증가시키는 원인이 되는 것은 사업활동, 증여, 물가변동, 보험, 기타 그 원천

입장에서 익금에서 손금을 차감한 전체의 소득에 대하여 법인세를 과세하고, 청산소득에 대한 법인세 납세의무도 부담한다. 이에 반하여, 비영리법인의 경우에는 수익사업에 한정하여 법인세를 과세하고, 청산소득에 대한 법인세는 따로 과세하지 아니한다. 또한 비영리법인의 경우에는 고유목적사업준비금의 손금산입 등 영리법인과는 달리 여러 가지 조세특례를 인정하고 있다.[14]

(2) 학설

1) 영리법인설

영리법인설은 먼저, 주택재건축조합의 경우는 당연하고, 공공성이 강조되는 주택재개발조합의 경우에도 해당 정비사업에서 발생하는 이익은 조합원들에게 지분대로 귀속되고 위 조합원들이 내야 할 분양대금에서 이러한 이익을 조정받게 되므로 재개발조합은 이를 통해 궁극적으로 조합원들에게 이익을 배당하는 구조라고 본다. 이로 인해 재건축조합과 마찬가지로 재개발조합의 경우에도 비영리성이 부정되며, 무엇보다 비영리법인의 경우에도 법인세법 시행령 제1조에서 정하는 조합법인 등에 해당하는 경우에 한하여 이익을 배당할 수 있다고 하더라도, 주택재개발조합은 위 시행령상 비영리법인의 종류에 열거되어 있지 않기 때문에

의 여하를 불문하고 기존의 자산에 부가된 처분가능한 자산증가액 대부분을 포괄적으로 파악한 소득을 과세소득으로 본다. 그에 반해 소득원천설은 고정된 수입원으로부터 경상적, 계속적으로 발생할 수 있는 수입을 과세소득으로 보고, 그 외의 일시적이고 지속적이지 않은 우발적 발생소득은 원천을 알 수 없으므로, 과세소득으로 보지 않는다고 하는 학설이다. 따라서 상속, 증여 등의 일시적인 수입, 고정자산의 처분액, 반복성이 없는 자본이득 등은 소득으로 보지 않는다. 우리나라의 현행 소득세법은 기본적으로 소득 원천설의 입장에 있다. 소득원천설은 사회가 급격히 변화함에 비해 세법이 제대로 따라가 주지 못할 경우 조세의 실질적 형평에 반할 위험성을 가지고 있다.

14) 정지선, 장근호, "재개발·재건축사업 관련 조세제도에 대한 연구", 한국세무사회 부설 한국조세연구소, 2010. 4, 76면 이하.

법인세법상 마땅히 영리법인으로 과세되어야 한다고 본다.15) 나아가, 영리법인인지 비영리법인인지 여부를 판단하는 중요 기준으로서 조합이 영리활동에 의하여 얻은 이익을 그 조합원들에게 분배하는지 또는 법인이 해산할 때에 그 잔여재산을 조합원들에게 분배하는지 여부를 보고 결정할 수 있는바, 이에 의하면 어떤 법인이든 영리활동에 의하여 얻은 이익을 그 구성원에게 분배 또는 배당한다거나 법인이 해산하면서 잔여재산을 그 구성원에게 분배한다면 그 법인을 영리법인으로 보아야 한다. 그렇다면, 정비사업조합은 재건축, 재개발을 불문하고 아파트와 상가 등의 일반분양이라는 영리활동에 의하여 얻은 이익을 궁극적으로는 그 조합 구성원에게 배분하는 구조이므로 정비사업조합은 응당 영리법인에 해당한다고 주장한다.16)

2) 비영리법인설

비영리법인설은, 먼저 주택재개발, 재건축사업을 불문하고 정비사업조합은 비영리적인 성격과 영리적인 성격을 모두 가지고 있다는 전제하에서 그 중 비영리법인으로서의 성격이 강한 조합원들에 대한 분양이 주된 것이고, 영리법인의 성격을 가지는 일반 분양은 단지 부수적인 것이므로 비영리법인으로 보는 것이 타당하다고 주장한다. 즉, 정비사업조합의 본질상 재건축한 부분 중 일부 남는 물량을 일반분양하여 그 분양대금으로 건축비 일부를 충당하는 사정만을 가지고 영리법인으로 간주하여서는 아니된다는 주장이다.17) 특히, 주택재개발조합에 비하여 그 영리성이 강하여 문제가 되는 주택재건축조합의 경우에도 일반적으로 조합원들에게 별도의 지분권도 인정되지 않고, 조합 정관에 이익분배에

15) 박 훈, “재개발조합의 과세문제”, 조세와 법 제1권 제2호, 서울시립대학교 법학연구소·지방세연구소, 2008. 12, 225-226면.

16) 김청식, “주택재건축사업 관련 세제의 문제점과 개선방안”, 서울시립대학교 세무전문대학원, 2009. 2, 49면.

17) 이중교, “주택재개발사업과 재건축사업의 취득세 과세에 대한 연구”, 공법연구 제37집 제1-2호, 한국공법학회, 2008. 10, 169면.

관한 규정도 따로 두고 있지 않은 조합이 상당수이기 때문에 모든 재건축조합을 영리법인으로 단정하여서는 아니된다고 주장한다.[18]

3) 주택재건축조합과 주택재개발조합을 구분하는 견해[19]

위 견해는 주택재건축조합과 재개발조합을 나누어 전자의 경우, 다음과 같은 근거로 영리법인에 해당한다고 본다.[20] 첫째, 2014년 1월 개정 이전 조세특례제한법 제107조의 2 제2항에서는 '도시정비법 제18조에 따라 설립된 조합에 대하여는 법인세법 제1조에 불구하고 2013년 12월 31일 이전에 끝나는 사업연도까지는 비영리 내국법인으로 보아 법인세법(같은 법 제29조는 제외한다)을 적용한다'고 규정하고 있었는데,[21] 이는 기본적으로 조합이 영리법인임을 전제로 한 것이다. 둘째, 주택재건축사업은 아파트 단지를 위주로 시행되는 현실에서 일반 분양수입이 비교적 크고, 조합원 분양과 일반분양은 재건축사업에서 불가분의 관계로 조세특례제한법의 규정은 외형상 비영리법인으로 규정하면서도 비영리법인의 고유목적사업비에 충당되는 수익사업소득에 대한 고유목적사업준비금의 손금산입을 허용하지 않음으로써 과세실무상 이미 영리법인과 같이 취급하고 있다.[22] 셋째, 재건축사업의 경우 토지등 소유자의 재산가치의 증식 목적 하에 주로 이루어지고 있으므로 출자자의 재산가치 증식을 위해 주택을 건축 및 판매하는 영리법인과 실질적으로 동일하

18) 심경섭, "주택재건축 관련 취득세 논의", 사법논집 제42집, 법원도서관, 2006.12, 252면.

19) 한국조세연구소, "전게 연구보고서", 78−81면 요약.

20) 임규진·정승영, "전게논문", 15면; 김청식, "전게 논문", 104면.

21) 조세특례법 제104조의 7 제2항에서 도시정비법 제18조에 따라 설립된 조합에 대해서는 법인세법 제1조에도 불구하고 2013년 12월 31일 이전에 끝나는 사업연도까지는 비영리내국법인으로 보도록 되어 있는데 위 기한은 당초 2010년 12월 31일까지였다가 2013년으로 연장되었다. 당시 국세청은 조합원이 정비사업조합을 통한 재건축·재개발로 토지·부동산을 공급받는 것은 환지처분의 성격을 지니는 점을 감안하여, 일몰규정의 기한을 연장했다고 개정취지에서 밝힌바 있다(「2012년 개정 세법해설」, 국세청, 2012, 520면. 이하).

22) 김청식, "전게논문", 50면.

다. 넷째, 사업에서 발생한 이익은 출자자들이 납부하여야 할 분양대금에서 마련되기 때문에 재건축사업의 모든 수익과 비용은 사실상 조합원에게 배분되는바, 이 경우 배당은 조합원의 출자가액에 비례하게 되므로 일반 영리법인의 배당과 차이가 없다. 다섯째, 법인세법 제1조 제2호에서는 비영리법인이란 민법 제32조의 규정[23]에 의하여 설립된 법인, 사립학교법 기타 특별법에 의하여 설립된 법인으로서 민법 제32조상 규정목적과 유사한 목적을 가진 법인 및 국세기본법 제13조 제4항의 규정에 의한 법인으로 보는 법인격이 없는 단체를 말한다고 규정하고 있는데, 정비사업조합은 그 설립목적이 학술·종교·자선·기예 및 사교 등과 같은 비영리활동의 수행에 있지 않으므로 영리법인으로 보아야 한다.

다음으로, 후자인 주택재개발조합의 경우, 다음과 같은 이유로 비영리법인에 해당한다고 본다. 첫째, 주택재개발조합의 결성목적이다. 재개발조합은 그 설립목적에서 재건축사업에 비해 공공성이 더 강하다. 둘째, 재개발조합은 재건축조합과 달리 강제가입제를 특징으로 한다. 즉, 재건축조합의 경우 조합원이 재건축에 동의하는 경우로 한정되는 반면, 재개발조합의 경우 조합이 인가를 받게 되면, 해당구역 내의 토지 등 소유자들이 당연히 조합원이 된다.[24] 이는 재개발의 경우, 주택재건축보다 공공적 성격이 더 강한 도시정비사업임을 의미하고, 따라서 재개발조합이 비영리법인으로서의 지위를 갖는다는 가장 주된 근거로 볼 수 있다. 다만, 재개발조합의 경우에도 수익이 발생하면 조합원에게 분배하는 문제가 있지만, ① 재건축조합의 경우와 달리 자율적인 참여만 허용되는 것이 아니라는 점,[25] ② 정비기반시설의 불량이라는 도시환경

---

23) 학술, 종교, 자선, 기예, 사교 기타 영리 아닌 사업을 목적으로 하는 사단 또는 재단은 주무관청의 허가를 얻어 이를 법인으로 할 수 있다(민법 제32조).

24) 도시정비법 제16조 제1항.

25) 재개발조합의 경우, 조합원은 조합의 이득에 대해 분배받는 것은 거의 없는 반면, 오히려 공사비 부족액을 청산금, 부담금 형태로 지급하는 경우가 대부분이다. 따라서 주택재개발조합을 영리법인으로 새겨서 법인세를 부과할 경우, 결국

의 악조건을 개선하는 목적도 포함되는 점, ③ 새로운 부동산을 조합원이 취득하고, 종전 부동산과의 차액을 청산하는 것이 중심인 점 등을 감안하면, 재개발조합의 경우에는 비영리법인으로 보아야 할 필요성이 크다는 것이다. 한편 과거 대법원도 구 도시재개발법에 근거하여 설립된 재개발조합에 대해 정비사업조합의 영리성을 부정하는 판결을 한 적이 있다.[26]

(3) 종례 판례 및 과세관청의 기본 태도

판례는 기본적으로 정비사업조합이 비영리법인에 해당한다고 본다. 즉, 대법원은 구 도시재개발법(1995. 12. 29. 법률 제5116호로 전문 개정되기 전의 것)상 주택개량재개발조합은 법인세법 제1조 제1항 소정의 특별법에 의하여 설립된 법인으로서 민법 제32조에 규정된 설립목적 및 그와 유사한 설립목적을 가진 비영리법인에 해당하므로, 청산소득에 대한 법인세 납세의무를 부담하지 않는다고 판시한 바 있다.[27] 과세관청의 경우도 재개발조합은 비영리법인이라는 전제하에 조합이 획득한 소득 중에서 비조합원에게 분양하는 주택 및 상가만을 수익사업으로 보아 법인

영리목적이 없었던 조합원들에 대해서 과세부담을 지우는 꼴이 될 수 있다(홍성욱, "주택재개발·재건축사업 관련 제반 세법문제에 관한연구", 서울대학교 일반대학원 석사학위논문, 2006, 17-18면).

26) 대법원 2005. 5. 27 선고, 2004두27214 판결에서 대법원은, 첫째, 조합이 공법적으로 특별법인 도시재개발법에 의해 설립되었고, 둘째, 조합원이 자신의 부동산을 제공하고, 관리처분계획에 따라 사업이 진행되어, 새로운 부동산을 조합원이 취득하고, 해당 부동산과 종전 부동산간의 차액을 청산하는 것이 중심인 과정을 감안 한다면, 지분권이나 수익의 분배인정이 어렵다고본 점, 셋째, 구 도시재개발법 제29조가 민법상의 사단법인 규정을 준용한 점을 이유로 판시한 바 있다.

27) 구 도시개발법(제5116호로 전문개정되기 전의 것)상 주택개량재개발조합이 관리처분계획에서 보류시설로 지정된 아파트를 일반 분양한 것은 조합의 해산일 이후에 잔여재산인 위 보류시설을 환가하여 조합원들에게 분배하기 위한 것이어서 위 보류시설의 분양수입대금이 비영리내국법인의 청산소득에 해당하므로 법인세의 과세대상이 아니다(대법원 2005.5.27. 선고 2004두7214 판결).

세를 과세하고 있다.[28] 조세심판원은 특히 재건축조합의 경우에도 위와 동일한 비영리법인설의 입장을 취하고 있는 것으로 보여진다.[29]

(4) 일본의 경우[30]

일본의 도시정비사업 시행방식 중 가장 일반적으로 시행되고 있는 시가지재개발사업의 경우 재개발조합은 그 설립과정에서 일본 민법 제34조에서 규정하고 있는 공익법인인가 기준에 따라 조합을 설립하고, 설립된 조합의 회계처리역시 일반 공익법인의 회계장부 작성기준인 공익법인회계기준을 적용하고 있다. 그런데, 일본에서는 영리를 목적으로 하지 않고, 공동의 이익을 목적으로 하는 법인 단체로서 공익법인도 영리법인도 아닌 중간적인 법인으로서 이른바 중간법인(中間法人)제도[31]를 따로 규정하고 있는데, 구체적인 예로는 각종 협동조합, 의료법인과 재개발, 재건축사업조합 등이 이에 해당한다. 무엇보다, 일본의 경우 영리법인의 경우 일본 상법[32]이, 비영리 법인의 경우 중간법인법이 따로 규율하고 있다는 점 등에 미루어 보건대 일본의 경우 재건축, 재개발을 불

28) 국세청, 1993. 4. 27.자 법인 46012-1554.

29) 국심, 1994. 1. 13.자 93서2665; 특히 국심 2006. 8. 14.자 2006부236 사건에서 국세심판원은 "재건축조합은 이른바 법인격 없는 사단으로서 구 주택건설촉진법 제44조의 규정에 따라 울산광역시 동구청장의 설립인가를 받아 설립되었고, 그 인가는 국세기본법 제13조 제1항 제1호 소정의 인가에 해당하므로 위 규정 소정의 '법인으로 보는 법인격 없는 단체'로서 비영리내국법인에 해당한다. 따라서, 쟁점소득금액은 비영리내국법인의 수익사업으로 인하여 생긴 소득으로서 법인세를 납부할 의무가 있으므로(대법원 2003두2656 판결 등), 재건축조합의 구성원(조합원)인 청구인들이 독립한 사업주체로서 각 거주자별로 종합소득세 납세의무를 지는 공동사업자에 해당함을 전제로 청구인들의 20%. 12.20.자 종합소득세 51239,130원의 환급 경정청구를 거부한 처분은 잘못된 것으로 판단된다"고 결정한 바 있다.(같은 뜻 : 국심 2006. 7. 5.자 합동회의 2005서1209)

30) 典 夫. "市街地再開發事業「民營化」の 法的檢討 — 再開發會社制度に 即して—", 立命館法學 第286号, 2002.

31) 일본 중간법인법(헤이세이 2013. 6. 15. 법률 제49호).

32) 일본 상법 제52조.

문하고 정비사업조합을 우리나라의 비영리법인에 가깝게 보는 듯하다.

(5) 검토

과세관청은 그동안 정비사업조합을 비영리법인으로 보고 일반 분양분만을 수익사업으로 보아 과세하여 왔다. 한편 법인세법 제1조 제2호[33]상 비영리법인에는 (i) 민법 제32조의 규정에 의하여 설립된 법인 (ii) 사립학교법 기타 특별법에 의하여 설립된 법인으로서 민법 제32조에 규정된 목적과 유사한 목적을 지닌 법인 등이 있다. 주택재개발 · 재건축조합은 위 (ii)에서 규정하는 특별법에 의하여 설립된 법인의 범위에 속하는데 이 규정에 근거하여 비영리법인으로 인정받기 위해서는 원칙적으로 민법 제32조[34]에 규정된 목적과 유사한 목적을 지닐 것과 출자자 등에게 배당을 할 수 없을 것이 요구된다. 그러나, 공법적 규율하에 있는 정비사업조합의 경우를 위와 같은 사법규정의 틀에 집어넣어 억지로 끼워 맞추는 식의 법리적 검토는 문제가 있다.

주택재개발과 주택재건축사업은 그 공공성 여부에 다소 차이가 있을지는 모르지만 양자 모두 공법인 도시정비법이 규율을 받는다는 점에서 공익성이 강조되는 사업이다.[35] 특히, 주택재건축사업은 도시정비법

---

33) 제1조(정의) 이 법에서 사용하는 용어의 뜻은 다음과 같다.

2. "비영리내국법인"이란 내국법인 중 다음 각 목의 어느 하나에 해당하는 법인을 말한다.

가. 민법 제32조에 따라 설립된 법인

나. 사립학교법이나 그 밖의 특별법에 따라 설립된 법인으로서 민법 제32조에 규정된 목적과 유사한 목적을 가진 법인(대통령령으로 정하는 조합법인 등이 아닌 법인으로서 그 주주·사원 또는 출자자에게 이익을 배당할 수 있는 법인은 제외한다)

다. 국세기본법 제13조 제4항에 따른 법인으로 보는 단체(이하 "법인으로 보는 단체"라 한다)

34) 민법 제32조에 규정된 목적이란 '영리 아닌 사업을 목적으로 하는 것'을 말한다.

35) 성중탁, "도시정비법상 매도청구제도에 관한 연구", 성균관대학교 대학원 박사학위 논문, 2012. 6, 28면 이하.

이 시행되면서 원칙적으로 주택재개발사업에 준하는 공법적 통제를 적용받게 되었고, 그로 인하여 자율적인 민간사업[36]으로 분류되던 재건축사업도 원칙적으로 공공 성격을 가진 도시정비사업으로 편입되게 되었다. 이에 따라 주택재건축사업은 도시정비법 제정을 전후로 그 절차와 내용에 있어 큰 변화를 가져오게 되었는바, 공법적 통제의 측면에서 이를 비교하여 보면 아래 표와 같다.

〈주택 재건축사업의 공법적 통제 변화〉

구 분	주택재건축[37]		주택재개발
	구법(주택건설촉진법, 집합건물법)	신법(도시정비법)	
기본계획수립	규정 없음	적용	적용
구역지정	규정 없음	적용	적용
추진위원회 승인	규정 없음	적용	적용
조합의 성격	비법인 사단	법인	법인
매도청구	집합건물법 준용	집합건물법 준용	미적용
관리처분계획	규정 없음	적용	적용
이전고시	규정 없음	적용	적용
청산금	규정 없음	적용	적용
조합임원의 공무원 의제	규정 없음	공무원 의제	공무원 의제

36) 건설교통부 발간 「주택업무편람 2004」는, 주택재건축사업이란 “사업시행자가 노후·불량한 주택을 철거하고 그 대지 위에 주택을 건설하기 위하여 기존 주택의 소유자가 자율적으로 조합을 결성하여 주택을 건설하는 사업을 말한다”고 적시하고 있다.

37) 주택재건축사업은 집합건물법상 재건축과 같이 재건축사유가 거의 같고, 이 모두가 주택의 재건축이라는 점에서 주택법상 주택의 신축인 주택건설사업과 동일하지만 사업의 공익성이 있다는 점에서는 다르다. 그리고 도시정비법상 주택재

위 표에서 알 수 있는 바와 같이 도시정비법 제정 이후 주택재건축 사업에 있어서도 기본계획의 수립에서부터 구역지정과 관리처분계획, 이전고시와 공무원 의제규정에 이르기까지 많은 공법적 규율이 적용되어 정부 당국에 의한 통제가 보다 강화되었다. 이는, 그만큼 공공성의 강도도 강화된 것을 의미하는바, 위와 같이 주택재건축사업도 공법적 통제를 수반하는 도시 정비사업의 하나인 점에서 재건축 사업시행자에게 사업 구역내 사업부지를 사실상 강제취득하는 매도청구권한을 부여하는 것은 어찌 보면 당연한 것이다.

한편, 도시정비법 제18조에 따라 주택재개발사업 등을 시행하기 위하여 설립된 정비사업조합은 법인세법 제1조 제2호 중 기타 특별법인 도시정비법에서 열거하고 있는 비영리내국법인에 해당하는바, 그런 연유로 조세특례제한법은 특별히 정비사업조합을 비영리내국법인으로 규정하면서,[38] 정비사업조합이 관리처분계획에 따라 조합원에게 종전의 토지와 건물을 대신하여 신축 건축물을 공급하는 사업은 수익사업이 아닌 것으로 보아 과세대상에서 제외하고 있다.[39] 특히, 2014. 1. 1. 개정

건축조합은 정비구역 내에서 또는 정비구역 밖에서 일정한 절차를 거쳐 재건축사업을 시행하거나 조합원의 동의를 얻어 시장·군수 또는 주택공사 등과 공동으로 재건축사업을 시행할 수 있고(도시정비법 제8조 제2항), 정비구역내에서 하는 사업은 공익사업을위한토지등의취득및보상에관한법률이 준용되며(도시정비법 제40조), 조합원들에게 발생 이익을 배분하고는 있으나 비영리 목적으로 조합을 결성하여 행정관청으로부터 공법인으로서의 설권적 지위를 부여받은 사업주체라는 점에서 공법적 관계가 적용된다. 이에 비해 주택법상 주택건설사업은 공익사업법이 준용되지 아니하여 이는 사법관계라고 할 수 있고, 민간사업주체 역시 공공의 이익보다는 영리를 목적으로 행정관청의 승인을 받은 사업주체라는 점에서 그 법적 지위가 서로 다르다고 할 수 있다.

38) 비영리내국법인으로 의제된 정비사업조합의 경우 공익목적으로 수행하는 고유목적사업이 없으므로 법인세법 제29조에 따른 고유목적사업준비금 손금산입 규정의 적용은 배제된다고 볼 수 있다.

39) 조세제한특례법 시행령 제104조의4(정비사업조합의 수익사업의 범위) 법 제104조의7 제2항의 규정을 적용함에 있어서 정비사업조합이 도시정비법에 의하여 당해 정비사업에 관한 관리처분계획에 따라 조합원에게 종전의 토지를 대신하여

되어 현재 시행중인 조세특례제한법 제104조의 7 제2항에 의하면, “도시정비법 제18조에 따라 설립된 조합(전환정비사업조합을 포함한다)에 대해서는 법인세법 제1조에도 불구하고 비영리내국법인으로 보아 법인세법을 적용한다”라고 명확히 규정하고 있는데 위 개정이 중요한 의미를 가지는 것은, 당초 영리법인설의 주요 논거였던 조세특례제한법 제104조의 7 제2항이 ‘일몰규정’ 형식으로 그대로 유지되었더라면, 위 규정은 정비사업조합(특히, 주택재건축사업)의 영리성은 정비사업조합의 실체에 관한 논의와 함께, 정비사업조합에 대한 과세문제의 방향성을 결정하는 중요한 기준이 될 수 있었을 것이다. 그러나 위 개정법에서는 주택재개발의 경우와 주택재건축의 경우를 구별하지 않고, 정비사업조합에 대한 비과세 입장을 보다 명확히 정리하였다는 점에서 그동안의 논의에 쇄기를 박았다고 볼 수 있다.[40] 결국, 조세법률주의의 파생원칙인 확장해석이나 유추해석을 금하는 엄격해석의 원칙상 현행법상 정비사업조합은 재건축, 재개발사업을 불문하고 조세법의 적용에 있어서는 비영리법인으로 간주됨이 상당한 것이다.

마지막으로, 주택재건축조합이 법인세법상 비영리내국법인에 해당하는 이상 정비사업조합이 주체가 되어 제3자에게 재건축한 아파트와 상가를 일반 분양하고 얻은 소득을 조합 구성원들에게 분배하는 경우 그 조합원에게 배당소득세를 부과함은 별론으로 하고, 그 소득은 원칙적으로 비영리법인의 사업소득이 되어 법인세 부과대상이 되는 것이므

토지 및 건축물을 공급하는 사업은 법인세법 제3조 제2항의 규정에 의한 수익사업이 아닌 것으로 본다.

40) 정비사업조합에 대한 이러한 과세특례제도는 국민의 주거환경을 개선한다는 공익적 성격을 갖는 도시정비사업을 공공 정책적으로 지원하여 원활하게 정비사업이 추진될 수 있도록 하려는 목적에서 비롯된 것으로서 2014. 1. 1.자 조세특례법 개정에서 종례 존재하던 “비영리법인 의제규정”을 아예 삭제한 것은, 그동안의 부동산 경기침체로 인하여 뉴타운, 재개발, 재건축사업이 많은 어려움을 겪고 있는 상황에서 종전의 과세특례제도가 종료될 경우 정비사업조합의 세부담이 증가되어 정비사업 추진이 더욱 위축될 우려가 있다는 지적에서 비롯된 것이다.

로, 조합원이 아닌 조합에게 일반분양으로 인한 소득에 대하여 법인세를 부과하는 것이 실질과세 원칙에도 어긋난다고 할 수도 없다.[41]

위와 같이 주택재개발사업과 주택재건축사업은 시간이 갈수록 그 구별실익이 약해지고, 양자 모두 공익사업에 준할 정도로 공공성이 강조되고 있다는 측면에서 재건축, 재개발조합을 불문하고 정비사업조합은 비영리법인으로 봄이 상당하다고 하겠다.

Ⅲ. 정비사업조합에 대한 취득세 과세부과 문제

1. 문제의 제기

국회와 정부 과세당국은 과거 1997.8.30. 법률 제5406호로 지방세법을 개정할 당시 법 제105조 제10항에 "주택건설촉진법 제44조의 규정에 의한 주택조합이 당해 조합원용으로 취득하는 조합주택용 부동산(공동주택과 부대 복리시설 및 그 부속토지를 말한다)은 그 조합원이 취득한 것으로 본다"라는 규정을 신설하여 그 이후부터 조합이 취득한 조합주택용 부동산 중 조합원 부분에 대하여는 조합원에게만 취득세의 납세의무가 있는 것으로 하고, 그 이외의 부분에 대하여는 조합에게도 취득세 납세의무가 있는 것으로 명문화하였다.[42] 그러나 위 개정과 아울러 동법 제110조(형식적인 소유권의 취득 등에 대한 비과세) 제1호를 개정하여 신탁[43]으로 인한 재산의 취득에 대하여는 취득세를 부과하지 아니하는 것

41) 대법원 2005. 5. 27. 선고 2004두7214 판결.

42) 그 이후 관련 법령의 후속 개정에 따라 현재는 "주택법 제32조의 규정에 의한 주택조합과 도시정비법 제16조 제2항의 규정에 의한 주택재건축조합이 당해 조합원용으로 취득하는 조합주택용 부동산(공동주택과 부대 복리시설 및 그 부속토지를 말한다)은 그 조합원이 취득한 것으로 본다."라고 규정하고 있다.(현행 지방세법 제7조(납세의무자 등) 제2항)

으로 하되 주택조합과 조합원간의 신탁으로 인한 재산의 취득에 대하여는 또다시 그리하지 아니하는 것으로 다소 모호하게 규정하였다. 그로 인해, 도시정비법에 의한 재건축사업조합의 조합원이 현물출자의무에 따라 자기 소유의 부동산을 조합에 신탁형식으로 이전한 경우 및 조합원으로부터 신탁받은 금전으로 각 취득한 부동산으로 조합이 재건축을 한 후 조합원 이외의 자에게 일반 분양하는 부분에 대하여 조합에게 각각 취득세 납세의무가 발생하는지,[44] 만약 납세의무가 있다면 그 범위는 어떠하며 취득시기를 언제로 보아 과세표준을 산정할 것인가를 두고 논란이 있어 왔다.

2. 견해의 대립[45]

(1) 취득세납세의무 긍정설

주택재건축조합은 주무관청의 인가를 받아 설립된 비법인사단으로서 세법상 법인으로 취급되고(국세기본법 제13조 제1항 제1호), 재건축사업을 목적으로 하는 별도의 사업주체에 해당한다. 특히, 주택재건축사업 중 일반 분양 관련 사업은 그에 의하여 발생하는 이익이 일단 재건축조합에 귀속되는 것으로서, 조합의 독자적인 사업자성이 두드러진다.[46]

---

43) 신탁법에 의한 신탁으로서 신탁등기가 병행되는 것에 한한다.

44) 재건축조합이 조합원으로부터 신탁에 의하여 취득한 토지 중 조합원이 아닌 일반 제3자에게 분양되는 아파트 부지 부분, 즉 일반분양용 토지에 대하여 재건축조합에 취득세를 부과할 것인가에 관하여 견해 대립이 있었다.

45) 위 학설은 과세당국의 종래 유권해석 및 심사결정례와 법원 판결례를 중심으로 필자가 임의로 구성한 것임을 밝힌다. 한편, 이와 관련하여 2003.9.17. 서울행정법원이 지방세법 제110조 제1호 단서 규정에 대한 위헌법률심판제청을 하였으나(서울행정법원 2003.9.17. 결정 2003아903), 헌법재판소는 신탁취득에 관하여 적용되는 동규정은 당해 사건의 재판에 적용되는 법률조항이라고 할 수 없어 재판의 전제성이 없다는 이유로 각하하여 그 판단을 미루었다(헌재 2006.5.25. 선고, 2005헌가22 결정).

46) 대법원 2005.6.10 선고, 2003두2656 판결.

그렇다면 재건축 시행과정에서 조합원이 그 소유인 토지에 관하여 조합 명의로 신탁등기를 한다 하더라도 그 실질은 출자자로서 출자의무를 이행한 것이라 할 것이고, 이는 구 지방세법 제104조 제 8 호가 규정한 '법인에 대한 현물출자'에 해당하여 동법 제105조 제 1 항에 의하여 취득세 납세의무가 발생하는 취득에 해당한다. 나아가, 구 지방세법 제110조 제 1 호가 일반적으로 신탁에 의한 신탁재산의 취득을 형식적인 소유권취득으로 보아 취득세를 비과세하도록 규정하면서도, 그 단서에서 "도시정비법 제16조 제 2 항의 규정에 의한 주택재건축조합과 조합원간의 신탁재산 취득"을 비과세대상에서 제외하고 있는 것도 이와 같은 취지로 해석된다. 그러므로, 조합원이 조합에 신탁한 부동산과 조합이 조합원으로부터 신탁받은 금전으로 취득한 부동산에 대해 취득세납세의무가 성립함은 물론 위 부동산을 가지고 그 후 재건축한 신축건물 중 조합원 이외의 자에게 일반 분양할 부분에 대하여서도 조합에게 별개의 취득세 납세의무가 있고, 단지 그 취득세 부과 기준 시점만 문제될 뿐이라고 본다.

한편, 재건축한 신축건물 중 일반 분양분에 대한 취득세부과 기준 시점과 관련하여서는, 원칙적으로 신축한 건물의 사용승인서 교부일 이후 일반분양분 건물의 대지 지분을 환지확정에 의하여 조합 명의로 보존등기하는 시점인 대지권등기일을 취득시기로 봄이 상당하고, 이 경우 무상승계취득 경우의 과세표준 산정기준이 되는 시가표준액을 과세표준으로 삼아 취득세를 부과함이 상당하다고 보는 견해[47]와, 사용승인(준공인가)일이 취득시기라는 견해,[48] 관리처분계획인가일이 취득시기라는 견해[49]가 각각 하급심 판결례를 중심으로 혼재하여 왔다. 그러다가

47) 서울행정법원 2006.12.1 선고 2006구합 18973 판결; 서울고등법원 2006.4.26 선고, 2005 누21752 판결; 서울고등법원 2006.4.28 선고, 2005누21974 판결; 서울고등법원 2006.9.22 선고, 2006누5054 판결 등.

48) 서울행정법원 2005.12.8 선고, 2004구합33275 판결 및 법제처의 종래 유권해석도 이러한 견해를 취했다(법제처 법령해석지원팀-949, 2006.6.12.).

49) 서울행정법원 2006.11.17 선고, 2006구합19389 판결.

2009년 1월 1일자로 시행된 개정 지방세법 시행령 제20조 제7항은 "주택법 제32조에 따른 주택조합이 주택건설사업을 하면서 조합원에게 귀속되지 않은 토지를 취득하는 경우에는 주택법 제29조에 따른 사용검사를 받은 날에 그 토지를 취득한 것으로 보고, 도시정비법 제16조 제2항에 따른 주택재건축조합이 주택재건축사업을 하면서 조합원에게 귀속되지 않은 토지를 취득하는 경우에는 도시정비법 제54조 제2항[50)]에 따른 신축건물의 소유권이전 고시일의 다음 날에 그 토지를 취득한 것으로 본다"고 명문화 하여 입법적으로 해결하였다.

(2) 취득세납세의무 부정설

정비사업조합은 민법상 재산관계에 있어 각 조합원 개인이 자신의 재산을 현물로 출자하여 조합에 신탁하는 형식으로 조합에 재산이 귀속되었다 하더라도 그 실질은 민법상 공유 내지 총유지분의 성격을 지닌 민법상 조합과 유사한 구조이기 때문에 공유자 상호간에 단체적 구속이 없고 개인적인 색체가 강한 조직 형태를 가지고 있다. 이러한 조직형태 때문에 조합원들이 각자 개인의 자격으로 정비사업을 진행하는 것이 불가하여 단순히 조합이라는 단체를 구성한 다음 재산권에 대한 실체적 이전 없이 사업의 진행을 위하여 일시적으로 조합에 토지를 신탁한 것에 불과하다. 그럼에도 불구하고 조합과 조합원간의 이러한 신탁재산에 대하여 조합에게 과세를 하는 것은 다른 일반 명의신탁관계에 있는 부동산에 대한 과세원칙과 비교할 때 헌법상 평등 원칙에 위배되고, 일반 분양용 토지 역시 당초 조합원이 이를 취득하는 때에 이미 취득세를 납부하였음에도 이에 대해 조합에게 별도의 취득세를 과세하는 것은 명백히 이

50) 도시정비법 제54조(이전고시 등) 제2항 사업시행자는 제1항의 규정에 의하여 대지 및 건축물의 소유권을 이전하고자 하는 때에는 그 내용을 당해 지방자치단체의 공보에 고시한 후 이를 시장·군수에게 보고하여야 한다. 이 경우 대지 또는 건축물을 분양받을 자는 고시가 있은 날의 다음 날에 그 대지 또는 건축물에 대한 소유권을 취득한다. <개정 2009.2.6.>

중과세에 해당한다. 결국, 조합이 일반 분양용 토지를 대지권등기에 의하여 일시적으로 취득하여 보유하고 있는 것도 취득세 과세대상이라는 납세의무긍정설의 논리는 대지권의 성질과 일반 신탁법리에 위배되는 것일 뿐만 아니라, 과세처분의 통일성을 상실하고, 헌법상 금지되는 이중과세를 허용하는 것으로서 부당한 것이므로 조합이 일반 분양용 토지를 신탁에 의하여 취득한 것을 취득세의 과세대상이라고 할 수 없다.

특히, 부정설은 구 지방세법 제110조 제 1 호에 단서가 신설된 이유는 이중과세 문제를 해결하기 위한 판례의 취지에 따라 법 제105조 제10항을 신설하면서, 그로 인하여 비과세 규정이 중복되고, 경우에 따라서는 취득세 부과의 공백이 발생할 수 있었기 때문에 그러한 문제를 정비하기 위한 것이었지,[51] 조합이 조합원들로부터 일반분양용 토지를 취득하는 행위를 취득세의 과세대상으로 전환하려는 것이 아니었다는 점을 강조하며, 법 제110조 제 1 항 단서는 애초의 입법목적과는 전혀 다르게 조합이 조합원들로부터 신탁받은 일반분양용 토지에 대하여 취득세 비과세대상에서 제외하게 된 것으로서, 잘못 만들어진 입법이라고 주장한다.[52]

---

51) 정부의 1997.6. 지방세법 개정법률안(의안번호 520) 제안이유는 다음과 같이 설명하고 있다. 구법에서는 조합원으로부터 신탁을 원인으로 토지를 취득한 경우에는 취득시 구법 제110조 제 1 호 (가)목에 의하여 조합에 대하여 비과세되었고, 조합원에게 이전시 같은 호 (나)목에 의하여 조합원에게 비과세되었는데, 신법에서는 구법 제110조 제 1 호에 의하여 비과세되었던 것을 신법 제105조 제10항에 의하여 납세의무 자체가 성립하지 않는 것으로 하였을 뿐 개정으로 인하여 달라진 내용은 없다.

52) 이종혁, "재건축주택조합이 조합원들로부터 신탁받은 토지에 대한 취득세 과세여부", 조세연구 제7권 제7집, 한국조세연구포럼, 2007. 2, 163면.

3. 관련 판례

(1) 종례 서울행정법원 판결

구 지방세법 제105조 제10항에서 규정하는 있는 "당해 조합원용으로 취득하는 조합주택용 부동산은 그 조합원이 취득한 것으로 본다"의 의미는 "주택조합이 조합주택용 부동산을 취득할 때 그 취득 목적이 특정 조합원용 또는 전체 조합원용이면 그 조합원 또는 전체 조합원이 취득한 것으로 본다"라는 의미로 해석하는 것이 조세법률주의의 엄격해석 원칙에 부합하고, 주택조합의 특수성(즉 주택조합은 그 법률적 성질이 비법인사단으로 조합원과 별개로 권리의무의 주체로서 활동하나 이는 대외적인 면이고 내부적으로는 그 성질이 민법상 조합과 매우 유사하다)에 따른 공평과세원칙에도 부합될 뿐만 아니라, 입법취지 및 기존의 과세 관행과 취득세 기본원리에도 부합하게 되고, 함께 신설된 구 지방세법 제110조 제1호 단서와의 관계에서 합헌적으로 해석해야 할 필요성 측면에서도 타당하다. 이와 같이 해석할 경우 조합이 각 조합원들로부터 신탁을 원인으로 부동산을 취득하는 재건축조합의 경우에는 특별한 사정이 없는 한 당해 각 조합원용으로 취득하게 되는 것인 만큼 조합과 조합원 누구에게도 취득세 납세의무가 성립하지 않게 되고, 다만 조합원이 아닌 제3자로부터 취득하는 직장 또는 지역주택조합의 경우에는 조합이 전체 조합원용으로 취득함으로써 그 취득 시점에 전체 조합원에게 취득세 납세의무가 성립하게 되므로, 어느 경우에나 합리적인 과세가 이루어질 수 있다.[53)]

---

53) 서울행정법원 2006.11.29. 선고, 2006구합11408 판결. 이 외에도 과세당국의 부과처분이 위법하다고 판결한 사례(2005.8.31. 선고 2005구합11265 판결, 2005.11.11. 선고, 2004구합31934 판결, 2005.11.22. 선고 2005구합23268 판결 등)가 있으나, 이와 달리 과세당국의 부과처분이 적법하다고 판결한 사례(서울행정법원 2006.1.26. 선고, 2005구합31566 판결, 2006.1.17. 선고, 2005구합25639 판결, 2005.12.29. 선고, 2005구합27253 판결 등)도 있어 아래 대법원 2008.2.14. 선고 2006두9320 판결이 나오기까지 혼선이 있었다.

(2) 대법원 2008. 2. 14. 선고 2006두9320 판결[54)]

가. 1·2심 판결 요지와 상고이유 쟁점

1, 2심은 이 사건 처분의 취득세 과세대상을 조합의 일반 분양분 토지에 대한 소유권취득이 아닌 '대지권취득'이라고 본 다음, 이러한 '대지권'은 토지 소유권 등으로부터 분리된 별개의 권리가 아니라는 이유로 A조합이 대지권등기를 행한 것은 지방세법 제105조 제1항의 '부동산의 취득'에 해당한다고 할 수 없다는 이유로 지방세부과처분을 취소했다.

그러나, 피고인 과세관청은 이러한 원심 판결은 처분의 목적물을 오해한 것이라고 상고하였다. 구체적인 상고이유는 다음과 같다. 이 사건의 쟁점은 A조합이 일반 분양분 토지지분을 언제 취득한 것으로 볼지 여부에 대한 것이므로 원심 판단은, ① A조합이 취득세 신고시 '일반분양분 토지'를 취득목적물로 표시했고 과세관청도 이를 과세대상으로 보았는데 원심이 대지권 등기를 기준으로 취득세 과세대상으로 판단한 것은 채증법칙을 위반한 것이고, ② 또한 실질적으로도 사용승인 후 조합원 분양분과 일반 분양분 토지지분이 명확하게 구분돼 일반 분양분 토

---

54) 사실관계는 다음과 같다. A주택재건축조합은 2000. 9.경 조합원들로부터 토지를 신축받고 그 지상에 105세대 아파트(조합원분 38세대, 일반분양분 67세대)를 건축하고 2004.6.29. 사용검사를 받았다. A조합은 2004.8.28. 조합원분 38세대에 대해는 조합원 명의로, 나머지 67세대에 대해는 A조합 명의로 소유권보존등기와 대지권등기를 경료하고, 일반분양분 아파트 부속토지에 대해 신탁재산처분으로 취득했음을 신고했다. 이에 관할관청에서는 위 일반분양분 아파트 부속토지에 대해 취득세를 부과했고, A조합은 이에 불복해 소를 제기했다. A조합은 일반분양분 아파트 부속토지도 조합원이 조합에 신탁한 것으로, 형식상 취득한 것일 뿐이고 실질상의 취득이 아니므로 취득세 과세대상이 아니라고 주장했다. 이에 대해 과세관청은 주택조합이 신탁토지 중 일부를 신탁재산의 귀속을 원인으로 이전하는 경우 조합원에게 귀속되지 아니하는 일반분양분 토지는 공동주택의 사용승인일에 조합원분 아파트 토지지분과 확정적으로 구분돼 A조합이 그 소유권을 취득하는 것이므로 취득세 과세요건을 충족하는 것이어서 과세대상에 해당한다고 주장했다.

지지분에 대해 A조합 명의의 소유권이전등기가 경료된 시점에 그 소유권을 취득했다고 봄이 상당함에도 A조합이 대지권등기를 기준으로 취득세 과세 여부를 결정한 것은 취득세 과세대상에 대한 법리를 명백히 오해한 것이다.

나. 대법원 판결

이에 대해 대법원은 원심이 취득세 과세대상을 대지권 등기를 기준으로 판단한 것은 잘못된 것이라고 인정했다. 그러나 지방세법 제110조 제1호 단서는 당초 주택재건축조합이 조합원으로부터 신탁으로 취득하는 토지에 대해 취득세를 부과하려고 신설된 것이 아니라, 오히려 반대로 지방세법 제105조 제10항이 신설돼 재건축조합 등이 신탁으로 취득하는 부동산에 대한 취득세 부과대상에서 제외됐기 때문에 더 이상 취득세 비과세대상으로 규정할 필요가 없다는 이유로 신설된 것이라는 이유로 결론에 있어서는 원심 판단을 지지해 과세관청의 상고를 기각했다. 즉 지방세법 제110조 제1호 단서에 따라 비과세대상이 되는 것은 '제105조 제10항에 의해 조합원이 취득하는 것으로 간주되는 신탁재산의 이전'만을 의미하는 것으로 해석해야 한다는 것이다. 그 결과 주택조합이 취득하는 토지 중 조합원 분양분은 지방세법 제105조 제10항에 따라 당연히 조합에게 취득세를 부과할 수 없고(대신 조합원에게 취득세를 부과하게 될 것이다), 조합원용이 아닌 일반 분양분은 제105조 제10항이 규정하는 경우가 아니고, 제110조제 1호의 단서에도 해당하지 않아 그 본문이 적용되는 결과 결과적으로는 이 또한 취득세 부과대상이 아닌 것으로 된다(이에 대해서는 일반 분양자들에게 취득세를 부과하게 될 것이다).

다. 위 대법원 판결의 의미

본래 조합이 신탁으로 취득하는 토지에 대한 취득세 부과 논란은 구 지방세법 제105조제10항과 제110조제1호 단서의 부조화 때문에 발생한 것이다. 구 지방세법 제105조 제10항은 본래 조합이 취득하는 아파트 건물부분에 관해 조합원들과 조합에 이중으로 취득세 과세되는 문제를 해결하기 위한 판례이론을 입법화하기 위해 1997.8.30. 신설됐다(법률 제5406호). 대법원은 이전에 1994. 6. 24 선고 93누18839 판결에서 주택재건축조합이 완성된 건물을 취득한 후 다시 조합원이 소유권보존등기를 할 때 별도로 취득세부과 대상이 된다고 보아 이중으로 취득세를 부과한 사안에서, 신축건물의 소유권은 조합원들이 원시취득하는 것이라는 이유로 조합은 취득세 부과대상이 되지 않는다고 판결했다. 그 후 입법과정에서 신축 건물뿐 아니라 조합이 최초 신탁으로 취득하는 토지까지도 전부 취득세 부과대상에서 제외하는 것으로 규정하면서, 그로 인해 더 이상 취득세 비과세대상을 정한 지방세법 제110조 제1호가 적용할 여지가 없게 되자, 위 단서를 새로 신설한 것이다.

그런데 뜻하지 않게 마치 법문언상으로 조합과 조합원 사이의 신탁재산 취득이 전면적으로 비과세대상에서 제외된 것처럼 오해할 여지가 생긴 것이다. 이에 대해 그동안 과세관청은 구 지방세법 제110조 제1호 단서 문언에 근거하여 조합이 취득한 부동산 중 일반 분양분 토지에 대해서 일관되게 취득세를 과세해야 한다고 보아 취득세를 계속 부과해 왔다. 결국, 대법원은, 구 지방세법 제110조 제1호 단서의 조합 등과 조합원 간의 신탁재산 취득은 조합 등과 조합원 간의 모든 신탁재산을 의미하는 것이 아니라 같은 동법 제105조 제10항에 따라 조합원이 취득하는 것으로 간수되는 신탁재산의 이전만을 의미하는 것으로 해석하여야 함이 상당하므로 이 부분을 제외한 일반 분양분에 대해서는 취득세과세가 응당 필요하다고 보면서도, 조세부과에 있어서는 엄격해석원칙이 적용되어야 하는데 이 사건 판결 당시 규정된 위 지방세법상으로는 그 부과 근거가 불분명한 것으로 봄이 상당하여 당해 취득세부과처분은 위법하다고 판시한 것이다. 위 대법원 판결은 당시 과세관청의 법적 근거없는 과세관행의 문제점을 정확히 지적하고, 논란이 됐던 주택재건축조합의 일반 분양분의 경우 취득세 부과의 법적근거가 불분명하다고 명확히 밝혔다는 점에서 의의가 있었다.

4. 그 후의 경과

그 후 위 대법원 2006두9320 판결에 따라 정부와 국회는 구 지방세법 제105조 제10항에 단서를 신설하여 "주택조합 등이 취득하였으나 조합원에게 귀속되지 않는 부동산은 '비조합원용 부동산'이라고 약칭하여 조합원이 취득한 것으로 보지 않음"을 명문화하고, 구 제110조 제1호 단서[55]에서는 '비조합원용으로 취득하는 신탁재산을 비과세 제외대상에 추가'함으로써 조합의 비조합원용 부동산(일반 분양분) 취득에 대한 취득세 부과 의지를 분명히 하여, 위와 같은 논란을 입법적(2010.3.31. 법률 제10221호로 전부 개정되기 전의 것)으로 해결하고자 하였다.[56]

55) 현행 지방세법 제9조 제3항 본문(개정 2011.7.25. 제10924호(신탁법) 시행일 2012. 7.26.).

56) 그 후 대법원 2013. 1. 10. 선고 2011두532 판결은 이 점을 보다 명확히 하였는데 판시내용은 다음과 같다. '주택조합이 조합원으로부터 신탁받은 금전으로 매수하여 그 명의로 소유권이전등기를 마친 부동산'은 조합원용, 비조합원용을 불문하고 구 지방세법 제110조 제1호 본문이 적용되는 '신탁등기가 병행되는 신탁재산'에 해당하지 아니하여 구법 제110조 제1호 단서와 관계없이 취득세가 부과되었던 점을 고려하면, 개정법 제110조 제1호 단서가 그 본문 적용의 배제대상으로 '주택조합 등의 비조합원용 부동산 취득'을 추가한 것은 종전 법령상 취득세 부과대상이 아니었던 '주택조합 등이 조합원으로부터 조합주택용으로 신탁에 의하여 취득하면서 신탁등기를 병행한 부동산 중 비조합원용 부동산의 취득'에 대하여 본문 적용을 배제하고 취득세 부과대상으로 삼기 위한 것이고, 개정 시행령 제73조 제5항은 이 경우 납세의무의 성립시기를 정한 것으로 볼 것이다. 따라서 '주택조합 등이 조합원으로부터 신탁받은 금전으로 매수하여 그 명의로 소유권이전등기를 마친 조합주택용 부동산 중 비조합원용 부동산의 취득'의 경우 개정법 제110조 제1호 단서의 개정과 시행령 제73조 제5항의 신설에도 불구하고 여전히 조합 등이 사실상의 잔금지급일 또는 등기일에 이를 취득한 것으로 보아 취득세를 부과하여야 하고, 개정 시행령 제73조 제5항에서 규정한 '주택법 제29조에 따른 사용검사를 받은 날 등'에 주택조합 등이 이를 취득한 것으로 보아 취득세를 부과할 것은 아니다(같은 취지로는 인천지방법원 2013. 7. 4. 선고

5. 소결

취득세는 부동산, 차량, 항공기, 선박 등의 과세대상을 취득하는 취득행위에 대하여 그 취득행위사실을 과세물건으로 하여 지방세로 과세하는 세목이다. 이 경우 유통세로서 과세되는 대상인 취득행위로는 잔금지급 사실, 등기·등록 사실 등이 있다.[57] 신탁법에 따른 신탁의 경우에는 재산의 소유권이 위탁자로부터 수탁자에게로 이전되기 때문에 그 수탁자는 취득행위를 하는 것이 되며, 따라서 이 취득행위와 관련하여 취득세의 납세의무가 발생할 수 있다.[58] 그러나 신탁법에 의한 신탁은 그 해당 신탁의 목적이 종료되면 그 해당 신탁재산이 위탁자에게로 환원되기 때문에 ① 위탁자로부터 수탁자에게 신탁재산을 이전하는 경우, ② 신탁의 종료로 인하여 수탁자로부터 위탁자에게 신탁재산을 이전하는 경우, ③ 수탁자가 변경되어 신수탁자에게 신탁재산을 이전하는 경우 등에는 예외적으로 취득세를 비과세하는 것으로 규정하고 있다.[59] 다만 신탁법에 의한 신탁이라 하더라도 주택법 제32조에 따른 주택조합과 도시정비법 제16조 제2항에 따른 주택재건축조합과 해당 조합원 사이의 부동산의 취득 및 조합의 비조합원용 부동산의 취득은 비과세로 취급되지 아니한다.

즉, 현행 지방세법 제9조 제3항 본문(구 지방세법 110조 1호 단서)에

2012구합6395 판결이 있다).

57) 김태호, "지방세의 이론과 실무", 서울 : 세경사, 2012, 116－118면.

58) 신탁법에 의한 부동산 신탁은 단순한 명의신탁과는 달리 신탁후 그 재산은 수탁자에게 귀속되고, 더 이상 위탁자의 재산이라고 볼 수 없으므로 위탁자에 대한 조세채권에 기하여 수탁자 명의의 신탁재산에 대하여 압류할 수 없다(대법원 1996.10.15. 선고 96다17424 판결). 따라서 신탁법에 따른 신탁도 취득행위가 되어 수탁자는 위탁자로부터 신탁재산을 취득하는 것이 되고, 신탁의 종료 또는 해지로 인하여 수탁자로부터 위탁자에게 신탁재산을 이전하는 경우도 취득세 납세의무가 발생한다고 볼 여지가 있는 것이다.

59) 지방세법 제9조 제3항 본문 참조.

따르면 조합원으로부터 조합으로 부동산이 이전되거나, 사업완성 등을 이유로 다시 조합으로부터 조합원에게로 소유권이 이전되더라도 취득세를 비과세한다고 규정하면서도 이러한 비과세규정은 동항 단서에 따라 주택법 제32조에 따른 주택조합(지역주택조합, 직장주택조합, 리모델링주택조합)과 도시정비법 제16조 제2항에 따른 주택재건축조합이 조합원과 부동산을 이전하는 거래를 하는 경우와 위 조합들이 비조합원용으로 취득하는 부동산에 대해서는 적용되지 않게 된다. 대신 지방세법 제7조 제8항에 따라 조합이 해당 조합원용으로 취득하는 조합주택용 부동산(공동주택과 부대시설·복리시설 및 그 부속토지를 말함)에 대해서는 조합이 아니라 조합원이 궁극적으로 취득한 것으로 간주하여 조합을 취득세 납세의무 대상에서 배제[60]하고 있다. 그 이유는 재건축조합은 조합원으로부터 토지를 신탁받아 건물을 신축하게 되는데, 신탁 부동산 중 조합원 분양용 부분은 조합원이 궁극적으로 원시취득하게 될 것으로 조합이 실제로 취득한 것이 아닌 것이 되고, 나머지 일반 분양분만 조합이 원시취득하였다가 이를 제3자에게 판매하게 된다.

따라서 위와 같은 사정에 비추어 본다면 적어도 일반 분양분에 한해 조합에게 한 번의 취득세납세의무를 긍정하는 것이 일응 타당하고, 그 부과시점 역시 최초 신탁등기 시점이 아닌 도시정비법 제54조 제2항에 따른 재건축된 신축건물의 소유권이전 고시일의 다음 날에 그 토지를 취득한 것으로 보아 부과함이 상당하다.

---

60) 왜냐하면 최초 신탁으로 인한 소유권이전 등의 경우에까지 조합에게 취득세납세의무를 긍정함은 다음과 같은 문제가 있기 때문이다. 즉, 최종적으로 재건축한 신축건물 중 조합원의 소유 부분이 확정되는 시점까지 기다렸다가 조합원에게 분양되는 부분과 일반인에게 분양되는 부분의 비율에 따라 전체 부지를 지분으로 구분하여 이를 기준으로 취득세를 부과함이 상당하고, 그 이전인 최초 신탁 당시에 조합에게 하나의 취득세 납세의무가 일단 먼저 성립한다고 보는 것은, 취득세는 취득 물건 각각에 대하여 개별적으로 성립한다는 취득세의 기본원리에도 반하며 사실상 이중과세에 해당하는 것이다.

Ⅳ. 마치며

이상에서는 정비사업조합을 영리법인으로 볼 것인지 또는 비영리법인으로 볼 것인지의 여부와 관련하여, 다른 여타의 논의들에도 불구하고 적어도 현행 법률의 문언적 해석상 비영리법인으로 봄이 상당하다고 역설하였다. 나아가 주택재개발·재건축 사업시행자인 재개발조합과 재건축조합이 부담하는 다양한 조세 문제 중 취득세부과와 관련된 쟁점을 정리하는 시간을 가졌다. 구 지방세법 제110조 제 1 호 단서에서 "조합과 조합원간의 신탁재산의 취득을 취득세의 비과세대상에서 제외"하면서, 동법 제105조 제10항은 다시 "조합이 당해 조합원용으로 취득하는 조합주택용 부동산은 그 조합원이 취득한 것으로 본다"고 규정함으로 말미암아, 과세관청과 법원이 조합에 대한 취득세부과여부를 두고 혼란스러운 태도를 보이기도 하였다. 그러나, 대법원 2008. 2. 14. 선고 2006두9320 판결을 계기로 구 지방세법 제105조 제10항에 단서가 신설되어 "주택조합 등이 취득하였으나 조합원에게 귀속되지 않는 부동산은 '비조합원용 부동산'이라고 약칭하여 조합원이 취득한 것으로 보지 않음"을 명문화하고, 구 제110조 제1호 단서(현 지방세법 제9조 제3항 본문)에서는 '비조합원용으로 취득하는 신탁재산을 비과세 제외대상에 추가' 함으로서 적어도 비조합원용 부동산(일반 분양분)에 대해서는 재건축된 신축건물의 소유권이전 고시일의 다음 날에 그 토지를 조합이 취득한 것으로 보아 조합에게 취득세를 부과하는 쪽으로 정리가 되었다. 다만, 세법과 신탁법의 경우 개정 빈도가 잦고 특히 재건축, 재개발 실무에서는 위에서 살펴본 내용 외에 세법의 해석 및 적용과 관련한 다양한 문제들이 수시로 발생하고 있는 것이 현실인바, 재개발, 재건축조합의 조세실무를 정확히 처리하기 위해서는 조합과 조합원이 부담하는 조세에 대한 이해를 바탕으로 복잡, 다양하고 무엇보다 자주 개정되는 관련 세법 규정을 정확히 해석·적용하기 위한 학계와 실무의 지속적인 협조와 노력이 필요하다고 하겠다.

참고문헌

국세청, "2012년 개정세법 해설, 국세청, 2014.

김명섭, "주택재건축 관련 취득세 논의" 사법논집 제42집, 법원도서관, 2006.

김완석, "재건축에 관한 조세법적 검토", 토지공법연구 제33집, 한국토지공법학회, 2006.

김청식, "주택재건축사업 관련 세제의 문제점과 개선방안", 서울시립대학교 세무전문대학원, 2009. 2.

김태호, "지방세의 이론과 실무", 서울 : 세경사, 2012.

박 훈, "부동산투자회사법상 부동산투자회사의 과세문제", 세무학연구 제22권 제2호, 한국세무학회, 2005.

_____, "부동산투자회사에 있어서 이중과세 조정문제 : 법인소득과 배당소득의 이중과세조정을 중심으로", 조세법연구 제9권 1집, 한국세법학회, 2003.

박 훈·이은미, "파트너십과세제도도입에대비한공동사업과세의개선방안 – 민법상조합을 중심으로—", 세무학 연구 제25권 제 1 호, 한국세무학회, 2008.

성중탁, "주택재건축사업과 주택재개발의 법적 쟁점 비교 고찰", 인권과 정의, 대한변호사협회, 2013. 2.

_____, "도시정비법상 매도청구에 관한 연구", 성균관대학교 대학원 박사학위논문, 2012.

이중교, "주택재개발사업과 재건축사업의 취득세 과세에 대한 연구", 공법연구 제37집 제1권 제2호, 한국공법학회, 2008. 10.

이준규·박찬웅, "법인에 대한 도관과세의 문제점과 개선방안", 세무와 회계저널 제9권 제4호, 한국세무학회, 2008.

이준규·이은상, "조합과세의 문제점과 개선방안", 세무학연구 제18권 제1

호, 한국세무학회, 2001.
이우진, “부동산 세제실무”. 삼일인포마인, 2006.
이종혁, “재건축주택조합이 조합원들로부터 신탁받은 토지에 대한 취득세 과세 여부”, 조세연구 제7권 제7집, 한국조세연구포럼, 2007. 2.
임규진·정승영, “정비사업조합의 법적성격과 과세문제”, 조세연구 제9권 제3집, 한국조세연구포럼, 2009. 11.
정지선, 장근호, “재개발·재건축사업 관련 조세제도에 대한 연구”, 한국세무사회 부설 한국조세연구소, 2010. 4.
홍성욱, “주택재개발·재건축사업 관련 제반세법 문제에 관한 연구”, 서울대학교 일반대학원 석사학위논문, 2006.
典 夫. “市街地再開發事業 「民營化」の 法的檢討 — 再開發會社制度に 卽して—”, 立命館法學 第286号, 2002.

국문초록

도시정비법이 시행되기 전에는 정비사업조합의 법인성에 대하여 해석상 다툼이 있었다. 그러나, 현행 도시정비법 제18조는 주택재개발조합과 재건축조합을 정비사업조합이라는 명칭으로 통합하여 법인으로 규정하고 있다. 그런데, 정비사업조합의 법적지위가 영리법인인지 또는 비영리법인지 여부에 따라 과세상의 차이가 발생하게 되는데 지금까지 이에 대한 명확한 법적규정이 존재하지 않아 해석상 다툼이 있었다. 그러던 중 2014년 1월 조세특례제한법 제104조의7 제2항 개정을 통해 "도시정비법 제18조에 따라 설립된 조합에 대하여는 법인세법 제1조에 불구하고 2013년 12월 31일 이전에 끝나는 사업연도까지는 비영리 내국법인으로 보아 법인세법을 적용한다"라는 유예기간(일몰규정)을 전면 삭제하기에 이르렀는바, 위 개정이 중요한 의미를 가지는 점은 당초 영리법인설의 주요 논거였던 위 조세특례제한법 제104조의 7 제2항의 '일몰규정'이 그대로 유지되었더라면, 정비사업조합(특히, 주택재건축사업)의 법적 실체에 관한 논의와 함께 정비사업조합에 대한 과세문제의 방향성이 영리법인설에 기초하여 결정되었을 것이나, 위 개정으로 인해 주택재개발의 경우와 주택재건축의 경우를 구별하지 않고 정비사업조합에 대한 과세 입장을 비영리법인 입장에서 처리하는 것으로 조세법의 방침이 정해졌다고 볼 수 있기 때문이다. 한편, 조합이 부담하는 취득세와 관련하여 그동안 구 지방세법 제110조 제1호 단서와 동법 제105조 제10항 규정 등의 모호함으로 인한 해석상 차이로 조합에 대하여 조합이 신탁받은 부동산에 대한 취득세부과 문제를 두고서, 과세관청과 법원이 서로 상이한 태도들을 보이며 상당한 논란이 있었으나, 대법원 2008. 2. 14. 선고 2006두9320 판결을 계기로 관련 지방세법이 명확하게 개정되어 '조합이 비조합원용으로 취득하는 신탁재산을 비과세 제외대상에 추가'함으로서 적어도 비조합원용 부동산(일반 분양분)에 대해서는 재건축된 신축건물의 소유권이전 고시일의 다음 날에 그 토지를 조합이 취득한 것으로 보아 조합에게 취득세를 부과하는 쪽으로 정리가 되었다.

주제어: 주택재개발·재건축조합, 영리법인, 비영리법인, 공공성, 취득세

Abstract

A legal personality of Housing redevelopment and reconstruction association and taxation issues related to the acquisition

Joong-tak, Sung*

Depending on whether the housing reconstruction and redevelopment associations that correspond to profit corporation or any of its non-profit corporation to differences occur on taxation. Tax problems will occur and the amount of pre-sale, such as receiving housing regard as tax and VAT. However, there are not clear regulations for these tax problems of interpretation caused controversy and no ending. However, if you want to view the maintenance business combination, with respect to whether or not for profit corporation or non-profit corporation to see whether it is in spite of other issues other equivalent wording is also seen as a non-profit corporation ever interpretation of the current local taxes. 2014 Revision of Special Taxation Article 104 Article 7, paragraph 2 amended through grace period (sunset provisions) to remove the front bar, that the above amendments have important implications for the main argument was above the initial profit tax exemption Act No. 104 had been referred to in paragraph (2) Article 7 'sunset provision' is maintained, maintenance business combination (particularly housing reconstruction projects) with a discussion of the realities of, based on the direction of

* Prof., Lawyer, JD Kyungpook National University Law School

taxation on profit housing reconstruction and redevelopment associations. However, in the case of housing redevelopment in 2014 as an amendment does not distinguish between the case of the housing reconstruction was definitely clean up the tax position of the maintenance business combination. On the other hand, housing reconstruction and redevelopment association is looked at in combination for a variety of tax issues that bear not related to the actual practical application in addition to inform in this paper various tax issues related to the interpretation and application of tax laws.

Key Words: Housing reconstruction and redevelopment association, Profit corporations, Non－profit corporations, Publicity, Acquisition tax

투 고 일: 2015. 5. 25
심 사 일: 2015. 6. 15
게재확정일: 2015. 6. 19

建築行政法

異議申請節次와 提訴期間/姜知恩

異議申請節次와 提訴期間*

姜知恩**

대상판결: 대법원 2012.11.15. 선고 2010두8676 판결

[사실관계 및 판결의 요지]

Ⅰ. 사실관계

원고는 주택건설업을 영위하는 회사로서 2002. 12. 18. 광주시 오포읍 문형리의 필지에 관하여 광주시장에게 주택건설사업계획승인신청을 하였으나, 광주시장은 2008. 7. 31. 이를 불허가하면서 이하와 같은 내용을 고지하였다.

---

* 본고는 행정판례연구회 제292차 월례발표회(2014.2.21.)에서 발표한 원고를 수정·보완한 것임.

** 법학박사, 파리2대학 행정법센터 방문연구원.

> 이 처분에 이의가 있을 때에는 거부처분을 받은 날부터 90일 이내에 민원 사무 처리에 관한 법률에 따라 행정기관의 장(광주시장)에게 거부처분에 대한 이의신청을 할 수 있으며, 이의신청 여부와 관계없이 처분이 있음을 안 날로부터 90일 이내에 행정심판법에 따라 처분청 또는 재결청에 행정심판을 청구하거나 행정소송법에 따라 피고를 관할하는 행정법원(수원지방법원)에 행정소송을 할 수 있음을 알려드립니다.

이에 원고는 2008. 10. 27. 민원사무 처리에 관한 법률에 따라 주택건설사업계획승인 불허가처분의 취소와 함께 위 주택건설사업계획의 승인을 구하는 내용의 이의신청을 하였고, 광주시장은 2008. 11. 25. 원고의 이의신청을 수용할 수 없다는 취지로 기각결정을 하였다. 원고는 2008. 12. 3. 이의신청 기각결정을 수령하였고, 2009. 2. 23. 에 2008. 7. 31. 자 주택건설사업계획승인 불허가처분(이하 제1처분)과 2008. 11. 25. 자 이의신청 기각결정(이하 제2처분)에 대한 취소소송을 제기하였다.

Ⅱ. 소송의 경과

1. 제1심 판결(수원지방법원 2009. 8. 12. 선고 2009구합1663 판결)

제1처분에 대해서는 원고가 이 사건 이의신청이 행정심판청구에 해당하므로 이에 대한 결정인 제2처분을 통지받은 때부터 90일 이내에 소가 제기되어 제소기간을 도과하지 않았다고 주장함에 대하여, 1심 법원은 이 사건 이의신청이 행정심판법상의 행정심판청구에 해당한다고 볼 수 없고, 민원사무 처리에 관한 법률 제18조 제3항이 이의신청 여부에 관계없이 거부처분에 대하여 행정심판 또는 행정소송을 제기할 수 있다고 명시하고 있는 이상, 이 사건 이의신청이 제소기간에 영향을 미치지 못한다고 판단하였다. 원고가 2008. 10. 27. 제1처분의 취소를 구하는 내용의 이의신청을 한 이상 늦어도 이 무렵에는 제1처분이 있음을 알았다고 볼 것이고, 이 사건 소는 이때부터 90일이 경과한 2009. 2. 23. 제기되었으므로 2008. 7. 31. 자 주택건설사업계획승인 불허가처분의 취소를 구하는 부분은 제소기간 도과를 이유로 각하하였다.[1)]

제2처분에 대해서는 이는 항고소송의 대상인 처분이 아니라는 피고의 본안전 항변에 대하여, 1심 법원은 원고의 권리·의무에 직접적인 영향을 미치는 행위로서 처분에 해당한다고 판단하면서, 제2처분은 당초 거부처분을 행한 행정청을 상대로 한 민원사무 처리에 관한 법률 제18조의 이의신청에 대한 기각결정이라는 점에서 그 성질상 행정소송법 제19조 단서[2)]가 규정하고 있는 재결에 준한다고 할 것으로, 기각결정 그 자체에 고유한 위법이 있어야 하는데, 원고가 이를 주장하고 있지 않고 이를 인정할 증거도 없음을 이유로 하여 원고의 청구를 기각하였다.

1) 행정소송법 제20조(제소기간) ① 취소소송은 처분등이 있음을 안 날부터 90일 이내에 제기하여야 한다. 다만, 제18조제1항 단서에 규정한 경우와 그 밖에 행정심판청구를 할 수 있는 경우 또는 행정청이 행정심판청구를 할 수 있다고 잘못 알린 경우에 행정심판청구가 있은 때의 기간은 재결서의 정본을 송달받은 날부터 기산한다.

2) 행정소송법 제19조(취소소송의 대상) 취소소송은 처분등을 대상으로 한다. 다만, 재결취소소송의 경우에는 재결 자체에 고유한 위법이 있음을 이유로 하는 경우에 한한다.

2. 항소심 판결(서울고등법원 2010. 4. 1. 선고 2009누27123 판결)

원심은 1심 판결을 인용하면서 제2처분은 독립적인 행정처분이 아니라 이의신청에 대한 재결에 불과하므로 그 자체에 고유한 위법이 없는 경우 원처분의 당부와 관계없이 이를 기각하여야 한다고 판단하였다. 또한 이의신청 후 기각결정까지의 기간을 제1처분에 대한 제소기간에서 제외할 근거가 없으며, 피고가 위 이의신청에 대한 기각결정(제2처분)을 법정기간보다 늦게 통지하였다고 하여 제1처분에 대한 제소기간이 달라져야 한다고 볼 근거도 없다고 판시하며 항소를 기각하였다.

Ⅲ. 대상판결의 요지

원고는 이 사건 이의신청은 민원사무 처리에 관한 법률에 의한 이의신청임과 동시에 행정심판법에 의한 행정심판청구로서의 성질을 겸유하므로 행정청인 피고로서는 동법상 미비한 규정들을 행정심판법 제4조[3]에 근거하여 보충하며 이의신청을 행정심판청구로 파악하여 절차를 진행하지 않은데 위법이 있다하여 상고하였다.

이에 대법원은 민원 이의신청은 행정심판법에서 정한 행정심판과

3) 행정심판법 제4조(특별행정심판 등) ① 사안(事案)의 전문성과 특수성을 살리기 위하여 특히 필요한 경우 외에는 이 법에 따른 행정심판을 갈음하는 특별한 행정불복절차(이하 "특별행정심판"이라 한다)나 이 법에 따른 행정심판 절차에 대한 특례를 다른 법률로 정할 수 없다. ② 다른 법률에서 특별행정심판이나 이 법에 따른 행정심판 절차에 대한 특례를 정한 경우에도 그 법률에서 규정하지 아니한 사항에 관하여는 이 법에서 정하는 바에 따른다.

는 성질을 달리하고 행정심판에 대한 특별 또는 특례 절차라 할 수 없다고 판시하였다. 또한 이의신청에 대한 기각결정은 민원인의 권리·의무에 새로운 변동을 초래하는 공권력의 행사나 이에 준하는 행정작용이라 할 수 없으므로 이의신청 기각결정에 대한 결정의 취소를 구하는 소는 부적법한 것으로서 원심판결 중 2008. 11. 25. 자 이의신청 기각결정(제2처분)에 관한 부분을 파기하고, 이 부분에 관한 제1심 판결을 취소하며, 이 부분 소를 각하하였다.

[1] 행정소송법 제18조 내지 제20조, 행정심판법 제3조 제1항, 제4조 제1항, 민원사무처리에 관한 법률(이하 '민원사무처리법'이라 한다) 제18조, 같은 법 시행령 제29조 등의 규정들과 그 취지를 종합하여 보면, 민원사무처리법에서 정한 민원 이의신청의 대상인 거부처분에 대하여는 민원 이의신청과 상관없이 행정심판 또는 행정소송을 제기할 수 있으며, 또한 민원 이의신청은 민원사무처리에 관하여 인정된 기본사항의 하나로 처분청으로 하여금 다시 거부처분에 대하여 심사하도록 한 절차로서 행정심판법에서 정한 행정심판과는 성질을 달리하고 또한 사안의 전문성과 특수성을 살리기 위하여 특별한 필요에 따라 둔 행정심판에 대한 특별 또는 특례 절차라 할 수도 없어 행정소송법에서 정한 행정심판을 거친 경우의 제소기간의 특례가 적용된다고 할 수도 없으므로, 민원 이의신청에 대한 결과를 통지받은 날부터 취소소송의 제소기간이 기산된다고 할 수 없다. 그리고 이와 같이 민원 이의신청 절차와는 별도로 그 대상이 된 거부처분에 대하여 행정심판 또는 행정소송을 제기할 수 있도록 보장하고 있는 이상, 민원 이의신청 절차에 의하여 국민의 권익보호가 소홀하게 된다거나 헌법 제27조에서 정한 재판청구권이 침해된다고 볼 수도 없다.

[2] 민원사무처리에 관한 법률(이하 '민원사무처리법'이라 한다) 제18

조 제1항에서 정한 거부처분에 대한 이의신청(이하 '민원 이의신청'이라 한다)은 행정청의 위법 또는 부당한 처분이나 부작위로 침해된 국민의 권리 또는 이익을 구제함을 목적으로 하여 행정청과 별도의 행정심판기관에 대하여 불복할 수 있도록 한 절차인 행정심판과는 달리, 민원사무처리법에 의하여 민원사무처리를 거부한 처분청이 민원인의 신청 사항을 다시 심사하여 잘못이 있는 경우 스스로 시정하도록 한 절차이다. 이에 따라, 민원 이의신청을 받아들이는 경우에는 이의신청 대상인 거부처분을 취소하지 않고 바로 최초의 신청을 받아들이는 새로운 처분을 하여야 하지만, 이의신청을 받아들이지 않는 경우에는 다시 거부처분을 하지 않고 그 결과를 통지함에 그칠 뿐이다. 따라서 이의신청을 받아들이지 않는 취지의 기각 결정 내지는 그 취지의 통지는, 종전의 거부처분을 유지함을 전제로 한 것에 불과하고 또한 거부처분에 대한 행정심판이나 행정소송의 제기에도 영향을 주지 못하므로, 결국 민원 이의신청인의 권리·의무에 새로운 변동을 가져오는 공권력의 행사나 이에 준하는 행정작용이라고 할 수 없어, 독자적인 항고소송의 대상이 된다고 볼 수 없다고 봄이 타당하다.

[판례연구]

Ⅰ. 사건의 쟁점

대상 판결에서는 주택건설사업계획승인 불허가처분(제1처분)의 취소청구에 대하여는 제소기간이, 이의신청 기각결정(제2처분)의 취소청구에 대하여는 처분성이 문제되었다. 거부처분에 대한 이 사건 이의신청을 행정심판청구로 볼 수 있는지 여부의 문제와 민원사무 처리에 관한 법률 제18조[4] 소정의 이의신청에 대한 처분청의 기각결정이 취소소송의 대상이 되는지 여부 및 그 경우 취소소송은 기각결정 그 자체에 고유한 위법이 있음을 이유로 하는 경우로 한정되는지 여부의 문제로 정리할 수 있다. 본고에서는 대법원이 직접 판시한 두 쟁점을 중심으로 그 의미를 분석하기로 한다.

Ⅱ. 거부처분에 대한 이의신청을 행정심판청구로 볼 수 있는지 여부

개별법령에서 이의신청 제도를 두어 행정소송 및 행정심판과의 관계, 제소기간 및 청구기간에 대하여 규정하고 있는 경우에는 그에 따라 제소기간이 정해진다. 그러나 그와 같은 명시적 규정이 없는 경우, 이의신청을 거친 후에 행정심판청구가 가능한지, 이의신청을 특별한 행정심판으로 파악할 수 있는지, 이의신청절차를 거친 경우에 이의신청 결과 통지일을 행정심판청구기간 및 제소기간의 기산일로 볼 수 있는 것인지 등의 문제가 제기될 수 있다.

---

4) 민원사무 처리에 관한 법률 제18조(거부처분에 대한 이의신청) ① 민원사항에 대한 행정기관의 장의 거부처분에 불복하는 민원인은 그 거부처분을 받은 날부터 90일 이내에 그 행정기관의 장에게 문서로 이의신청을 할 수 있다. ② 행정기관의 장은 이의신청을 받은 날부터 10일 이내에 그 이의신청에 대하여 결정하고 그 결과를 민원인에게 지체 없이 문서로 통지하여야 한다. 다만, 부득이한 사유로 정하여진 기간 이내에 결정할 수 없을 때에는 그 기간의 만료일 다음 날부터 기산(起算)하여 10일 이내의 범위에서 연장할 수 있으며, 연장 사유를 민원인에게 통지하여야 한다. ③ 민원인은 제1항에 따른 이의신청 여부와 관계없이 「행정심판법」에 따른 행정심판 또는 「행정소송법」에 따른 행정소송을 제기할 수 있다. ④ 제1항에 따른 이의신청의 절차 및 방법 등에 관하여 필요한 사항은 대통령령으로 정한다.

1. 행정심판과 이의신청의 관계

1) 개념

강학상 이의신청이라는 용어가 실정법상으로는 이의신청, 심사청구, 심판청구 또는 재심사요구 등 여러 가지 명칭으로 존재하고 있다. 우선적으로는 이의신청 제도의 용어 자체가 법령상 통일되어 있지 않고, 각 개별법률에서 규정하고 있는 방식과 절차 등이 다양하여, 개별법상의 이의신청과 행정심판의 관계가 일의적으로 파악되지는 않는다.

가. 행정심판

행정청의 위법·부당한 처분 또는 부작위에 대한 불복에 대하여 행정기관이 심판하는 행정심판법상의 행정쟁송절차를 말한다. 행정심판은 일반법인 행정심판법의 규율을 받으며, 헌법 107조 제3항[5]에 의하여 준사법적인 절차가 적용된다.

나. 특별행정심판

특별행정심판은 특정분야의 행정심판에 대하여 행정심판법에 의한 일반행정심판 절차에 따라 심판하지 아니하고, 각 개별법에서 행정심판법에 갈음하여 따로 정한 특례절차에 따라 하는 행정심판으로,[6] 조세심판, 특허심판, 토지수용재결에 대한 이의신청, 공무원 징계처분에 대한 불복 등을 예로 들 수 있다. 특별행정심판은 행정청이 재결청이 되는 행정쟁송절차인 점에서 행정심판과 성질을 같이 하나, 특별법에 의한 심판이 행해지는 점에서는 일반행정심판과 구별된다.[7] 개별법상으로 행정심판법이 규정하고 있는 정도의 준사법적인 절차를 따로 규정하고 있

---

5) 헌법 제107조 ③ 재판의 전심절차로서 행정심판을 할 수 있다. 행정심판의 절차는 법률로 정하되, 사법절차가 준용되어야 한다.

6) 김기표, 신행정심판법론, 한국법제연구원, 2003, 636면 참조.

7) 김남진·김연태, 행정법1, 법문사, 2013, 687면; 김동희, 행정법1, 박영사, 2013, 648면 참조.

거나, 그 심판절차에 행정심판법을 준용한다는 규정을 두고 있는 경우 특별행정심판에 해당한다고 볼 수 있다.[8)]

다. 이의신청

이의신청은 행정청의 위법·부당한 처분으로 인하여 그 권리나 이익이 침해된 자의 청구에 의하여 통상 처분청 자신이 이를 재심사하는 절차를 말한다. 각 개별법률에서 행정심판법에 대한 특칙을 규정하여 개별적으로 인정되며, 이의신청, 심사청구, 심판청구, 재심사, 재심의요구 등의 용어를 사용하고 있다. 민원사무 처리에 관한 법률에서는 거부처분에 대한 이의신청을 일반적으로 인정하고 있다.

2) 구별의 실익

개별법률에서 이의신청, 심사청구, 심판청구, 재심사, 재심의요구 등의 용어로 규정되어 있는 불복절차가 행정심판에 해당하는지 여부에 따라 당사자의 권리구제에 영향을 미친다.[9)]

개별법률에서 정하고 있는 불복절차가 행정심판에 해당한다면, 당해 불복절차에 관해서 개별법률에서 정하고 있는 것을 제외하고는 행정심판법이 적용되며, 당해 불복절차를 거친 후에는 다시 행정심판법상의 행정심판을 제기할 수 없다.[10)] 개별법률에서 정하고 있는 불복절차가 행정심판에 해당하지 않는다면, 당해 불복절차를 거친 후에도 명문의 규정이 없는 경우에는 원칙상 행정심판을 제기할 수 있는 것으로 보아야 할 것이다. 개별법에서 이의신청 이후의 불복절차에 관하여 아무

8) 김기표, 신행정심판법론, 한국법제연구원, 2003, 637－639면 참조.

9) 이에 관한 상세로는 박균성, 행정법론(상), 박영사, 2013, 925－926면; 채우석, 특별행정심판제도의 전문성·특수성, 토지공법연구 제58집, 한국토지공법학회, 2012, 326－329면 참조.

10) 행정심판법 제51조(행정심판 재청구의 금지) 심판청구에 대한 재결이 있으면 그 재결 및 같은 처분 또는 부작위에 대하여 다시 행정심판을 청구할 수 없다.

런 규정이 없는 경우에도 원칙상 행정심판을 청구할 수 있다고 보아야 한다.[11)]

행정심판의 성질을 갖는 이의신청과 행정심판의 성질을 갖지 않는 이의신청의 실제상의 차이는 행정심판의 성질을 갖는 이의신청을 거친 후에는 특별한 규정이 없는 한 행정심판법에 따른 행정심판을 제기할 수 없고, 취소소송을 제기하는 경우 제소기간의 기산점은 이의신청 재결서 정본을 받은 날이 된다. 반면에 행정심판의 성질을 갖지 않는 이의신청은 이의신청을 거친 후 행정심판법에 따른 행정심판을 제기할 수 있으며 행정소송의 제소기간은 행정심판 재결서 정본을 송달받은 날부터 기산한다.

3) 구별의 기준

법령에 의한 규정으로 이의신청 등을 행정심판으로 보는 경우로는 국민연금법, 고용보험법, 산업재해보상보험법상 재심사청구가 있다. 이 경우 일종의 특별행정심판으로서, 재심사청구 후 행정심판 청구가 불가능하게 된다.[12)] 장애인 복지법과 노인복지법상 심사청구는 이의신청절차 후 행정심판을 제기할 수 있음을 명시하고 있다.[13)] 이의신청 등을

11) 박균성, 행정법론(상), 박영사, 2013, 928-929면 참조; 김용진, 이의신청등과 행정심판, 법제 제504호, 1999, 18면 참조.

12) 국민연금법 제112조(행정심판과의 관계) ② 제110조에 따른 재심사청구 사항에 대한 재심사위원회의 재심사는 「행정소송법」 제18조를 적용할 때 「행정심판법」에 따른 행정심판으로 본다.
고용보험법 제104조(다른 법률과의 관계) ① 재심사의 청구에 대한 재결은 「행정소송법」 제18조를 적용할 경우 행정심판에 대한 재결로 본다.
산업재해보상보험법 제111조(다른 법률과의 관계) ② 제106조에 따른 재심사 청구에 대한 재결은 「행정소송법」 제18조를 적용할 때 행정심판에 대한 재결로 본다.

13) 장애인 복지법 제84조(심사청구) ① 장애인, 장애인의 법정대리인 또는 대통령령으로 정하는 보호자는 이 법에 따른 복지조치에 이의가 있으면 해당 장애인복지실시기관에 심사를 청구할 수 있다. ③ 제2항에 따른 심사·결정에 이의가 있는 자는 「행정심판법」에 따라 행정심판을 제기할 수 있다.

규정하되 이의신청 등을 거치지 아니하고 행정심판을 청구할 수 있음을 직접 명문으로 규정한 경우로는 공공기관의 정보공개에 관한 법률이 있다.[14] 그러나 대부분의 법령에서 이의신청과 행정심판, 행정소송과의 관계를 밝히고 있지 않으며, 이에 관한 논의가 다수 축적되어 있는 것은 아니다.

이에 헌법 제107조 제3항의 규정에 비추어 개별법률에서 정하는 이의신청에서 준사법적 절차가 보장되는 절차인 경우는 행정심판에 갈음하고, 그렇지 않으면 행정심판과 무관한 절차로 파악하는 견해가 있다.[15] 전통적인 행정심판 개념에 의거하여 심판기관을 기준으로 하여 종래 처분청 자신이 심판기관인 경우를 보통 이의신청이라 하고, 원칙적으로 상급 감독청이 심판기관인 경우 행정심판으로 파악하기도 한다.[16]

최근에는 이의신청을 '처분청에 대한 불복절차'로 정의하는 것으로는 개별법의 상황을 제대로 포섭할 수 없게 되므로, 광의의 이의신청과 협의의 이의신청으로 나누어, 전자는 '개별법에 이의신청으로 규정된 불복절차'로 정의하고, 후자는 '처분청이 결정하는 이의신청'으로 정의하는 것이 현실적이라는 주장도 제기된다.[17]

노인복지법 제50조(심사청구 등) ① 노인 또는 그 부양의무자는 이 법에 의한 복지조치에 대하여 이의가 있을 때에는 당해 복지실시기관에 심사를 청구할 수 있다. ③ 제2항의 심사·결정에 이의가 있는 자는 그 통보를 받은 날부터 90일 이내에 행정심판을 제기할 수 있다.

14) 공공기관의 정보공개에 관한 법률 제19조(행정심판) ① 청구인이 정보공개와 관련한 공공기관의 결정에 대하여 불복이 있거나 정보공개 청구 후 20일이 경과하도록 정보공개 결정이 없는 때에는 「행정심판법」에서 정하는 바에 따라 행정심판을 청구할 수 있다. 이 경우 국가기관 및 지방자치단체 외의 공공기관의 결정에 대한 감독행정기관은 관계 중앙행정기관의 장 또는 지방자치단체의 장으로 한다. ② 청구인은 제18조에 따른 이의신청 절차를 거치지 아니하고 행정심판을 청구할 수 있다.

15) 김용진, 이의신청등과 행정심판, 법제 제504호, 1999, 18면 이하 참조.

16) 김동희, 행정법1, 박영사, 2013, 648면.

2. 이의신청에 관한 판례

1) 진정서의 제출을 행정심판청구로 본 판례(대법원 2000. 6.9. 선고 98두2621 판결[건축불허가처분취소])

"행정심판법 제19조, 제23조의 규정 취지와 행정심판제도의 목적에 비추어 보면 행정소송의 전치요건인 행정심판청구는 엄격한 형식을 요하지 아니하는 서면행위로 해석되므로, 위법 부당한 행정처분으로 인하여 권리나 이익을 침해당한 자로부터 그 처분의 취소나 변경을 구하는 서면이 제출되었을 때에는 그 표제와 제출기관의 여하를 불문하고 이를 행정소송법 제18조 소정의 행정심판청구로 보고, 불비된 사항이 보정가능한 때에는 보정을 명하고 보정이 불가능하거나 보정명령에 따르지 아니한 때에 비로소 부적법 각하를 하여야 할 것이며, 더욱이 심판청구인은 일반적으로 전문적 법률지식을 갖고 있지 못하여 제출된 서면의 취지가 불명확한 경우도 적지 않으나, 이러한 경우에도 행정청으로서는 그 서면을 가능한 한 제출자의 이익이 되도록 해석하고 처리하여야 한다.

비록 제목이 '진정서'로 되어 있고, 재결청의 표시, 심판청구의 취지 및 이유, 처분을 한 행정청의 고지의 유무 및 그 내용 등 행정심판법 제19조 제2항 소정의 사항들을 구분하여 기재하고 있지 아니하여 행정심판청구서로서의 형식을 다 갖추고 있다고 볼 수는 없으나, 피청구인인 처분청과 청구인의 이름과 주소가 기재되어 있고, 청구인의 기명이 되어 있으며, 문서의 기재 내용에 의하여 심판청구의 대상이 되는 행정처분의 내용과 심판청구의 취지 및 이유, 처분이 있은 것을 안 날을 알 수 있는 경우, 위 문서에 기재되어 있지 않은 재결청, 처분을 한 행정청의 고지의 유무 등의 내용과 날인 등의 불비한 점은 보정이 가능하므로

---

17) 류광해, 개별행정법상 이의신청제도의 현황검토, 법조, 법조협회, 2014.02. 참조.

위 문서를 행정처분에 대한 행정심판청구로 보는 것이 옳다.”

동 판결에서는 일반적으로 심판청구인이 전문적인 법률지식을 갖고 있지 못하여 제출된 서면의 취지가 불명확한 경우가 적지 않다는 점에서, 행정청으로서는 가능한한 그 서면을 제출자의 이익이 되도록 해석하고 처리하여야 함을 지적하며 원고 제출의 진정서를 행정심판법상의 행정심판청구로 판단하였다.[18)]

2) 행정심판청구서 제출을 이의신청으로 본 판례(대법원 2012.3.29. 선고 2011두26886 판결[도로점용료부과처분취소])

“지방자치법 제140조 제3항에서 정한 이의신청은 행정청의 위법·부당한 처분에 대하여 행정기관이 심판하는 행정심판과는 구별되는 별개의 제도이나, 이의신청과 행정심판은 모두 본질에 있어 행정처분으로 인하여 권리나 이익을 침해당한 상대방의 권리구제에 목적이 있고, 행정소송에 앞서 먼저 행정기관의 판단을 받는 데에 목적을 둔 엄격한 형식을 요하지 않는 서면행위이므로, 이의신청을 제기해야 할 사람이 처분청에 표제를 ‘행정심판청구서’로 한 서류를 제출한 경우라 할지라도 서류의 내용에 이의신청 요건에 맞는 불복취지와 사유가 충분히 기재되어 있다면 표제에도 불구하고 이를 처분에 대한 이의신청으로 볼 수 있다.”

원고 주식회사가 관할 구청장의 도로점용료 부과처분에 대하여 지방자치법 제140조 제3항이 정한 이의신청을 제기하여야 함에도 ‘행정심판청구서’라는 제목으로 불복신청서를 제출하였다가 행정심판위원회에

18) 동지의 판례로는 대법원 1995. 9. 5. 선고 94누16250 판결; 대법원 1995. 11. 10. 선고 94누12852 판결, 1997. 2. 11. 선고 96누14067 판결, 대법원 1999. 6. 22. 선고 99두2772 판결이 있다.

서 행정심판 대상이 아니라는 이유로 각하결정을 받은 뒤 동 처분에 대한 취소소송을 제기한 사안에서, 대법원은 위 서면의 제출을 이의신청으로 선해할 수 있는지 판단하지 아니한 채 행정심판청구가 위법하여 각하된 이상 제소기간은 원처분을 안 날부터 기산하는 것이 타당하다는 이유로 소를 각하한 제1심 판결을 유지한 원심 판결에 법리오해의 위법이 있다고 판시하였다.

3) 행정소송 제소기간의 관한 판례(대법원 2010.1.28. 2008두19987 판결[개별공시지가결정처분취소])

"부동산 가격공시 및 감정평가에 관한 법률 제12조, 행정소송법 제20조 제1항, 행정심판법 제3조 제1항의 규정 내용 및 취지와 아울러 부동산 가격공시 및 감정평가에 관한 법률에 행정심판의 제기를 배제하는 명시적인 규정이 없고 부동산 가격공시 및 감정평가에 관한 법률에 따른 이의신청과 행정심판은 그 절차 및 담당 기관에 차이가 있는 점을 종합하면, 부동산 가격공시 및 감정평가에 관한 법률이 이의신청에 관하여 규정하고 있다고 하여 이를 행정심판법 제3조 제1항에서 행정심판의 제기를 배제하는 '다른 법률에 특별한 규정이 있는 경우'에 해당한다고 볼 수 없으므로, 개별공시지가에 대하여 이의가 있는 자는 곧바로 행정소송을 제기하거나 부동산 가격공시 및 감정평가에 관한 법률에 따른 이의신청과 행정심판법에 따른 행정심판청구 중 어느 하나만을 거쳐 행정소송을 제기할 수 있을 뿐 아니라, 이의신청을 하여 그 결과 통지를 받은 후 다시 행정심판을 거쳐 행정소송을 제기할 수도 있다고 보아야 하고, 이 경우 행정소송의 제소기간은 그 행정심판 재결서 정본을 송달받은 날부터 기산한다."

동 판결에서는 부동산 가격공시 및 감정평가에 관한 법률에 따른 개별공시지가결정에 대한 이의신청과 관련하여 이의신청과 행정심판 중 어느 하나만 거치고 행정소송을 제기하거나, 이의신청과 행정심판을 모두 거친 후 행정소송을 제기할 수 있으며 그 경우 제소기간은 행정심판 재결서 정본을 송달받은 날부터 기산한다고 판단하였다. 그러나 이의신청만 거친 경우 제소기간의 기산일에 대한 입장은 명확하게 판시하지 않았다.

3. 대상 판결의 검토

개별 법령에 규정된 이의신청의 법적 성질에 관하여는 행정심판의 2가지 징표 '심판 주체'와 '심리의 방법으로서 준사법적 절차의 준용'에 입각하여 양론이 모두 가능할 것으로 생각된다. 이의신청 절차에서 처분의 적법·당부 여부를 다시 판단하는 주체가 행정청 외부의 기관이 아닌 행정부 내부의 기관이라는 점에서는 행정심판으로 볼 수 있을 것이다. 이에 대하여 이의신청은 상급행정청이 판단을 내리는 것이 아니라는 점, 준사법적 절차가 준용되지 않아 실질적인 의미에서의 행정심판으로 파악하기 어렵다는 반론 또한 가능할 것이다.

여기서 행정소송법과 행정심판법에 규정되어 있는 각각의 행정심판이 서로 동일한 차원은 아니라는 지적도 가능하다. 그러한 점에서 대상 판결은 행정심판이라는 용어를 통용되는 국면에 맞게 달리 해석하지 못한 데서 비롯된 오류이며, 입법자가 법률에 규정한 이의신청이라는 기회를 활용했음에도 불구하고, 행정소송의 기회를 주지 않는 것은 국민의 재판청구권 침해라는 비판도 제기되고 있다.[19]

---

19) 하명호, 행정심판의 개념과 범위 : 역사적 전개를 중심으로 한 해석론, 인권과 정의, 2014.11, 23-24면 참조; 류광해, 개별행정법상 이의신청제도의 현황검토, 법조, 법조협회, 2014.02, 172면 참조.

당사자로서는 법령에 규정된 이의신청을 하게 되면, 일단 그 결과를 기다려 그 내용에 따라 다음 불복절차로 나아가면 되는 것으로 생각하기 쉬울 것이고, 법률지식이 없는 일반시민이 그 결과를 알게 되기 전에 행정심판 또는 행정소송을 동시에 예비적으로 제기할 것을 기대하기는 현실적으로 쉽지 않을 것으로 생각된다.

또한 특별한 규정이 없거나, 있더라도 법문의 이해와 파악이 쉽지 않은 경우에, 문제된 민원을 담당하는 공무원이 불복수단에 대한 기존의 형식적인 문구의 통지에 그치지 않고, 더 나아가 민원인에게 각종의 쟁송수단과 그 절차에 대한 안내를 구체적이고 적극적으로 하는 것을 바라는 것 또한 어려운 일이다.

개별 법령에서 별도의 불복절차로서 이의신청을 규정하는 경우에는 통상 이의신청의 신청기간, 신청방식, 결정기간 등에 관하여 명시하고 있다. 대부분 그 기간이 단기에 해당하므로, 이의신청에 대한 결정을 송달받은 때로부터 행정심판의 청구기간 및 행정소송의 제소기간이 기산된다고 하더라도 법률관계가 오랜 기간 불확정하여 법적 안정성을 저해할 가능성은 그다지 크지 않을 수 있다.

이러한 점에 비추어 대상 판결은 이의신청을 적극적으로 제기하고 능동적으로 자신의 권리를 실현하려 한 민원인에게 종국적인 분쟁해결 수단인 행정소송에의 접근가능성을 막았다는 점에서는 비판을 받을 수 있을 것이다.

Ⅲ. 민원사무 처리에 관한 법률 제18조 소정의 이의신청에 대한 처분청의 기각결정이 취소소송의 대상이 되는지 여부

1. '이의신청에 대한 결정'의 법적 성질

행정심판이 아닌 이의신청에 따라 한 처분청의 결정 통지는 새로운 행정처분으로서 이의신청의 대상이 된 처분을 취소하는 처분은 직권취소이고, 변경을 내용으로 하는 결정 통지는 종전의 처분을 대체하는 새로운 처분이며, 동일한 내용의 처분이라도 처분사유가 변경되면 독립된 변경처분으로 보아야 하지만, 행정심판이 아닌 이의신청을 기각하는 결정의 통지는 종전의 처분을 단순히 확인하는 행위로 독립된 처분의 성질을 갖지 않는 것으로 봄이 타당하다는 견해가 있다.[20]

이의신청에 대한 결정을 처분으로 보게 되는 경우 최초의 처분부터 이의신청에 대한 결정까지를 포괄하여 전체적으로 하나의 처분으로 구성하는 것도 상정할 수 있다. 이의신청이 있는 경우에 그 결정 통지를 받은 날 처분이 있음을 확정적으로 알았으므로 그 통지일을 "처분등이 있음을 안 날"로 파악하는 것도 가능하게 된다.[21] 이에 대해서는 이의신청 여부에 따라 처분일이나 처분등이 있음을 안 날이 사후적으로 달라진다는 것이 논리적으로 받아들이기 어려운 면이 있고, 처분의 상대방이 다수인 경우에는 이의신청을 한 사람과 하지 않은 사람 사이에 처분일이 달라질 수 있다는 문제가 제기될 수 있다.

---

20) 박균성, 행정법론(상), 박영사, 2013, 945면 참조.

21) 정혜은, 개별 법령상 규정된 이의신청 등 불복절차를 거친 경우 취소소송 제소기간의 기산점, 행정재판실무연구III, 2010, 196면 참조.

2. 판례의 입장

하급심 판결 중에는 재심의제도가 행정심판에 해당하는 것이 아니라, 재차 이루어진 신청에 대한 결정으로서 당초 처분과 법률적 성질이 동일한 처분에 해당한다 하여 이의신청에 대한 기각결정이 처분이라고 판시하고,[22] 이의신청에 대한 기각결정을 재결에 준하는 것으로 보아 그 자체의 고유한 위법이 있어야 한다고 판시한 사례가 있다.[23] 원고가 이의신청 기각결정에 대한 취소를 구하더라도 원처분에

22) 서울행정법원 2005.09.08. 선고. 2005구합8825 판결 [민주화운동관련자불인정처분취소]. 민주화운동관련자명예회복및보상등에관한법률 제13조 제1항 소정의 재심의절차는 피고가 결정한 사항에 대하여 이의가 있는 민주화운동관련자 등은 위원회에 재심의를 신청할 수 있도록 규정하고 있는바, 관련 법령의 규정에 의하면, 이러한 재심의절차는 임의적인 절차로 규정되어 있을 뿐만 아니라 재심의결정에 대한 불복방법에 대하여도 아무런 규정을 두고 있지 아니하고, 더욱이 위 재심의제도의 운영상 신청인의 재심의 청구가 있는 경우 다른 기관이 아닌 피고가 신청에 관하여 재고하는 의미에서 다시 동일한 방식으로 심의 후 결정하고 있는바, 이러한 재심의제도는 자율적 행정통제와 사법기능의 보충이라는 존재이유를 가지는 행정심판제도에 해당한다고 할 수 없으며, 재심의결정은 재차 이루어진 신청인의 보상금 등 신청에 대한 결정으로서 당초 신청인의 보상금 등 신청에 관하여 내려진 피고의 결정과 그 법률적 성질이 동일한 '처분'에 해당한다 할 것이므로, 피고의 재심의결정인 이 사건 처분도 항고소송의 대상으로서 '처분'에 해당한다 할 것이다.

23) 제주지방법원 2011.06.01. 선고 2010구합751 판결 [건설폐기물중간처리업 부적정통보에대한 이의신청반려처분취소]. 행정소송법 제19조는 본문에서 '취소소송은 처분 등을 대상으로 한다'고 하면서 단서에서 '재결취소소송의 경우에는 재결 자체에 고유한 위법이 있음을 이유로 하는 경우에 한한다.'고 규정하고 있는바, 이는 행정소송법이 원처분주의를 취하면서 예외적으로 재결 자체에 대한 행정소송을 인정한 것으로 이해되고, 이때의 재결에는 행정심판법에서 규정하고 있는 형식적 의미의 행정심판뿐만 아니라 이의신청, 심사청구, 심판청구 등 각 개별법규에서 규정하고 있는 행정기관이 행하는 모든 행정심판이 포함된다. 이 사건의 경우, 피고의 이 사건 처분은 당초 거부처분을 행한 행정청을 상대로 한 민원사무처리법에 따른 이의신청에 대하여 기각결정을 한 것으로, 그 성질상 행정소송법 제19조 단서가 규정하고 있는 재결이라고 봄이 상당한바, 재결 자체에 고유한 위법이 있는 경우를 제외하고는 재결취소소송을 제기할 수 없고, 재결 자체에 고유

대한 취소를 구하는 것으로 선해하여 원처분의 위법여부를 판단한 사례도 발견된다.[24)]

3. 대상 판결의 검토

행정심판 재결은 특정한 법률사실 또는 법률관계의 존부나 정·부당에 대한 판단을 표시하는 소위 준법률행위적 행정행위에 속하는 것으로서 처분에 해당한다.[25)] 행정소송법이 행정심판에 관한 재결을 항고소송의 대상으로 별도로 규정한 것은 재결도 항고소송의 대상이 됨을 명확히 하는 한편, 재결의 특성상 일반처분과 달리 규율할 필요성이 있었기 때문이라 할 것이다.[26)]

법률이 권리구제 방법의 일환으로 이의신청 제도를 마련해 두었을 경우, 그에 대한 결정 자체에 하자가 있는 경우에도 다툴 수 있게 할 필요성 또한 존재한다. 행정소송법에서 의미하는 재결은 행정심판법이 정하는 절차에 따른 재결만을 뜻하는 것이 아니라, 그 밖의 당사자심판이

한 위법이 없는 경우에는 원처분의 당부와는 상관없이 당해 재결취소소송은 이를 기각하여야 할 것이므로(대법원 1994. 1. 25. 선고 93누16901 판결 참조), 원처분인 이 사건 통보가 위법하다는 이유만으로 이 사건 처분의 취소를 구하는 원고의 청구는 나머지 점에 관하여 더 나아가 살필 필요 없이 이유 없다.

24) 대법원 2012.7.12. 선고 2010두7048 판결 [정보공개거부처분취소]. 이 사건 거부처분은 2008. 11. 26. 행하여져 다음 날인 2008. 11. 27. 원고에게 통지되었는데, 원고는 즉시 피고에게 이의신청을 하여 2008. 12. 5. 이의신청기각결정을 받았던 점, 원고는 이 사건 청구취지에서 2008. 11. 27.자 이의신청기각결정의 취소를 구한다고 하면서도 그 청구원인으로 이의신청기각결정의 위법사유가 아닌 이 사건 거부처분의 위법사유를 주장하고 있는 점 등에 비추어 보면, 비록 원고가 이의신청기각결정의 취소를 구하고 있다고 하더라도 그 취지는 2008. 11. 26.자로 행해진 이 사건 거부처분의 취소를 구하는 것으로 선해할 수 있다고 판단한 원심의 판단은 정당하다.

25) 김동희, 행정법1, 박영사, 2013, 677면.

26) 윤영신, 항고소송의 대상으로서의 행정심판 재결, 특별법연구 제4권, 특별소송실무연구회, 1994, 397－398면 참조.

나 이의신청에 의한 재결도 포함된다고 본다면,[27] 이러한 의미에서 이의신청에 대한 기각결정을 항고소송의 대상으로 본 1심과 원심의 판단을 일응 수긍할 수 있을 것이다. 다만 행정심판이 아닌 이의신청에 대한 결정이 행정소송법 제19조상의 재결인지에 대하여는 현재로서는 분명하지 않으며, 각종의 이의신청 절차에 대한 행정청의 결정이 재결 내지 처분으로 볼 수 있는지에 대해 명확한 기준을 당장에 제시하기는 어려울 것이다.

이의신청을 각하 또는 기각하는 결정은 사실상 기존 결정의 내용유지를 전제로 하는 것에 불과하다는 점에서는 그 신청인의 권리나 의무에 새로운 변동을 초래하는 것이 아니므로 독자적인 항고소송의 대상이 아니라고 파악할 수도 있을 것이다. 다만 이와 같이 기각과 인용이라는 결정의 내용에 따라 처분성 유무를 결정하는 것은, 그 의미가 처분의 대상에 따라 다를 수 있게 되고, 이의신청의 성격에 따라 적용 여부를 달리한다면 그 기준의 정립 또한 간단치 않은 것이 된다. 각종의 불복절차는 대상으로 하는 영역도 다양하고 사안의 전문성과 특수성에 따라 상이하며, 시간적으로 긴급성이 있는 사안과 그렇지 않은 사안으로도 나눌 수 있다. 행정청이 형식적 심사를 넘어선 실질적인 심사권한까지 행사한 것인지에 관한 판단도 구체적 사안에 따라 개별적으로 파악할 수밖에 없게 된다.

그러므로 불복의 기회를 넓게 보장하기 위하여 오늘날 망라적으로 규정되어 있는 이의신청에 대한 행정청의 결정은 그것이 이전의 결정과는 다른 새로운 처분으로 볼 수 있는 경우[28]를 제외하고는 원칙적으로

27) 홍정선, 행정법원론(상), 박영사, 904면 참조.

28) 대법원 1992.10.27. 선고 92누1643 판결 [이주대책제외처분취소]. 신청에 대한 거부처분이 있은 후 다시 한 신청이 새로운 신청을 한 취지라면 그에 대한 거부처분도 새로운 거부처분으로 보아야 하는지에 관하여, 대법원은 거부처분은 당사자의 신청에 대하여 관할 행정청이 이를 거절하는 의사를 대외적으로 명백히 표

처분성을 인정하지 않는 것이 타당할 것으로 생각된다. 이 사건 기각결정을 항고소송의 대상으로 삼는다고 하더라도 원처분주의를 취하는 우리 행정소송법에 비추어, 재결에 준하여 기각결정 그 자체의 고유한 위법이 있는 경우에만 이를 허용하여야 할 것으로 판단된다. 이의신청 기각결정에 대하여도 원처분의 위법사유를 같이 다툴 수 있다고 할 경우 판결의 저촉이나 소송경제에 반하는 문제가 발생할 수 있기 때문이다.

Ⅳ. 결 론

행정심판 전치주의가 존재하던 당시의 종전의 판례는 국민의 재판받을 권리에 대한 제한의 가능성을 막기 위하여, 이의신청 등을 거쳐 행정소송을 제기한 자에게 행정심판을 거치지 않았다는 이유로 본안 판결을 하지 않고 각하하는 것이 무리라는 점에 입각하여 판단한 것으로 볼 수 있다. 즉 이의신청 처리과정이 객관적이고 중립적인, 행정심판에 유사한 절차 보장과는 거리가 있다 하더라도, 이들을 행정심판으로 보아 행정소송을 제기할 수 있도록 시민에게 유리하게 해석해주었던 연원이라 할 것이다.

그러나 오늘날 다수의 법령에 보장되어 있는 이의신청 절차는 비교적 간단한 방식으로 접근이 쉽고 편리하지만, 불복수단 간에 복잡한 문제를 내포하고 있다.[29] 미로 같은 불복절차 길 찾기가 전문가들에게 조

시함으로써 성립되는 것인바, 당사자가 한 신청에 대하여 거부처분이 있은 후 당사자가 다시 신청을 한 경우에 그 신청의 제목 여하에 불구하고 그 내용이 새로운 신청을 하는 취지라면 관할 행정청이 이를 다시 거절한 이상 새로운 거부처분이 있은 것으로 보아야 할 것으로, 종건의 거부처분에 대한 불복신청이라기보다 별개의 새로운 신청으로 보아 이에 대한 거절의 의사표시도 독립한 새로운 거부처분이라고 보았다.

29) 이의신청 절차를 향후 행정심판법으로 통합하여 규정함으로써 이의신청절차의

차 혼란스러우며, 일반국민들에게는 권리구제의 기회를 사실상 제한 내지 박탈하는 결과를 초래할 수도 있다는 것이다.[30] 그리하여 각종의 이의신청이 행정심판에 해당하는지 여부를 구분하는 어려움과 그로 인한 불이익을 감당하는 것은 다시금 국민의 몫이 되어 버린 셈이다.

민원사무 처리법상 이의신청은 그 입법취지와 성격상 행정심판이나 행정소송과 불복수단으로서 동등한 위치에 놓고 판단하기는 분명 어려울 것으로 여겨진다. 다양한 행정현실에 대한 즉각적이고 간소한 권리구제수단으로 기능하는 것이 민원사무 처리법상의 이의신청절차이다. '민원사항에 대한 행정기관의 장의 거부처분'을 대상으로 하는 이의신청에서 '민원사항'의 범주는 매우 넓은 것으로 쉽게 재단하기 어려운 것이고, 그렇기에 민원사무 처리법상의 이의신청의 경우 그 운용이 용이한 대신 그 효과는 약할 수밖에 없게 된다. 불복의 수단으로서 상대적으로 접근 가능성은 낮지만 그 효과가 직접적인 행정심판과는 차이가 있다.

대상 판례를 근거로 하여 민원사무 처리법상의 이의신청의 법적 성질을 그 외 개별 법령에 규정된 각종의 이의신청의 경우에까지 일반화하여 적용할 수 있을지에 대해서는 후속 판례의 검토 및 연구가 필요한 부분이다.[31] 개별 법령상 이의신청과 제소기간의 기산점에 관한 이후 판례는 현재로서는 드물게 발견된다.[32]

통일적인 운영방안을 마련할 필요성에 관하여는 김남철, 행정심판과 행정절차제도와의 조화방안 – 특히 이의신청절차와 행정심판과의 조화방안 모색을 중심으로 –, 부산대학교 법학연구 제53권 제4호, 부산대학교 법학연구소, 2012.11, 125–126면 참조.

30) 신봉기, 특별행정심판위원회 통합방안, 공법연구 제38집 제3호, 한국공법학회, 2010.6, 2면.

31) 개별법상 이의신청절차에 관한 상세한 분류 및 분석에 관한 연구논문으로는 류광해, 개별행정법상 이의신청제도의 현황검토, 법조, 법조협회, 2014.02. 참조.

32) 공공감사에 관한 법률상 이의신청에 관한 판례로 대법원 2014.4.24.선고 2013두10809 판결. 광역시 교육감이 공공감사에 관한 법률등에 따라 학교법인이 운영하는 고등학교에 대한 특정감사를 실시한 후 학교의 학교장과 직원에 대하여 징

불복수단이 한정되어 있는 경우에는 권리구제의 기회를 봉쇄하지 않는다는 차원에서 제소기간을 원고에게 유리하게 해석하는 것도 필요할 것이다. 그러나 다양한 불복수단이 마련되어 있고 이에 대한 정보들이 제공된 경우에까지 원고에게 유리하게 선해해주는 것은 조기쟁송을 통한 법적 안정성의 빠른 확보에 저해가 될 수도 있다. 결과적으로는 당사자에게 선택할 수 있는 불복의 기회를 다수 제공한다는 의미의 '유리한 선해'가 '실질적 · 결과적으로도 유리함'과는 다를 수 있는 것이다.

그러므로 기존에 없던 무기를 만들어 내는 것에 집중하는 단계를 넘어서서, 존재하고 있는 무기의 종류와 강도 및 그에 따른 효과와 사용기간을 균형 있게 고려하는 치밀한 제도 설계 및 운용이 필요한 시점이다. 사후적인 법원의 해석에 의해서는 한계가 있으므로 개별법령의 입법에 면밀한 정비가 있어야 한다.

전문행정영역의 특수성을 유지하고 복잡다난한 행정현실에 효과적으로 적응하기 위하여는 각 개별법령[33]마다 당해 법의 목적과 그 규율특수성에 입각한 해당 영역에서의 이의신청 제도의 성격을 분명히 하고, 다른 불복수단과의 관계 및 절차를 쉽고 명확하게 규정하는 것이 필

계(해임)를 요구하는 처분을 하였는데, 학교법인이 위 처분에 대한 이의신청을 하였다가 기각되자 위 처분의 취소를 구하는 소를 제기한 사안에서, 공공감사법상의 재심의신청 및 광역시교육청 행정감사규정상의 이의신청은 자체감사를 실시한 중앙행정기관 등의 장으로 하여금 감사결과나 그에 따른 요구사항의 적법·타당 여부를 스스로 다시 심사하도록 한 절차로서 행정심판을 거친 경우의 제소기간의 특례가 적용될 수 없다고 보고, 이의신청에 대한 결과통지일이 아니라 학교법인이 위 처분이 있음을 알았다고 인정되는 날부터 제소기간을 기산하여 위 소가 제소기간의 도과로 부적법하다고 본 원심판단을 정당하다고 판시하였다.

33) 행정심판법에 이의신청에 관한 통칙 규정을 마련하는 것이 현실적이라는 견해로는 류광해, 개별행정법상 이의신청제도의 현황검토, 법조, 법조협회, 2014.02., 179면 참조.

요하다. 행정심판법이나 행정소송법에 일반적인 규정을 두는 것보다는 개별법에 구체적으로 규정하는 것이 법에 관한 전문 지식이 없는 국민의 법령 이해를 돕고 이의신청 제도의 활용을 증진시키며, 실질적인 권리구제에 보다 직접적으로 도움이 될 수 있을 것으로 생각된다.

참고문헌

김동희, 행정법1, 박영사, 2013.

김남진, 김연태, 행정법1, 법문사, 2013.

김남철, 행정심판과 행정절차제도와의 조화방안 – 특히 이의신청절차와 행정심판과의 조화방안 모색을 중심으로 –, 부산대학교 법학연구 제53권 제4호, 부산대학교 법학연구소, 2012.11.

김기표, 신행정심판법론, 한국법제연구원, 2003.

김도창, 일반행정법론(상), 청운사, 1993.

김용섭, 취소소송의 대상으로서의 행정심판의 재결, 행정법연구, 1998.

______, 행정소송 전단계의 권리구제방법 및 절차, 저스티스 105호, 한국법학원, 2008.08.

김용진, 이의신청등과 행정심판, 법제540호. 1999.12.

김유환, 행정사건에 대한 재판외분쟁해결제도, 법학논집, 제6권 제2호, 2001.

김중권, 행정심판을 활성화하기 위한 선결과제에 관한 소고, 법제, 2008.8.

김철용, 행정법1, 법문사, 2013.

류광해, 개별행정법상 이의신청제도의 현황검토, 법조, 법조협회, 2014.02.

박균성, 행정법론(상), 박영사, 2013.

신봉기, 특별행정심판의 개념과 허용요건, 법학논고, 제32집, 경북대학교 법학연구원, 2010.

심재규, 개별공시지가에 대하여 이의가 있는 자가 행정심판을 거쳐 행정소송을 제기하는 경우 제소기간의 기산점, 대법원판례해설 84호, 2010, 35–59 참조.

이은기, 소송외적 행정구제방법으로서의 민원처리제도, 행정법연구 제18호, 행정법이론실무학회, 2007.

윤영신, 항고소송의 대상으로서의 행정심판 재결, 특별법연구 제4권, 특별소송실무연구회, 1994.
정혜은, 개별 법령상 규정된 이의신청 등 불복절차를 거친 경우 취소소송 제소기간의 기산점, 행정재판실무연구III. 2010.
채우석, 특별행정심판제도의 전문성 특수성, 한국토지공법학회, 한국토지공법학회, 2012.
최계영, 행정소송의 제소기간에 관한 연구, 서울대학교 박사학위논문, 2008.
하명호, 행정심판의 개념과 범위 : 역사적 전개를 중심으로 한 해석론, 인권과 정의, 2014.11.

국문초록

본 논문은 대법원 2012.11.15. 선고 2010두8676 판결을 연구대상으로 한다. 본 사건에서 대법원은 민원사무 처리법상의 이의신청은 행정심판의 특별한 예외에 해당한다고 볼 수 없으며, 또한 행정소송의 제소기간에 영향을 미치지 않는다고 판시하였다.

오늘날에는 다양한 행정쟁송제도가 존재하고 있는데, 개별법 또는 민원사무 처리에 관한 법률 등에서 처분청에 대한 이의신청제도가 광범위하게 인정되고 있다. 이의신청제도의 주된 목적은 개인의 효과적인 권리구제에 있다. 이의신청제도는 행정소송이나 행정심판과 같이 복잡하고 상대적으로 어려운 제도가 아니라, 행정처분에 대한 간단하면서도 즉각적인 불복수단으로 기능하기 때문이다. 이와 관련하여 민원사무 처리에 관한 법률 제18조 제1항에서는 행정기관의 장의 거부처분에 대하여 민원인의 이의신청이 일반적으로 가능함을 규정하고 있다.

그러나 전통적인 불복수단이었던 행정소송, 행정심판과 이의신청절차의 상호관계에 관한 명문의 규정은 없기 때문에, 현재 이의신청제도를 규정하고 있는 많은 개별법령과 관련하여 제소기간의 적용 여부와 관계되는 실무상의 문제가 다양하게 제기되고 있다.

제소기간은 행정과 사인, 그리고 다양한 이해관계인이 문제되는 사안을 일정한 기간 내에 종국적으로 마무리 지음으로서 법적 안정성을 확보하는 것을 목적으로 한다. 그렇지만 제소기간의 획일적이고 기계적인 적용은 개인의 효과적인 권리구제에 장애가 될 수도 있다.

이의신청절차 등 개인이 행정에 대하여 행사할 수 있는 불복수단이 다양하게 늘어난다고 하더라도, 오히려 각 불복수단간의 선후 내지 우열관계에 관한 명확한 이해와 운용이 어려워, 경우에 따라서는 오히려 시민의 실질적인 권리구제에 장애가 될 수도 있는 것이다.

그리하여 가장 강력한 효과를 가지고 있는 종국적인 행정쟁송절차인 행정소송의 제소기간의 기산점을 언제로 볼 것인가의 문제는 매우 중요한 의미를 갖게 된다. 때문에 행정소송의 제소기간에 관한 특례를 인정하는 규정들에 관하여는 다양한 해석이 이루어지고 있다. 수많은 제도와 법령 가운데 해석에 의한 해결방식으로는 한계가 있으므로, 무엇보다도 입법적으로 보완이 되는 것이 필요하다 할 것이다.

주제어: 특별행정심판과 이의신청절차의 관계, 행정심판과 행정소송, 제소기간, 이의신청절차, 민원사무 처리에 관한 법률

Abstract

Study on objection systems and period of litigation

Jieun Kang*

This paper is a case study on the Supreme Court 2010DU8676 Decision delivered in November 15th of 2012. In this case, the Supreme Court sentenced that when the objection by Procedures of Civil Petitions Act does not affect Period of litigation of Administrative Litigation.

Nowadays, In Procedures of Civil Petitions Act and several administrative laws, there are kinds of Objection systems whatever the names are. The important purpose of the objection systems is the effective protection of person's rights. The objection is a kind of simple and direct measure against administrative decisions. Procedures of Civil Petitions Act Article 18 1 enact that it is generally possible to object against administrative decision to reject.

Although lots of laws who describe objection systems, there are no adequate rules about the relation among objection systems, Administrative Appeal and Administrtive Litigation. So many problems come up in Administrative pratice especially with Period of litigation.

The Period of litigation is to consolidate of legal stability by ending up the cases among the interested parties. But the technical application of Period of litigation can be against protection of effective

* Ph.D. in Law/ Visiting Research Fellow of Paris 2 University.

person's rights.

Although man can have more mesures against Administration, by misunderstand of the procedures, that can be a obstacle to real protection of person's rights.

So the starting point of the Period of litigation is a important matter. There are diverse interpretations of Administrative Litigation Act and Administrative Appeal Act. Existing laws are inadequate to handle these cases, it should be supplement the several rules by legislation solution.

Key words: the relation between the Special Administrative Appeal and Procedures of Civil Petitions, Administrative Appeal and Administrative Litigation, Period for litigation, Objection systems, Procedures of Civil Petitions Act.

투 고 일: 2015. 5. 25
심 사 일: 2015. 6. 15
게재확정일: 2015. 6. 19

附　錄

研究倫理委員會 規程

제1장 총 칙

제 1 조 (목적)

이 규정은 사단법인 한국행정판례연구회(이하 "학회"라 한다) 정관 제26조에 의하여 연구의 진실성을 확보하기 위하여 설치하는 연구윤리위원회(이하 "위원회"라 한다)의 구성 및 운영에 관한 기본적인 사항을 정함을 목적으로 한다.

제 2 조 (적용대상)

이 규정은 학회의 정회원·준회원 및 특별회원(이하 "회원"이라 한다)에 대하여 적용한다.

제 3 조 (적용범위)

연구윤리의 확립 및 연구진실성의 검증과 관련하여 다른 특별한 규정이 없는 한 이 규정에 따른다.

제 4 조 (용이의 정의)

이 규정에서 사용하는 용어의 정의는 다음과 같다.

1. "연구부정행위"는 연구를 제안, 수행, 발표하는 과정에서 연구목적과 무관하게 고의 또는 중대한 과실로 행하여진 위조·변조·표절·부당한 저자표시 등 연구의 진실성을 심각하게 해치는 행위를 말한다.
2. "위조"는 존재하지 않는 자료나 연구결과를 허위로 만들고 이를 기록하거나 보고하는 행위를 말한다.
3. "변조"는 연구와 관련된 자료, 과정, 결과를 사실과 다르게

변경하거나 누락시켜 연구가 진실에 부합하지 않도록 하는 행위를 말한다.

4. "표절"은 타인의 아이디어, 연구 과정 및 연구결과 등을 정당한 승인 또는 적절한 인용표시 없이 연구에 사용하는 행위를 말한다.
5. "부당한 저자 표시"는 연구내용 또는 결과에 대하여 학술적 공헌 또는 기여를 한 자에게 정당한 이유 없이 저자 자격을 부여하지 않거나, 학술적 공헌 또는 기여를 하지 않은 자에게 감사의 표시 또는 예우 등을 이유로 저자 자격을 부여하는 행위를 말한다.

제2장 연구윤리위원회의 구성 및 운영

제5조 (기능)

위원회는 학회 회원의 연구윤리와 관련된 다음 각 호의 사항을 심의 · 의결한다.

1. 연구윤리 · 진실성 관련 제도의 수립 및 운영 등 연구윤리확립에 관한 사항
2. 연구윤리 · 진실성 관련 규정의 제·개정에 관한 사항
3. 연구부정행위의 예방 · 조사에 관한 사항
4. 제보자 및 피조사자 보호에 관한 사항
5. 연구진실성의 검증·결과처리 및 후속조치에 관한 사항
6. 기타 위원장이 부의하는 사항

제6조 (구성)

① 위원회는 위원장과 부위원장 각 1인을 포함하여 7인 이내의 위원으로 구성한다.

② 위원장은 부회장 중에서, 부위원장은 위원 중에서 회장이 지명

한다.

③ 부위원장은 위원장을 보좌하고 위원장의 유고시에 위원장의 직무를 대행한다.

④ 위원은 정회원 중에서 회장이 위촉한다.

⑤ 위원장과 부위원장 및 위원의 임기는 1년으로 하되 연임할 수 있다.

⑥ 위원회의 제반업무를 처리하기 위해 위원장이 위원 중에서 지명하는 간사 1인을 둘 수 있다.

⑦ 위원장은 위원회의 의견을 들어 전문위원을 위촉할 수 있다.

제 7 조 (회의)

① 위원장은 필요한 경우 위원회의 회의를 소집하고 그 의장이 된다.

② 회의는 재적위원 과반수 출석과 출석위원 과반수 찬성으로 의결한다. 단 위임장은 위원회의 성립에 있어 출석으로 인정하되 의결권은 부여하지 않는다.

③ 회의는 비공개를 원칙으로 하되, 필요한 경우에는 위원이 아닌 자를 참석시켜 의견을 진술하게 할 수 있다.

제 3 장 연구진실성의 검증

제 8 조 (연구부정행위의 조사)

① 위원회는 구체적인 제보가 있거나 상당한 의혹이 있는 경우에는 연구부정행위의 존재 여부를 조사하여야 한다.

② 위원회는 조사과정에서 제보자·피조사자·증인 및 참고인에 대하여 진술을 위한 출석과 자료의 제출을 요구할 수 있다.

③ 위원회는 연구기록이나 증거의 멸실, 파손, 은닉 또는 변조 등을 방지하기 위하여 상당한 조치를 취할 수 있다.

제 9 조 (제보자와 피조사자의 권리 보호)

① 위원회는 어떠한 경우에도 제보자의 신원을 직·간접적으로 노출시켜서는 안 된다. 다만, 제보 내용이 허위인 줄 알았거나 알 수 있었음에도 불구하고 이를 신고한 경우에는 보호 대상에 포함되지 않는다.

② 위원회는 연구부정행위 여부에 대한 검증과정이 종료될 때까지 피조사자의 명예나 권리가 침해되지 않도록 노력하여야 한다.

제10조 (비밀엄수)

① 위원회의 위원은 연구부정행위의 조사, 판정 및 제재조치의 건의 등과 관련한 일체의 사항을 비밀로 하며, 검증과정에 직·간접적으로 참여한 자는 검증과정에서 취득한 정보를 누설하여서는 아니 된다.

② 위원장은 제 1 항에 규정된 사항으로서 합당한 공개의 필요성이 있는 때에는 위원회의 의결을 거쳐 공개할 수 있다. 다만, 제보자 · 조사위원 · 증인 · 참고인 · 자문에 참여한 자의 명단 등 신원과 관련된 정보가 당사자에게 부당한 불이익을 줄 가능성이 있는 때에는 공개하지 아니한다.

제11조 (제척 · 기피 · 회피)

① 위원은 검증사건과 직접적인 이해관계가 있는 때에는 당해 사건의 조사 · 심의 및 의결에 관여하지 못한다. ② 제보자 또는 피조사자는 위원에게 공정성을 기대하기 어려운 사정이 있는 때에는 그 이유를 밝혀 당해 위원의 기피를 신청할 수 있다. 위원회에서 기피 신청이 인용된 때에는 기피 신청된 위원은 당해 사건의 조사 · 심의 및 의결에 관여하지 못한다.

③ 위원은 제 1 항 또는 제 2 항의 사유가 있다고 판단하는 때에는 회피하여야 한다.

④ 위원장은 위원이 검증사건과 직접적인 이해관계가 있다고 인정하는 때에는 당해 검증사건과 관련하여 위원의 자격을 정지할 수 있다.

제12조 (의견진술, 이의제기 및 변론기회의 보장)

위원회는 제보자와 피조사자에게 관련 절차를 사전에 알려주어야 하며, 의견진술, 이의제기 및 변론의 기회를 동등하게 보장하여야 한다.

제13조 (판정)

① 위원회는 위원들의 조사와 심의 결과, 제보자와 피조사자의 의견진술, 이의제기 및 변론의 내용을 토대로 검증대상행위의 연구부정행위 해당 여부를 판정한다.

② 위원회가 검증대상행위의 연구부정행위 해당을 확인하는 판정을 하는 경우에는 재적위원 과반수 출석과 출석위원 3분의 2 이상의 찬성으로 한다.

제 4 장 검증에 따른 조치

제14조 (판정에 따른 조치)

① 위원장은 제13조 제1항의 규정에 의한 판정결과를 회장에게 통보하고, 검증대상행위가 연구부정행위에 해당한다고 판정된 경우에는 위원회의 심의를 거쳐 그 판정결과에 따라 필요한 조치를 건의할 수 있다.

② 회장은 제 1 항의 건의가 있는 경우에는 다음 각 호 중 어느 하나의 제재조치를 하거나 이를 병과할 수 있다.

1. 연구부정논문의 게재취소
2. 연구부정논문의 게재취소사실의 공지
3. 회원의 제명절차에의 회부

4. 관계 기관에의 통보
5. 기타 적절한 조치

③ 전항 제2호의 공지는 저자명, 논문명, 논문의 수록 권·호수, 취소일자, 취소이유 등이 포함되어야 한다.

④ 회장은 학회의 연구윤리와 관련하여 고의 또는 중대한 과실로 진실과 다른 제보를 하거나 허위의 사실을 유포한 자가 회원인 경우 이를 제명절차에 회부할 수 있다.

제15조 (조사결과 및 제재조치의 통지)

회장은 위원회의 조사결과 및 제재조치에 대하여 제보자 및 피조사자 등에게 지체없이 서면으로 통지한다.

제16조 (재심의)

피조사자 또는 제보자가 판정결과 및 제재조치에 대해 불복할 경우 제15조의 통지를 받은 날부터 20일 이내에 이유를 기재한 서면으로 재심의를 요청할 수 있다.

제17조 (명예회복 등 후속조치)

검증대상행위가 연구부정행위에 해당하지 아니한다고 판정된 경우에는 학회 및 위원회는 피조사자의 명예회복을 위해 노력하여야 하며 적절한 후속조치를 취하여야한다.

제18조 (기록의 보관) ① 학회는 조사와 관련된 기록은 조사 종료 시점을 기준으로 5년간 보관하여야 한다.

부 칙

제1조 (시행일) 이 규정은 2007년 11월 29일부터 시행한다.

研究論集 刊行 및 編輯規則

제정: 1999. 08. 20.
제 1 차 개정: 2003. 08. 22.
제 2 차 개정: 2004. 04. 16.
제 3 차 개정: 2005. 03. 18.
전문개정: 2008. 05. 26.
제 5 차 개정: 2009. 12. 18.

제1장 총 칙

제 1 조 (目的)

이 규칙은 사단법인 한국행정판례연구회(이하 "학회"라 한다)의 정관 제27조의 규정에 따라 연구논집(이하 '논집'이라 한다)을 간행 및 편집함에 있어서 필요한 사항을 정함을 목적으로 한다.

제 2 조 (題號)

논집의 제호는 '行政判例研究'(Studies on Public Administration Cases)라 한다.

제 3 조 (刊行週期)

① 논집은 연 2회 정기적으로 매년 6월 30일, 12월 31일에 간행함을 원칙으로 한다.

② 전항의 정기간행 이외에 필요한 경우는 특별호를 간행할 수 있다.

제 4 조 (刊行形式)

논집의 간행형식은 다음 각 호의 어느 하나에 의한다.

1. 등록된 출판사와의 출판권 설정의 형식
2. 자비출판의 형식

제 5 조 (收錄對象)

① 논집에 수록할 논문은 다음과 같다.

1. 발표논문: 학회의 연구발표회에서 발표하고 제출한 논문으로서 편집위원회의 심사절차를 거쳐 게재확정된 논문
2. 제출논문: 회원 또는 비회원이 논집게재를 위하여 따로 제출한 논문으로서 편집위원회의 심사절차를 거쳐 게재확정된 논문
3. 그 밖에 편집위원회의 심사절차와 간행위원회의 의결을 거쳐 수록하기로 한 논문 등

② 논집에는 부록으로서 다음의 문건을 수록할 수 있다.

1. 학회의 정관, 회칙 및 각종 규칙
2. 학회의 역사 또는 활동상황
3. 학회의 각종 통계

③ 논집에는 간행비용의 조달을 위하여 광고를 게재할 수 있다.

제 6 조 (收錄論文要件)

논집에 수록할 논문은 다음 각호의 요건을 갖춘 것이어야 한다.

1. 행정판례의 평석 또는 연구에 관한 논문일 것
2. 다른 학술지 등에 발표한 일이 없는 논문일 것
3. 이 규정 또는 별도의 공고에 의한 원고작성요령 및 심사기준에 부합하는 학술연구로서의 형식과 품격을 갖춘 논문일 것

제 7 조 (著作權)

① 논집의 편자는 학회의 명의로 하고, 논집의 개별 논문에는 집필자(저작자)를 명기한다.

② 학회는 논집의 편집저작권을 보유한다.

제 2 장 刊行委員會와 編輯委員會

제 8 조 (刊行 및 編輯主管)

① 논집의 간행 및 편집에 관한 업무를 관장하기 위하여 학회에 간 행위원회와 편집위원회를 둔다.

② 간행위원회는 논집의 간행에 관한 중요한 사항을 심의·의결한다.

③ 편집위원회는 간행위원회의 결정에 따라 논집의 편집에 관한 업무를 행한다.

제 9 조 (刊行委員會의 構成과 職務 등)

① 간행위원회는 편집위원을 포함하여 회장이 위촉하는 적정한 수의 위원으로 구성하고 임기는 1년으로 하되 연임할 수 있다.

② 간행위원회는 위원장, 부위원장 및 간사 각 1인을 둔다.

③ 간행위원장은 위원 중에서 호선하고, 부위원장은 학회의 출판담당 상임이사로 하고, 간사는 위원 중에서 위원장이 위촉한다.

④ 간행위원회는 다음의 사항을 심의·의결한다.

1. 논집의 간행계획에 관한 사항
2. 논집의 특별호의 기획 등에 관한 사항
3. 이 규칙의 개정에 관한 사항
4. 출판권을 설정할 출판사의 선정에 관한 사항
5. 그 밖에 논집의 간행과 관련된 중요한 사항

⑤ 간행위원회는 다음 각 호의 경우에 위원장이 소집하고, 간행위원회는 위원 과반수의 출석과 출석위원 과반수의 찬성으로 의결

한다.

1. 회장 또는 위원장이 필요하다고 판단하는 경우
2. 위원 과반수의 요구가 있는 경우

제10조 (編輯委員會의 構成과 職務 등)

① 편집위원회는 학회의 출판담당 상임이사를 포함하여 회장이 이사회의 승인을 얻어 선임하는 10인 내외의 위원으로 구성하고 임기는 3년으로 한다.

② 편집위원회는 위원장, 부위원장 및 간사 각 1인을 둔다.

③ 편집위원장은 위원 중에서 호선하고, 부위원장은 학회의 출판담당 상임이사로 하고, 간사는 위원 중에서 위원장이 위촉한다.

④ 편집위원회는 다음의 사항을 행한다.

1. 이 규칙에 의하는 외에 논집에 수록할 논문의 원고작성요령 및 심사기준에 관한 세칙의 제정 및 개정
2. 논문심사위원의 위촉
3. 논문심사의 의뢰 및 취합, 종합판정, 수정요청 및 수정후재심사, 논집에의 게재확정 또는 거부 등 논문심사절차의 진행
4. 논집의 편집 및 교정
5. 그 밖에 논집의 편집과 관련된 사항

⑤ 편집위원회는 다음 각 호의 경우에 위원장이 소집하고, 위원 과반수의 출석과 출석위원 과반수의 찬성으로 의결한다.

1. 회장 또는 위원장이 필요하다고 판단하는 경우
2. 위원 과반수의 요구가 있는 경우

제3장 論文의 提出과 審査節次 등

제11조 (論文提出의 基準)

① 논문원고의 분량은 A4용지 20매(200자 원고지 150매) 내외로 한다.

② 논문의 원고는 (주)한글과 컴퓨터의 "문서파일(HWP)"로 작성하고 한글사용을 원칙으로 하되, 필요한 경우 국한문혼용 또는 외국어를 사용할 수 있다.

③ 논문원고의 구성은 다음 각 호의 순서에 의한다.

1. 제목
2. 목차
3. 본문
4. 한글초록·주제어
5. 외국어초록·주제어
6. 참고문헌
7. 부록(필요한 경우)

④ 논문은 제1항 내지 제3항 이외에 편집위원회가 따로 정하는 원고작성요령 또는 심사기준에 관한 세칙을 준수하고, 원고는 편집위원회가 정하여 공고하는 기한 내에 출판간사를 통하여 출판담당 상임이사에게 제출하여야 한다.

제12조 (論文審査節次의 開始)

① 논문접수가 완료되면 출판담당 상임이사는 심사절차에 필요한 서류를 작성하여 편집위원장에게 보고하여야 한다.

② 편집위원장은 전항의 보고를 받으면 편집위원회를 소집하여 논문심사절차를 진행하여야 한다.

제13조 (論文審査委員의 委囑과 審査 依賴 등)

① 편집위원회는 간행위원, 편집위원 기타 해당 분야의 전문가 중에서 심사대상 논문 한 편당 3인의 논문심사위원을 위촉하여 심사를 의뢰한다.

② 제 1 항의 규정에 의하여 위촉되어 심사를 의뢰받는 논문심사위원이 심사대상 논문 또는 그 제출자와 특별한 관계가 명백하게 있어 논문심사의 공정성을 해할 우려가 있는 사람이어서는 안 된다.

제14조 (秘密維持) ① 편집위원장은 논문심사위원의 선정 및 심사의 진행에 관한 사항이 외부로 누설되지 않도록 필요한 조치를 취하여야 한다.

② 편집위원 및 논문심사위원은 논문심사에 관한 사항을 외부로 누설해서는 안 된다.

제15조 (論文審査의 基準) 논문심사위원이 논집에 수록할 논문을 심사함에 있어서는 다음 각 호의 기준을 종합적으로 고려하여 심사의견을 제출하여야 한다.

1. 제 6 조에 정한 수록요건
2. 제11조에 정한 논문제출기준
3. 연구내용의 전문성과 창의성 및 논리적 체계성
4. 연구내용의 근거제시의 적절성 및 객관성

제16조 (論文審査委員別 論文審査의 判定) ① 논문심사위원은 제15조의 논문심사기준에 따라 [별표 1]의 [논문심사서](서식)에 심사의견을 기술하여 제출하여야 한다.

② 논문심사위원은 심사대상 논문에 대하여 다음 각호에 따라 '판정의견'을 제출한다.

1. '게재적합': 논집에의 게재가 적합하다고 판단하는 경우
2. '게재부적합': 논집에의 게재가 부적합하다고 판단하는 경우

3. '수정후게재': 논문내용의 수정·보완 후 논집에의 게재가 적합하다고 판단하는 경우

③ 전항 제 1 호에 의한 '게재적합' 판정의 경우에도 논문심사위원은 수정·보완이 필요한 경미한 사항을 기술할 수 있다.

④ 제 2 항 제 2 호에 의한 '게재부적합' 판정 및 제 3 호에 의한 '수정후게재' 판정의 경우에는 각각 부적합사유와 논문내용의 수정·보완할 점을 구체적으로 명기하여야 한다.

第17조 (編輯委員會의 綜合判定 및 再審査) ① 편집위원회는 논문심사위원 3인의 논문심사서가 접수되면 [별표 2]의 종합판정기준에 의하여 '게재확정', '수정후게재', '수정후재심사' 또는 '불게재'로 종합판정을 하고, 그 결과 및 논문심사위원의 심사의견을 논문제출자에게 통보한다.

② 편집위원회의 종합판정 결과, '수정후재심사'로 판정된 논문에 대하여는 재심사절차를 진행한다. 이때 최초심사에서 '게재적합' 또는 '수정후게재' 판정을 한 심사위원은 교체하지 아니하고, '게재부적합' 판정을 한 논문심사위원은 다른 사람으로 교체하여 심사를 의뢰한다.

③ 전항의 논문을 재심사하는 논문심사위원은 '게재적합' 또는 '게재부적합'으로만 판정하며, 편집위원회는 재심사의 결과 '게재적합'이 둘 이상이면 '게재확정'으로 최종 판정한다.

第18조 (修正要請 등)

① 편집위원장은 제17조의 규정에 의해 '수정후게재/ 또는 '수정후재심사' 판정을 받은 논문에 대하여 수정을 요청하여야 한다.

② 편집위원장은 제17조의 규정에 의해 '게재확정'으로 판정된 논문에 대하여도 편집위원회의 판단에 따라 수정이 필요하다고 인정하는 때에는 내용상 수정을 요청할 수 있다.

③ 편집위원회는 집필자가 전항의 수정요청에 따르지 않거나 재심

사를 위해 고지된 기한 내에 수정된 논문을 제출하지 않을 때에는 처음 제출된 논문을 '불게재'로 최종 판정한다.

제4장 기 타

제19조 (審査謝禮費의 支給) 논문심사위원에게 논집의 간행·편집을 위한 예산의 범위 안에서 심사사례비를 지급할 수 있다.

제20조(輔助要員) 학회는 논집의 간행·편집을 위하여 필요하다고 인정하는 때에는 원고의 편집, 인쇄본의 교정, 부록의 작성 등에 관한 보조요원을 고용할 수 있다.

제21조 (刊行·編輯財源) ① 논집의 간행·편집에 필요한 재원은 다음 각호에 의한다.

1. 출판수입
2. 광고수입
3. 판매수입
4. 논문게재료
5. 외부 지원금
6. 기타 학회의 재원

② 논문 집필자에 대한 원고료는 따로 지급하지 아니한다.

제22조 (論集의 配布) ① 간행된 논집은 회원에게 배포한다.

② 논문의 집필자에게는 전항의 배포본 외에 일정한 부수의 증정본을 교부할 수 있다.

附 則 (1999. 8. 20. 제정)

이 규칙은 1999년 8 월 20일부터 시행한다.

附　　則

이 규칙은 2003년 8 월 22일부터 시행한다.

附　　則

이 규칙은 2004년 4 월 17일부터 시행한다.

附　　則

이 규칙은 2005년 3 월 19일부터 시행한다.

附　　則

이 규칙은 2008년 5 월 26일부터 시행한다.

附　　則

이 규칙은 2009년 12월 18일부터 시행한다.

[별표 1 : 논문심사서(서식)]

「行政判例研究」 게재신청논문 심사서

社團法人 韓國行政判例研究會

<table>
<tr><td>게재논집</td><td colspan="2">行政判例研究 제15－2집</td><td>심사일</td><td>2010.   .   .</td></tr>
<tr><td rowspan="2">심사위원</td><td rowspan="2">소속</td><td rowspan="2"></td><td>직위</td><td></td></tr>
<tr><td>성명</td><td>(인)</td></tr>
<tr><td>게재신청논문
[심사대상논문]</td><td colspan="4"></td></tr>
<tr><td>판정의견</td><td colspan="4">1. 게재적합 (　　　): 논집의 게재가 가능하다고 판단하는 경우
2. 게재부적합 (　　　): 논집의 게재가 불가능하다고 판단하는 경우
3. 수정후게재 (　　　): 논문내용의 수정·보완 후 논집의 게재가 가능하다고 판단하는 경우</td></tr>
<tr><td>심사의견</td><td colspan="4"></td></tr>
<tr><td>심사기준</td><td colspan="4">• 행정판례의 평석 또는 연구에 관한 논문일 것
• 다른 학술지 등에 발표한 일이 없는 논문일 것
• 연구내용의 전문성과 창의성 및 논리적 체계성이 인정되는 논문일 것
• 연구내용의 근거제시가 적절성과 객관성을 갖춘 논문일 것</td></tr>
</table>

※ 심사의견 작성시 유의사항 ※

▷ '게재적합' 판정의 경우에도 수정·보완이 필요한 사항을 기술할 수 있습니다.

▷ '게재부적합' 및 '수정후 게재' 판정의 경우에는 각각 부적합사유와 논문내용의 수정·보완할 점을 구체적으로 명기하여 주십시오.

▷ 표 안의 공간이 부족하면 별지를 이용해 주십시오.

[별표 2: 종합판정기준]

	심사위원의 판정	편집위원회 종합판정
1	○ ○ ○	게재확정
2	○ ○ △	
3	○ △ △	수정후게재
4	△ △ △	
5	○ ○ ×	
6	○ △ ×	수정후재심사
7	△ △ ×	
8	○ × ×	
9	△ × ×	불게재
10	× × ×	

○ = "게재적합" △ = "수정후게재" × = "게재부적합"

「行政判例硏究」 原稿作成要領

I. 원고작성기준

1. 원고는 워드프로세서 프로그램인 [한글]로 작성하여 전자우편을 통해 출판간사에게 제출한다.
2. 원고분량은 도표, 사진, 참고문헌 포함하여 200자 원고지 150매 내외로 한다.
3. 원고는 「원고표지 – 제목 – 저자 – 목차(로마자표시와 아라비아숫자까지) – 본문 – 참고문헌 – 국문 초록 – 국문 주제어(5개 내외) – 외국문 초록 – 외국문 주제어(5개 내외)」의 순으로 작성한다.
4. 원고의 표지에는 논문제목, 저자명, 소속기관과 직책, 주소, 전화번호(사무실, 핸드폰)와 e–mail주소를 기재하여야 한다.
5. 외국문 초록(논문제목, 저자명, 소속 및 직위 포함)은 영어를 사용하는 것이 원칙이지만, 논문의 내용에 따라서 독일어, 프랑스어, 중국어, 일본어를 사용할 수도 있다.
6. 논문의 저자가 2인 이상인 경우 주저자(First Author)와 공동저자(Corresponding Author)를 구분하고, 주저자·공동저자의 순서로 표기하여야 한다. 특별한 표시가 없는 경우에는 제일 앞에 기재된 자를 주저자로 본다.
7. 목차는 로마숫자(보기 : Ⅰ, Ⅱ), 아라비아숫자(보기 : 1, 2), 괄호숫자(보기: (1), (2)), 반괄호숫자(보기 : 1), 2), 원숫자(보기 : ①, ②)의 순으로 한다. 그 이후의 목차번호는 논문제출자가 임의로 정하여 사용할 수 있다.

II. 각주작성기준

1. 기본원칙

(1) 본문과 관련한 저술을 소개하거나 부연이 필요한 경우 각주로 처리한다. 각주는 일련번호를 사용하여 작성한다.

(2) 각주의 인명, 서명, 논문명 등은 원어대로 씀을 원칙으로 한다.

(3) 외국 잡지의 경우 처음 인용시 잡지명을 전부 기재하고 그 이후 각 주에서는 약어로 표시한다.

2. 처음 인용할 경우의 각주 표기 방법

(1) 저서: 저자명, 서명, 출판사, 출판년도, 면수.

번역서의 경우 저자명은 본래의 이름으로 표기하고, 저자명과 서명 사이에 옮긴이의 이름을 쓰고 "옮김"을 덧붙인다.

엮은 책의 경우 저자명과 서명 사이에 엮은이의 이름을 쓰고 "엮음"을 덧붙인다. 저자와 엮은이가 같은 경우 엮은이를 생략할 수 있다.

(2) 정기간행물: 저자명, "논문제목", 「잡지명」, 제00권 제00호, 출판연도, 면수.

번역문헌의 경우 저자명과 논문제목 사이에 역자명을 쓰고 "옮김"을 덧붙인다.

(3) 기념논문집: 저자명, "논문제목", 기념논문집명(000선생00기념논문집), 출판사, 출판년도, 면수.

(4) 판결 인용: 다음과 같이 대법원과 헌법재판소의 양식에 준하여 작성한다.

판결 : 대법원 2000. 00. 00. 선고 00두0000 판결.

결정 : 대법원 2000. 00. 00.자 00아0000 결정.

헌법재판소 결정 : 헌법재판소 2000. 00. 00. 선고 00헌가00

결정.

(5) 외국문헌 : 그 나라의 표준표기방식에 의한다.

(6) 외국판결 : 그 나라의 표준표기방식에 의한다.

(7) 신문기사는 기사면수를 따로 밝히지 않는다(신문명 0000. 00. 00.자). 다만, 필요한 경우 글쓴이와 글제목을 밝힐 수 있다.

(8) 인터넷에서의 자료인용은 원칙적으로 다음과 같이 표기한다. 저자 혹은 서버관리주체, 자료명, 해당 URL(검색일자)

(9) 국문 또는 한자로 표기되는 저서나 논문을 인용할 때는 면으로(120면, 120면－122면), 로마자로 표기되는 저서나 논문을 인용할 때는 p.(p. 120, pp. 121－135) 또는 S.(S. 120, S. 121 ff.)로 인용면수를 표기한다.

3. 앞의 각주 혹은 각주에서 제시된 문헌을 다시 인용할 경우 다음과 같이 표기한다. 국내문헌, 외국문헌 모두 같다. 다만, 저자나 문헌 혹은 양자 모두가 여럿인 경우 이에 따르지 않고 각각 필요한 저자명, 문헌명 등을 덧붙여 표기함으로써 구별한다.

(1) 바로 위의 각주가 아닌 앞의 각주의 문헌을 다시 인용할 경우

1) 저서인용: 저자명, 앞의 책, 면수

2) 논문인용: 저자명, 앞의 글, 면수

3) 논문 이외의 글 인용: 저자명, 앞의 글, 면수

(2) 바로 위의 각주에 인용된 문헌을 다시 인용할 경우에는 "위의 책, 면수", "위의 글, 면수"로 표시한다.

(3) 하나의 각주에서 앞서 인용한 문헌을 다시 인용할 경우에는 "같은 책, 면수", "같은 글, 면수"로 표시한다.

4. 기타

(1) 3인 공저까지는 저자명을 모두 표기하되, 저자간의 표시는 "/"

로 구분하고 "/" 이후에는 한 칸을 띄어 쓴다. 4인 이상의 경우 성을 온전히 표기하되, 중간이름은 첫글자만을 표기한다.

(2) 부제의 표기가 필요한 경우 원래 문헌의 표기양식과 관계없이 원칙적으로 콜론으로 연결한다.

(3) 글의 성격상 전거만을 밝히는 각주가 너무 많을 경우 약자를 사용하여 본문에서 그 전거를 밝힐 수 있다.

(4) 여러 문헌의 소개는 세미콜론(;)으로 하고, 재인용의 경우 원전과 재인용출처 사이를 콜론(:)으로 연결한다.

III. 참고문헌작성기준

1. 순서

국문, 외국문헌 순으로 정리하되, 단행본, 논문, 자료의 순으로 정리한다.

2. 국내문헌

(1) 단행본: 저자, 서명, 출판사, 출판연도.

(2) 논문: 저자명, "논문제목", 잡지명 제00권 제00호, 출판연도.

3. 외국문헌

그 나라의 표준적인 인용방법과 순서에 따라 정리한다.

歷代 任員 名單

■ 초대(1984. 10. 29.)

회　　장　金道昶
부 회 장　徐元宇·崔光律(1987. 11. 27.부터)

■ 제 2 대(1988. 12. 9.)

회　　장　金道昶
부 회 장　徐元宇·崔光律
감　　사　李尙圭
상임이사　李鴻薰(총무), 金南辰(연구), 朴鈗炘(출판), 梁承斗(섭외)
이　　사　金東熙, 金斗千, 金英勳, 金元主, 金伊烈, 金鐵容, 石琮顯, 芮鍾德, 李康爀, 李升煥, 趙慶根, 崔松和, 韓昌奎, 黃祐呂

■ 제 3 대(1990. 2. 23.)

회　　장　金道昶
부 회 장　徐元宇·崔光律
감　　사　金鐵容
상임이사　李鴻薰(총무), 黃祐呂(총무), 金南辰(연구), 朴鈗炘(출판), 梁承斗(섭외)
이　　사　金東熙, 金斗千, 金英勳, 金元主, 金伊烈, 石琮顯, 芮鍾德, 李康爀, 李升煥, 李鴻薰
(1991. 1. 25.부터) 趙慶根, 崔松和, 韓昌奎, 黃祐呂

■ 제 4 대(1993. 2. 23.)

회　　장 金道昶
부 회 장 徐元宇·崔光律
감　　사 金鐵容
상임이사 李鴻薰(총무), 金南辰(연구), 朴鈗炘(출판), 梁承斗(섭외)
이　　사 金東熙, 金英勳, 金元主, 朴松圭, 卞在玉, 石琮顯, 孫智烈, 芮鍾德, 李康國, 李康爀, 李京運, 李淳容, 李重光, 李鴻薰, 趙慶根, 趙憲銖, 千柄泰, 崔松和, 韓昌奎, 黃祐呂

■ 제 5 대(1996. 2. 23.)

명예회장 金道昶
고　　문 徐元宇·金鐵容
회　　장 崔光律
부 회 장 金南辰·徐廷友
감　　사 韓昌奎
상임이사 金東熙(총무), 金元主(연구), 李康國(출판), 梁承斗(섭외)
이　　사 金英勳, 朴松圭, 朴鈗炘, 卞在玉, 石琮顯, 李康爀, 李京運, 李淳容, 李升煥, 李重光, 李鴻薰, 趙慶根, 趙憲銖, 千柄泰, 崔松和, 黃祐呂

■ 제 6 대(1999. 2. 19.)

명예회장 金道昶
고　　문 徐元宇, 金鐵容, 金南辰, 徐廷友, 韓昌奎
회　　장 崔光律
부 회 장 梁承斗, 李康國
감　　사 金元主
상임이사 李鴻薰(총무), 金東熙(연구), 崔松和(출판), 金善旭(섭외)

이　　사　金東建, 金英勳, 南勝吉, 朴松圭, 朴鈗炘, 白潤基, 卞海喆, 石琮顯, 李京運, 李光潤, 李升煥, 李重光, 鄭然彧, 趙憲銖, 洪準亨, 黃祐呂

■ 제 7 대(2002. 2. 15.)

명예회장　金道昶
고　　문　金南辰, 金元主, 徐元宇, 徐廷友, 梁承斗, 李康國, 崔光律, 韓昌奎
회　　장　金鐵容
부 회 장　金東建, 崔松和
감　　사　金東熙
상임이사　金善旭(총무), 朴正勳(연구), 李光潤(출판), 李京運(섭외)
이　　사　金英勳, 金海龍, 南勝吉, 朴均省, 朴鈗炘, 白潤基, 卞海喆, 石琮顯, 李東洽, 李範柱, 李重光, 李鴻薰, 鄭夏重, 趙憲銖, 洪準亨, 黃祐呂

■ 제 8 대(2005. 2. 21. / 2008. 2. 20.) *

명예회장　金道昶(2005. 7. 17. 별세)
고　　문　金南辰, 金元主, 徐元宇(2005. 10. 16. 별세), 徐廷友, 梁承斗, 李康國, 崔光律, 韓昌奎, 金鐵容, 金英勳, 朴鈗炘, 金東熙
회　　장　崔松和
부 회 장　李鴻薰, 鄭夏重
감　　사　金東建, 李京運,
상임이사　李光潤(총무), 安哲相(기획), 洪準亨/吳峻根(연구), 金性洙(출판), 徐基錫(섭외)
이　　사　金善旭, 金海龍, 南勝吉, 朴均省, 朴秀赫, 朴正勳, 白潤基, 卞海喆, 石琮顯, 石鎬哲, 蘇淳茂, 柳至泰, 尹炯漢, 李東洽, 李範柱, 李殷祈, 李重光, 趙龍鎬, 趙憲銖, 崔正一, 黃祐呂,

金香基, 裵柄皓, 劉南碩

간 사 李元雨 / 金鐘甫(총무), 李賢修(연구), 金重權(재무),
宣正源 / 李熙貞(출판), 권은민(섭외)

* 위 '회장', '부회장', '상임이사', '이사'는 2007. 4. 20. 제정된 사단법인 한국행정판례연구회 정관 제13조, 제14조, 제15조의 '이사장 겸 회장', '이사 겸 부회장', '이사 겸 상임이사', '운영이사'임.

■제 9 대(2008. 2. 15. / 2011. 2. 14.)

고 문 金南辰, 金東熙, 金英勳, 金元主, 金鐵容, 朴鈗炘, 徐廷友,
梁承斗, 李康國, 李鴻薰, 鄭夏重, 崔光律, 韓昌奎

회 장 崔松和

부 회 장 李京運, 徐基錫

감 사 金東建, 金善旭

이사 겸 상임이사 慶 健(총무), 安哲相(기획), 朴均省(연구), 韓堅愚
(출판), 權純一(섭외/연구)

운영이사 具旭書, 권은민, 金光洙, 金性洙, 金連泰, 金容燮, 金容贊,
金裕煥, 金義煥, 金重權, 金敞祚, 金海龍, 金香基, 金鉉峻,
朴正勳, 朴海植, 裵柄皓, 白潤基, 卞海喆, 石琮顯, 石鎬哲,
成百玹, 蘇淳茂, 申東昇, 辛奉起, 吳峻根, 劉南碩, 俞珍式,
尹炯漢, 李光潤, 李承寧, 李元雨, 李殷祈, 李重光, 鄭鍾錧,
鄭準鉉, 趙龍鎬, 曺海鉉, 趙憲銖, 崔正一, 洪準亨

간 사 張暻源 · 李殷相·安東寅(총무), 鄭亨植 · 장상균(기획), 金泰昊
(기획/연구), 金聖泰·崔善雄·鄭南哲(연구), 李熙貞 · 河明鎬·崔
桂暎(출판), 林聖勳(섭외), 박재윤(총무)

■제 10 대(2011. 2. 15./ 2014. 2. 14)

명예회장 金鐵容, 崔光律

性洙, 金連泰, 金容燮, 金容贊, 金海龍, 金香基, 金鉉峻, 朴均省, 朴正勳, 朴海植, 裵柄皓, 白潤基, 卞海喆, 石琮顯, 石鎬哲, 宣正源, 成百玹, 申東昇, 辛奉起, 呂相薰, 吳峻根, 俞珍式, 尹炯漢, 李承寧, 李元雨, 李殷祈, 李重光, 李賢修, 李熙貞, 林永浩, 鄭南哲, 鄭鍾錧, 鄭準鉉, 鄭亨植, 趙龍鎬, 曺海鉉, 趙憲銖, 崔正一, 洪準亨, 韓堅愚, 河明鎬

간 사 房東熙, 崔允寧(총무), 崔桂暎, 張承爀(연구), 洪先基(기획)
桂仁國(출판) 李惠診(출판)

月例 集會 記錄

〈2015. 6. 현재〉

순번	연월일	발표자	발 표 제 목
1-1	84.12.11.	金南辰	聽問을 결한 行政處分의 違法性
-2		李鴻薰	都市計劃과 行政拒否處分
2-1	85.2.22.	崔世英	行政規則의 法規性 認定 與否
-2		崔光律	實地讓渡價額을 넘는 讓渡差益의 인정여부
3-1	3.29.	石琮顯	都市計劃決定의 法的 性質
-2		金東建	違法한 旅館建物의 건축과 營業許可의 취소
4-1	4.26.	徐元宇	當然無效의 行政訴訟과 事情判決
-2		黃祐呂	아파트地區내의 土地와 空閑地稅
5-1	5.31.	朴鈗炘	林産物團束에관한法律 제7조에 대한 違法性 認定의 與否
-2		姜求哲	行政訴訟에 있어서의 立證責任의 문제
6-1	6.28.	金鐵容	酒類販賣業 免許處分 撤回의 근거와 撤回權留保의 한계
-2		盧瑩保	國稅基本法 제42조 소정의 讓渡擔保財産의 의미
7-1	9.27.	金道昶	信賴保護에 관한 行政判例의 최근 동향
-2		金東熙	自動車運輸事業法 제31조 등에 관한 處分要

순번	연월일	발표자	발 표 제 목
			領의 성질
8-1	10.25.	李尙圭	入札參加資格 制限行爲의 법적 성질
-2		李相敦	公有水面埋立에 따른 不動産所有權 國家歸屬의 무효확인
9-1	11.22.	梁承斗	抗告訴訟의 提起要件
-2		韓昌奎	地目變更 拒否의 성질
10	86.1.31.	李相赫	行政訴訟에 있어서의 訴의 利益의 문제
11	2.28	崔松和	運轉免許 缺格者에 대한 면허의 효력
12	3.28	金道昶	憲法上의 違憲審査權의 所在
13	4.25.	趙慶根	美聯邦情報公開法에 대한 약간의 고찰
14	5.30.	張台柱	西獨에 있어서 隣人保護에 관한 判例의 최근동향
15	6.27.	金斗千	僞裝事業者와 買入稅額 控除
外1	9.30.	藤田宙靖	日本의 最近行政判例 동향
16	10.31.	金英勳	注油所 許可와 瑕疵의 承繼
17	11.28.	芮鍾德	漁業免許의 취소와 裁量權의 濫用
外2	87.3.21.	鹽野宏	日本 行政法學界의 現況
		園部逸夫	새 行政訴訟法 시행 1년을 보고
18	4.25.	金道昶	知的財産權의 문제들
19-1	4.22.	李升煥	商標法에 관한 최근판례의 동향
-2			工場登錄 拒否處分과 소의 이익
20	5.29.	金南辰	執行停止의 요건과 本案理由와의 관계
21	9.25.	崔光律	日本公法學會 總會參觀 등에 관한 보고
22-1	10.30.	金道昶	地方自治權의 강화와 行政權限의 위임에 관한 문제
-2			
23	11.27.	金鐵容	不作爲를 구하는 訴의 가부

순번	연월일	발표자	발 표 제 목
24	88.2.26.	金時秀	租稅賦課處分에 있어서의 當初處分과 更正拒否處分의 법률관계
25-1	3.25.	徐元宇	최근 日本公法學界의 동향
-2		朴鈗炘	平澤港 漁業補償 문제
外3	4.29.	成田賴明	日本 行政法學과 行政判例의 최근 동향
26	5.27.	李尙圭	防衛稅 過誤納 還給拒否處分의 취소
27	6.24.	徐元宇	運輸事業計劃 변경인가처분의 취소
28	8.26.	金完燮	처분후의 事情變更과 소의 이익
29	10.7.	石琮顯	行政處分(訓令)의 법적 성질
30	10.28.	李鴻薰	土地收用裁決處分의 취소
31	11.17.	朴鈗炘	行政計劃의 법적 성질
32	89.1.27.	金東熙	載量行爲에 대한 司法的統制의 한계
33	2.24.	李碩祐	國稅還給申請權의 인정 여부
34	3.24.	朴松圭	國産新技術製品 保護決定處分의 일부취소
35-1	4.28.	金鐵容	독일 行政法學界의 최근동향
-2		千柄泰	제 3 자의 行政審判前置節次 이행 여부
36	5.26.	金善旭	公務員의 團體行動의 違法性
37	6.30.	金元主	租稅行政과 信義誠實의 원칙
38	8.25.	趙憲銖	國稅還給拒否處分의 법적 성질
39	9.29.	鄭準鉉	刑事訴追와 行政處分의 효력
40	10.27.	韓堅愚	行政規則(訓令)의 성질
41	11.24.	金斗千	相續稅法 제32조의2의 違憲 여부
外4	12.27.	小早川光朗	日本 行政法學界의 최근 동향
42	90.1.19.	金鐵容	豫防的 不作爲訴訟의 許容 여부
43	2.23.	李光潤	營造物行爲의 법적 성질
44	3.30.	南勝吉	行政刑罰의 범위

순번	연월일	발표자	발 표 제 목
45	4.27.	黃祐呂	法律의 遡及效
46	5.25.	朴均省	行政訴訟과 訴의 이익
47	6.29.	卞在玉	軍檢察官의 公訴權行使에 관한 憲法訴願
48	8.31.	成樂寅	結社의 自由의 事前制限
49	9.28.	辛奉起	憲法訴願과 辯護士 强制主義
50	10.26.	朴圭河	行政官廳의 權限의 委任·再委任
51	11.30.	朴國洙	行政行爲의 公定力과 國家賠償責任
52	91.1.25.	梁承斗	土地去來許可의 법적 성질
53	2.22.	徐元宇	建築許可 保留의 위법성 문제
外5-1	3.29.	南博方	處分取消訴訟과 裁決取消訴訟
-2		藤田宙靖	日本 土地法制의 현황과 課題
54	4.26.	吳峻根	遺傳子工學的 施設 設置許可와 法律留保
55	5.31.	金南辰	拒否行爲의 行政處分性과 "법률상 이익 있는 자"의 의미
56	6.28.	鄭然彧	無效確認訴訟과 訴의 이익
57	8.30.	金性洙	主觀的公權과 基本權
58	9.27.	金英勳	運轉免許 取消處分의 취소
59	10.25.	石琮顯	基準地價告示地域 내의 收用補償額 算定基準에 관한 판례동향
60	11.29.	朴鈗炘	工事中止處分의 취소
61	92.1.31.	卞海喆	公物에 대한 强制執行
62	2.28.	李康國	違憲法律의 효력-그 遡及效의 범위와 관련하여
63	3.27	金善旭	公勤務에 관한 女性支援指針과 憲法上의 平等原則
64	4.24.	全光錫	不合致決定의 허용 여부
65	5.29.	崔正一	行政規則의 법적성질 및 효력

순번	연월일	발표자	발 표 제 목
66	6.26.	李琦雨	獨逸 Műnster 高等行政裁判所 1964.1.8. 판결
67	8.28.	朴鈗炘	地方自治團體의 자주적인 條例制定權과 規律문제
68	9.18.	金元主	讓渡所得稅 등 賦課處分의 취소
69	10.16.	洪準亨	結果除去請求權과 行政介入請求權
70	11.20.	金時秀	土地收用裁決處分의 취소
71	93.1.15.	金海龍	環境技術관계 行政決定에 대한 司法的 統制의 범위
72	2.19.	李重光	租稅法上 不當利得 返還請求權
73	3.19.	高永訓	行政規則에 의한 行政府의 立法行爲外
外6	4.16.	J.Anouil	EC法의 現在와 將來
74	5.21.	柳至泰	行政訴訟에서의 行政行爲 根據變更에 관한 판례분석
75	6.18.	徐元宇	原處分主義와 被告適格
76	8.20.	朴均省	國家의 公務員에 대한 求償權
77	9.17.	金東熙	教員任用義務不履行 違法確認訴訟
78	10.15.	盧永錄	建設業免許 取消處分의 취소
79	94.1.21.	徐廷友	無效確認을 구하는 의미의 租稅取消訴訟과 租稅還給金 消滅時效의 起算點
80	2.18.	洪準亨	判斷餘地의 한계
81	3.18.	裵輔允	憲法訴願 審判請求 却下決定에 대한 헌법소원
82	4.15.	金善旭	舊東獨判事의 獨逸判事任用에 관한 決定과 그 不服에 대한 管轄權
83	5.20.	李京運	學則의 법적 성질
84	6.17.	朴松圭	任用行爲取消處分의 취소
85	8.19.	金鐵容	公務員 個人의 不法行爲責任

순번	연월일	발표자	발 표 제 목
86	9.30.	卞在玉	日本 家永教科書檢定 第一次訴訟 上告審 判決의 評釋
87	10.21.	金香基	無名抗告訴訟의 可否
88	11.18.	李康國	行政行爲의 瑕疵의 治癒
89	95.1.20.	趙憲銖	取消判決의 遡及效
90	2.17.	朴秀赫	獨逸 統一條約과 補償法上의 原狀回復 排除規定의 合憲 여부
外7	3.17.	小高剛	損失補償에 관한 日本 最高裁判所 判決의 분석
91	4.21.	崔松和	行政處分의 理由明示義務에 관한 판례
92	5.19.	崔正一	石油販賣業의 양도와 歸責事由의 승계
93	6.16.	鄭夏重	國家賠償法 제5조에 의한 배상책임의 성격
94	8.18.	吳振煥	無效인 條例에 근거한 行政處分의 효력
95	9.15.	金敞祚	日本 長良川 安八水害 賠償判決
96	10.20.	黃祐呂	非常高等軍法會議 判決의 破棄와 還送法院
97	11.17.	白潤基	地方自治法 제98조 및 제159조에 의한 訴訟
98	96.1.19.	徐元宇	營業停止期間徒過後의 取消訴訟과 訴의 이익
99	2.23.	金海龍	計劃變更 내지 保障請求權의 성립요건
外8	3.19.	鹽野宏	日本 行政法 判例의 近年動向 - 行政訴訟을 중심으로
100	4.19.	金東熙	國家賠償과 公務員에 대한 求償
101	5.17.	梁承斗	教員懲戒와 그 救濟制度
102	6.28.	金容燮	運轉免許取消·停止處分의 法的 性質 및 그 한계
103	8.16.	李京運	轉補發令의 處分性
104	9.20.	盧永錄	申告納稅方式의 租稅와 그 瑕疵의 판단기준
105	10.18.	金敞祚	道路公害와 道路設置·管理者의 賠償責任

순번	연월일	발표자	발 표 제 목
106	11.15.	金裕煥	形式的 拒否處分에 대한 取消訴訟의 審理범위
107	97.1.17.	裵柄皓	北韓國籍住民에 대한 强制退去命令의 적법성
108	2.21.	趙龍鎬	公衆保健醫師 採用契約解止에 대한 爭訟
109	3.21.	金鐵容	行政節次法의 내용
110	4.18.	趙憲銖	建築物臺帳 職權訂正行爲의 처분성
111	5.16.	鄭夏重	交通標識板의 법적성격
112	6.20.	裵輔允	違憲決定과 行政處分의 효력
113	8.22.	吳峻根	聽聞의 실시요건
114	9.19.	金善旭	옴부즈만條例案 再議決 無效確認判決의 문제점
115	10.17.	李光潤	機關訴訟의 성질
116	11.21.	朴正勳	敎授再任用拒否의 처분성
117	98.1.16.	白潤基	當事者訴訟의 대상
118	2.20.	辛奉起	機關訴訟 주문의 형식
119	3.20.	洪準亨	行政法院 出帆의 意義와 행정법원의 課題
120	4.17.	宣正源	오스트리아와 독일의 不作爲訴訟에 관한 고찰
121	5.16.	李東洽	刑事記錄 열람·등사 거부처분
122	6.19.	金東建	環境行政訴訟과 地域住民의 原告適格
123	98.8.21.	金南辰	法規命令과 行政規則의 구별
124	9.18.	金敞祚	河川 管理 責任
125	10.16.	金容燮	行政審判의 裁決에 대한 取消訴訟
126	11.20.	徐廷友	垈地造成事業計劃 승인처분의 재량행위
127	99.1.15.	南勝吉	處分의 기준을 규정한 施行規則(部令)의 성격
128	2.19.	金裕煥	違憲法律에 根據한 行政處分의 效力
129	3.19.	鄭夏重	多段階行政節次에 있어서 事前決定과 部分許可의 意味

순번	연월일	발표자	발 표 제 목
130	4.16.	裵輔允	南北交流協力 등 統一에 관한 법적 문제
131	5.21.	康鉉浩	計劃承認과 司法的 統制
132	6.18.	俞珍式	行政指導와 違法性阻却事由
133	8.20.	朴正勳	侵益的 行政行爲의 公定力과 刑事裁判
134	9.17.	金東熙	建築許可신청서 返戾처분취소
		金南澈	行政審判法 제37조 제2항에 의한 自治權侵害의 가능성
135	10.15.	金炳圻	條例에 대한 再議要求事由와 大法院提訴
		權殷玟	公賣決定 · 通知의 처분성 및 소송상 문제점
136	11.19.	石鎬哲	羈束力의 범위로서의 처분사유의 동일
		金珉昊	직무와 관련된 不法行爲에 있어 공무원 개인의 책임
137	00.1.21.	尹炯漢	任用缺格과 退職給與
		裵柄皓	還買權소송의 管轄문제
138	2.18.	趙憲銖	個人事業의 法人轉換과 租稅減免
		金連泰	조세행정에 있어서 경정처분의 효력
139	3.17.	俞珍式	自動車運輸事業 면허처분에 있어서 競業, 競願의 범위
		慶 健	情報公開請求權의 憲法的 根據와 그 制限
140	4.21.	朴正勳	拒否處分 取消訴訟에 있어 違法判斷의 基準時와 訴의 利益
		金柄圻	行政訴訟上 執行停止의 要件으로서의 '回復하기 어려운 損害'와 그 立證責任
141	5.19.	洪準亨	不可變力, 信賴保護, 그리고 行政上 二重危險의 禁止
		康鉉浩	建築變更許可와 附款

순번	연월일	발표자	발 표 제 목
142	6.16.	趙龍鎬	寄附金品募集許可의 法的性質
		金容燮	行政上 公表
143	8.18.	朴松圭	盜難당한 自動車에 대한 自動車稅와 免許稅
		權殷玟	廢棄物處理業 許可權者가 한 '不適正通報' 의 法的性質
144	9.22.	石鎬哲	公法的 側面에서 본 日照權 保護
145	10.20.	蘇淳茂	後發的 事由에 의한 更正請求權을 條理上 인정할 수 있는지 與否
		金光洙	土地形質變更許可와 信賴保護原則
146	11.17.	朴銳炘	慣行漁業權
		宣正源	複合民願과 認·許可擬制
147	01.1.19.	崔松和	판례에 있어서 공익
		李光潤	도로가 행정재산이 되기 위한 요건 및 잡종재산에 대한 시효취득
148	2.16.	金鐵容	개발제한 구역의 시정과 손실 보상
		鄭夏重	부관에 대한 행정소송
149	3. 8.	金性洙	독일연방헌재의 폐기물법에 대한 결정과 환경법상 협력의 원칙
		李東植	중소기업에 대한 조세 특례와 종업원의 전출. 파견
150	4.20.	李京運	주택건설사업계획 사전결정의 구속력
		裵輔允	2000년 미국대통령 선거 소송 사건
151	5. 9.	李東洽	위헌법률에 근거한 처분에 대한 집행력 허용 여부
		金珉昊	상속세 및 증여세법상 증여의 의미
152	6.15.	李元雨	정부투자기관의 부정당업자 제재조치의 법적

순번	연월일	발표자	발 표 제 목
			성질
		朴榮萬	군사시설보호법상의 협의와 항고소송
153	8.17.	崔正一	법규명령형식의 재량준칙의 법적성질 및 효력
		趙憲銖	유적발굴허가와 행정청의 재량
154	9.21.	金東熙	국가배상법 제 5 조상의 영조물의 설치·관리상 하자의 관념
		金東建	대법원 판례상의 재량행위
155	10.10.	吳峻根	행정절차법 시행이후의 행정절차 관련 주요 행정판례 동향분석
		柳至泰	공물법의 체계에 관한 판례 검토
156	11. 7.	白潤基	행정소송에 있어서 건축주와 인근주민의 이익의 충돌과 그 조화
		徐廷範	국가배상에 있어서 위법성과 과실의 일원화에 관하여
157	02.1.18.	金善旭	독일헌법상의 직업공무원제도와 시간제공무원
		朴正勳	처분사유의 추가·변경－제재철회와 공익상 철회
158	2.15.	辛奉起	일본의 기관소송 법제와 판례
		權殷玟	원천징수행위의 처분성과 원천징수의무자의 불복방법
159	3.15.	朴均省	환경영향평가의 하자와 사업계획승인처분의 효력
		金鐘甫	관리처분계획의 처분성과 그 공정력의 범위
160	4.19.	崔光律	농지전용에 관한 위임명령의 한계
		俞珍式	건축법상 일조보호규정의 私法上의 의미
161	5.17.	朴鈗炘	국가배상법 제2조 제1항 단서에 대한 헌법재

순번	연월일	발표자	발 표 제 목
			판소의 한정위헌결정 및 관련 대법원판례에 대한 평석
		宣正源	행정의 공증에 대한 사법적 통제의 의미와 기능의 명확화
162	6.21.	金元主	도로배연에 의한 대기오염과 인과관계
		康鉉浩	재량준칙의 법적 성격
163	7.19.	裵柄皓	회의록과 정보공개법상 비공개대상정보
		慶 健	공문서관리의 잘못과 국가배상책임
164	8.16.	金容燮	거부처분취소판결의 기속력
		金炳圻	보완요구의 '부작위'성과 재결의 기속력
165	9.13.	尹炯漢	기납부 택지초과소유부담금 환급청구권의 성질과 환급가산금의 이자율
		鄭夏明	미국연방대법원의 이른바 임시규제적 수용에 관한 새로운 판결례
166	10.18.	李鴻薰	공용지하사용과 간접손실보상
		金光洙	국가배상소송과 헌법소원심판의 관계
167	11.15.	徐元宇	행정법규위반행위의 사법적 효력
		李康國	조세채무의 성립과 확정
168	12.20.	蘇淳茂	인텔리전트빌딩에 대한 재산세중과시행규칙의 유효성 여부
169	03.1.17.	金敞祚	정보공개제도상의 비공개사유와 본인개시청구
		金聖泰	운전면허수시적성검사와 개인 정보보호
170	2.21.	金東熙	기속재량행위와 관련된 몇 가지 논점 또는 의문점
		曺海鉉	행정처분의 근거 및 이유제시의 정도
171	3.21.	白潤基	불합격처분에 대한 효력정지결정에 대한 고찰

순번	연월일	발표자	발 표 제 목
		宣正源	행정입법에 대한 부수적 통제
172	5.16.	李元雨	한국증권업협회의 협회등록최소결정의 법적 성질
		金容贊	정보공개청구사건에서의 몇 가지 쟁점
173	6.20.	金重權	이른바 "수리를 요하는 신고"의 문제점에 관한 소고
		洪準亨	평생교육시설 설치자 지위승계와 설치자 변경 신청서 반려처분의 적법 여부
174	7.18.	金鐵容	학교법인임원취임승인취소처분과 행정절차법
		金秀珍	성별에 따른 상이한 창업지원금신청기간설정과 국가의 평등보장의무
175	8.22.	鄭夏重	법관의 재판작용에 대한 국가배상책임
		金鐘甫	정비조합(재건축, 재개발조합) 인가의 법적 성격
176	9.19.	金炳圻	수익적 행정행위의 철회의 법적 성질과 철회사유
		朴榮萬	군사시설보호구역설정행위의 법적 성격
177	10. 9	朴正勳	취소판결의 기판력과 기속력
		李東植	구 소득세법 제101조 제 2 항에 따른 양도소득세부과와 이중과세 문제
178	11.21.	李東洽	최근 행정소송의 주요사례
		慶 健	하천구역으로 편입된 토지에 대한 손실보상
179	12.19.	朴均省	거부처분취소판결의 기속력과 간접강제
180	04.1.16.	李光潤	광역지방자치단체와 기초지방자치단체의 성격
		朴海植	행정소송법상 간접강제결정에 기한 배상금의 성질
181	2.20.	金海龍	행정계획에 대한 사법심사에 있어서 법원의

순번	연월일	발표자	발 표 제 목
			석명권행사 한계와 입증책임
		李賢修	영업양도와 공법상 지위의 승계
182	3.19.	俞珍式	기부채납부관을 둘러싼 법률문제
		鄭泰學	매입세액의 공제와 세금계산서의 작성·교부시기
183	4.16.	柳至泰	행정행위의 취소의 취소
		金致煥	통지의 법적 성질
184	5.21.	鄭準鉉	단순하자 있는 행정명령을 위반한 행위의 가벌성
		權殷玟	압류처분취소소송에서 부과처분의 근거법률이 위헌이라는 주장이 허용되는지 여부
185	6.18.	趙憲銖	사업양도와 제2차 납세의무
		金連泰	과징금 부과처분에 대한 집행정지결정의 효력
186	7.16.	金容燮	보조금 교부결정을 둘러싼 법적 문제
		林聖勳	영내 구타·가혹 행위로 인한 자살에 대한 배상과 보상
187	8.20.	李京運	교수재임용거부처분취소
		曺媛卿	국가공무원법 제69조 위헌제청
188	9.17.	鄭成太	법규명령의 처분성
		金敞祚	원자로 설치허가 무효확인소송
189	04.10.15.	崔正一	법령보충적행정규칙의 법적 성질 및 효력
		李湖暎	독점규제법상 특수관계인에 대한 부당지원행위의 규제
190	11.19.	金香基	재결에 대한 취소소송
		劉南碩	집행정지의 요건으로서 "회복하기 어려운 손해를 예방하기 위한 긴급한 필요"와 그 고려

순번	연월일	발표자	발 표 제 목
			사항으로서의 '승소가능성'
191	12.17.	尹炯漢	사전통지의 대상과 흠결의 효과
192	05.1.31.	鄭鎬慶	행정소송의 협의의 소의 이익과 헌법소원의 보충성
		金重權	국토이용계획변경신청권의 예외적 인정의 문제점에 관한 소고
193	2.18.	宣正源	하자승계론에 몇 가지 쟁점에 관한 검토
		李熙貞	공법상 계약의 해지와 의견청취절차
194	3.18.	安哲相	취소소송 사이의 소의 변경과 새로운 소의 제소기간
		康鉉浩	민간투자법제에 따른 우선협상대상자지정의 법적 제문제
195	4.15.	吳峻根	재량행위의 판단기준과 재량행위 투명화를 위한 법제정비
		李根壽	대집행의 법적 성격
196	5.20.	河宗大	금산법에 기한 계약이전결정 등의 처분과 주주의 원고적격
		金鐘甫	토지형질변경의 법적 성격
197	6.17.	朴海植	제재적 행정처분의 효력기간 경과와 법률상 이익
		李桂洙	공무원의 정치적 자유와 정치운동금지의무
198	8.19.	金容燮	재결의 기속력의 주관적 범위를 둘러싼 논의
		徐正旭	공시지가와 하자의 승계
199	9.16.	金鉉峻	용도지역 지정 · 변경행위의 법적 성질과 그에 대한 사법심사
		趙成奎	직접민주주의와 조례제정권의 한계

순번	연월일	발표자	발 표 제 목
200	10.21.	金光洙	공직선거법과 행정형벌
		崔桂暎	용도폐지된 공공시설에 대한 무상양도신청거부의 처분성
201	11.12.	鄭夏重	행정판례의 발전과 전망
		朴正勳	행정판례의 발전과 전망
		尹炯漢	행정재판제도의 발전과 행정판례
		朴海植	행정재판제도의 발전과 행정판례
202	12.16.	鄭泰容	행정심판청구인적격에 관한 몇 가지 사례
203	06. 1.20	朴均省	행정상 즉시강제의 통제 — 비례원칙, 영장주의, 적법절차의 원칙과 관련하여 —
		權殷玟	기본행위인 영업권 양도계약이 무효라고 주장하는 경우에 행정청이 한 변경신고수리처분에 대한 불복방법 등
204	2.17.	曺海鉉	민주화운동관련자명예회복및보상등에관한법률에 기한 행정소송의 형태
		金重權	사권형성적 행정행위와 그 폐지의 문제점에 관한 소고
205	06.3.17.	朴正勳	불확정개념과 재량 — 법규의 적용에 관한 행정의 우선권
		李相悳	한국지역난방공사 공급규정 변경신고를 산업자원부장관이 수리한 행위의 법적 성질
206	4.21.	俞珍式	공유수면매립법상 사정변경에 의한 매립면허의 취소신청
		林永浩	채석허가기간의 만료와 채석허가취소처분에 대한 소의 이익
207	5.19	嚴基燮	공정거래법상 사업자단체의 부당제한행위의

순번	연월일	발표자	발 표 제 목
			성립요건
		李賢修	납입고지에 의한 변상금부과처분의 취소와 소멸시효의 중단
208	6.16.	金鐘甫	재건축 창립총회의 이중기능
		鄭夏明	미국 연방대법원의 행정입법재량통제
209	8.17.	裵柄皓	개정 하천법 부칙 제2조의 손실보상과 당사자 소송
		金裕煥	공공갈등의 사법적 해결 — 의미와 한계
210	9.15.	金容燮	텔레비전 수신료와 관련된 행정법적 쟁점
		崔桂暎	행정처분과 형벌
211	10.20.	金海龍	처분기간이 경과된 행정처분을 다툴 법률상 이익(행정소송법 제12조 후문 관련)과 제재적
		石鎬哲	처분기준을 정한 부령의 법규성 인정 문제
212	11.17.	宣正源	입헌주의적 지방자치와 조직고권
		李熙貞	주민투표권 침해에 대한 사법심사
213	06.12.8.-		법제처 · 한국행정판례연구회 공동주관 관학협동워크샵
	9.	朴 仁	법령보충적 성격의 행정규칙의 현황과 문제점
		林永浩	법령보충적 성격의 행정규칙에 대한 판례분석
		鄭南哲	법령보충적 성격의 행정규칙의 정비방향과 위임사항의 한계
		金重權	민주적 법치국가에서 의회와 행정의 공관적 법정립에 따른 법제처의 역할에 관한 소고
		金海龍	국토계획 관련법제의 문제점과 개선방안
214	07.1.19.	張暻源	독일 맥주순수령 판결을 통해 본 유럽과 독일의 경제행정법

순번	연월일	발표자	발 표 제 목
		權純一	재정경제부령에 의한 덤핑방지관세부과조치의 처분성 재론-기능적 관점에서-
215	2.23.	鄭準鉉	소위 '공익사업법'상 협의취득의 법적 성질
		裵輔允	구 농어촌정비법 제93조 제1항의 국공유지양증여의 창설환지 등의 문제점
216	3.16.	朴榮萬	법령의 개정과 신뢰보호의 원칙
		金重權	행정입법적 고시의 처분성인정과 관련한 문제점에 관한 소고
217	4.20.	金容贊	국가지정문화재현상변경허가처분의 재량행위성
		李湖暎	합의추정된 가격담합의 과징금산정
218	5.18	金敞祚	공인중개사시험불합격처분 취소소송
		李宣憙	행정청의 고시와 원고적격
219	6.15.	李光潤	제재적 처분기준의 성격과 제재기간 경과후의 소익
		金暎賢	행정소송의 피고적격
220	07.8.17.	金義煥	정보공개법상의 공공기관 및 정보공개청구와 권리남용
		金秀珍	행정서류의 외국으로의 송달
221	9.21.	蘇淳茂	명의신탁 주식에 대한 증여의제에 있어서 조세회피목적의 해석
		慶 健	관계기관과의 협의를 거치지 아니한 조례의 효력
222	10.19.	成百玹	공특법상 '이주대책'과 공급규칙상 '특별공급'과의 관계
		金南澈	건축허가의 법적 성질에 대한 판례의 검토
223	11.16.	金性洙	민간투자사업의 성격과 사업자 선정의 법적

순번	연월일	발표자	발 표 제 목
			과제
224	12.21.	趙憲銖	병역의무 이행과 불이익 처우 금지의 관계
225	08.1.18.	金南辰	국가의 경찰법, 질서법상의 책임
		李殷祈	폐기물관리법제와 폐기물처리조치명령취소처분
		鄭成太	대형국책사업에 대한 사법심사(일명 새만금사건을 중심으로)
226	2.15.	辛奉起	한국 행정판례에 있어서 형량하자론의 도입과 평가
		鄭鍾錧	하천법상의 손실보상
227	3.21.	鄭夏重	사립학교법상의 임시이사의 이사선임권한
		林聖勳	행정입법 부작위에 관한 몇가지 문제점
228	4.18.	金光洙	자치사무에 대한 국가감독의 한계
		金熙喆	토지수용으로 인한 손실보상금 산정
229	5.16.	申東昇	행정행위 하자승계와 선결문제
		趙成奎	과징금의 법적 성질과 부과기준
230	6.20.	姜錫勳	위임입법의 방식 및 해석론에 관한 고찰
		鄭南哲	명확성원칙의 판단기준과 사법심사의 한계
231	8.22.	鄭泰學	조세통칙과 신의성실의 원칙
		李京運	부관으로서의 기한
232	9.19.	朴尙勳	시간강사의 근로자성
		金善旭	지방자치단체장의 소속공무원에 대한 징계권과 직무유기
233	10.17.	趙允熙	정보통신부 장관의 위성망국제등록신청과 항고소송의 대상
		金鉉峻	환경사법 액세스권 보장을 위한 "법률상 이익"의 해석

순번	연월일	발표자	발 표 제 목
234	11.21.	裵輔允	권한쟁의심판의 제3자 소송담당
		李賢修	공물의 성립요건
235	12.19.	金鐵容	행정청의 처분근거·이유제시의무와 처분근거·이유제시의 정도
236	09.1.16.	金炳圻	행정법상 신뢰보호원칙
		劉慶才	원인자부담금
237	2.20.	金聖泰	도로교통법 제58조 위헌확인
		林永浩	공매 통지의 법적 성격
238	3.20.	崔桂暎	위헌결정의 효력과 취소소송의 제소기간
		金尙煥	법규명령에 대한 헌법소원의 적법요건
239	4.17.	朴均省	직무상 의무위반으로 인한 국가배상책임
		金國鉉	사망자의 법규위반으로 인한 제재사유의 승계
240	5.15.	金容燮	택지개발업무처리지침 위반과 영업소 폐쇄
		金炅蘭	개발제한구역의 해제와 원고적격
241	6.19.	朴正勳	무효확인소송의 보충성
		曺海鉉	민주화운동관련자 명예회복 및 보상 등에 관한 법률에 의한 보상금의 지급을 구하는 소송의 형태
242	8.21.	鄭泰容	행정심판 재결 확정력의 의미
		安哲相	지방계약직 공무원의 징계
243	9.18.	金鐘甫	「도시 및 주거환경정비법」상 정비기반시설의 귀속 관계
		徐基錫	국회의 입법행위 또는 입법부작위로 인한 국가배상책임
244	10.16.	河明鎬	법인에 대한 양벌규정의 위헌여부
		趙龍鎬	표준지공시지가 하자의 승계

순번	연월일	발표자	발 표 제 목
245	11.20.	金連泰	한국마사회의 조교사 및 기수의 면허부여 또는 취소의 처분성
		金義煥	행정상 법률관계에 있어서의 소멸시효의 원용과 신의성실의 원칙
246	12.18.	朴鈗炘	주거이전비 보상의 법적 절차, 성격 및 소송법적 쟁점
247	10.1.15	林宰洪	출입국관리법상 난민인정행위의 법적 성격과 난민인정요건
		金泰昊	하자있는 수익적 행정처분의 직권취소
248	2.19	金南澈	국가기관의 지방자치단체에 대한 감독·감사권한
		權殷玟	미국산 쇠고기 수입 고시의 법적 문제
249	3.19	金聲培	수용재결과 헌법상 정교분리원칙
		姜相旭	건축물대장 용도변경신청 거부의 처분성
250	4.16	李宣憙	공정거래법상 시정조치로서 정보교환 금지명령
		金鍾泌	이주대책대상자제외처분 취소소송의 쟁점
251	5.14	鄭夏重	공법상 부당이득반환청구권의 독자성
		魯坰泌	관리처분계획안에 대한 총회결의 무효확인을 다투는 소송방법
252	6.18	金秀珍	합의제 행정기관의 설치에 관한 조례 제정의 허용 여부
		白濟欽	과세처분에 대한 증액경정처분과 행정소송
253	8.20	崔正一	경원자 소송에서의 원고적격과 사정판결제도의 위헌 여부
		蔣尙均	승진임용신청에 대한 부작위위법확인소송
254	9.17	金敞祚	강의전담교원제와 해직처분
		河宗大	행정처분으로서의 통보 및 신고의 수리

순번	연월일	발표자	발 표 제 목
255	10.15	최진수	징발매수재산의 환매권
		朴海植	주민등록전입신고 수리 여부에 대한 심사범위와 대상
256	11.12	金容燮	부당결부금지원칙과 부관
		朴尙勳	공무원에 대한 불이익한 전보인사 조치와 손해배상
257	12.10	金東熙	제재적 재량처분의 기준을 정한 부령
258	11.1.14	成智鏞	위임입법의 한계와 행정입법에 대한 사법심사
		安東寅	법령의 개정과 신뢰보호원칙 — 신뢰보호원칙의 적극적 활용에 대한 관견 —
259	2.18	崔桂暎	민간기업에 의한 수용
		金泰昊	사전환경성검토와 사법심사
260	3.18	金鉉峻	규제권한 불행사에 의한 국가배상책임의 구조와 위법성 판단기준
		朴在胤	지방자치단체 자치감사의 범위와 한계
261	4.15	金重權	민간투자사업의 법적 절차와 처분하자
		徐輔國	행정입법의 부작위에 대한 헌법소원과 행정소송
262	5.20	李熙貞	귀화허가의 법적 성질
		尹仁聖	독점규제 및 공정거래에 관한 법률 제3조의2 제1항 제5호 후단에 규정된 "부당하게 소비자의 이익을 현저히 저해할 우려가 있는 행위"에 관한 소고
263	6.17	朴均省	납골당설치신고 수리거부의 법적 성질 및 적법성 판단
		姜錫勳	재조사결정의 법적 성격과 제소기간의 기산점
264	8.19	金光洙	임시이사의법적 지원

순번	연월일	발표자	발 표 제 목
265	9.16	趙允熙	불복절차 도중의 과세처분 취소와 재처분금지
		鄭準鉉	개인택시사업면허 양도시 하자의 승계
		김용하	잔여지 수용청구권의 행사방법 및 불복수단
266	10.21	崔峰碩	과징금 부과처분의 재량권 일탈·남용
		朴榮萬	군인공무원관계와 기본권 보장
267	11.11	俞珍式	정보공개법상 비공개사유
		주한길	행정소송법상 집행정지의 요건
268	12.16	琴泰煥 金致煥 田勳 李殷相	최근 외국 행정판례의 동향 및 분석 미국, 일본, 프랑스, 독일
		李鴻薰	사회발전과 행정판결
269	12.1.27	裵炳皓	재개발조합설립인가 등에 관한 소송의 방법
		河明鎬	사회보장행정에서 권리의 체계와 구제
270	2.17	朴玄廷	건축법 위반과 이행강제금
		金善娥	출퇴근 재해의 인정범위
271	3.16	金重權	국가배상법상 중과실의 의미
		徐泰煥	행정소송법상 직권심리주의의 의미와 범위
272	4.20	李湖暎	시장지배적사업자의 기술적 보호조치와 공정거래법
		李玩憙	공정거래법상 신고자 감면제도
273	5.18	李東植	세무조사 결정통지의 처분성
		鄭基相	조세소송에서 실의성실원칙
274	6.15	許康茂	생활대책대상자선정거부의 처분성과 신청권의 존부
		朴貞杹	기대권의 법리와 교원재임용거부 및 부당한 근로계약 갱신 거절의 효력
275	8.17	金敞祚	정보공개법상 비공개사유로서 법인 등의 경

순번	연월일	발표자	발 표 제 목
			영 · 영업상 비밀에 관한 사항
		成承桓	경찰권 발동의 한계와 기본권
276	9.21	金宣希	도시정비법상 조합설립인가처분과 변경인가처분
		李相憙	국가와 지방자치단체의 보조금 지원과 지원거부의 처분성
277	10.19	康鉉浩	건축법상 인허가의제의 효과를 수반하는 신고
		尹景雅	결손처분과 그 취소 및 공매통지의 처분성
278	11.16	金容燮	원격평생교육시설 신고 및 그 수리거부
		李義俊	사업시행자의 생활기본시설 설치 의무
279	12.21	琴泰煥	미국, 일본, 프랑스, 독일의 최근 행정판례동향
		金致煥	
		田 勳	
		李殷相	
		崔松和	행정판례의 회고와 전망
280	13.1.18	崔桂暎	행정처분의 위법성과 국가배상책임
		金泰昊	정보공개법상 비공개사유로서 '진행 중인 재판에 관련된 정보'
281	2.15	金致煥	주민소송의 대상
		朴在胤	체육시설을 위한 수용
282	3.15	金聲培	국가유공자요건비해당결정처분
		金東國	해임처분무효
283	4.19	徐輔國	압류등처분무효확인
		崔柄律	자동차운전면허취소처분취소
284	5.24	裵柄皓	국가배상청구권의 소멸시효
		朴海植	감면불인정처분등취소
285	6.21	朴均省	국방·군사시설사업실시계획승인처분무효확인등

순번	연월일	발표자	발 표 제 목
		金慧眞	형의 집행 및 수용자의 처우에 관한 법률 제45조 제1항 위헌확인
286	8.16	俞珍式	여객자동차운수사업법 제14조 등 위헌확인 등
		김필용	증여세부과처분취소
287	9.27	慶建	정보공개청구거부처분취소
		이산해	과징금부과처분취소 · 부당이득환수처분취소
288	10.18	金裕煥	직권면직취소
		許盛旭	관리처분계획무효확인
289	11.15	金炳圻	완충녹지지정의 해제신청거부처분의 취소
		成重卓	조합설립인가처분무효확인
290	12.20	金聲培 金致煥 吳丞奎 桂仁國	미국, 일본, 프랑스, 독일의 최근 행정판례 동향
		鄭夏重	행정판례에 있어서 몇 가지 쟁점에 관한 소고
291	14. 1. 17	金相贊	국가공무원 복무규정 제3조 제2항 등 위헌확인
		金容河	사업시행승인처분취소
292	2.21	姜知恩	주택건설사업승인불허가처분 취소 등
		金世鉉	소득금액변동통지와 하자의 승계 판례변경에 따른 신뢰성 보호 문제
293	3.21	金重權	지방자치단체의 구역관할결정의 제 문제에 관한 소고
		李相悳	체납자 출국금지처분의 요건과 재량통제
294	4.18	俞珍式	정보공개거부처분취소
		金惠眞	백두대간보호에관한법률 제7조 제1항 제6호 위헌소원

순번	연월일	발표자	발 표 제 목
295	5.16	安東寅	토지대장의 직권말소 및 기재사항 변경거부의 처분성
		河泰興	증액경정처분의 취소를 구하는 항고소송에서 납세의무자가 다툴 수 있는 불복사유의 범위
296	6.20	金容燮	독립유공자법적용배제결정 - 처분취소소송에 있어 선행처분의 위법성승계
		李承勳	조합설립추진위원회 설립승인 무효 확인
297	8.22	鄭鎬庚	不利益處分原狀回復 등 要求處分取消
		이병희	解任處分取消決定取消
298	9.19	崔峰碩	職務履行命令取消
		文俊弼	還買代金增減
299	10.17	朴均省	行政判例 30年의 回顧와 展望: 행정법총론 I
		金重權	行政判例의 回顧와 展望－행정절차, 정보공개, 행정조사, 행정의 실효성확보의 분야
		洪準亨	行政判例 30年의 回顧와 展望－행정구제법: 한국행정판례의 정체성을 찾아서
300	11.21	康鉉浩	不正當業者制裁處分取消
		李承寧	讓受金
301	12.19	金聲培	美國의 最近 行政判例動向
		吳丞奎	프랑스의 最近 行政判例動向
		桂仁國	獨逸의 最近 行政判例動向
		咸仁善	日本의 最近 行政判例動向
		朴鈗炘	온실가스 배출거래권 제도 도입에 즈음하여
302	15. 1.23	金泰昊	수정명령 취소
		李羲俊	손해배상(기)
303	2.27	朴玄廷	정비사업조합설립과 토지 또는 건축물을 소유

순번	연월일	발표자	발 표 제 목
			한 국가·지방자치단체의 지위
		李羲俊	건축허가처분취소
304	3.20	俞珍式	공공감사법의 재심의신청과 행정심판에 관한 제소기간의 특례
		金世鉉	명의신탁과 양도소득세의 납세의무자
305	4.17	朴均省	노동조합설립신고반려처분취소
		金海磨中	국세부과취소
306	5.15	崔峰碩	직무이행명령취소청구
		박준희	지역균형개발 및 지방중소기업 육성에 관한 법률 제16조 제1항 제4호 등 위헌소원
307	6.19	裵柄皓	인신보호법 제2조 제1항 위헌확인
		金東柱	생태자연도등급조정처분무효확인

行政判例研究 I~ XX-1 總目次

行政判例研究 Ⅰ ~ ⅩⅩ-1 總目次

[第 Ⅰ 卷]

Ⅰ. 行政上立法

Ⅱ. 行政裁量

Ⅲ. 行政行爲의 附款

Ⅵ. 行政行爲의 取消

Ⅴ. 行政節次

Ⅵ. 行政計劃

Ⅶ. 行政訴訟의 對象

Ⅷ. 行政訴訟에 있어서의 訴의 利益

Ⅸ. 行政訴訟의 執行停止

Ⅹ. 行政權限의 委任

Ⅺ. 公務員法

Ⅻ. 營造物法

XⅢ. 知的所有權·遺傳工學

XⅣ. 租 稅

XⅤ. 違憲審査

[第 Ⅱ 卷]

Ⅰ. 個人的 公權

Ⅱ. 行政上立法

Ⅲ. 行政行爲

Ⅳ. 行政計劃

Ⅴ. 行政上爭訟 一般

Ⅵ. 行政訴訟에 있어서의 訴의 利益

Ⅶ. 行政訴訟의 類型

Ⅷ. 損害塡補

Ⅸ. 公 務 員

X. 地方自治

XI. 租　　稅

XII. 違憲審査

[第 Ⅲ 卷]

Ⅱ. 個人的 公權

Ⅲ. 信賴保護

Ⅳ. 行政上立法

Ⅴ. 行政行爲

Ⅵ. 行政上爭訟 一般

Ⅶ. 行政訴訟의 類型

Ⅷ. 損害塡補

Ⅸ. 地方自治

Ⅹ. 違憲審査

[第 Ⅳ 卷]

Ⅰ. 行政行爲

Ⅱ. 行政計劃

Ⅲ. 行政節次

Ⅳ. 行政爭訟 一般

Ⅴ. 行政訴訟의 對象과 權利保護 必要性

VI. 行政訴訟의 類型

VII. 損害塡補

VIII. 地方自治法

IX. 秩序行政法

[第 V 卷]

I. 行政立法

Ⅱ. 行政行爲

Ⅲ. 行政計劃

Ⅳ. 行政節次

Ⅴ. 行政訴訟

Ⅵ. 損害塡補

Ⅶ. 公務員法

Ⅷ. 地方自治法

Ⅸ. 秩序行政法

Ⅹ. 租 稅

[第 VI 卷]

Ⅰ. 行政法의 基本槪念

Ⅱ. 行政行爲

Ⅲ. 行政訴訟

Ⅳ. 給付行政 · 環境行政

Ⅴ. 租　　稅

Ⅵ. 外國判例硏究

[第 Ⅶ 卷]

Ⅰ. 行政行爲

Ⅱ. 行政行爲

Ⅲ. 行政節次

Ⅳ. 行政上 損害塡補

Ⅴ. 行政訴訟

Ⅵ. 建築行政法

Ⅶ. 環境行政法

Ⅷ. 文化行政法

Ⅸ. 外國行政法判例研究

[第 Ⅷ 卷]

Ⅰ. 行政立法

Ⅱ. 行政行爲

Ⅲ. 情報公開

Ⅳ. 行政의 實效性確保手段

Ⅴ. 行政上 損害塡補

Ⅵ. 行政訴訟

Ⅶ. 土地行政法

Ⅷ. 租稅行政法

Ⅸ. 外國行政判例硏究

Ⅹ. 韓·日行政訴訟法制의 改正과 向後方向(國際學術會議)

[第 Ⅸ 卷]

Ⅰ. 行政行爲

Ⅱ. 行政節次

Ⅲ. 行政訴訟

Ⅳ. 地方自治法

Ⅴ. 租稅行政法

Ⅵ. 최근 行政訴訟判決의 主要動向

[第 X 卷]

Ⅰ. 行政立法

Ⅱ. 行政行爲

Ⅲ. 行政節次

Ⅳ. 行政上 損害塡補

Ⅴ. 行政訴訟

Ⅵ. 租稅行政法

[第XI卷]

Ⅰ. 韓國行政判例研究會 200회 特輯 紀念論文

Ⅱ. 行政行爲

Ⅲ. 行政의 實效性確保手段

Ⅳ. 行政訴訟

Ⅴ. 地方自治法

Ⅳ. 經濟行政法

Ⅴ. 租稅行政法

[第 XIII 卷]

Ⅰ. 行政立法

Ⅱ. 行政行爲

Ⅲ. 行政計劃

Ⅳ. 行政節次法

Ⅴ. 行政上 損害塡補

Ⅳ. 行政의 實效性確保手段

Ⅴ. 行政上 損害塡補

Ⅵ. 行政訴訟法

Ⅶ. 公物·營造物法

Ⅷ. 外國判例 및 外國法制 研究

[第 XIV-2卷]

Ⅰ. 行政法의 基本原理

Ⅱ. 行政行爲의 附款

Ⅲ. 行政行爲의 瑕疵

Ⅳ. 行政의 實效性確保手段

Ⅴ. 行政上 損害塡補

Ⅵ. 公務員法

Ⅶ. 外國判例 및 外國法制 硏究

[第 XV-1卷]

Ⅰ. 行政法의 基本原理

Ⅱ. 行政行爲의 槪念과 種類

Ⅲ. 行政行爲의 職權取消·撤回

Ⅳ. 取消訴訟의 對象

Ⅴ. 行政上 損害塡補

Ⅵ. 公務員法

Ⅶ. 地方自治法

Ⅷ. 經濟行政法

Ⅸ. 建築行政法

[第 XV-2卷]

Ⅰ. 認·許可 擬制 制度의 效果와 立法의 方向

Ⅱ. 行政立法

Ⅲ. 行政行爲

Ⅳ. 行政訴訟

Ⅴ. 地方自治法

Ⅵ. 外國判例 및 外國法制 研究

[第 XVI-1卷]

Ⅰ. 行政法의 基本原理

Ⅱ. 行政立法

Ⅲ. 行政行爲

Ⅳ. 損害塡補

Ⅴ. 地方自治法

[第 XVI-2卷]

[第 XVII -1卷]

Ⅷ. 租稅行政法

[第 XVII -2卷]

Ⅰ. 行政行爲의 概念과 種類

Ⅱ. 行政節次 및 情報公開

Ⅲ. 損害塡補

Ⅳ. 秩序行政法

Ⅴ. 經濟行政法

Ⅵ. 勞動行政法

Ⅶ. 外國判例 및 外國法制 研究

[第 XVIII -1卷]

Ⅰ. 行政行爲의 瑕疵

Ⅱ. 行政節次 및 情報公開

Ⅲ. 取消訴訟의 對象

Ⅴ. **損害塡補**

Ⅵ. **建築行政法**

Ⅶ. **環境行政法**

Ⅷ. **外國判例 및 外國法制硏究**

[第XIX-1卷]

Ⅰ. **行政行爲의 瑕疵**

Ⅱ. **行政節次 및 情報公開**

Ⅱ. 取消訴訟의 對象

Ⅲ. 地方自治法

Ⅳ. 建築行政法

Ⅴ. 外國判例 및 外國法制 研究

Ⅵ. 특집논문: 행정판례연구회 30주년 특별기념논문

[第XX-1卷]

Ⅰ. 行政立法

Ⅱ. 行政行爲의 槪念과 種類

Ⅲ. 行政行爲의 效力

Ⅳ. 行政節次 및 情報公開

Ⅴ. 行政爭訟一般

Ⅵ. 地方自治法

Ⅶ. 租稅行政法

Ⅷ. 建築行政法

主題別 總目次(行政判例研究 Ⅰ ~ XX－1)

行政法의 基本原理

個人的 公權

行政立法

行政行爲의 槪念과 種類

行政行爲의 附款

行政行爲의 效力

行政行爲의 瑕疵

行政行爲의 職權取消·撤回

行政計劃

行政節次 및 情報公開

行政의 實效性確保手段

行政爭訟一般

取消訴訟의 對象

行政訴訟에 있어서의 訴의 利益

行政訴訟의 審理

行政訴訟과 假救濟

行政訴訟의 類型

損害塡補

行政組織法

公務員法

地方自治法

秩序行政法

公物·營造物法

環境行政法

助成行政法

經濟行政法

租稅行政法

建築行政法

土地行政法

教育行政法

文化行政法

勞動行政法

憲法裁判

外國判例 및 外國法制 研究

行政訴訟判決의 主要動向

紀念論文

研究判例 總目次
(行政判例硏究 Ⅰ~ⅩⅩ-1)

〔대 법 원〕

〔서울고등법원〕

〔EU판례〕

〔독일판례〕

〔프랑스판례〕

〔미국판례〕

〔일본판례〕

동경지방재판소 2010. 4. 16. 판결(平21 (行ウ) 46号) XVI-2-297

동경지방재판소 2010. 1.22 판결(平20 (行ウ) 601号, 617号, 618号, 619号) XVI-2-279

최고재판소 第2小法廷 平成25 (2013). 1. 11. 平成24年(行ヒ) 第279号, 判例時報 2177号, 35면. XIX-2-281

최고재판소 平成25(2013).4.16. 平24(行ヒ)第245号, 122면. XIX-2-281

최고재판소 平成25(2013).7.12. 平成24年(行ヒ) 第156号, 判例タイムズ 1396号, 2014.3, 147면. XIX-2-281

최고재판소 平成25(2013).11.20. 平成25年(行ツ) 第209号, 第210号, 第211号, 判例タイムズ 1396号, 2014.3, 122면. XIX-2-281

최고재판소 第一小法廷 平成25(2013).3.21. 平成22年(行ヒ)第242号, 民集 67巻3号, 438면, 判例タイムズ 第1391号, 2013.10, 113면. XIX-2-281

최고재판소 第一小法廷 平成25(2013).3.21. 平成23年(行ツ) 第406号, 民集67巻3号, 375면. XIX-2-281

行政判例研究 XX-1

2015년 6월 25일 초판인쇄
2015년 6월 30일 초판발행

편저자 사단법인 한국행정판례연구회
대 표 정 하 중

발행인 안 종 만

발행처 (주) 박영사
서울특별시 종로구 새문안로3길 36, 1601
전화 (733) 6771 FAX (736) 4818
등록 1959. 3. 11. 제300-1959-1호(倫)

편저자와 협의하여 인 지 를 생 략 함

www.pybook.co.kr e-mail: pys@pybook.co.kr

정 가 40,000원

ISBN 979-11-303-2785-3
ISBN 978-89-6454-600-0(세트)
ISSN 1599-7413 25